U0596622

一学就会的财务管理

吕爱武◎主编

YIXUEJIUHUI DE CAIWU GUANLI
QUAN TUJIE

中国纺织出版社有限公司
国家一级出版社
全国百佳图书出版单位

内 容 提 要

本书以企业财务管理的基础知识为主线，分别从财务活动和财务关系两大类别详解，并结合一定案例，力求做到理论联系实际。全书共分十二章，主要内容包括财务管理总论，资金价值观念，资金筹备和管理，资金成本与资金结构，开发项目决策评价，流动资金、固定资产和其他类型资产，证券投资，成本和费用管理，利润及其分配管理，财务预算，财务分析。

本书适合企业的财会、内审人员、管理层人士，所有持证会计和注册会计师行业从业人员，也适用于财会、经济管理等专业的大中专院校学生作为入门教程。

图书在版编目（CIP）数据

一学就会的财务管理全图解 / 吕爱武主编. --北京：中国纺织出版社有限公司，2021.1

ISBN 978-7-5180-7132-6

Ⅰ.①一… Ⅱ.①吕… Ⅲ.①财务管理—图解 Ⅳ.①F275-64

中国版本图书馆CIP数据核字（2020）第004111号

策划编辑：陈　芳　　责任校对：高　涵　　责任印制：储志伟

中国纺织出版社有限公司出版发行

地址：北京市朝阳区百子湾东里A407号楼　邮政编码：100124

销售电话：010—67004422　传真：010—87155801

http：//www. c-textilep. com

中国纺织出版社天猫旗舰店

官方微博 http://weibo.com / 2119887771

三河市宏盛印务有限公司印刷　各地新华书店经销

2021年 1 月第 1 版第 1 次印刷

开本：787×1092　1/16　印张：19.5

字数：338千字　定价：68.00元

前言

随着我国经济的迅速发展，现代企业对财务工作已经提升至关乎公司发展的战略性高度，一个规范的、高效的、能够洞察公司危机的财务运营系统将很大程度上体现公司的发展水平。但是从财务部自身的发展与建设而言，不断出现的财务管理问题、公司高层的更高要求，是财务部工作的一贯问题。因此，加强企业财务管理，对改善企业的生存条件，提高企业的经济实力，推动企业的发展，起着重大的作用。

2008年6月财政部、证监会、审计署、银监会、保监会联合发布了《企业内部控制基本规范》，对加强企业内部控制提出了更高、更严格的要求。企业作为国民经济中的重要组成部分，必须按照国家的有关规定进行会计核算和财务控制。2008年新的《企业所得税法》的执行，2011年《个人所得税法》的修改和颁布，增值税、营业税、消费税等也做了较大的修订，加强企业的财务核算和管理显得尤为重要。

作者从事财务工作多年，根据多年的经验，结合企业的特点，充分运用了图解的方式帮助读者概括、总结知识点，图文并茂，简明易懂，便于管理者及财务人员操作使用。

在编写过程中，以企业财务管理的基础知识为主线，紧密结合企业财务管理的特点，体现现代企业财务制度的基本精神，力求做到理论联系实际。全书共分十二章，主要内容包括财务管理总论，资金价值观念，资金筹备和管理，资金成本与资金结构，流动资金、固定资产、无形资产和其他类型资产，证券投资，成本和费用管理，利润及其分配，财务预算，财务分析。

本书适合全国广大企业的负责人及其他经营管理人员、财务人员、内部审计人员，企业管理、税务、国家审计、银行业监管部门相关人员，以及会计师事务所等专业化的企业服务机构从业人士等阅读。

由于编者学识和经验有限，虽经编者尽心尽力，书中难免有不足之处，恳请广大读者热心指点。

编　者

2019 年 4 月

目录

第一章

财务管理总论

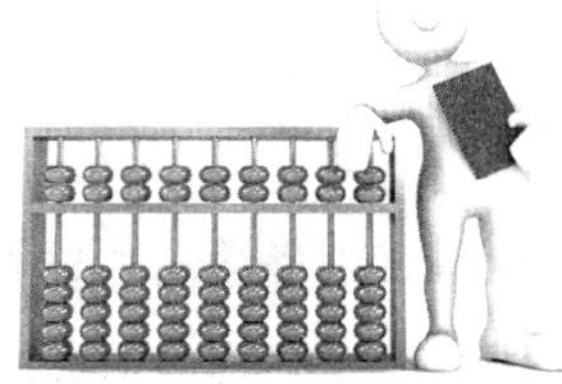

本章导读

财务管理是一门在近一个世纪逐渐发展起来的学科。在商品经济初期，理财活动往往由企业业主亲自进行，财务管理并没有形成一项独立的管理工作。到了19世纪末，企业规模不断扩大，企业资金急剧增加，财务关系逐渐复杂，企业主难以亲自从事财务管理，才逐步形成财务管理部门。到20世纪初，财务管理仍以筹集资金为主。随着科学技术的迅速发展和市场竞争的加剧，财务管理的重点才由筹集资金转向财务监督，又转向以事前控制为主形成企业财务管理的控制系统。财务管理理论也由传统的筹资财务管理理论发展成为现代的投资财务管理理论。

财务管理就是对企业的财务活动进行综合、全面的管理。财务管理的重要性是保障现代化企业制度顺利实现的核心机制，不仅有助于管理层改善经营方式，实现经营目标，更有利于保护企业资产安全和完整，杜绝资产流失和损害；同时也是保证经营信息和财务资料的真实、完整，保证企业财务活动合法性的必要措施。因此，财务管理既是企业发展的必然，也是企业发展的一种责任和义务。

第一节　企业财务的概述

一、企业财务的概念

企业财务是企业生产经营过程中有关资金的筹集、使用和利润分配活动及其货币关系的总称，是指企业在生产经营过程中客观存在的资金运动及其所体现的经济利益关系，即财务活动和财务关系。其中，资金的筹集、使用和利润分配活动称为财务活动；财务活动过程中形成的企业与各方面的货币关系称为财务关系。企业财务是企业生产经营活动的一个重要方面，是企业生产、营销、技术、人事等的集中体现。

（一）企业财务

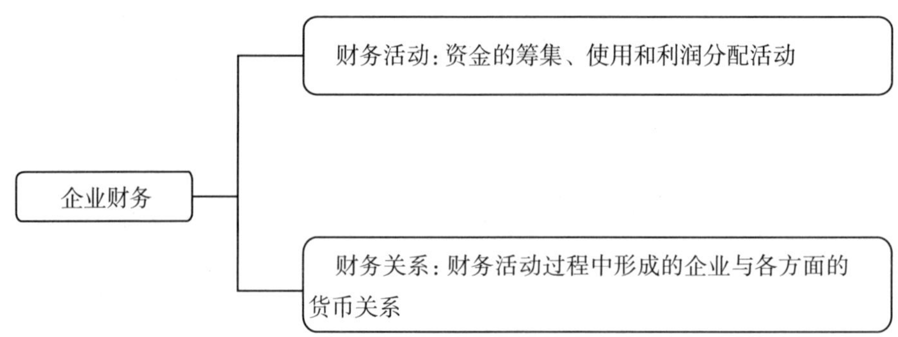

（二）西方财务学

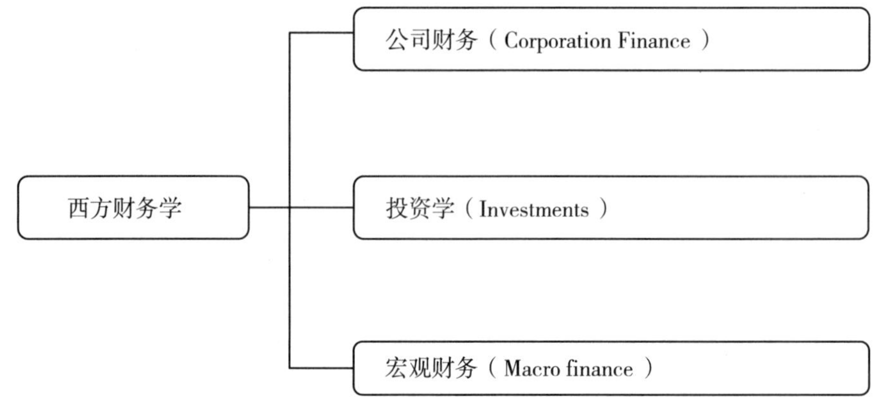

二、企业财务的具体内容

（一）财务活动

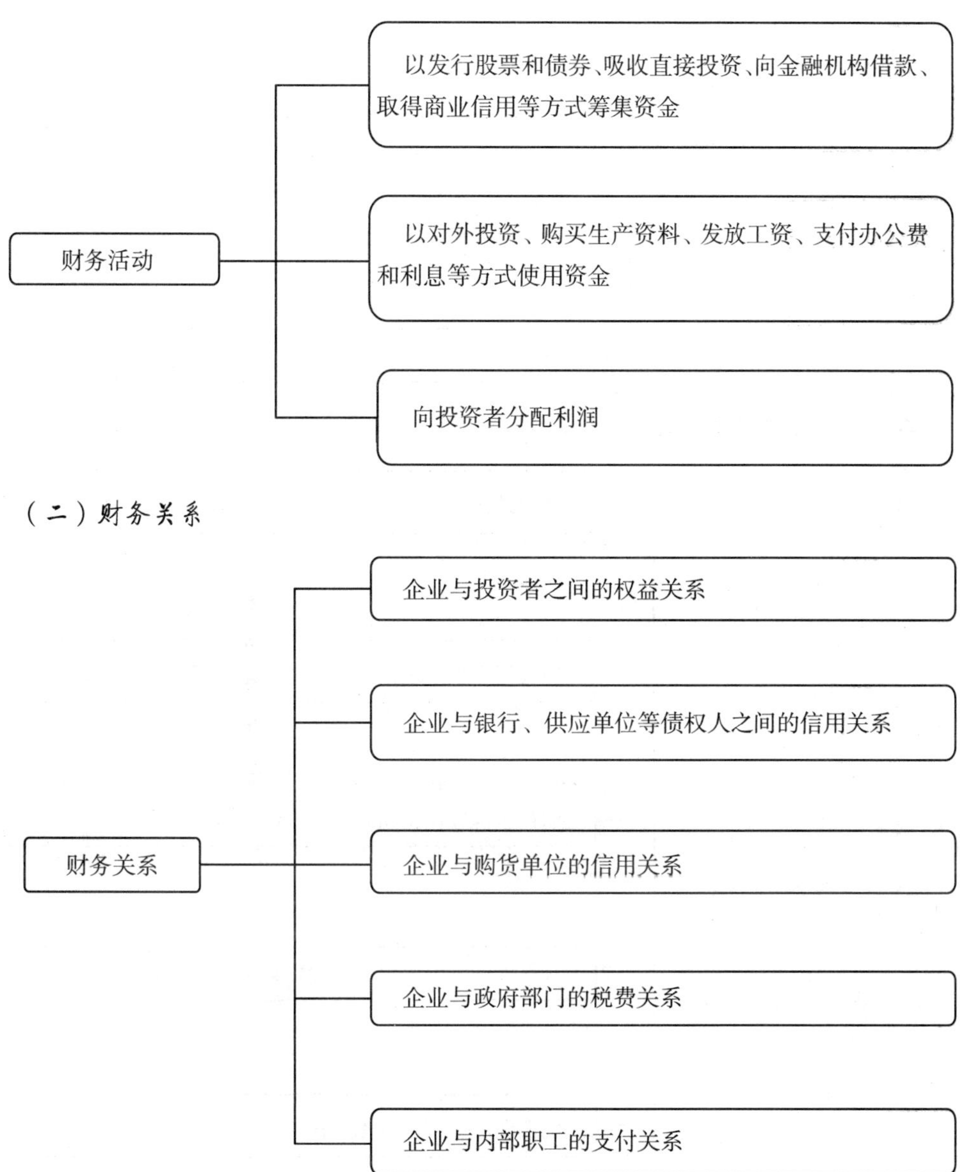

三、财务管理的概念及内容

财务管理（Financial Management）是在一定的整体目标下，关于资产的购置（投资），资本的融通（筹资）和经营中现金流量（营运资金），以及利润分配的管理。

（一）财务管理的主要内容

- 财务管理的主要内容
  - 科学的现代化财务管理方法
  - 明晰市场发展
  - 会计核算资料
  - 社会诚信机制

（二）财务管理的基本理论

- 财务管理的基本理论
  - 资本结构理论（ Capital Structure Theory ）
  - 现代资产组合理论与资本资产定价模型（ CAPM ）
  - 期权定价理论（Option Pricing Model ）
  - 有效市场假说（Efficient Markets Hypothesis,EMH）
  - 代理理论（ Agency Theory ）
  - 信息不对称理论（ Asymmetric Information Theory）

第二节　企业财务管理的对象（以施工企业为例）

施工企业又称建筑施工企业，是以从事土木工程为主，为国民经济提供建筑产品或工程劳务的经济组织。施工企业财务管理的对象，就是施工企业的资金运动。施工企业财务管理的对象直接与施工企业的财务活动和财务关系相关联。

一、施工企业的财务活动

（一）企业资金运动的规律

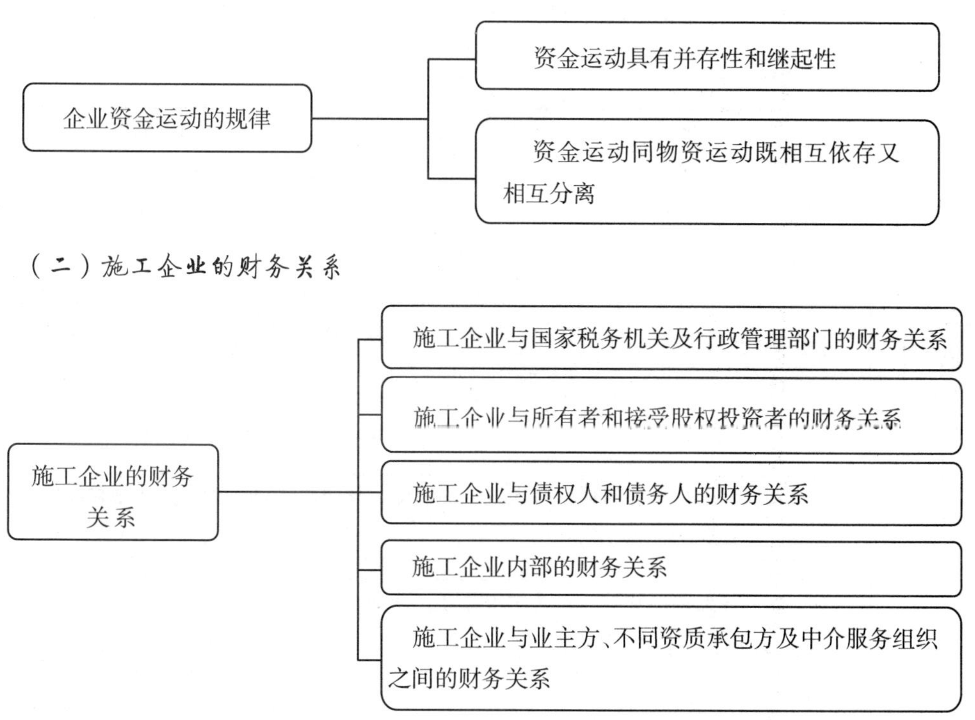

（二）施工企业的财务关系

二、施工企业财务管理的内容

财务管理是企业管理的重要组成部分，贯穿于企业施工生产经营全过程，为了适应形式发展，提高企业管理水平，增加企业经济效益，必须正确理解财务管理的内容和实质，有效发挥企业财务管理作用，以实现企业利润最大化的最终目标。

资金筹集

施工企业在成立时，必须按照《中人民共和国公司法》、建设部有关资质管理的规定、工商管理部门和公司章程的规定筹集股资（股）本，并按企业管理制度的要求管理与核算资本金。货币资金应按规定存入银行，专人管理；实物资产、无形资产要经过评估及全体股东确认后投入公司管理及运用

债务管理

施工企业在生产经营中为了承接工程组织施工建设或进行产业投资，在充分运用资本金外，必然要占用合作方（债权人或商业银行）的资金。对债务资金的运用和管理是施工企业的重要管理活动，吸纳债务、化解债务、清偿债务、运用债务为企业创利是施工企业生存和发展的必然要求。施工企业的债务，指在生产经营需要筹资时产生的银行贷款和实际生产协作过程中，供货往来单位的交易行为形成的相当数量的债务。如建设单位往来、原材料供应单位往来、工程分包单位应付工程款，应付职工的工资、应付税金、应付内部单位的其他款项，其它应付款（水、电费用）等，都是企业单位生产经营可能产生的债务。这些债务的结算清偿，都会导致企业的资金流出企业换言之：企业的现金流出企业，表述为企业成本费用的增加或企业资本的减少。

经济体制改革前，正常暴露出来的“资不抵债”就是债务的金额大大超过了公司所拥有的自有资产或资本金的数量。可见债务管理的意义不小，不能低估。既然，债务可能给企业造成这么重的影响。那么，必须将债务管理的“关卡”前移

首先，在债务产生前，进行预测。测评债务产生的经济效益如何？对不能给企业创造财富的债务，坚决拒绝，如负债给职工发福利、奖 金、向社会捐款等，是违反财经纪律的，绝不能列为债务

其次，进行正确核算，有债就准确登记、核算、主动安排资金，清偿结清债务，减少债务的负面影响

项目管理培训其三，努力实现赢利，增加自有资金实力，努力提升企业的信用，压缩债务比例，节省负债成本

项目管理者联盟自有资金的管理项目管理者联盟文章公司在生产经营过程中，持续生产经营，收入、分配、结算必然形成公司的结算资金（未分配利润）和公司的积累资金（盈余公积、资本公积）这些资金的沉淀与利用对公司发展意义很大，对改善公司资金结构也有积极作用，将公司的自 有资金科学管理，可以提高投资者的信心，促进公司稳定与发展

资金投放管理

- **概念**：营运资金管理。营运资金是公司全部流动资产减去流动负债后的资金。营运资金在公司资金总额中比重大，其特点是周转快，容易变现，也容易产生资金风险。因此营运资金管理包括了流动资产管理与流动负债管理
- **基本原则**：营运资金管理要坚持三条基本原则：第一，根据生产经营需要保证资金供给，同事要挖潜，节省资金；第二，加速资金的流动、周转，提高资金使用效果；第三，合理配置资金，既要防资金闲量，又要保证公司有足够的偿债能力

对外投资管理

- **概念**：企业的资本金与其他自有资金富足时，在满足了自身生产资金需求后，还有过剩的资金；或投资活动可以取得比自身生产能获得更高的效益；或进行产业扩张需要，开展合法的投资活动也是企业实现财富最大化的经营方式之一。投资活动是企业主营活动创利的收益补充。在量力可行的情况下，有效进行运作，常常可以为企业赢得商誉与经济利益。如控制不好，也可能给企业带来风险或损失
- **要求**：首先，投资的方向要符合国家的产业政策允许；其次，投资的规模与方式要与企业自身的财力相适应；其三，投出的成本与收益要便于计量与控制；最后，当企业急需资金时，其投资可以随时转让变成现金而又不会给企业带来经济损失

公司资产管理

- 企业资金的载体是公司资产（流动资产、固定资产、无形资产、其他资产），资产的安全关系到企业的稳定与资金增值。因此，资产的产权要与企业的资金相对称
- **要求**：要求企业的经济行为，会计核算达到：合法、有序、规范。如固定资产折旧，必须按财政、税务部门核定的方法进行折旧；资产的评估必须按合法的方式评估与确认，做到客观、公正、计价准确，手续完备。资产的日常管理，要建立制度，专人负责，准确核算，定期清查、考核，保证资产的安全、有效，其功能满足施工生产经营需要

施工企业的债权管理

公司在经营过程中，为储备物资和市场扩张需要向供货单位预支出订货款、准予购货单位赊购产成品、工程竣工后业主拖欠工程款等，是经营发生的、也是占用施工企业流动资金很多的。这些业务的存在，形成了施工企业的债权。如果疏于管理，可能产生坏帐或造成企业资金的损失。加强控制，堵塞漏洞是企业财务管理的任务之一

为了使企业的资金不受损失，在产生交易行为时必须合法、规范，债权的确认要手续完备、计算准确，定期按合同清收，责任到人，落实奖、赔责任制。如遇债务人破产或消亡，要及时办理手续转为流动资产损失，确保企业资产质量的真实、可信，确保企业会计信息真实、准确

施工企业利润与结算资金管理

利润是企业生产经营的主要目标之一，也是衡量企业生产成果的价值取向；同时又是国家参与企业资金分配的价值基础

利润管理是企业经济管理的重要任务之一。利润管理贯穿于企业资金管理、生产管理的全过程，是协调企业生产的主线，体现在成本管理、费用管理、质量管理、销售管理、收入管理、财产管理、结算管理、资金安全管理的各个环节。对每个环节的利润因素都必须精心策划、测算、控制、监督，确保利润份额的形成与实现

施工企业的财务风险管理

随着加入世贸组织与经济全球化的实现，企业的发展机遇与风险无所不在。经济方面的风险种类主要有：经营风险、财务安全风险等。经营风险可能造成企业资金流出企业或损失。如来自外部的诉讼失败，或来自内部的工作人员舞弊，都会给企业资金造成损失

风险管理是企业财务资金管理的新课题，也是不可逾越的难题。虽然有法律法规保障企业的经济秩序和利益，但来自企业外部与企业内部的敢于以身试法的不法分子还是存在的

风险管理的课题已成为企业财务资金管理的重要任务之一，风险管理，不得不纳入资金管理的范畴，必须建立制度，落实责任，预防、回避、转嫁风险

第三节　企业财务管理的环境

财务管理环境是指对企业财务活动和财务管理产生影响的企业内外部的各种因素。企业财务活动的进行是受理财环境制约的。目前，企业财务管理环境特别是外部财务管理环境正面临着前所未有的挑战。经济全球化形势的进一步加剧、电子商务和互联网金融的蓬勃发展、知识经济和信息经济方兴未艾的今天，财务管理人员只有深入研究企业所处环境的现状和发展趋势，把握开展财务活动的有利条件和不利条件，才能为企业财务决策提供准确的信息，提高企业财务行为对环境的适应能力、应变能力和利用能力，更好地实现企业的财务管理目标。

企业财务管理环境按其存在的空间，可分为外部财务环境和内部财务环境。外部财务环境存在于企业外部，对企业财务行为的影响无论是有形的硬环境，还是无形的软环境，企业都难以控制和改变。内部财务环境主要内容包括企业的经营管理水平、企业的资本实力、生产技术水平和决策者的素质等四个方面。内部财务环境存在于企业内部，是企业可以从总体上采取一定的措施施加控制和改变的因素。

财务管理环境是企业开展财务管理工作的前提和平台，它会对企业的生产经营管理产生深远的影响。目前，企业财务管理环境特别是外部财务管理环境正面临着前所未有的挑战。

一、外部财务环境

（一）法律环境

财务管理的法律环境是指企业生产经营活动中所应遵守的各种法律、法规和规章。在市场经济条件下，企业的一切经济活动总是在一定的法律、法规范围内进行的。一方面，法律提出了企业从事一切经济活动所必须遵守的规范，从而对企业的经济行为进行约束；另一方面，法律也为企业合法从事各项经济活动提供了保障。

企业财务管理中应遵循的法律、法规

企业组织法：企业是市场经济的主体，不同组织形式的企业所适用的法律是不同的。现代企业组织的主要形式有：①独资企业。②合伙企业。③公司制企业。每个国家均有相应的法律来规范这三类企业的行为。因此，不同组织形式的企业在进行财务管理时，必须要熟悉其企业组织形式对财务管理的影响，从而作出相应的财务决策

税收法规：税法是税收法律制度的总称，是调整税收征纳关系的法规规范。与企业相关的税种主要有以下五种：①所得税类。②流转税类。③资源税类。④财产税类。⑤行为税类

财务法规：企业财务法规、制度是规范企业财务活动，协调企业财务关系的法令文件。我国目前的企业财务管理法规、制度有：企业财务通则、行业财务制度和企业内部财务制度三个层次

其他法规：例如，《证券交易法》《票据法》《商业银行法》《合同法》等

（二）经济环境

财务管理作为企业的一种管理活动与企业所处国家或地区的经济发展水平、宏观经济调控政策、经济管理体制、经济结构等经济环境密切相关。

1. 经济发展水平

经济发展水平

任何国家的经济发展水平都处在不断变化之中。经济发展繁荣时期，经济发展速度较快，市场需求旺盛，销售额大幅度上升。企业为了扩大生产，需要增加投资，与此相适应则需筹集大量的资金以满足投资扩张的需要

经济衰退时期，经济发展速度缓慢甚至倒退，企业的产量和销售量下降，投资下降，资金时而紧缺、时而闲置，财务运作出现较大困难

经济发展中的通货膨胀也会给企业财务管理带来较大的不利影响，主要表现在：资金占用额迅速增加；利率上升，企业筹资成本加大；证券价格下跌，筹资难度增加；利润虚增、资金流失、需求增加等方面

2. 宏观经济调控政策

宏观经济调控政策

在一定时期，政府为了协调经济发展，往往通过财政、税收、货币政策对国民经济运行进行调控。这些宏观经济调控政策对企业财务管理的影响是直接的，企业的决策如果符合国家的调控方向，则对企业有利；企业的决策如果违背政府的意图，则对企业不利

国家采取紧缩的调控政策时，会导致企业的现金流入减少、现金流出增加、资金紧张、投资压力增大；反之，当国家采取扩张的调控政策时，企业财务管理则会出现与之相反的情形，如财税政策会影响企业的资金结构和投资项目的选择等，而且这些政策会因经济状况的变化而调整，这就要求财务人员按照这些宏观政策规划企业的财务行为并留有余地

3. 经济管理体制

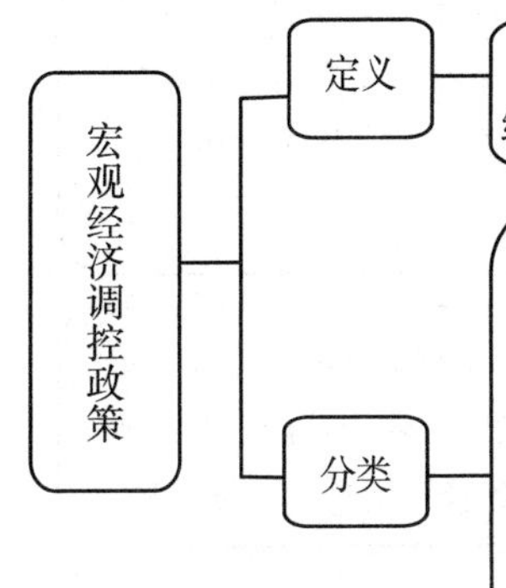

经济管理体制是指在一定的社会制度下，生产关系的具体形式以及组织、管理和调节国民经济的体系、制度、方式和方法的总称

经济管理体制分为宏观经济管理体制和微观经济管理体制两类。宏观经济管理体制是指整个国家的基本经济制度，而微观经济管理体制是指某一国家的企业体制及企业与政府、企业与所有者的关系。企业财务管理的目标、财务管理的手段与方法必须与宏观经济管理体制的要求相一致，必须服从和服务于宏观经济管理体制。微观经济管理体制对企业如何处理企业与政府、企业与所有者之间的财务关系具有重要影响

4. 经济结构

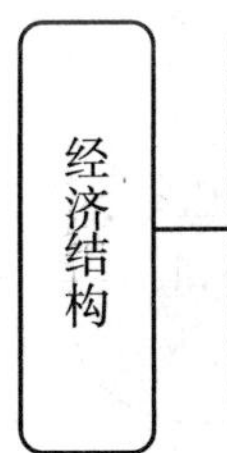

经济结构一般指从各个角度考察的社会生产和再生产的构成，包括产业结构、地区结构、分配结构和技术结构等。其中，产业结构对企业财务行为的影响比较广泛。因为不同产业所要求的资金规模、投资规模和所要求的资本结构均不相同，所以产业结构会在一定程度上影响甚至决定财务管理的性质。产业结构的调整和变动就会要求财务管理作出相应的调整和变动，否则会导致企业日常财务运作困难，财务目标难以实现

（三）金融市场环境

金融市场即资金融通市场，是指资金供应者和资金需求者双方通过某种形式进行交易而融通资金的市场。广而言之，是指实现货币借贷和资金融通、办理各种票据和有价证券交易活动的市场。金融市场为资金供应者和资金需求者提供了各种金融工具和选择机会，使融资双方能自由灵活地调度资金。当企业需要资金时，可以在金融市场上选择

合适的筹资方式筹集资金；当企业有暂时闲置资金时，又可以在金融市场上选择合适的投资方式进行投资，从而提高资金的使用效率。同时，金融市场为企业进行财务决策提供了交易中形成的各种参数，如市场利率、汇率、证券价格和证券指数等有用的信息。

1. 金融市场与企业财务活动

企业从事投资活动所需要的资金，除了所有者投入以外，主要可在金融市场取得。金融政策的变化必然影响企业的筹资与投资。所以，金融市场环境是企业最为重要的环境因素，它对企业财务活动主要产生如下影响：

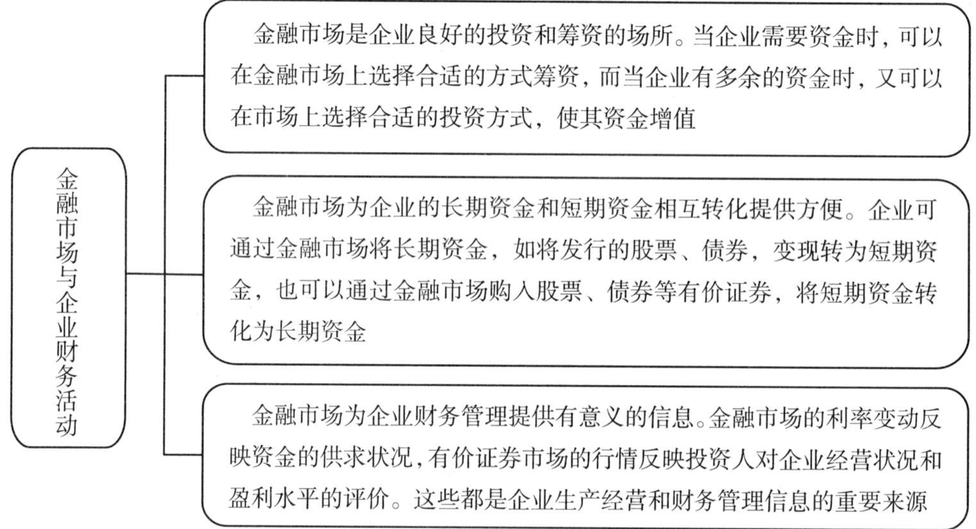

2. 金融机构

金融机构

金融机构主要是指银行和非银行金融机构，银行包括中国人民银行、商业银行和政策性银行。中国人民银行是我国的中央银行，它代表政府管理全国的金融机构和金融活动，经理国库。商业银行和政策性银行是指经营存款、放贷、汇兑和储蓄等金融业务，承担信用中介的金融机构，如中国工商银行、中国建设银行、中国银行、中国农业银行、交通银行、国家开发银行、中国进出口银行、中国农业发展银行。非银行金融机构主要包括信托投资公司、保险公司、证券公司、财务公司、融资租赁公司、金融资产管理公司等机构

3. 金融市场利率

在金融市场上，利率是资金使用权的价格，一般来说，金融市场上资金购买价格的计算公式为：

利率＝纯粹利率＋通货膨胀附加率＋变现力附加率＋违约风险附加率＋到期风险附加率

金融市场利率

纯粹利率是指无风险、无通货膨胀情况下的平均利率。在没有通货膨胀时国库券的利率，可以视为纯粹利率。纯粹利率的高低，受平均利润率、资金供求关系和国家调控的影响

由于通货膨胀使货币贬值，造成投资人的实际报酬下降，他们把资金出借 时，会在纯粹利率的水平上再加上通货膨胀利率，以弥补通货膨胀造成的购买力损失。所以，每期发行的国库券利率会随着预期的通货膨胀率变化而变化，它等于纯粹利率加上预期通货膨胀率

各种有价证券的变现力有所不同，政府、银行发行的债券和大公司发行的股票容易被人接受，这些证券有很强的变现能力，投资人随时可以出售以收回投资。而一些小公司的债券不易被人接受，从而变现很难，投资人要求变现力附加率（一般提高利率1%~2%）作为补偿

违约是指借款人未能按时支付利息或偿还本金的行为，资金出借人借出资金后所承担的这类风险称为违约风险。违约风险越大，投资人要求的利率就越高。所谓债券评级，实际上就是评定违约风险的大小。信用等级越低，违约风险越大，要求的利率越高

到期风险附加率是指因到期时间长短不同而形成的利率差别。长期国库券的利率要比短期国库券的利率高，这是因为到期时间越长，在此期间市场利率上升的可能性也越大，而长期国库券按固定利率计息，使购买者遭受损失的风险越大。到期风险附加率是对投资者承担利率变动风险的一种补偿

二、内部财务环境

内部财务环境，是指存在于企业内部，影响和制约企业财务活动的各种因素。它一般包括企业资产总量及其结构比例、企业组织形式、企业生产状况和企业销售状况等几个方面。

（一）企业资产总量及其结构比例

企业资产总量及其结构比例

企业资产总量是指企业所拥有的各类资产的总称。企业的投资决策必须建立在企业资产和资金实力的基础之上

企业的流动资产体现了其营运能力，固定资产则体现企业的生产能力，企业的生产能力与营运能力必须相互配合，两者之间保持一定的比例，才能保证企业正常的生产经营活动。固定资产过多，流动资产过少，会造成固定资产闲置；反之，流动资产过多，固定资产过少，又满足不了生产的需要。企业除了安排好资金占用方面的结构比例外，还要安排好资金来源方面的结构比例，即安排好自有资金与借入资金的结构比例、负债与所有者权益的结构比例。企业必须根据自身的资产总量及其结构比例，来规划自己的财务行为和进行财务决策，以便实现资金的最大经济效益

（二）企业组织形式

企业组织形式

企业的财务活动直接受到其组织形式的影响。目前我国企业的组织形式按所有权性质不同划分，有国有企业、集体企业、私营企业、中外合资经营企业、中外合作经营企业、外商独资经营企业及其他经济组织等形式

不同组织形式的企业要遵守的财务制度、法律、法规不同，资金来源和利润分配也有着较大的差别。企业在进行财务活动时，财务管理人员筹集资金、投放资金和分配收益必须充分考虑企业的组织形式，处理好企业与各方面的利益关系

（三）企业生产状况

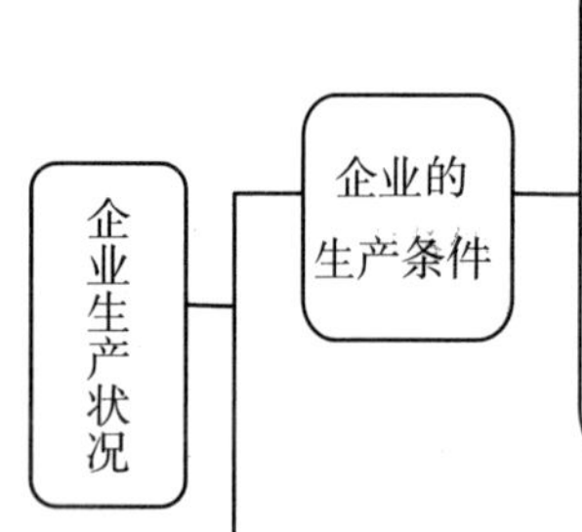

按生产条件，可以把企业分为技术密集型企业、资源开发型企业和劳动密集型企业，不同的生产条件要求有不同的财务制度和财务管理方法与之相适应。技术密集型企业设备多，固定资产比重大，企业需要筹集大量的长期资金。资源开发型企业需要大量资金用于勘探、开采资源，且资金回收时间长，企业则需要筹集较多的长期资金。劳动密集型企业劳动力较多，固定资产比重较小，企业需要筹集大量的短期资金

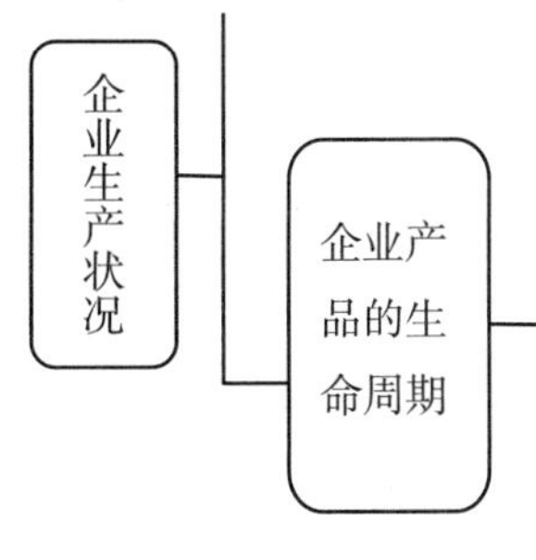

产品的生命周期通常分为初创期、成长期、成熟期和衰退期四个阶段，不管是对个别产品还是对整个企业而言，产品收入的多少、成本的高低、利润的大小以及企业资金周转的快慢都会因不同产品生命周期而存在较大的差别。因此，企业财务管理人员不仅要针对产品所处的阶段，采取适当的措施，并且要有预见性地开发新产品，保持企业在同行业中的领先地位和竞争优势

（四）企业销售状况

企业销售状况主要以企业产品所在销售市场上的竞争程度为参照。企业所处的销售市场按其竞争程度可分为以下四种。

企业销售状况

完全竞争市场是指竞争充分而不受任何阻碍和干扰的一种市场结构。在这种市场类型中，买卖人数众多，买者和卖者是价格的接受者，资源可自由流动，信息具有完全性

不完全竞争市场又称垄断竞争市场。垄断竞争市场是一种介于完全竞争和完全垄断之间的市场组织形式，在这种市场中，既存在着激烈的竞争，又具有垄断的因素。垄断竞争市场上企业数量较多，但在商品的质量、服务、特性等方面存在一定的品牌差异，因此，产品价格也会有一定程度的差异。那些生产规模大、质量优、服务好、品牌知名度高的企业在同行业中具有较强的竞争能力

寡头垄断市场是介于垄断竞争与完全垄断之间的一种比较现实的混合市场，是指少数几个企业控制整个市场的生产和销售的市场结构，这几个企业被称为寡头企业。其特点是企业数量很少，企业之间的商品在质量、服务、特性等方面略有差异，个别企业对其产品价格有较强的控制能力

完全垄断市场指在市场上只存在一个供给者和众多需求者的市场结构。其特点是该行业只有独家生产经营，其产品价格与市场也为独家企业控制

企业销售状况，对企业财务管理具有重要的影响。处在完全竞争市场的企业，产品价格和销售量容易出现波动，风险较大。因此，要慎重利用债务资金；处在不完全竞争市场和寡头垄断市场的企业，应注重产品特色，创出名牌产品，在产品开发、宣传、售后服务等方面投入较多资金；处在完全垄断市场的企业，由于其产品销售畅通，价格波动不大，利润较稳定，风险较小，可较多地利用债务资金。

第二章

资金价值观念

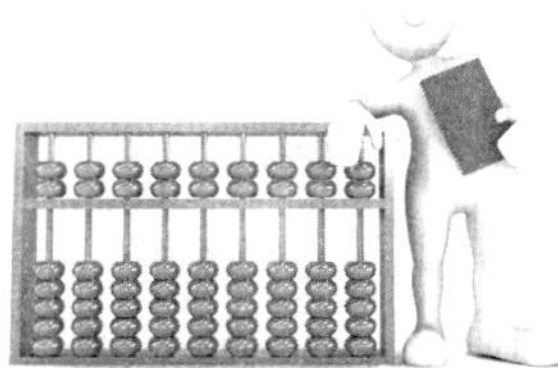

本章导读

资金价值是一个重要的经济概念，不管是涉及个人投资决策，还是涉及企业的投资决策，都将会产生重要的影响，在进行投资决策时，一定要考虑到资金价值，重视资金价值，做出科学的投资决策。

为了评价投资能否创造财富，我们需要清楚地了解现金流量和资金时间价值。而资金时间价值是财务管理中一个最基本的观念，是指资金经过一定时间的投资与在投资后所增加的价值。从投资的角度来讲，资金的时间价值，对资金的拥有者来说，是放弃资金的使用权而应得的报酬；对资金的借入者来说，是使用资金所应支付的成本。它反映的是由于时间因素的作用而使现在的一笔资金高于将来的某个时期的同等数量的资金的差额或者资金随时间推延所具有的增值能力。资金时间价值与企业和投资者密切相关。在一个广义的环境中，资金时间价值与任何一个渴望在一定期间内支付或收到货币的人有关。然后这一概念对于企业来说更加重要，因为企业做出的投资决策、筹资决策和股利决策会导致现金流量在未来期间内大量增加。

资金的时间价值是公司理财的一个重要概念，在公司筹资、投资、利润分配中都要考虑资金的时间价值。

资金的时间价值原理正确地揭示了不同时点上一定数量的资金之间的换算关系，它是进行投资、筹资决策的基础依据。

第一节　货币时间价值

本节讨论的主要问题是货币时间价值的本质与现金流量的计量及等值运算方法。同样金额的现金流量在不同时点价值不同的原因就是货币时间价值的存在，对现金流量进行计量的方式主要有现值、终值及年金等形式，计算现金流量在不同时点价值的方法是等值运算，即运用现值和终值公式计算现金流量在其收付时点与任何另一时点之间的等值价值转换。

一、货币时间价值的含义

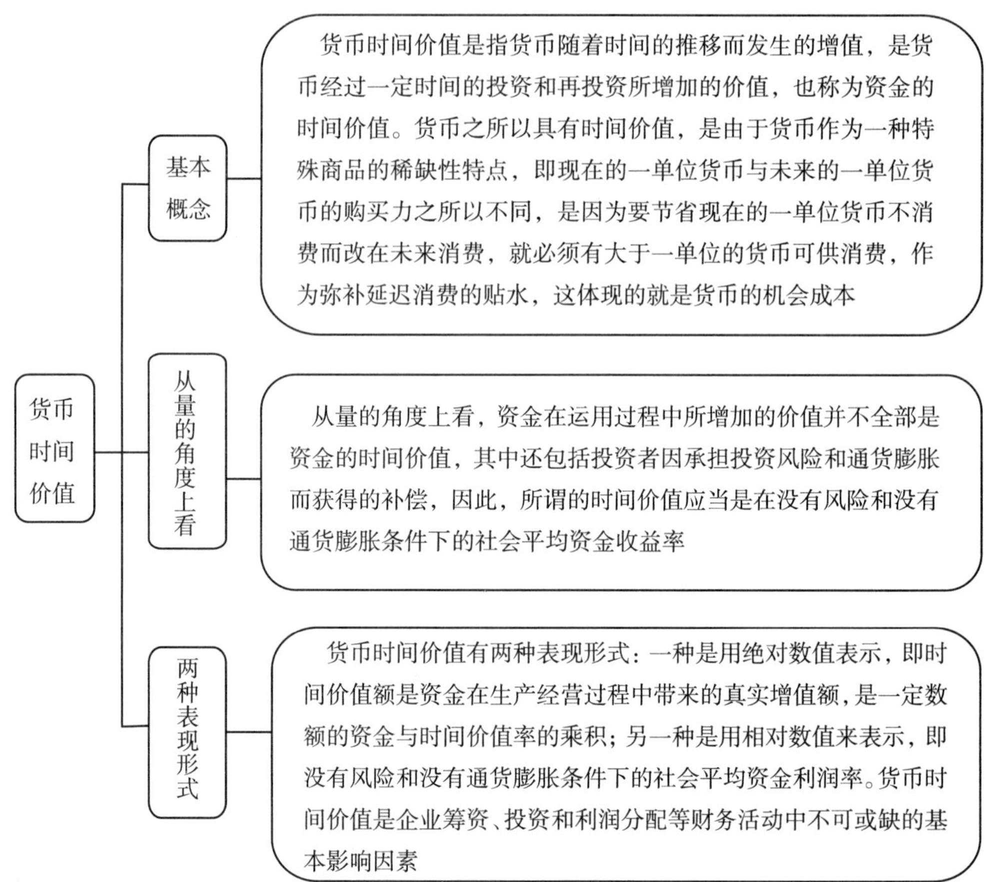

二、终值与现值

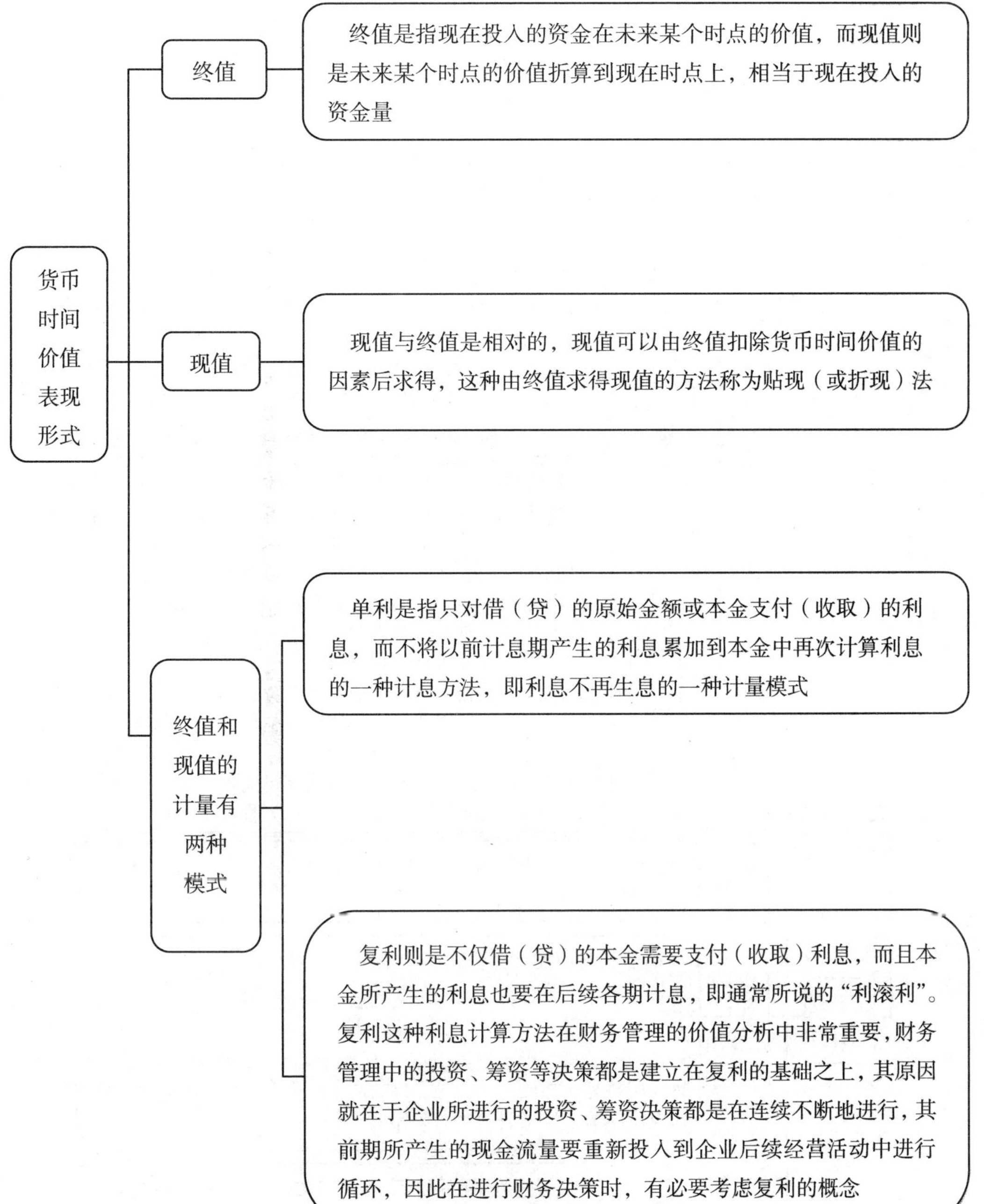
货币时间价值表现形式
终值
终值是指现在投入的资金在未来某个时点的价值，而现值则是未来某个时点的价值折算到现在时点上，相当于现在投入的资金量
现值
现值与终值是相对的，现值可以由终值扣除货币时间价值的因素后求得，这种由终值求得现值的方法称为贴现（或折现）法
终值和现值的计量有两种模式
单利是指只对借（贷）的原始金额或本金支付（收取）的利息，而不将以前计息期产生的利息累加到本金中再次计算利息的一种计息方法，即利息不再生息的一种计量模式
复利则是不仅借（贷）的本金需要支付（收取）利息，而且本金所产生的利息也要在后续各期计息，即通常所说的“利滚利”。复利这种利息计算方法在财务管理的价值分析中非常重要，财务管理中的投资、筹资等决策都是建立在复利的基础之上，其原因就在于企业所进行的投资、筹资决策都是在连续不断地进行，其前期所产生的现金流量要重新投入到企业后续经营活动中进行循环，因此在进行财务决策时，有必要考虑复利的概念

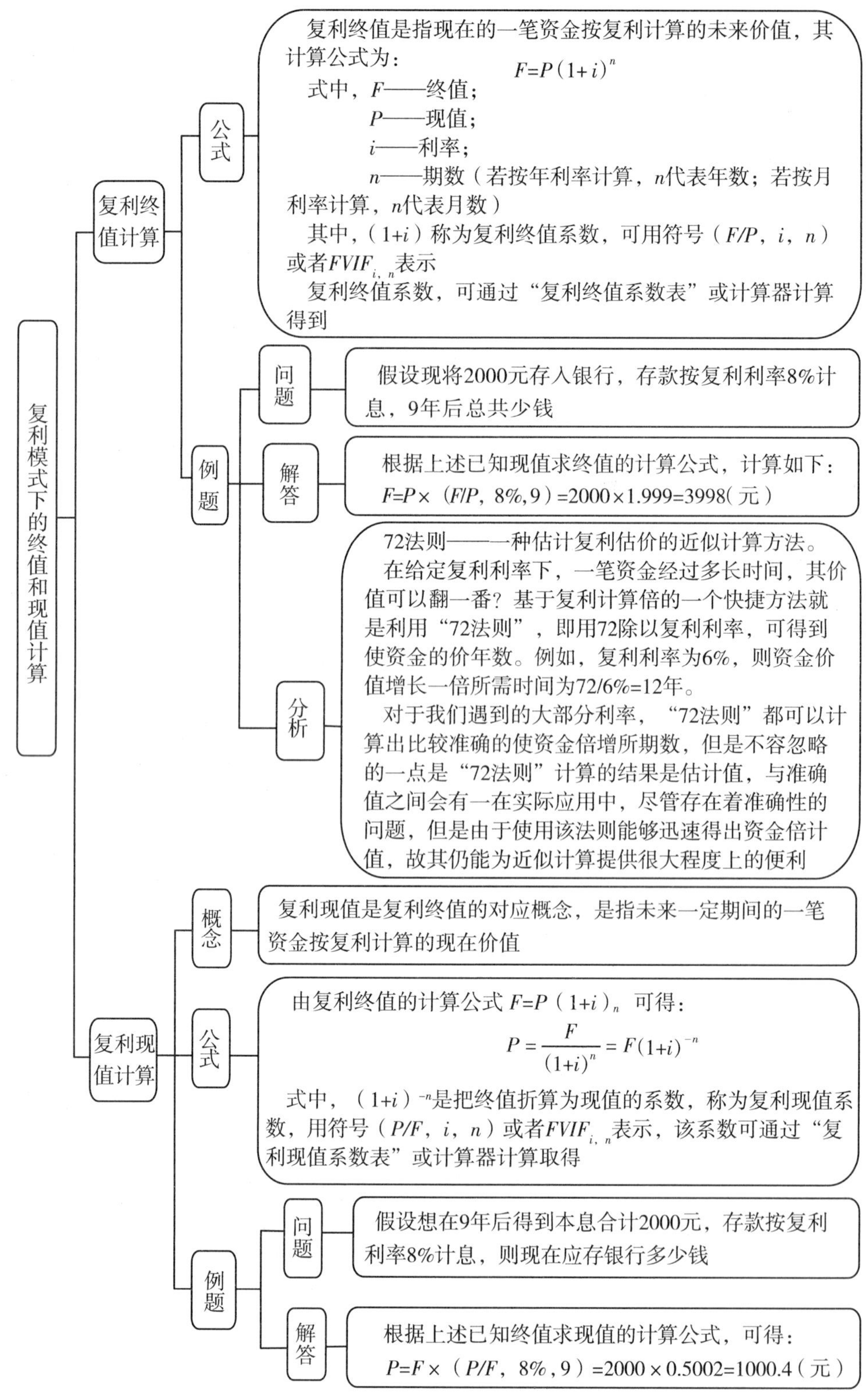
复利模式下的终值和现值计算
复利终值计算
公式
复利终值是指现在的一笔资金按复利计算的未来价值，其计算公式为：
$F=P(1+i)^{n}$
式中，F——终值；
P——现值；
i——利率；
n——期数（若按年利率计算，n代表年数；若按月利率计算，n代表月数）
其中，(1+i)称为复利终值系数，可用符号（F/P，i，n）或者$FVIF_{i,n}$表示
复利终值系数，可通过“复利终值系数表”或计算器计算得到
例题
问题
假设现将2000元存入银行，存款按复利利率8%计息，9年后总共少钱
解答
根据上述已知现值求终值的计算公式，计算如下：
F=P×（F/P，8%，9）=2000×1.999=3998（元）
分析
72法则——一种估计复利估价的近似计算方法。
在给定复利利率下，一笔资金经过多长时间，其价值可以翻一番？基于复利计算倍的一个快捷方法就是利用“72法则”，即用72除以复利利率，可得到使资金的价年数。例如，复利利率为6%，则资金价值增长一倍所需时间为72/6%=12年。
对于我们遇到的大部分利率，“72法则”都可以计算出比较准确的使资金倍增所期数，但是不容忽略的一点是“72法则”计算的结果是估计值，与准确值之间会有一在实际应用中，尽管存在着准确性的问题，但是由于使用该法则能够迅速得出资金倍计值，故其仍能为近似计算提供很大程度上的便利
复利现值计算
概念
复利现值是复利终值的对应概念，是指未来一定期间的一笔资金按复利计算的现在价值
公式
由复利终值的计算公式$F=P(1+i)_{n}$可得：
$P=\frac{F}{(1+i)^{n}}=F(1+i)^{-n}$
式中，$(1+i)^{-n}$是把终值折算为现值的系数，称为复利现值系数，用符号（P/F，i，n）或者$FVIF_{i,n}$表示，该系数可通过“复利现值系数表”或计算器计算取得
例题
问题
假设想在9年后得到本息合计2000元，存款按复利利率8%计息，则现在应存银行多少钱
解答
根据上述已知终值求现值的计算公式，可得：
P=F×（P/F，8%，9）=2000×0.5002=1000.4（元）

三、年金

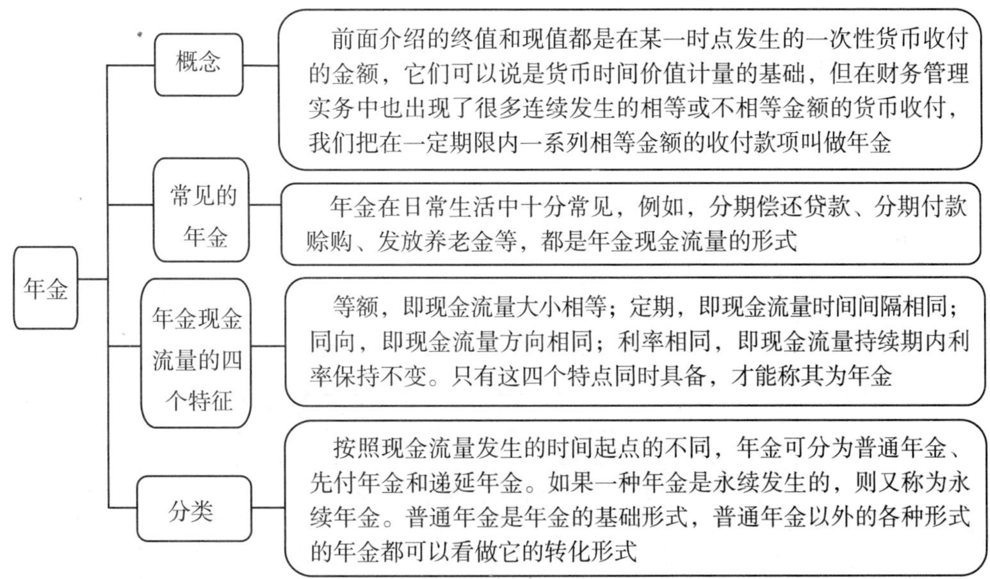
年金
概念
前面介绍的终值和现值都是在某一时点发生的一次性货币收付的金额，它们可以说是货币时间价值计量的基础，但在财务管理实务中也出现了很多连续发生的相等或不相等金额的货币收付，我们把在一定期限内一系列相等金额的收付款项叫做年金
常见的年金
年金在日常生活中十分常见，例如，分期偿还贷款、分期付款赊购、发放养老金等，都是年金现金流量的形式
年金现金流量的四个特征
等额，即现金流量大小相等；定期，即现金流量时间间隔相同；同向，即现金流量方向相同；利率相同，即现金流量持续期内利率保持不变。只有这四个特点同时具备，才能称其为年金
分类
按照现金流量发生的时间起点的不同，年金可分为普通年金、先付年金和递延年金。如果一种年金是永续发生的，则又称为永续年金。普通年金是年金的基础形式，普通年金以外的各种形式的年金都可以看做它的转化形式

（一）普通年金

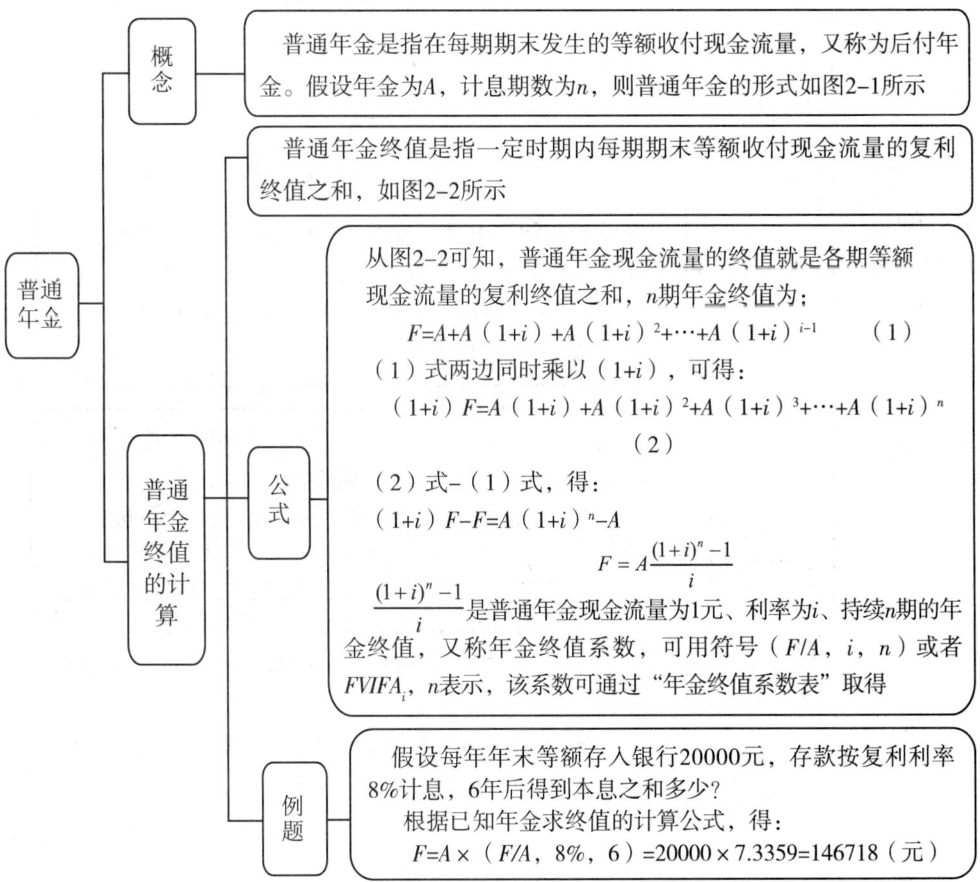
普通年金
概念
普通年金是指在每期期末发生的等额收付现金流量，又称为后付年金。假设年金为A，计息期数为n，则普通年金的形式如图2-1所示
普通年金终值的计算
普通年金终值是指一定时期内每期期末等额收付现金流量的复利终值之和，如图2-2所示
公式
从图2-2可知，普通年金现金流量的终值就是各期等额现金流量的复利终值之和，n期年金终值为：
$F=A+A(1+i)+A(1+i)^2+\cdots+A(1+i)^{i-1}$ （1）
（1）式两边同时乘以（1+i），可得：
$(1+i)F=A(1+i)+A(1+i)^2+A(1+i)^3+\cdots+A(1+i)^n$ （2）
（2）式-（1）式，得：
$(1+i)F-F=A(1+i)^n-A$
$F=A\frac{(1+i)^n-1}{i}$
$\frac{(1+i)^n-1}{i}$是普通年金现金流量为1元、利率为i、持续n期的年金终值，又称年金终值系数，可用符号（F/A，i，n）或者$FVIFA_i$，n表示，该系数可通过“年金终值系数表”取得
例题
假设每年年末等额存入银行20000元，存款按复利利率8%计息，6年后得到本息之和多少？
根据已知年金求终值的计算公式，得：
$F=A\times(F/A，8\%，6)=20000\times7.3359=146718$（元）

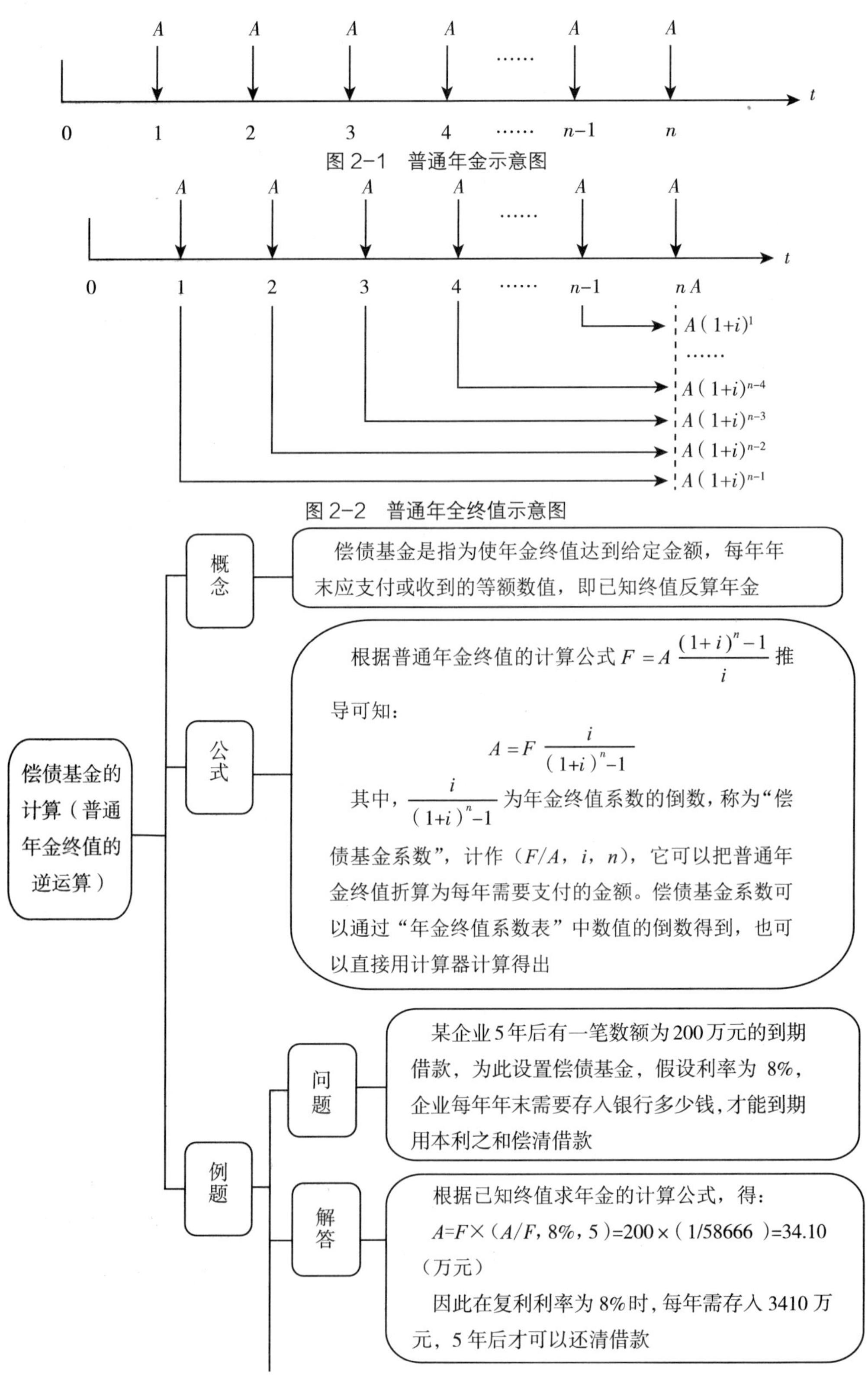

图 2-1　普通年金示意图

图 2-2　普通年全终值示意图

分析

有一种折旧方法，称为偿债基金法，该方法认为在若干年后购置设备，并不需要每年提存设备原值与使用年限的算术平均数作为折旧额，由于利息不断增加，每年只需提存较少的数额即接偿债基金提取折旧，即可在使用期满时得到设备原值。偿债基金法下的年折旧额计算，就是根据偿债基金系数乘以固定资产原值计算出来的

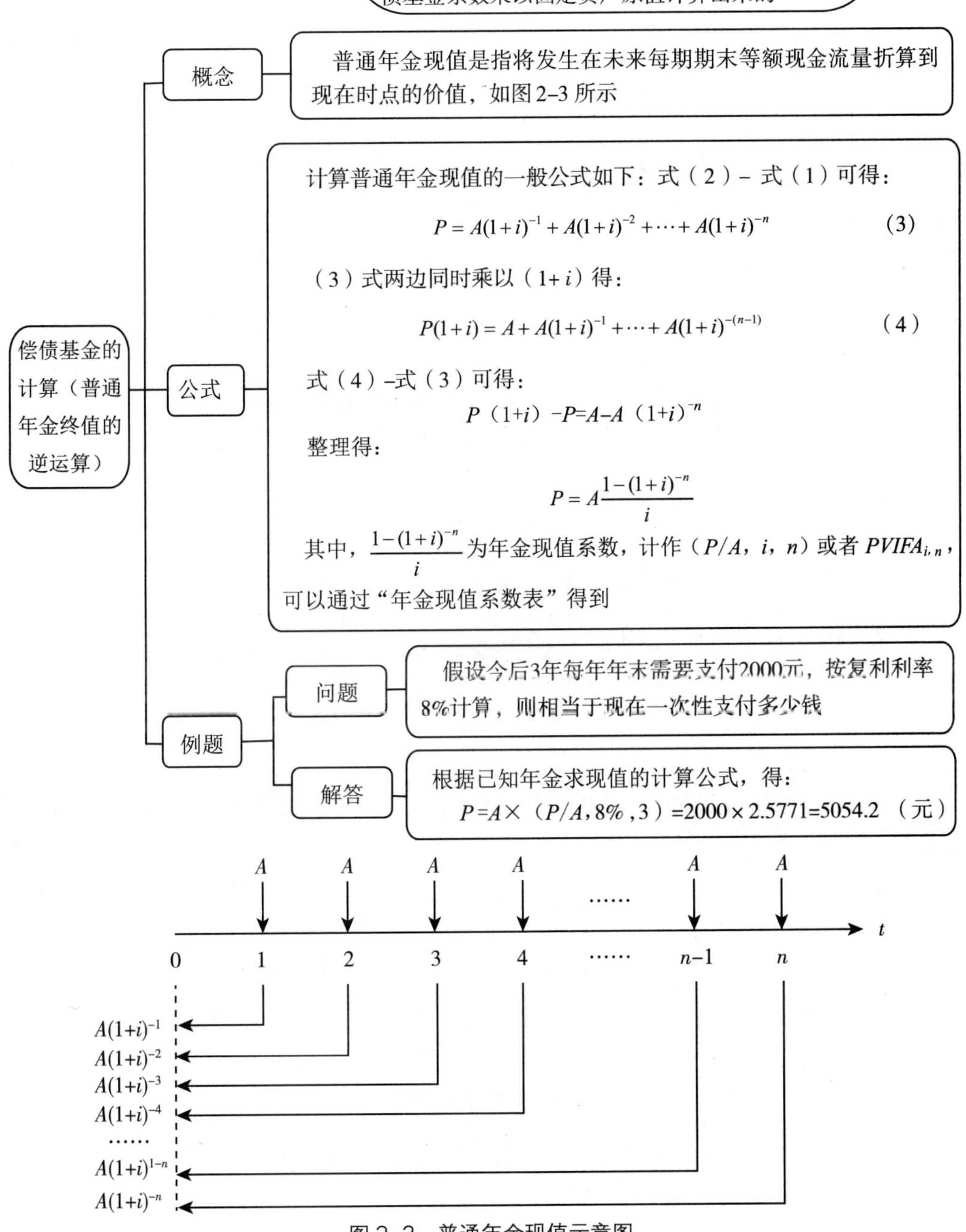

图 2–3 普通年金现值示意图

投资回收系数的计算（普通年金现值的逆运算）

- 概念：投资回收系数是指为使累计年金达到现在的既定金额，每年年末应收付的年金数额，即已知现值反算年金
- 公式：根据普通年金现值的计算公式 $P=A\frac{1-(1+i)^{-n}}{i}$ 推导可知：

$$A=P\frac{i}{1-(1+i)^{-n}}$$

其中，$\frac{i}{1-(1+i)^{-n}}$ 是普通年金现值系数的倒数，称为投资回收系数，计作（P/A，i，n），其数值可以通过”年金现值系数表”中数值的倒数得到，也可以直接用计算器计算得出
- 例题
  - 问题：假设今后3年每年年末需要支付2000元，按复利利率8%计算，则相当于现在一次性支付多少钱
  - 解答：根据已知现值求年金的计算公式，得：
$A=P\times$（A/P，8%，3）=100×（1/2.5771）=38.80（万元）
因此，该设备每年至少要给企业带来 38.80 万元的收益，该项投资才是可行的

（二）先付年金

先付年金是指在每期期初发生的等额现金流量，又称预付年金或即付年金，如图 2-4 所示。

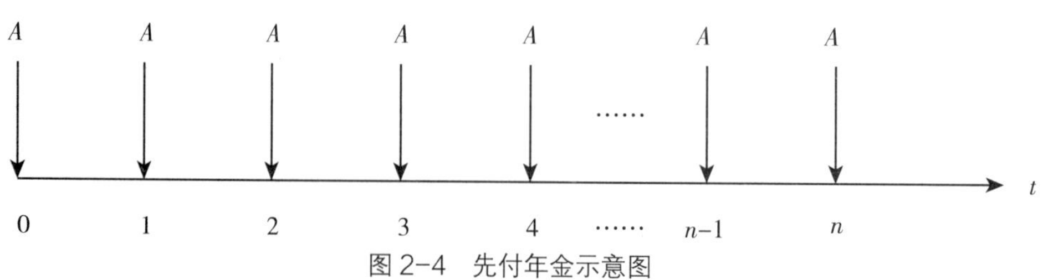

图 2-4　先付年金示意图

由于先付年金现金流量在期初发生，实际上只是比普通年金提前了一期，因此计算

其终值和现值较为简单。

1. 先付年金终值的计算

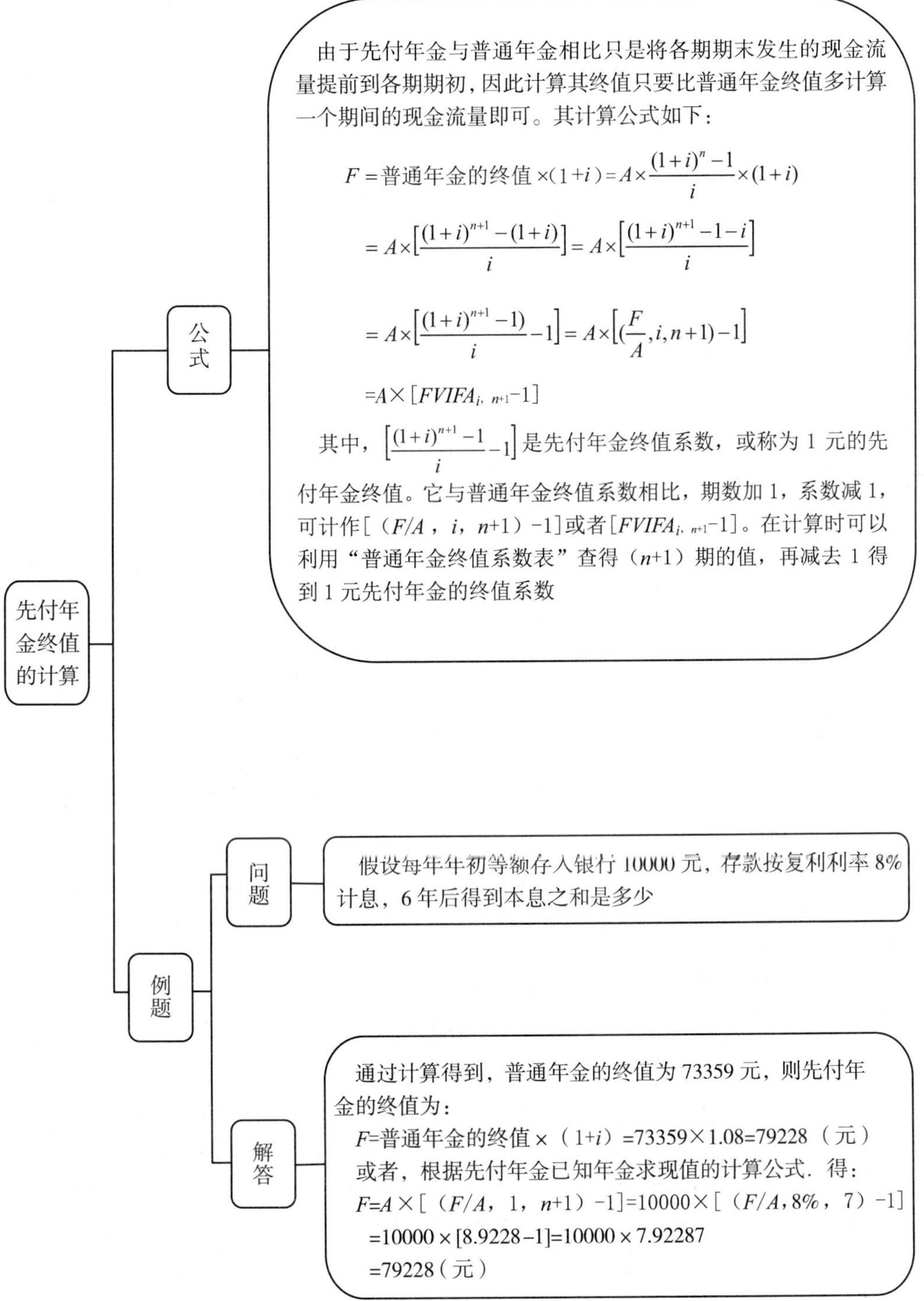

2. 先付年金现值计算

先付年金现值计算

公式

先付年金比普通年金提前一期发生，即在各期期初发生，因此计算其现值只要比普通年金现值少计算一个期间即可。将普通年金的现值乘以（1+i），即相当于减少了 1 个期间的贴现期

计算公式：

$$P=\text{普通年金的现值}\times(1+i)=A\times\frac{1-(1+i)^{-n}}{i}\times(1+i)$$

$$=A\times\left[\frac{1+i-(1+i)^{-(n-1)}}{i}\right]=A\times\left[\frac{1-(1+i)^{-n-1}}{i}-1\right]$$

$$=A\times\left[\left(\frac{P}{A},i,n-1\right)+1\right]$$

$$=A\times[FVIFA_{i,n-1}-1]$$

其中，$\frac{1-(1+i)^{-(n-1)}}{i}+1$ 是先付年金现值系数，或称为 1 元的先付年金现值。它与普通年金现值系数相比，期数减 1，系数加 1，可计作[（F/A，i，$n-1$）+1]或者[$PVIFA_{i,n-1}$+1]。在计算时可以利用“普通年金现值系数表”查得（n+1）期的值，再加 1 得到 1 元先付年金的现值系数

例题

问题

假设今后 3 年每年年初需要支付 2000 元，按复利利率 8% 计算，则相当于现在一次性支付多少钱

公式

通过计算得到，普通年金的现值为 5054.4 元，则先付年金的现值为：

F=普通年金的现值×(1+i)=5054.4 ×1.08=5466.6（元）

或者，根据先付年金已知年金求终值的计算公式，得：

$F=A\times$[（P/A，i，$n-1$）+1]=2000×[P/A,8%,2+1]

=2000×[1.7833+1]=2000×2.7833=5466.6(元)

3. 递延年金

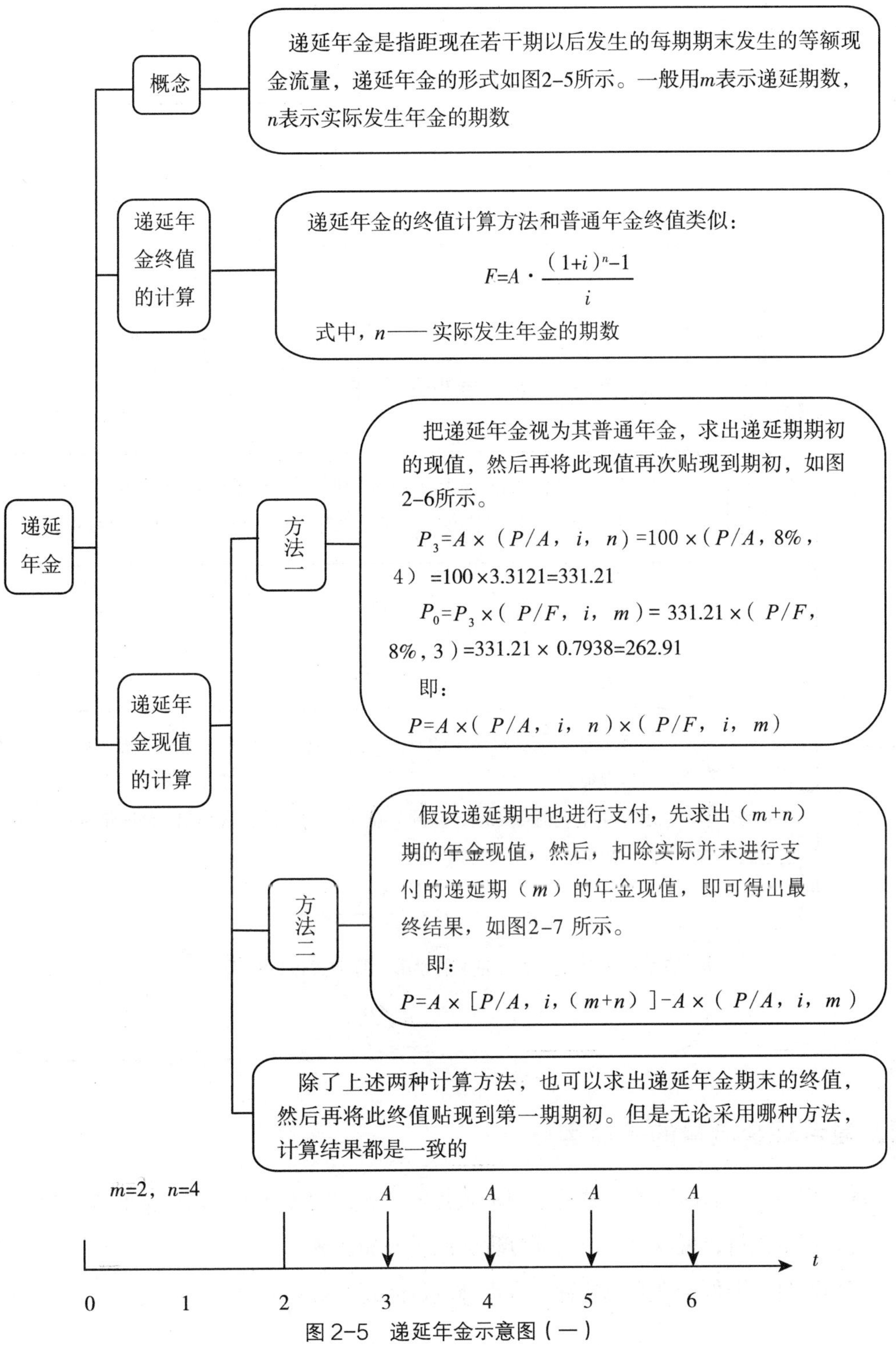

图 2-5　递延年金示意图（一）

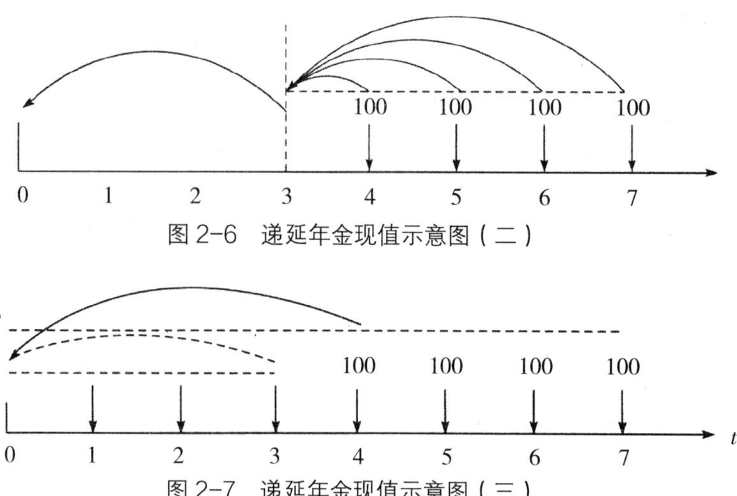

图 2-6　递延年金现值示意图（二）

图 2-7　递延年金现值示意图（三）

4. 永续年金

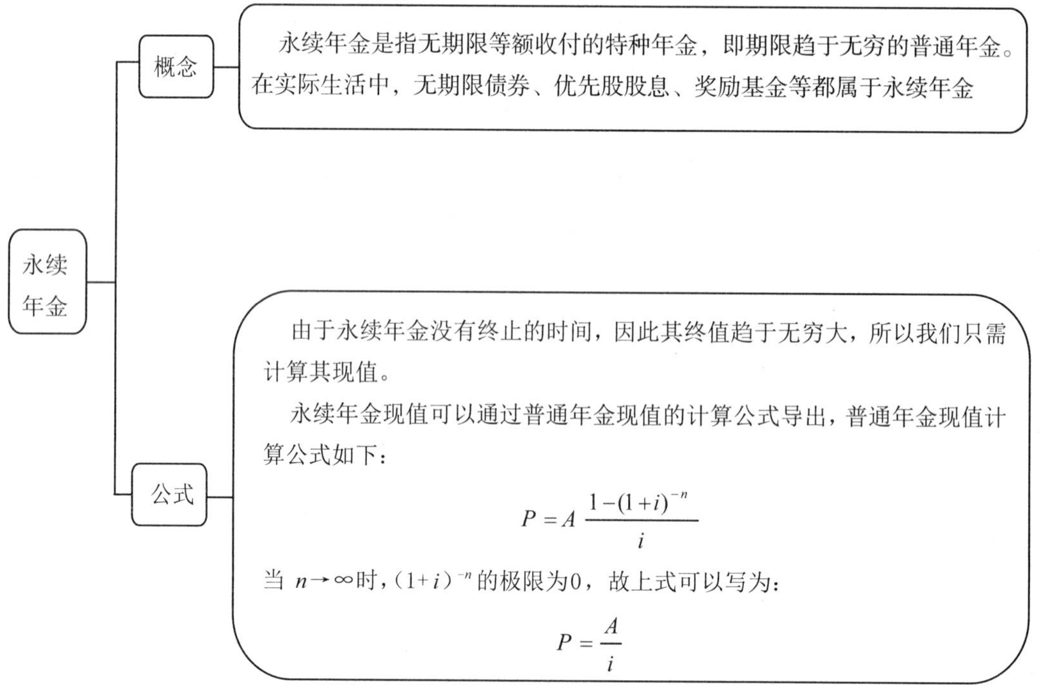

四、复合现金流量的等值运算

现实生活中，有时现金流量的分布形式是复合形式的，并不呈现严格的规律性，对这类复合现金流量，可以视为由几部分现金流量叠加而成。

下面通过一个例子来介绍这种混合现金流量问题的解题方法。

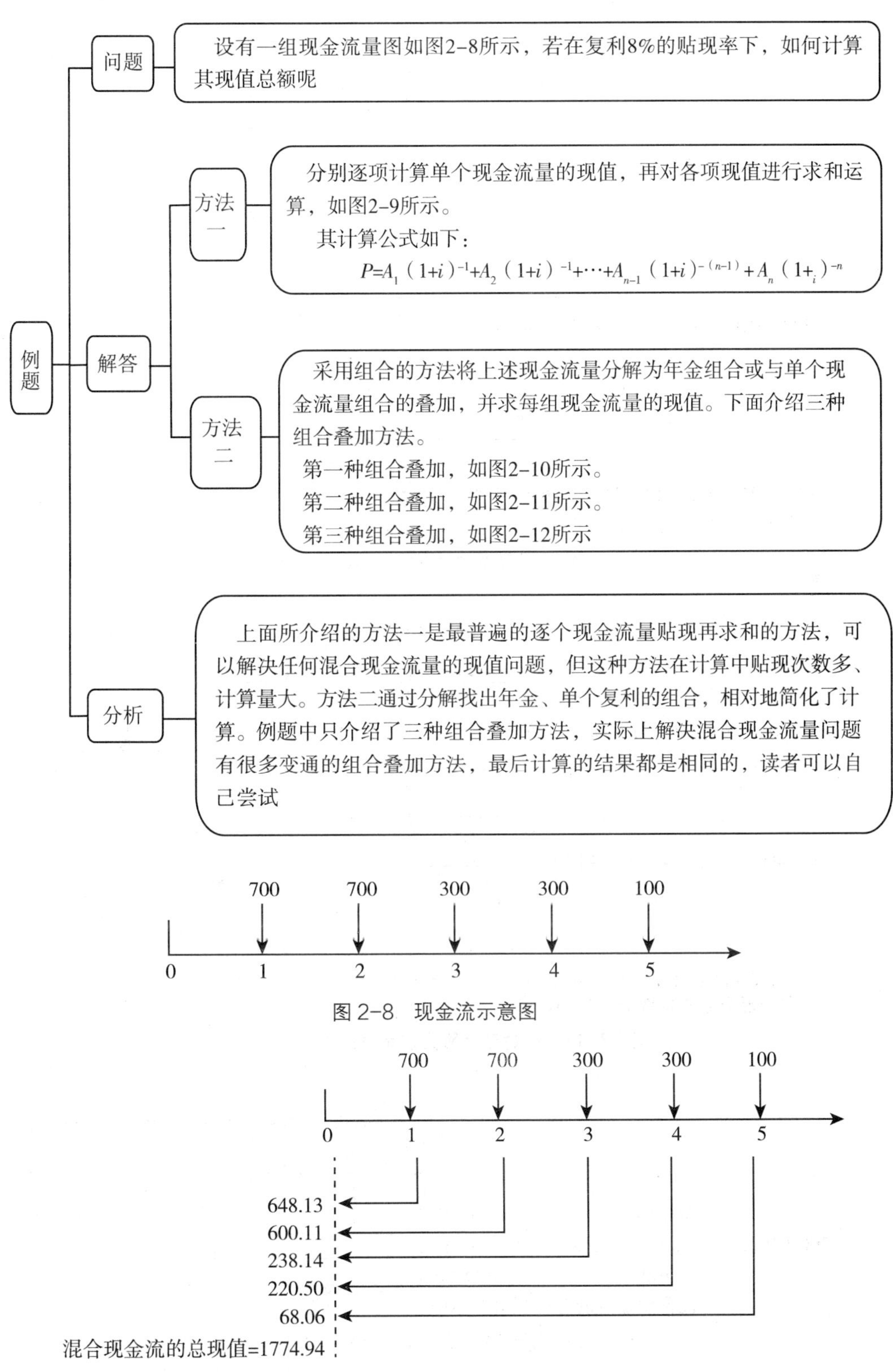

图 2-8　现金流示意图

图 2-9　现金流计算方法示意图（一）

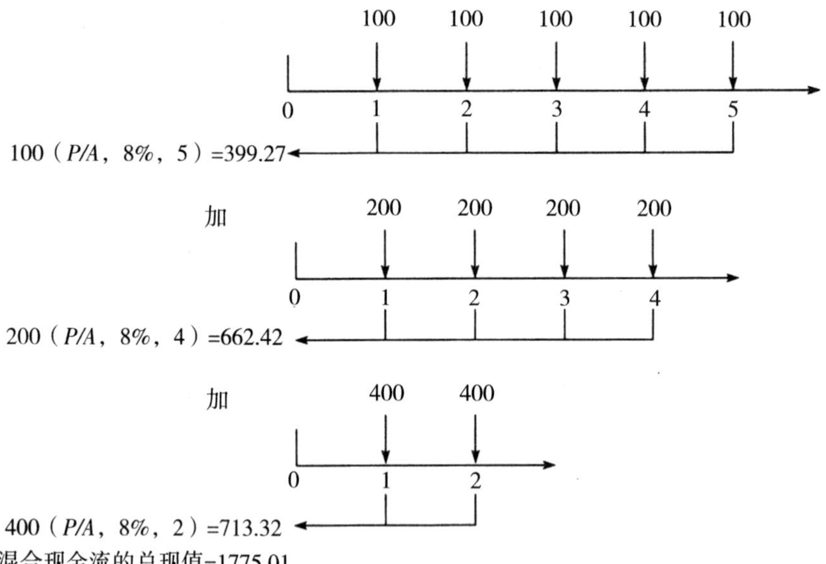

图 2-10　现金流计算方法示意图（二）

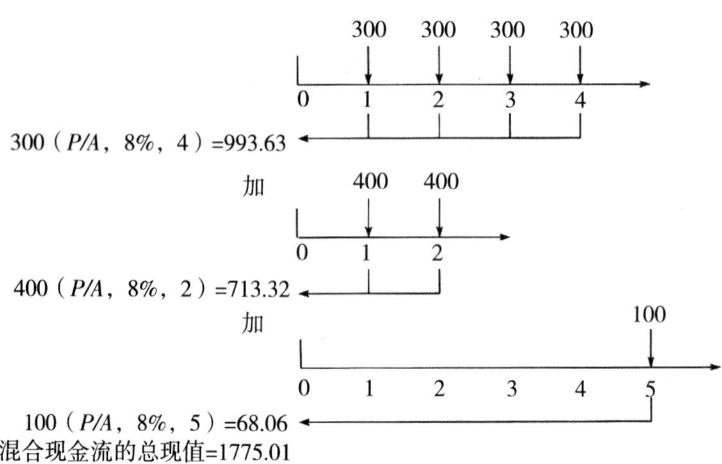

图 2-11　现金流计算方法示意图（三）

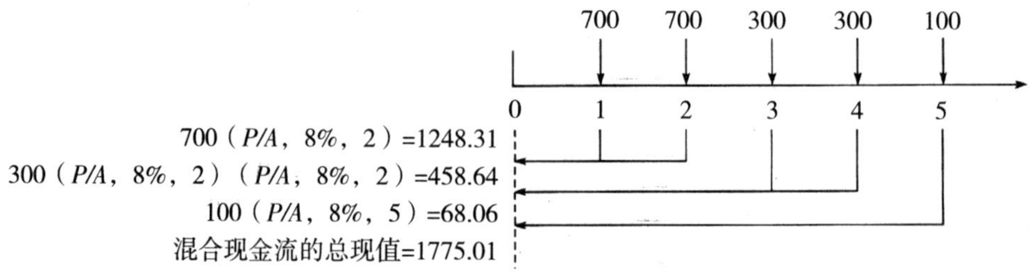

图 2-12　现金流计算方法示意图（四）

五、复利期间与实际利率

复利期间与实际利率

终值和现值通常是按年来进行计算，但在很多时候会遇到复利计息期短于1年的情况，如果1年中计息 m 次，则第 n 年年末终值的计算公式为：

$$F_n = P\left(1+\frac{r}{m}\right)^{mn}$$

式中，n——年数；

m——1年中复利计息的次数；

r——年利率；

F_n——n 年后的终值；

P——现金流量的现值

基于不同的计息期，相同的投资可能会提供不同的回报。

假设年复利利率为12%，1年内多个计息期的情况下，1元钱1年末的终值如表2-1所示。

由表2-1可以看出，随着复利期间从1年缩短到1天，复利次数从1次增加到365次，1元现金的终值从1.12元增加到1.1275元。由此可知复利期间越短，复利的次数越多，对投资者越有利，这主要是由复利的特点决定的：复利的次数越多，投资者通过利息赚取利息的次数也就会越多

当利息在1年内的复利次数大于次时，给出的年利率叫作名义年利率。只有在每年只复利1次时名义利率才等于实际年利率。

根据定义，有：

$$1+i=\left(1+\frac{r}{m}\right)^{m}$$

式中，r——名义年利率；

m——每年计息期数；

i——实际年利率。

因此，给定名义年利率 r 和计息期数 m 时，实际年利率的计算公式为：

$$i=\left(1+\frac{r}{m}\right)^{m}-1$$

表 2-1　1 年内多次复利 1 元复利终值计算表

复利时间	复利次数	现值	终值
一年	1 次	1	$1\times(1+12\%)=1.1200$
半年	2 次	1	$1\times\left(1+\frac{12\%}{2}\right)=1.1236$
季度	4 次	1	$1\times\left(1+\frac{12\%}{4}\right)=1.1255$
月	12 次	1	$1\times\left(1+\frac{12\%}{4}\right)=1.1268$
天	365 次	1	$1\times\left(1+\frac{12\%}{365}\right)=1.1275$

例题

问题

假设将100万元存入银行，存款按复利利率8%计息，存款期为3年，则每年复利一次、每季度复利一次的终值各是多少？实际年利率为多少

解答

每年复利一次的终值为：

$F=200\times(1+8\%)^3=100\times1.2597=251.84$（万元）

每季度复利一次的终值为：

$F=100\times\left(1+\frac{8\%}{4}\right)^{4\times3}=200\times1.2682=252.64$ （万元）

实际年利率为：

$$i=\left(1+\frac{8\%}{4}\right)-1=1.0824-1=8.24\%$$

分析

从上例的计算结果可知，当 1 年复利次数超过一次时，实际年利率会比名义年利率高，复利次数越多，货币的时间价值也就越大。

实际上，有时利息是永续计算的，当年计息次数 m 趋向于无穷时，就是永续复利，此时式 $\left[F_n=P\left(1+\frac{r}{m}\right)^{mn}\right]$ 中的（$1+r/m$）" 趋向于 $e^{r\cdot n}$，其中，e 近似等于 2.71828。因而，在名义年利率为 r，现金流量现值为 P，永续复利下第 n 年年末的终值为：

$$F=P\cdot e^{r\cdot n}$$

在此例题中，若存款期、名义年利率均保持不变，则永续复利下第 3 年年末的终值为：

$F=P\cdot e^{r\cdot n}=200\times e^{0.08\times3}=100\times2.71828^{0.24}=254.24$ （万元）

通过与例题的比较可知，在既定的名义年利率下，第 n 年末的终值在永续复利下达到最大值

六、贷款的分期偿还

- 贷款的分期偿还
  - 概念
    - 许多贷款，特别是长期的巨额贷款，债权人为了减少风险，通常要求债务人分期偿还，例如在抵押贷款、消费贷款和特种商业贷款中，分期偿付是很普遍的。如果贷款每期的还款额相等，还款额中既有利息，也有本金，这种还款方式叫作等额本息还款法。对于每期的还款额，分析中通常需要分离本金和利息，即通常所说的贷款分摊，其原因就在于对于债务人来说，利息的支付可以抵减应税收入，本金的偿还则无法抵减，对于债权人来说则恰恰相反，利息收入是应纳税收入，而本金的回收则不需要纳税
  - 分析方法
    - 年等额偿还金额
      - 假设期初贷款额为 P_n，期限为 n 年，年利率为 i，每年复利一次，每次等额偿还，年偿还额为 R，则利用前面介绍的投资回收系数公式，可求得年等额偿还金额：

        $$R=P_n\frac{i}{1-(1+i)^{-n}}$$
    - 第 1 年末，偿还额和利息支付额
      - 第 1 年末，偿还额为 R，利息支付额为 iP_n，于是本金偿还额为 RiP_n，第 2 年初（即第 1 年末）未偿还的本金额为 $P_n-(R-iP_n)$。我们再来考察一下，上述未偿还的奉金额还意味着什么。

        根据普通年金的现值公式：

        $$P_n=R\cdot\frac{1-(1+i)^{-n}}{i}$$

        代入上述第 2 年初未偿还的本金计算式，得：

        $$P_n-(R-I\cdot P_n)=(1+i)P_n-R=(1+\mathrm{i})R\cdot\frac{1-(1+i)^{-n}}{i}-R=R\cdot\frac{1-(1+i)^{-(n-1)}}{i}$$

        这表明第 2 年年初（即第 1 年末）未偿还的本金额就是第 2 年年初年金的现值 P_{n-1}
    - 第 2 年末，偿还额和利息支付额
      - 第 2 年年末，偿还额仍为 R，利息支付额为 iP_{n-1}，于是本金的偿还额为 $R-iP_{n-1}$，第 3 年年初（即第 2 年年末）尚未偿还的本金额为 $P_{n-1}-（R-iP_{n-1}）=P_{n-2}$
    - 第 t 年末，偿还额和利息支付额
      - 一般地，第 t 年末（$1\leqslant t\leqslant n$）偿还额为 R，利息支付额为 iP_{n-t+1}，本金的偿还额为 $R-iP_{n-t+1}$，尚未偿还的本金额为 $P_{n-t}=P_{n-t+1}-(R-iP_{n-t+1})$。最后，当 $t=n$ 时，尚未偿还的本金额为：

        $$P_1-(R-iP_1)=(1+i)P_1-R=(1+i)\frac{1}{1+i}-R=0$$

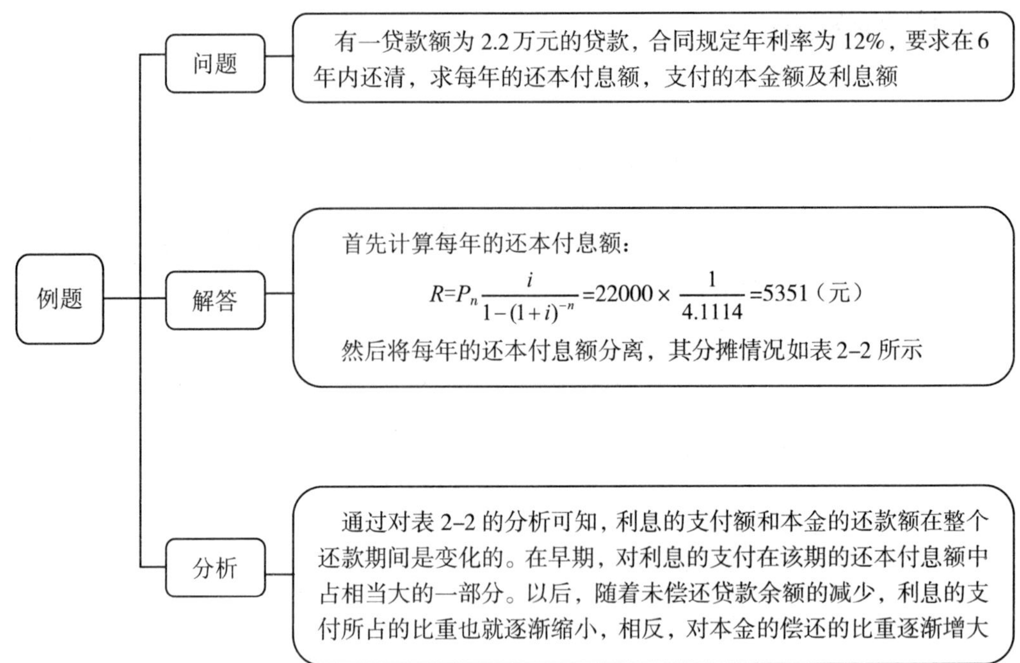

表2-2　贷款分摊

单位：元

年份	（1）本期还本付息额	（2）=（4）$_{t-1}\times0.12$ 本期利息支付额	（3）=（1）-（2）本期本金偿还额	（4）=（4）$_{t-1}$-（3）
0	—	—	—	22000
1	5351	2640	2711	19289
2	5351	2315	3036	16253
3	5351	1951	3400	12853
4	5351	1542	3809	9044
5	5351	1085	4266	4778
6	5351	573	4778	0

实务中常用的另一种还款方式是等额本金还款法，即每个还款期内等额偿还贷款本金，利息则按照实际占用的本金额和计息期利率来计算。这种方法无须对本金和利息进行分摊，但是前期的还款额较大。

第二节 风险价值

一、风险的概念

风险的概念

风险是指在一定条件下、一定时期内，某一项行动有多种可能但结果的不确定性。在市场经济条件下，风险广泛存在于企业的财务活动中，并对企业实现财务管理目标有着重要的影响。高收益意味着高风险，收益越高，风险也越高。因此企业理财时，必须识别风险，评估风险并设法应对风险，以求承担较小的风险，获得最大的收益

从财务管理角度而言，风险就是在财务活动中由于各种难以预料和无法控制的因素的发生，给企业的目标实现带来负面效应的可能性。这些负面效应将阻碍价值创造或者破坏现有价值。例如，企业某项投资所期望的收益率是30%，而实际获得的收益率只有20%，两者的差异即反映了风险

风险具有不确定性，但风险和不确定性又不完全等同。风险能够确定各种情况发生的概率，不确定性是指事先只知道某种行动可能形成的各种结果，但不知道它们出现的概率，或者两者都不知道，而只能作出粗略的估计。在实践中，大多数决策一般都是在不确定的情况下作出的。很难对风险和不确定这两个概念加以区分，因为对风险问题的概率往往只能进行估计和测算，而对不确定性问题也可以主观估计一个概率，这样，不确定性问题就转化为风险性问题了，因此，在财务管理中对风险和不确定性并不作严格区分，而统称为风险

二、风险的类型

按照不同的标准，风险可以划分为不同类型。按照能否通过投资组合予以分散可划分为：可分散风险和不可分散风险；按风险成因可划分为：经营风险和财务风险。

（一）可分散风险和不可分散风险

可分散风险和不可分散风险

- 可分散风险又称非系统风险或公司特有风险，是指发生于个别公司的特有事件造成的风险，它是随机发生的，只与特定企业和特定投资项目有关，不涉及所有企业和所有项目，且可以通过多元化投资来分散。如新产品开发失败、法律诉讼和行销计划的成败等，这类事件是随机发生的，可以通过组合投资来分散风险，即发生于一家公司的不利事件可以被其他公司的有利事件所抵销

- 不可分散风险又称系统风险或市场风险，是指那些影响所有公司的因素引起的风险，如通货膨胀、经济衰退、高利率等。这类风险涉及所有的投资对象，不能通过组合投资来分散：它由企业外部因素引起，企业无法控制、无法分散，涉及所有的市场主体，且不能通过多元化投资来分散。例如，战争、自然灾害、利率的变化、经济周期的变化、通货膨胀等

（二）经营风险和财务风险

经营风险和财务风险

- 经营风险又称商业风险，是指因生产经营方面的原因导致的企业盈利的不确定性。这些生产经营条件的变化可能来自企业内部，也可能来自企业外部。这些内外部变化，使企业的生产经营产生不确定性，最终引起收益变化

- 财务风险又称筹资风险，是指由于举债方面的原因导致的企业财务成果的不确定性。企业在资金不足或者为了充分利用财务杠杆的作用的情况下，就会运用负债的方式进行筹资。企业负债经营，虽可解决企业资金短缺的困难、提高自有资金的盈利能力，但同时也改变了企业的资金结构，还须还本付息，并且借人资金所获得的利润是否大于支付的利息额，具有不确定性。此外，在全部资金来源中，借入资金所占的比重大，企业的财务负担就重，风险程度也就增加；借人资金所占的比重小，企业的财务负担就轻，风险程度也就减轻。因此，保持合理的资金结构，维持适当的债务水平是风险管理的关键。既要充分利用举债经营来获得财务杠杆收益，提高自有资金的盈利能力，同时也要防止过度举债而引起的财务风险的增大。如果一个企业没有负债，全部用自有资金经营，那么，该企业只有经营风险，不存在财务风险

三、风险的衡量

企业财务管理工作，在很多情况下，都是在不确定的情况下进行的。离开了风险因素，就无法评价企业报酬的高低，因此必须了解风险衡量的方法。由于风险是可能值对期望值的偏离，可利用概率统计中的期望值、标准差和标准差率等指标来计算与衡量风险的大小。风险衡量的基本步骤如下。

（一）确定概率分布

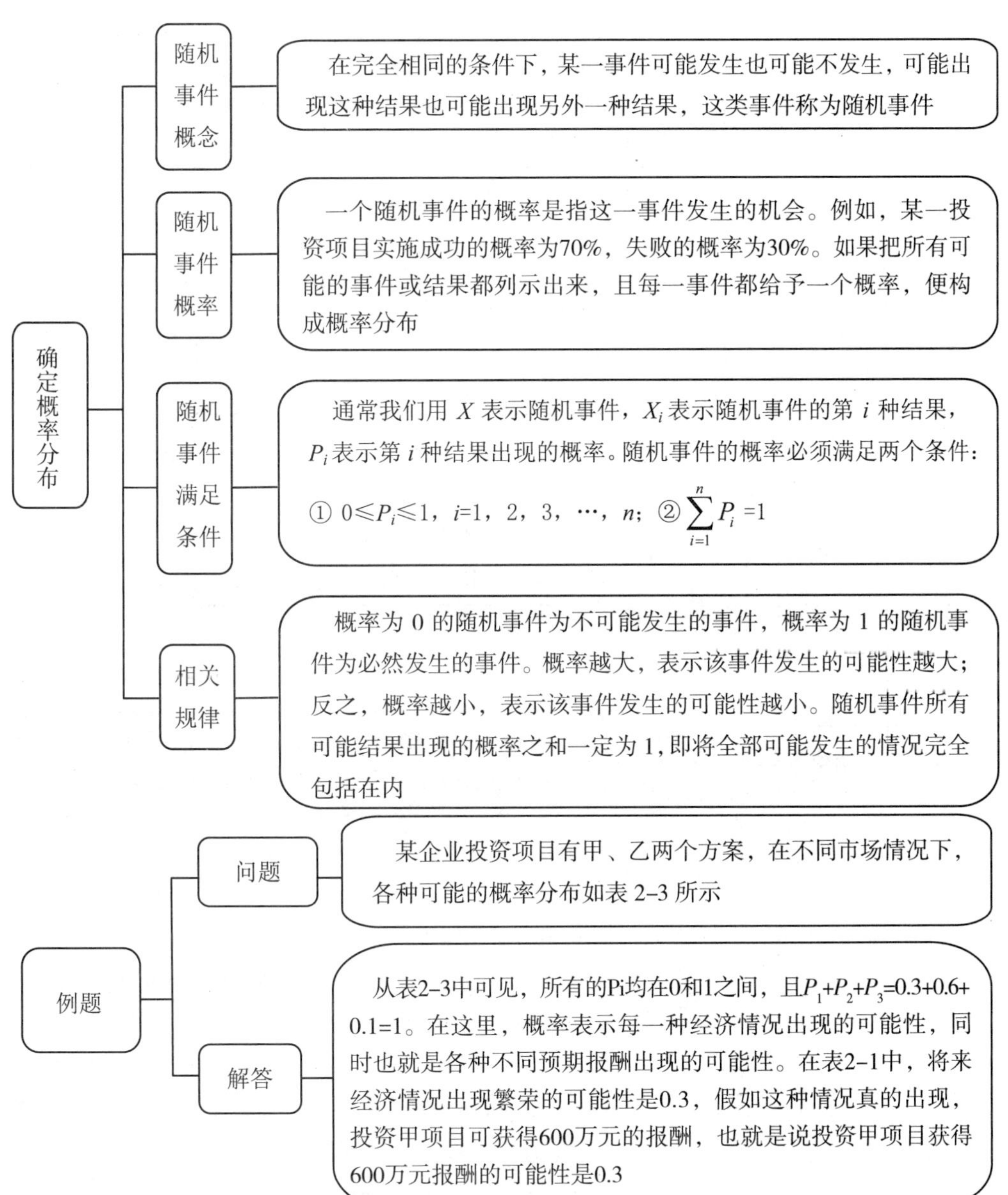

表 2-3 甲、乙两个方案报酬的概率分布表

经济情况	概率（P_i）	预期报酬（X_i）	
		甲方案（万元）	乙方案（万元）
繁荣	0.3	X_1=1200	X_1=1400
一般	0.6	X_2=800	X_2=800
较差	0.1	X_3=400	X_3=-200

（二）计算期望值

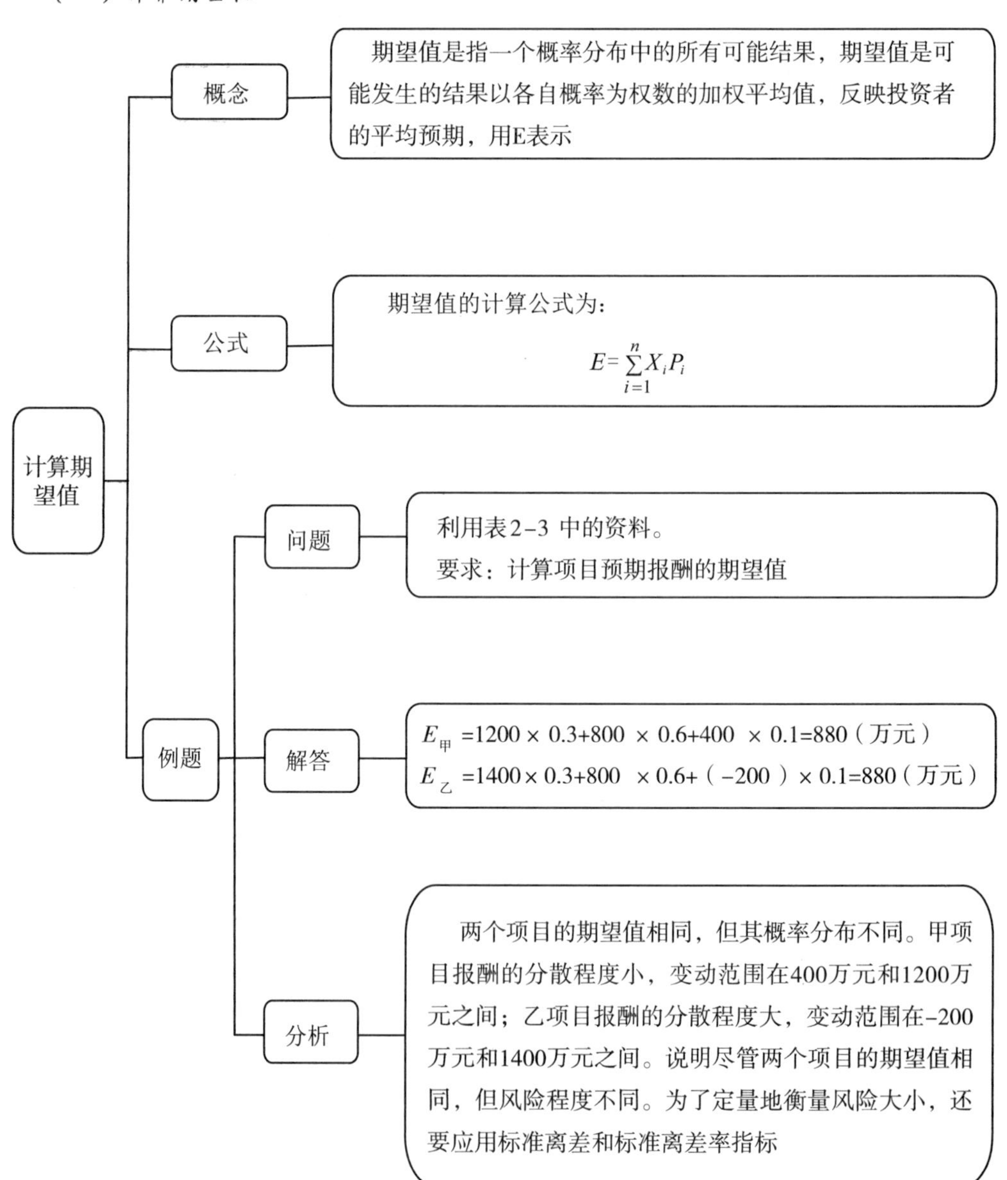

（三）计算标准离差

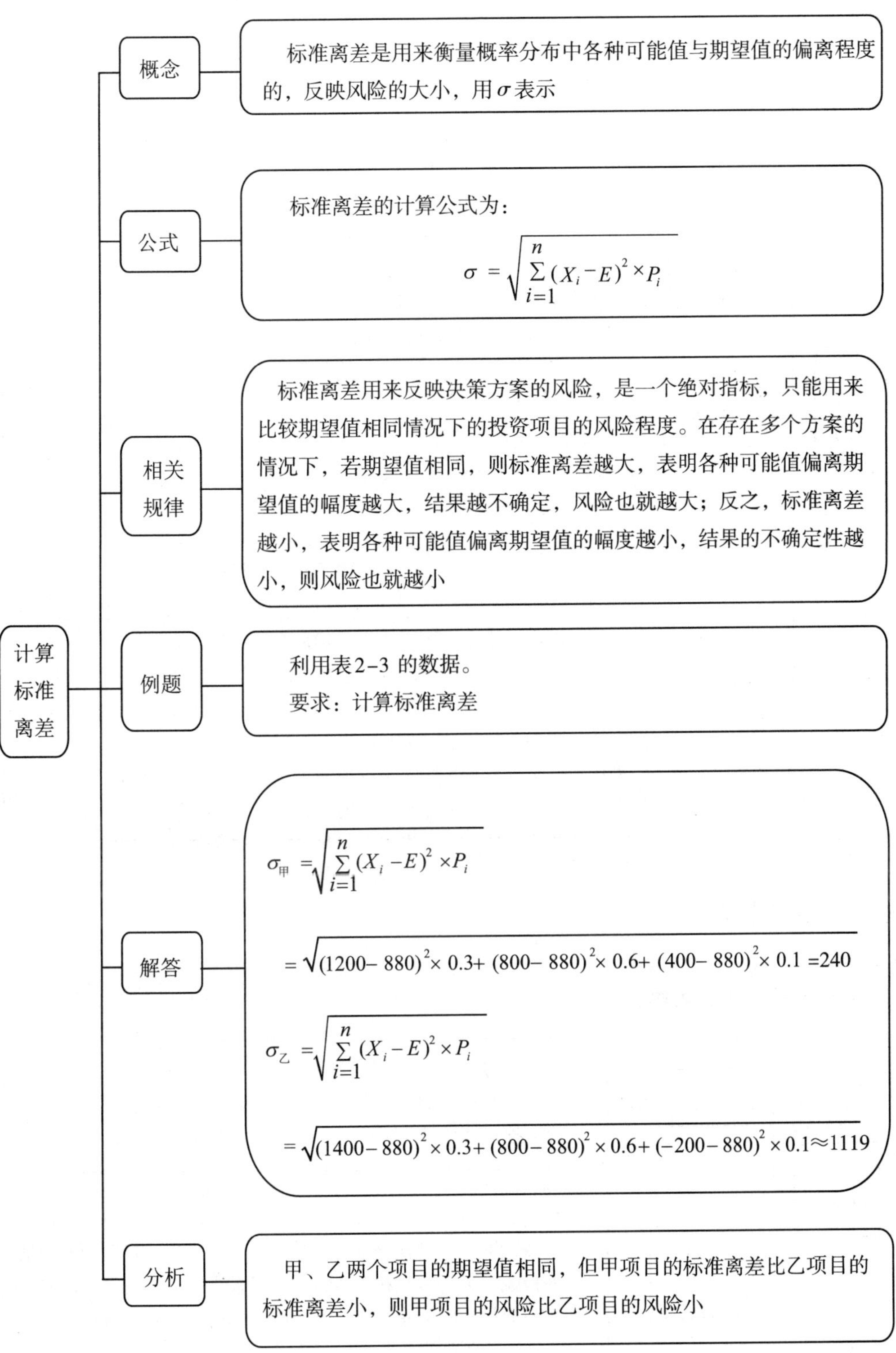
计算
标准
离差
概念
标准离差是用来衡量概率分布中各种可能值与期望值的偏离程度的，反映风险的大小，用σ表示
公式
标准离差的计算公式为：
$\sigma=\sqrt{\sum_{i=1}^{n}(X_i-E)^2\times P_i}$
相关
规律
标准离差用来反映决策方案的风险，是一个绝对指标，只能用来比较期望值相同情况下的投资项目的风险程度。在存在多个方案的情况下，若期望值相同，则标准离差越大，表明各种可能值偏离期望值的幅度越大，结果越不确定，风险也就越大；反之，标准离差越小，表明各种可能值偏离期望值的幅度越小，结果的不确定性越小，则风险也就越小
例题
利用表2-3 的数据。
要求：计算标准离差
解答
$\sigma_{甲}=\sqrt{\sum_{i=1}^{n}(X_i-E)^2\times P_i}$
$=\sqrt{(1200-880)^2\times 0.3+(800-880)^2\times 0.6+(400-880)^2\times 0.1}=240$
$\sigma_{乙}=\sqrt{\sum_{i=1}^{n}(X_i-E)^2\times P_i}$
$=\sqrt{(1400-880)^2\times 0.3+(800-880)^2\times 0.6+(-200-880)^2\times 0.1}\approx 1119$
分析
甲、乙两个项目的期望值相同，但甲项目的标准离差比乙项目的标准离差小，则甲项目的风险比乙项目的风险小

（四）计算标准离差率

计算标准离差率

- **概念和公式**：标准离差率是指标准差与期望值的比值，用 q 表示，计算公式如下：

$$q=\frac{\sigma}{E}\times 100\%$$

- **相关规律**：标准离差用来反映决策方案的风险，是一个绝对指标，只能用来比较期望值相同情况下的投资项目的风险程度。在存在多个方案的情况下，若期望值相同，则标准离差越大，表明各种可能值偏离期望值的幅度越大，结果越不确定，风险也就越大；反之，标准离差越小，表明各种可能值偏离期望值的幅度越小，结果的不确定性越小，则风险也就越小
- **例题**：利用表2-3 的数据。
  要求：计算标准离差率
- **解答**：

$$q_{甲}=\frac{\sigma}{E}\times 100\%=\frac{240}{880}\times 100\%=27.27\%$$

$$q_{乙}=\frac{\sigma}{E}\times 100\%=\frac{1119}{880}\times 100\%=127.15\%$$

- **分析**：从标准离差率中也可看出，虽然两个项目的平均报酬率（期望值）相同，但风险大小不同。乙项目取得高报酬的可能性大，同时亏损的可能性也大；甲项目取得高报酬的可能性小，亏损的可能性也小。甲项目和乙项目的期望报酬相同，可直接用标准离差来比较两个项目的风险水平。但如果比较项目的期望报酬不同，则一定要计算标准离差率，才能进行比较

四、风险和报酬

（一）风险和报酬的关系

风险报酬

- **概念**：风险报酬是指投资者由于承担着风险进行投资而获得的超过资金时间价值的那部分额外收益，也称为风险价值或风险溢价。投资者所冒的风险越大，其要求的风险报酬越高
- **表现形式**：风险报酬与资金时间价值一样，也有两种表现形式：一种是绝对数，即“风险报酬额”，是指冒着风险进行投资而取得的额外报酬；另一种是相对数，即“风险报酬率”，是指风险报酬额与原投资额的百分比。在实际工作中，风险报酬通常以相对数即风险报酬率进行计量

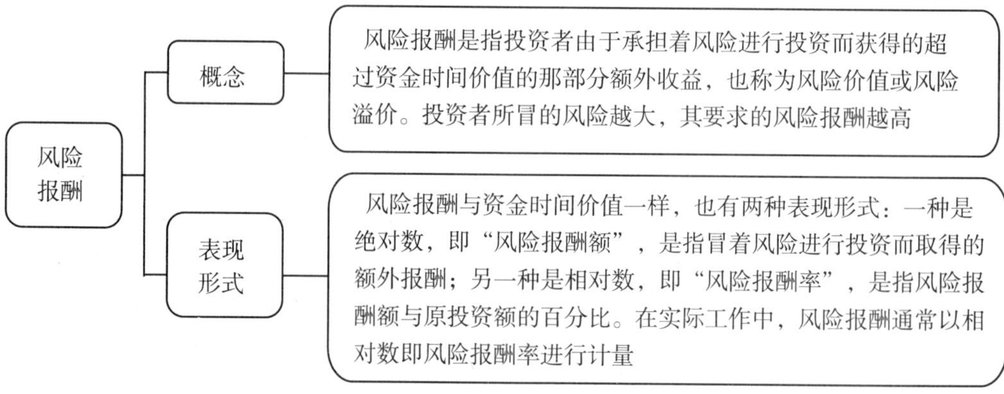

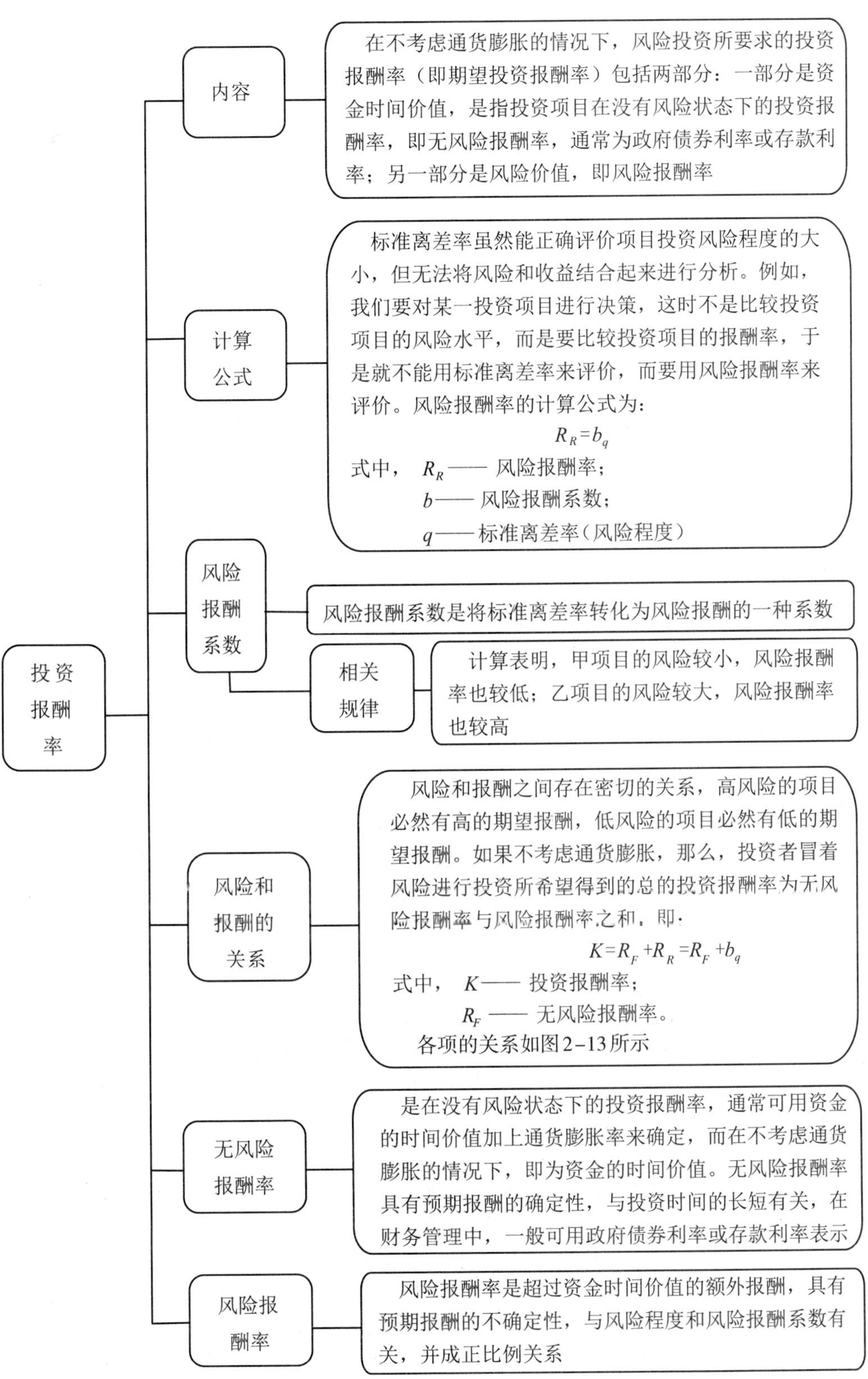
投资报酬率
内容
在不考虑通货膨胀的情况下，风险投资所要求的投资报酬率（即期望投资报酬率）包括两部分：一部分是资金时间价值，是指投资项目在没有风险状态下的投资报酬率，即无风险报酬率，通常为政府债券利率或存款利率；另一部分是风险价值，即风险报酬率
计算公式
标准离差率虽然能正确评价项目投资风险程度的大小，但无法将风险和收益结合起来进行分析。例如，我们要对某一投资项目进行决策，这时不是比较投资项目的风险水平，而是要比较投资项目的报酬率，于是就不能用标准离差率来评价，而要用风险报酬率来评价。风险报酬率的计算公式为：
$R_R=b_q$
式中，R_R—— 风险报酬率；
b—— 风险报酬系数；
q—— 标准离差率（风险程度）
风险报酬系数
风险报酬系数是将标准离差率转化为风险报酬的一种系数
相关规律
计算表明，甲项目的风险较小，风险报酬率也较低；乙项目的风险较大，风险报酬率也较高
风险和报酬的关系
风险和报酬之间存在密切的关系，高风险的项目必然有高的期望报酬，低风险的项目必然有低的期望报酬。如果不考虑通货膨胀，那么，投资者冒着风险进行投资所希望得到的总的投资报酬率为无风险报酬率与风险报酬率之和，即：
$K=R_F+R_R=R_F+b_q$
式中，K—— 投资报酬率；
R_F—— 无风险报酬率。
各项的关系如图2-13所示
无风险报酬率
是在没有风险状态下的投资报酬率，通常可用资金的时间价值加上通货膨胀率来确定，而在不考虑通货膨胀的情况下，即为资金的时间价值。无风险报酬率具有预期报酬的确定性，与投资时间的长短有关，在财务管理中，一般可用政府债券利率或存款利率表示
风险报酬率
风险报酬率是超过资金时间价值的额外报酬，具有预期报酬的不确定性，与风险程度和风险报酬系数有关，并成正比例关系

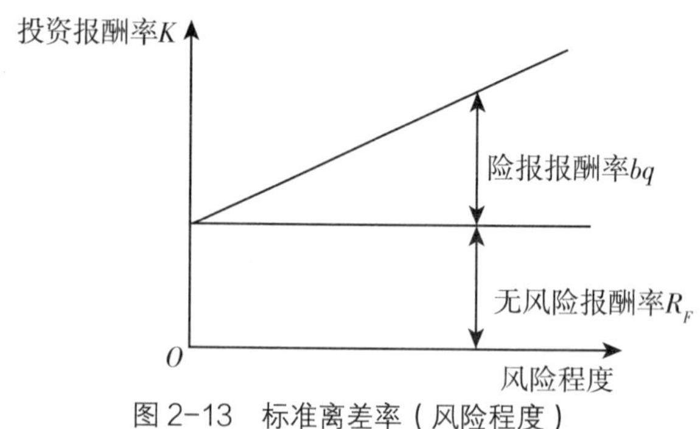

图 2-13 标准离差率（风险程度）

（二）风险报酬系数的确定

风险报酬系数的确定，通常有三种方法：

风险报酬系数确定的方法

- 类比法：参照以往同类项目的历史资料，根据公式 $K=R_F+b_q$ 来确定风险报酬系数 b。例如，有一公司准备投资某一项目，该项目的总投资报酬率为 15%，报酬率的标准离差率为 60%，无风险报酬率为 6%，代入公式可得：$b=(K-R_F)/q=(15\%-6\%)/60\%=15\%$
- 高低点法
  - 公式：即根据标准离差率和投资报酬率之间的依存关系来确定，标准离差率是衡量风险大小的重要标准，因此，借助以往项目的标准离差率和投资报酬率之间的关系，用高低点法来估算风险报酬系数。风险报酬系数 b 的计算公式如下：
    b=（最高投资报酬率-最低投资报酬率）/（最高标准离差率-最低标准离差率）
  - 例题
    - 问题：某公司以往某类投资项目的标准离差率和投资报酬率之间的关系如表2-4所示。
      要求：计算此类投资项目的风险报酬系数
    - 解答：b=（最高投资报酬率-最低投资报酬率）/（最高标准离差率-最低标准离差率）=（18%-12%）/（80%-20%）=10%
- 主观判断法：由企业领导或组织有关专家加以确定。类比法和高低点法必须在有一定的历史资料情况下才能运用，如果缺乏历史资料，则可由企业领导根据经验加以确定，也可由企业组织有关专家评议确定。这种方法下的风险报酬系数确定，在很大程度上取决于企业对风险的偏好。比较敢于承担风险的企业，往往把风险报酬系数定得低些；反之，比较稳健的企业，则把风险报酬系数定得高些

表2-4　某公司某类投资项目的标准离差率与投资报酬率

投资	投资报酬率	标准离差率
甲	12%	20%
乙	15%	50%
丙	18%	80%

（三）企业风险应对策略

企业风险应对策略

风险规避是指有意识地回避某种特定风险的行为。风险规避是最彻底的风险应对措施，它使风险降为零。任何企业对风险的对策，首先考虑到的是规避风险，凡风险造成的损失不能由该项目可能获得的利润予以抵销时，规避风险是最可行的方法。例如，拒绝与信用差的厂商往来业务，放弃可能明显导致亏损的投资项目，新产品在试制阶段发现较多问题而立刻停止等

风险降低是指采取措施降低损失频率或者减少损失程度来减少期望损失成本的各种行为，事先从制度、决策、组织和控制、培育核心能力上提高企业防御风险的能力。降低风险主要有两个方面：一是控制风险因素，降低风险的发生；二是控制风险发生的频率和降低风险损害程度。降低风险的常用方法有：多样化的产品提供；进行准确的预测，如汇率预测、利率预测、债务人信用评估等；对决策进行多方案选优；及时与政府部门沟通获取政策信息；在开发新产品前，充分进行市场调研；实行设备预防检修制度以减少设备事故；选择抗风险能力强的技术方案，进行预先的技术模拟实验；采用多领域、多项目投资以分散风险

风险转移是指企业以一定的代价（保险费、担保费和利息等），采用某种方式（参加保险、信用担保、租赁经营、票据贴现等），将风险损失转嫁给他人承担，以避免可能给企业带来灾难性损失。如向专业性保险公司投保；采取合资、联营、增发新股、发行债券、联合开发等措施实现风险共担；通过技术转让、特许经营、战略联盟、租赁经营和业务外包等实现风险转移

风险自留是指对于损失较小的风险，如果企业有足够的财力和能力承受风险损失时，可以采用风险自担和风险自保，自行消化风险损失。风险自担就是风险发生时，直接将损失摊入成本或费用，或冲减利润；风险自保就是企业预留一笔风险金或随着生产经营的进行，有计划地计提风险基金如坏账准备、存货跌价准备等

第三章

资金筹集和管理

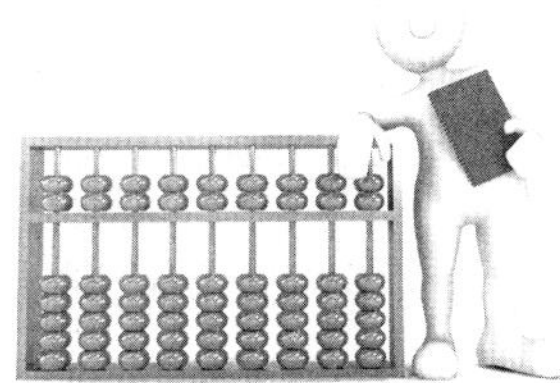

本章导读

赚钱需要本金。每家企业都需要资本：开办企业、成长、繁荣、扩张、竞争、生存都需要钱。企业从哪里获得为项目和服务融资所需的现金呢？你已经知道，企业通过经营产生现金，并通过从银行等贷款机构借款（债务融资）、出售部分所有权（股权融资）或结合这两种方法来融资。考察企业生命周期中不同成长阶段的各种筹资方法有助于理解这一过程。

在企业的财务活动中，资金始终是一项值得高度重视的高流动性资产，因此，资金筹集与管理是企业财务管理的核心内容，如何加强资金筹集与管理，提高资金使用效益是每个企业所面临的重要课题。本文主要从企业资金的筹集方式和风险、企业资金管理的重点和存在问题等方面进行分析，并对合理筹集资金和加强资金的管理两方面提出若干建议。

第一节　企业筹集资金概述

一、筹资的概念与主要目的

（一）筹资的概念

筹资是筹集资金的简称，是指企业根据其生产经营、对外投资以及调整资本结构等需要而采取适当方式取得所需资金的财务行为。筹资是运营的前提，资金短缺会限制企业的持续发展。

（二）筹资的主要目的

在实践中，企业要发展甚至仅仅维持现状，都可能需要筹资，筹资是企业的基本财务活动。企业筹资的目的有很多，以下仅介绍其主要目的。

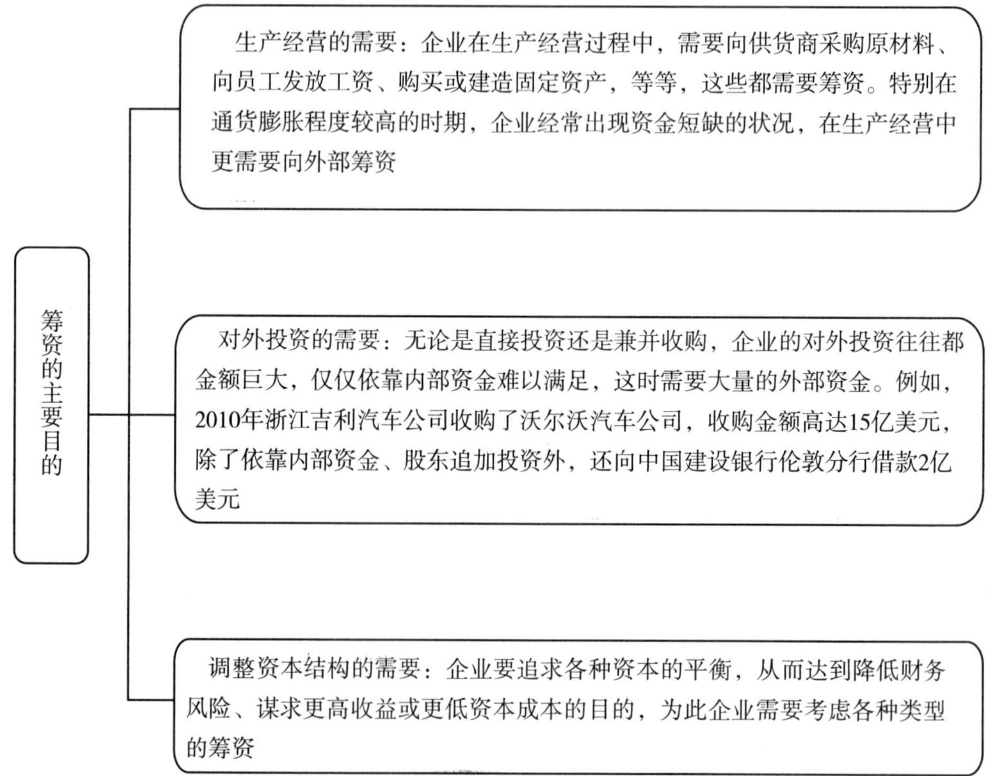

二、筹资分类

筹集的资金可按多种标准进行分类，其中最主要的是按使用期限的长短和来源渠道进行分类。

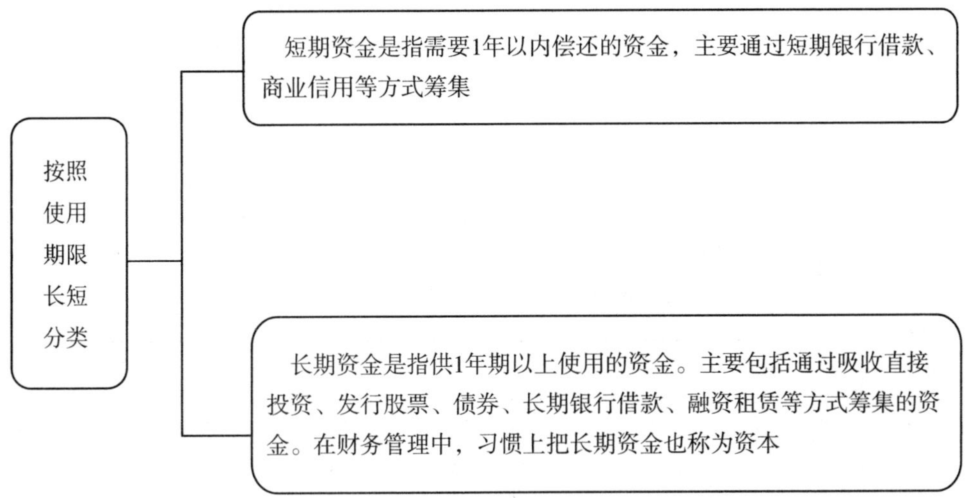

企业应将资金来源与资金运用合理结合起来，进行合理期限搭配，用长期资金来满足对外收购、固定资产、无形资产、长期占用的流动资产的资金需要，用短期资金满足货币资金、应收账款、存货等的临时波动的流动资金需要。

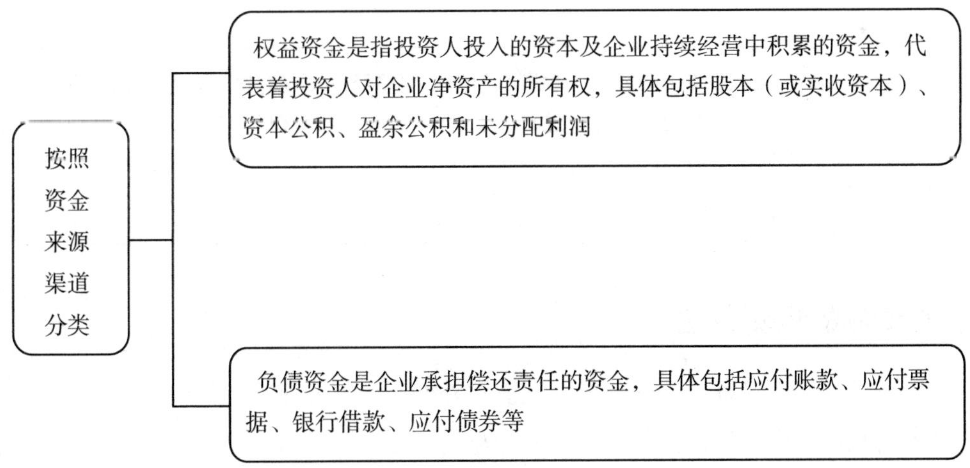

三、筹资的基本原则

筹资是一项重要而复杂的工作，为了有效地筹集企业所需资金，必须遵循以下基本原则。

筹资的基本原则

规模适度原则：不同时期企业的资金需求量并不是一个常数，企业对资金的需求也随着企业经营状况的变化而有所不同。企业财务人员要认真分析采购、生产、销售及投资状况，采用一定的方法，预测资金的需要数量，合理确定筹资规模。既要避免因资金短缺影响企业正常的生产经营活动，也要防止因过度融资而造成的资金成本浪费

筹资及时原则：企业财务人员在筹集资金时必须熟知资金时间价值的原理和计算方法，以便根据资金需求的具体情况，合理安排资金的筹集时间，适时获取所需资金。既要避免因筹资过早而造成的资金闲置，也要防止因筹资滞后而错过最佳投资时机

方式经济原则：在确定筹资数量、筹资时间的基础上，企业在筹资时还必须认真研究各种筹资方式。企业筹集资金必然要付出一定的代价，不同筹资方式条件下的资本成本有高有低。为此，就需要对各种筹资方式进行分析、对比，选择经济可行的筹资方式，确定合理的资本结构，以便降低成本，减少财务风险

来源合法原则：政府部门为了国家经济发展有序进行，对资金市场和企业的筹资行为进行了宏观调控和严格的监管，并制定了一系列诸如《银行法》、《证券法》等法律法规。企业在筹资的过程中，必须严格遵守这些法律法规

四、筹资额的预测方法

筹资额的预测是筹资行为的前提。企业对外筹资，需要寻找提供资金的人，向他们作出还本付息的承诺或提供盈利前景，使之相信投资安全并可以获利，这个过程往往时间很长。企业需要预先估计资金的需求，提前安排恰当的筹资方案，否则就可能导致资金周转不灵。筹资额的预测方法包括销售百分比法和线性回归法。

（一）销售百分比法

销售百分比法是根据销售额与资产负债表、利润表的有关项目间的比例关系，预测

各项目短期资金需要量的方法。销售百分比法的基本步骤如下。

销售百分比法的基本步骤

- 销售预测是筹资额预测的起点。要根据企业的经营目标以及市场情况确定企业下期的销售数据，销售预测不是财务管理的职能，但它是筹资的基础，销售预测完成后才能开始财务预测
- 计算预计销售额下的资产和负债：首先，要将资产负债表中的项目划分为敏感项目和非敏感项目。随着销售额的变动而正比例变动的项目称为敏感项目；反之，称为非敏感项目。其次，对于敏感项目，需要计算出各项目的销售百分比，然后计算出预计销售额下的资产和负债。计算公式：
  预计资产（负债）=预计销售额×各项目的销售百分比
- 根据企业预计销售额、营业净利率和股利支付率，可以计算企业在预测期的留存收益增加额。计算公式：
  留存收益增加额 =预计销售额×计划营业净利率×（1–股利支付率）
- 根据预计的期末资产总额、期末预计负债总额和留存收益增加额，可以计算出外部融资额。计算公式：
  外部融资额 =预计期末资产总额–预计期末负债总额 –（期初股东权益 +留存收益增加额）
  = 资产增加额 –负债增加额–留存收益增加额

表 3–1　飞宇公司 2015 年资产负债表

单位：万元

资产	期末金额	负债和股东权益	期末金额
货币资金	200	短期借款	200
应收账款	400	应付账款	200
存货	1600	应付票据	400
固定资产净值	2000	非流动负债	1200
长期股权投资	800	股本	2000
		留存收益	1000
资产合计	5000	负债和所有者权益合计	5000

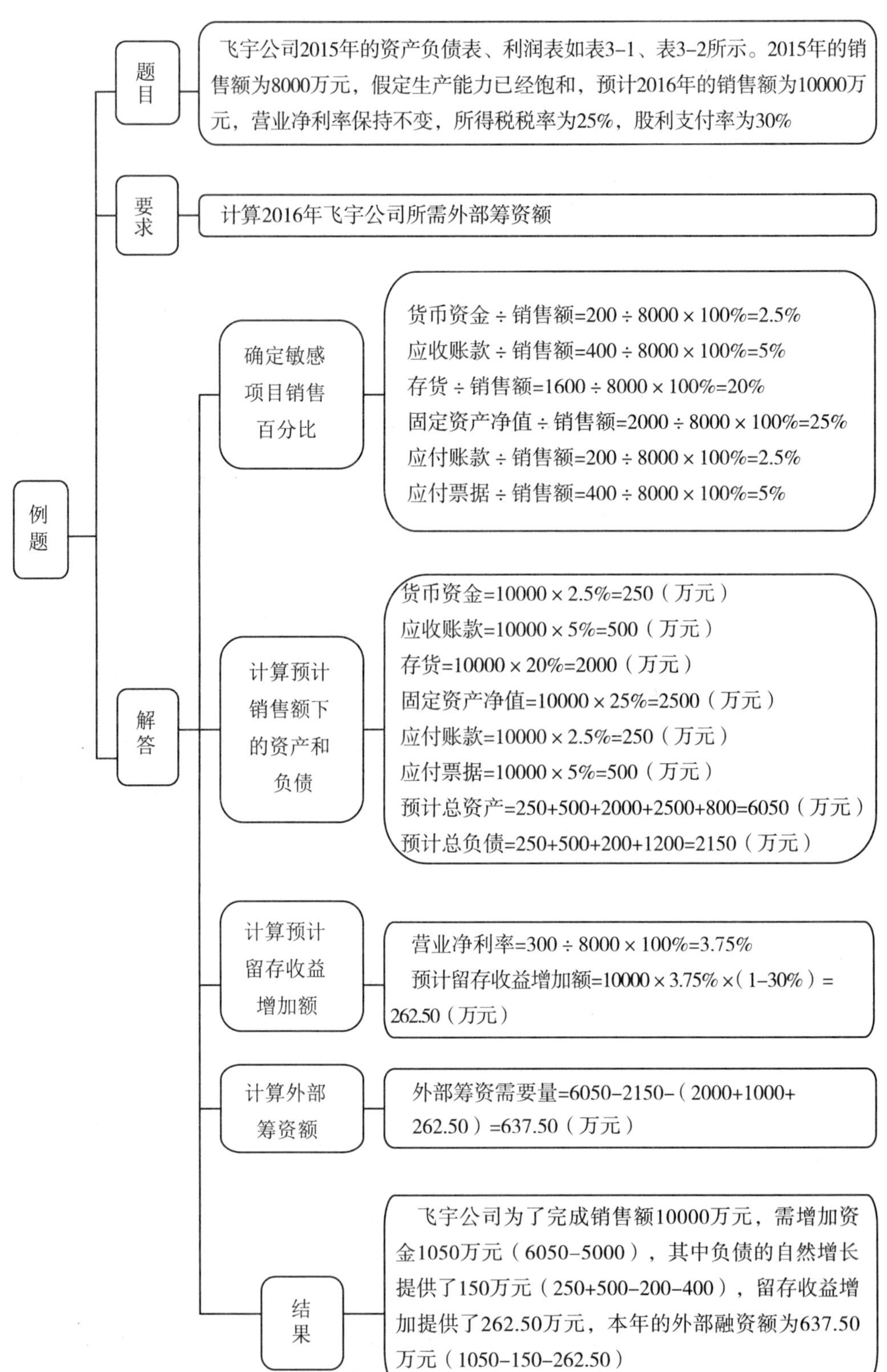
例题
题目
飞宇公司2015年的资产负债表、利润表如表3-1、表3-2所示。2015年的销售额为8000万元，假定生产能力已经饱和，预计2016年的销售额为10000万元，营业净利率保持不变，所得税税率为25%，股利支付率为30%
要求
计算2016年飞宇公司所需外部筹资额
解答
确定敏感项目销售百分比
货币资金÷销售额=200÷8000×100%=2.5%
应收账款÷销售额=400÷8000×100%=5%
存货÷销售额=1600÷8000×100%=20%
固定资产净值÷销售额=2000÷8000×100%=25%
应付账款÷销售额=200÷8000×100%=2.5%
应付票据÷销售额=400÷8000×100%=5%
计算预计销售额下的资产和负债
货币资金=10000×2.5%=250（万元）
应收账款=10000×5%=500（万元）
存货=10000×20%=2000（万元）
固定资产净值=10000×25%=2500（万元）
应付账款=10000×2.5%=250（万元）
应付票据=10000×5%=500（万元）
预计总资产=250+500+2000+2500+800=6050（万元）
预计总负债=250+500+200+1200=2150（万元）
计算预计留存收益增加额
营业净利率=300÷8000×100%=3.75%
预计留存收益增加额=10000×3.75%×（1-30%）=262.50（万元）
计算外部筹资额
外部筹资需要量=6050-2150-（2000+1000+262.50）=637.50（万元）
结果
飞宇公司为了完成销售额10000万元，需增加资金1050万元（6050-5000），其中负债的自然增长提供了150万元（250+500-200-400），留存收益增加提供了262.50万元，本年的外部融资额为637.50万元（1050-150-262.50）

表 3-2　飞宇公司 2015 年利润表

单位：万元

项目	金额
营业收入	8000
减：营业成本	6000
销售费用	400
管理费用	1000
财务费用	200
营业利润	400
减：所得税费用	100
净利润	300

（二）线性回归法

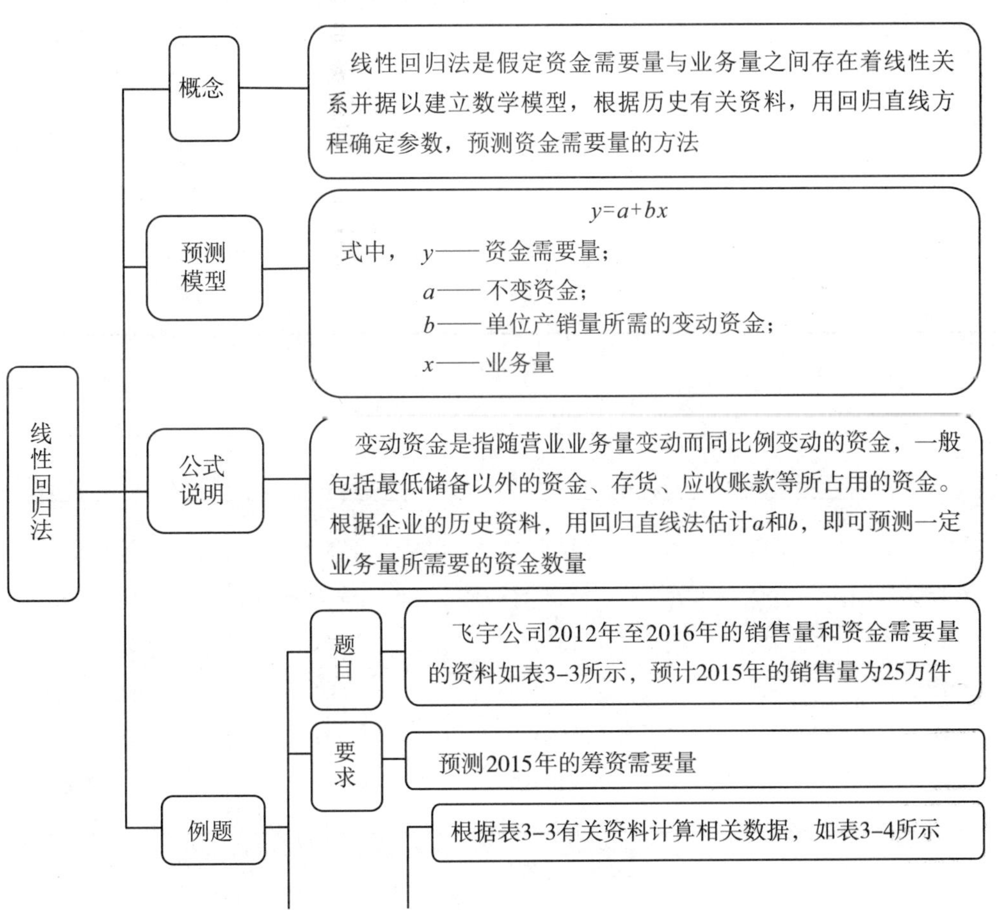

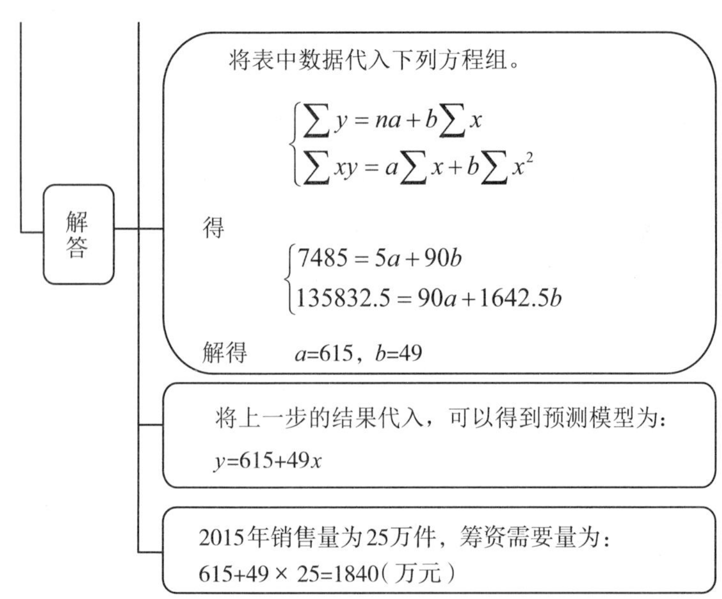

表 3-3 飞宇公司 2012 年至 2016 年销售量与资金需要量表

年度	销售量（万件）	资金需要量（万元）
2012	18	1500
2013	16.5	1425
2014	15	1350
2015	19.5	1560
2016	21	1650

表 3-4 回归方程有关数据计算表

年度	销售量（x）	资金需要量（y）	xy	x^2
2012	18	1500	27000	324
2013	16.5	1425	23512.5	272.25
2014	15	1350	20250	225
2015	19.5	1560	30420	380.25
2016	21	1650	34650	441
n=5	$\sum x$=90	$\sum y$=7485	$\sum xy$=135832.5	$\sum x^2$=1642.5

第二节　权益资金的筹集

权益资金是指投资者投入企业以及企业生产经营过程中所形成的积累性资金。它反映企业所有者的权益，可以为企业长期占有和支配，是企业一项最基本的资金来源。它的筹集方式具体可分为吸收直接投资、发行股票、利用留存收益等。

一、吸收直接投资

吸收直接投资是指企业按照“共同出资、共同经营、共担风险、共享利润”的原则，从国家、法人、个人、外商等外部主体吸收投资的一种方式。它不以证券为媒介，直接形成企业生产能力，投入资金的主体成为企业的所有者，参与企业经营，按其出资比例承担风险、分享收益。

（一）吸收直接投资的方式

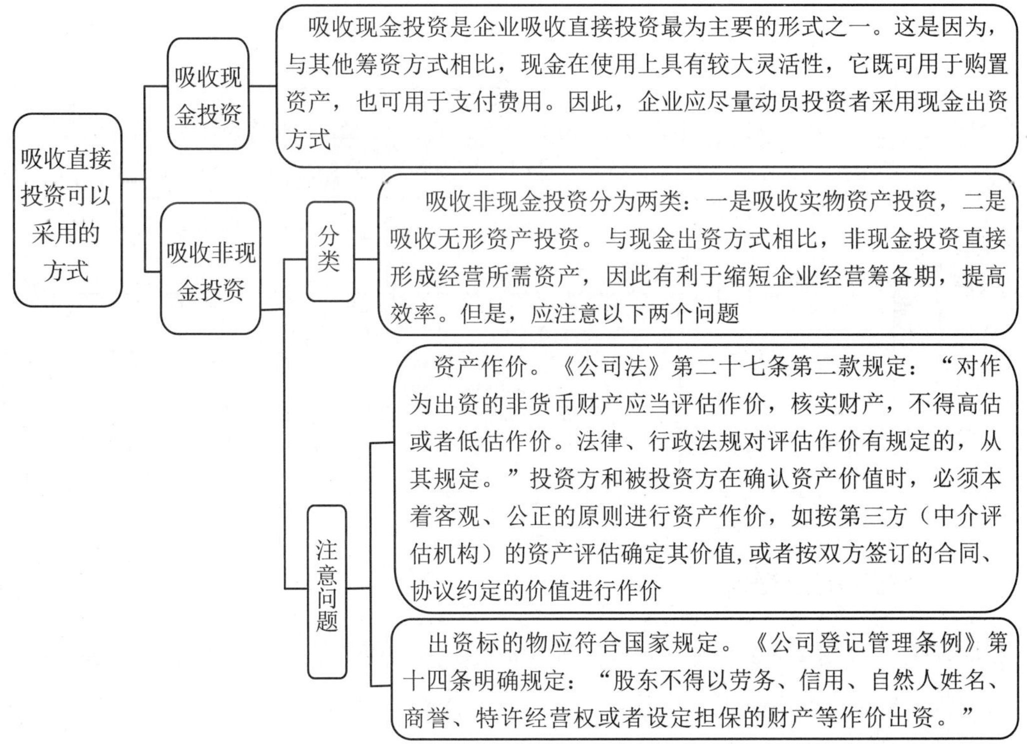

（二）吸收直接投资的管理

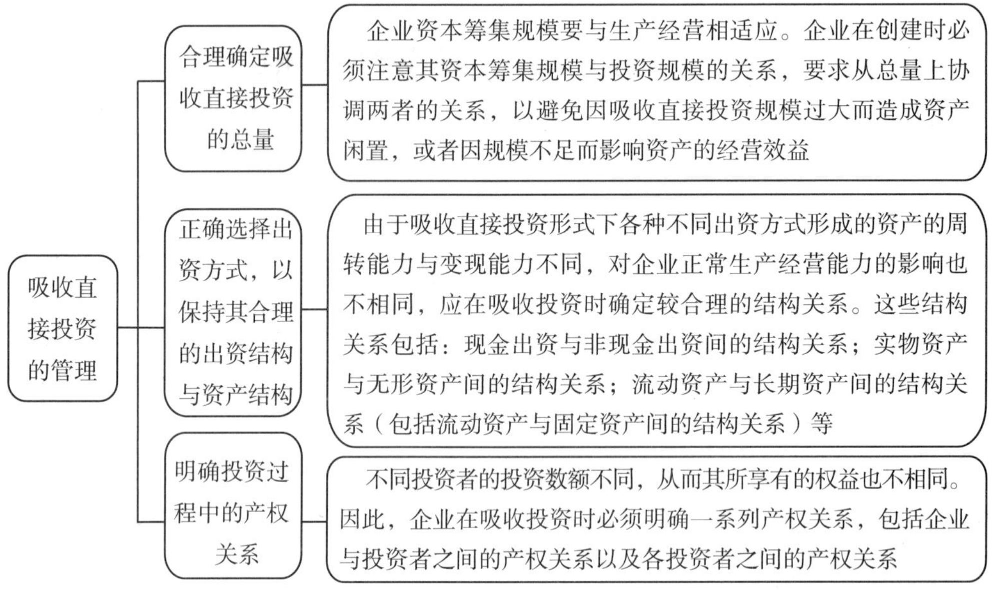

（三）吸收直接投资的优缺点

吸收直接投资是非股份制企业筹集资金的主要方式，也是我国企业筹资中最早采用的一种方式。

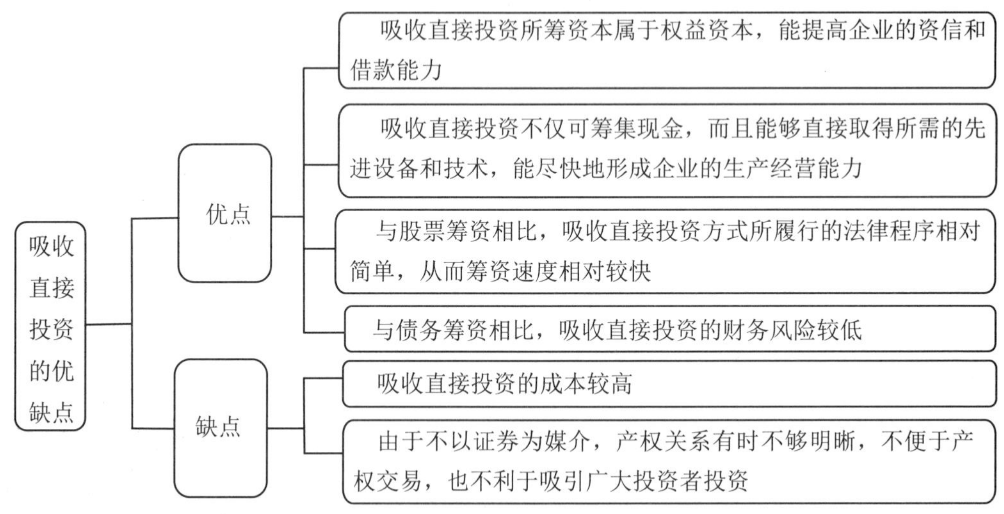

二、发行普通股股票

股票是公司签发的证明股东所持有股份的凭证。股东持有人即为股东，股东作为出资人按投入资本额享有获得资产收益、参与制定公司重大决策和选择管理者等权利，并以其所持股份为限对公司承担责任。股票筹资是股份公司筹集资本的主要方式之一。

（一）股票的类型

股份有限公司根据筹资与投资的需要，可发行各种不同种类的股票。

1. 按股东权益的不同分为普通股与优先股

- 按股东权益的不同分为普通股与优先股
  - 普通股是公司发行的代表股东享有平等的权利、义务，不加特别限制且股利不固定的股票，它是公司最基本的股票
    - 普通股股东具有的权利
      - 管理权：普通股股东的管理权主要体现在重大决策参与权、经营者选择权、财务监控权、公司经营的建议和质询权、股东大会召集权等方面
      - 利润分配权：普通股股东有权从公司利润分配中得到股利。普通股的股利是不固定的，由公司赢利状况及其分配政策决定。普通股股东必须在优先股股东取得固定股息之后才有权享受股利分配权
      - 优先认股权：如果公司需要扩张而增发普通股股票时，现有普通股股东有权按其持股比例，以低于市价的某一特定价格优先购买一定数量的新发行股票，从而保持其对企业所有权的原有比例
      - 剩余财产分配权：当公司破产或清算时，若公司的资产在偿还欠债后还有剩余，其剩余部分按先优先股股东、后普通股股东的顺序进行分配
  - 优先股是指依照公司法，在一般规定的普通种类股份之外另行规定的其他种类股份，其股份持有人优先于普通股股东分配公司利润和剩余财产，但参与公司决策管理等权利受到限制

2. 按票面是否记名分为记名股票和无记名股票

- 按票面是否记名分为记名股票和无记名股票
  - 记名股票是在股票票面记载股东的姓名或者名称的股票，股东姓名或名称要记入公司的股东名册。记名股票一律用股东本名，其转让、继承要办理过户手续
  - 无记名股票则是在股票票面不记载股东的姓名或名称的股票，公司只记载股票数量、编号及发行日期。无记名股票的转让、继承无须办理过户手续

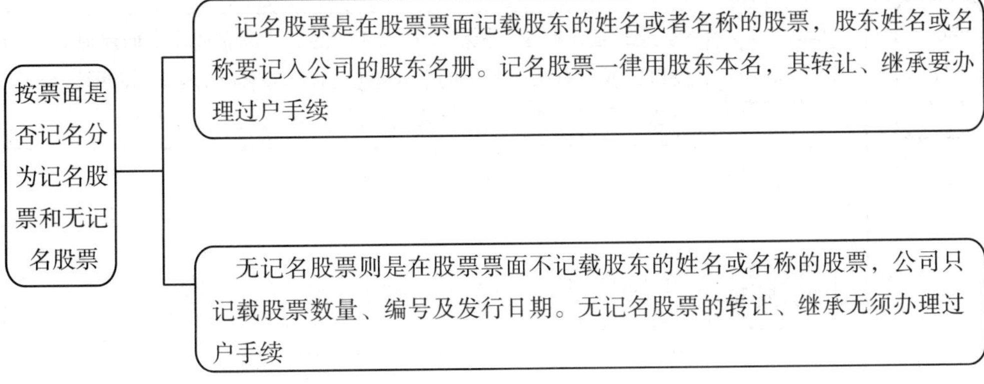

3. 按票面是否标明金额分为有面额股票和无面额股票

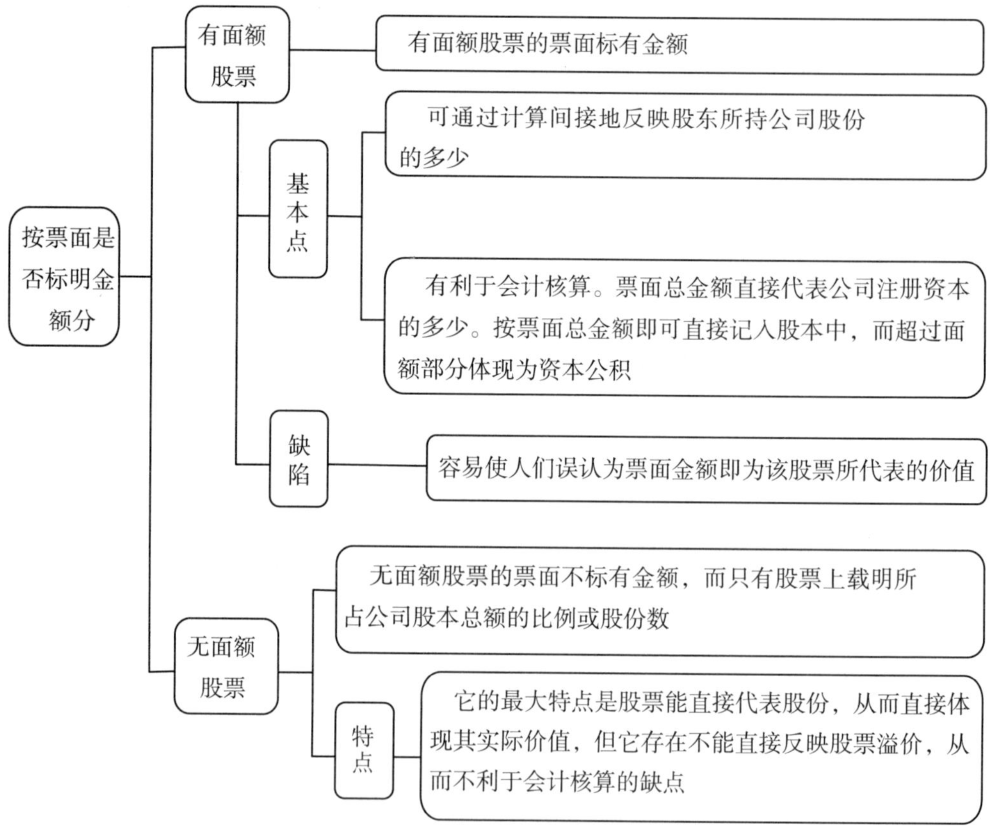

4. 按投资主体的不同，可分为国家股、法人股、个人股等

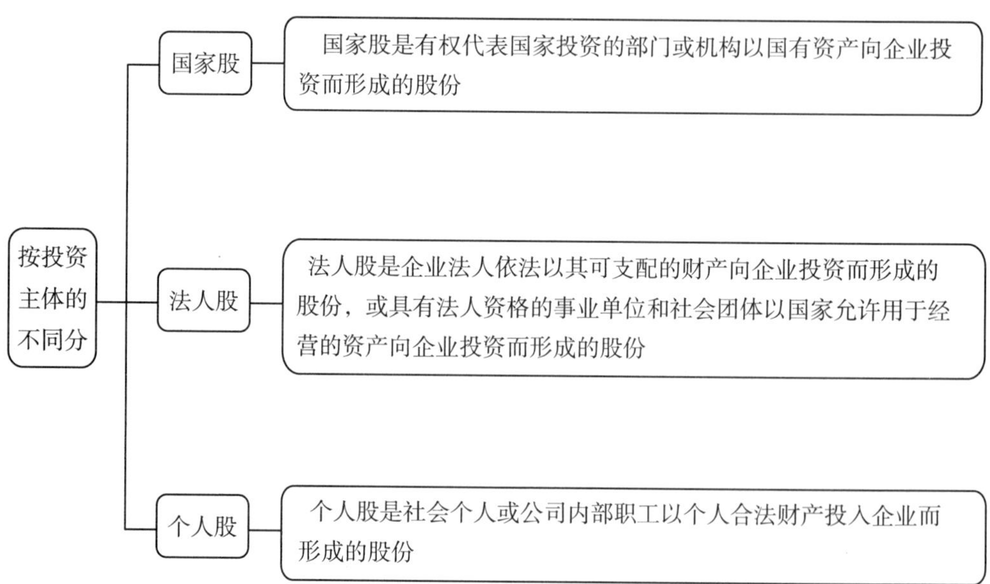

5. 按发行对象和上市地点，分为A股、B股、H股、N股和S股。这一区分主要依据股票的上市地点和所面对的投资者而定

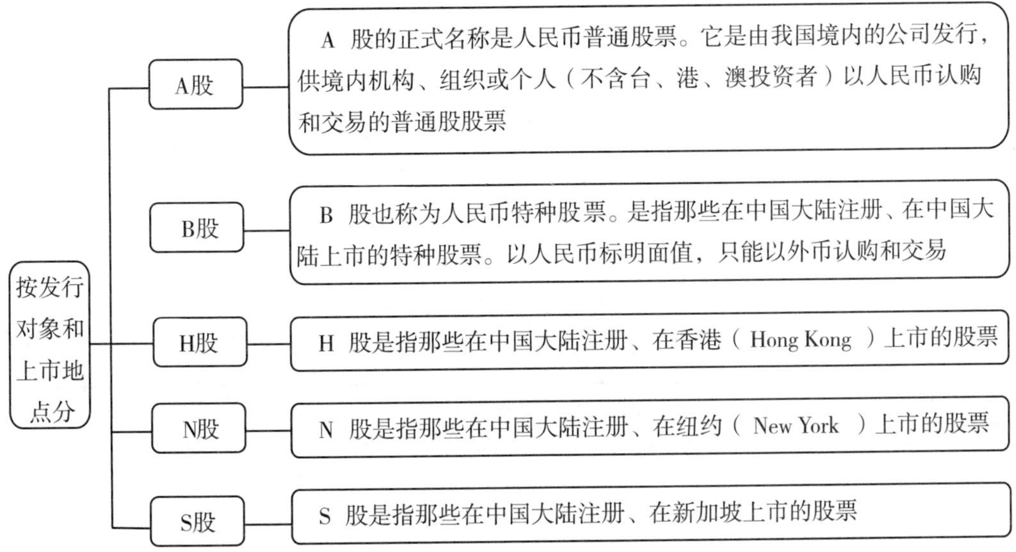

（二）股票发行的规定与条件

按照我国《公司法》的有关规定，股份有限公司发行股票，应符合以下规定和条件：

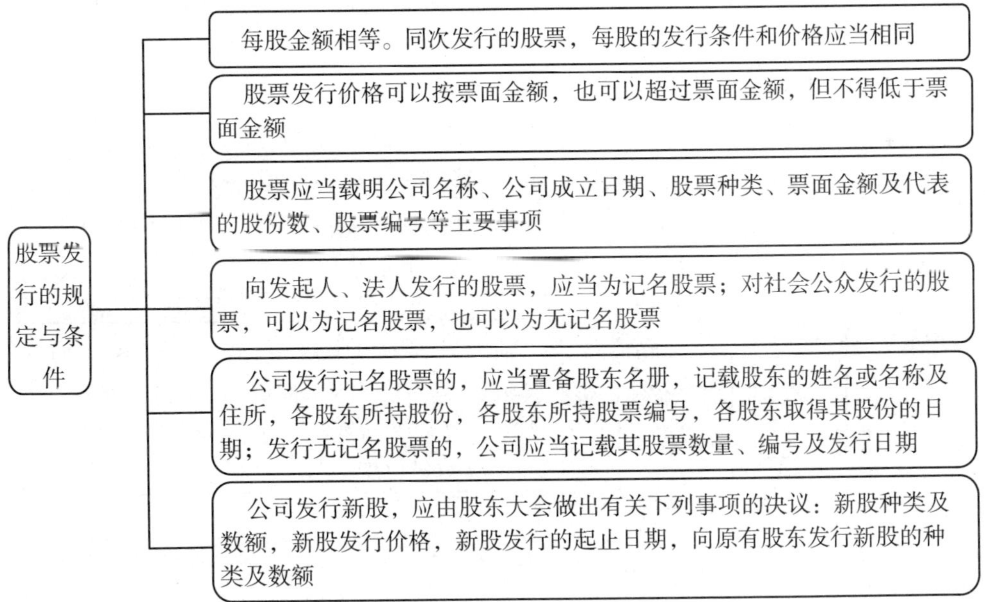

（三）股票发行价格决策

股票发行价格的确定受法律等外在因素的限制，如不得折价发行。但股票价格决定于其内在价值。在具体确定股票价格时，人们通常以下述方法作为股票发行价格的参考依据：

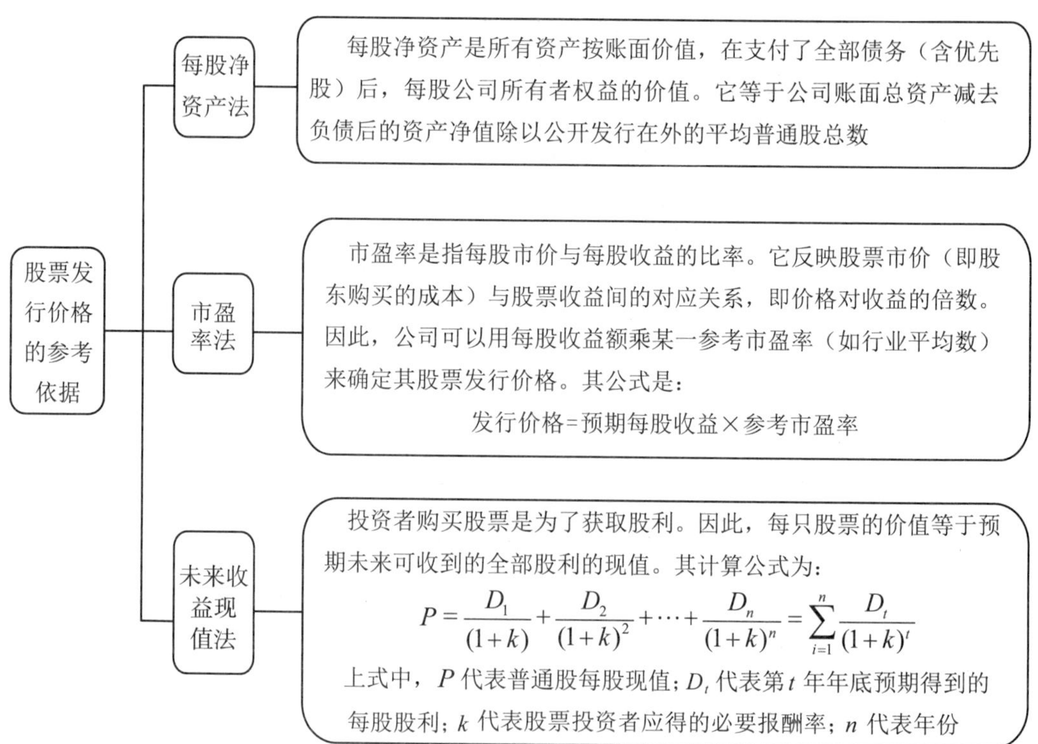

在具体定价时，需要考虑上述因素，并结合具体的定价策略来最终确定股票发行价格。

（四）普通股筹资的优缺点

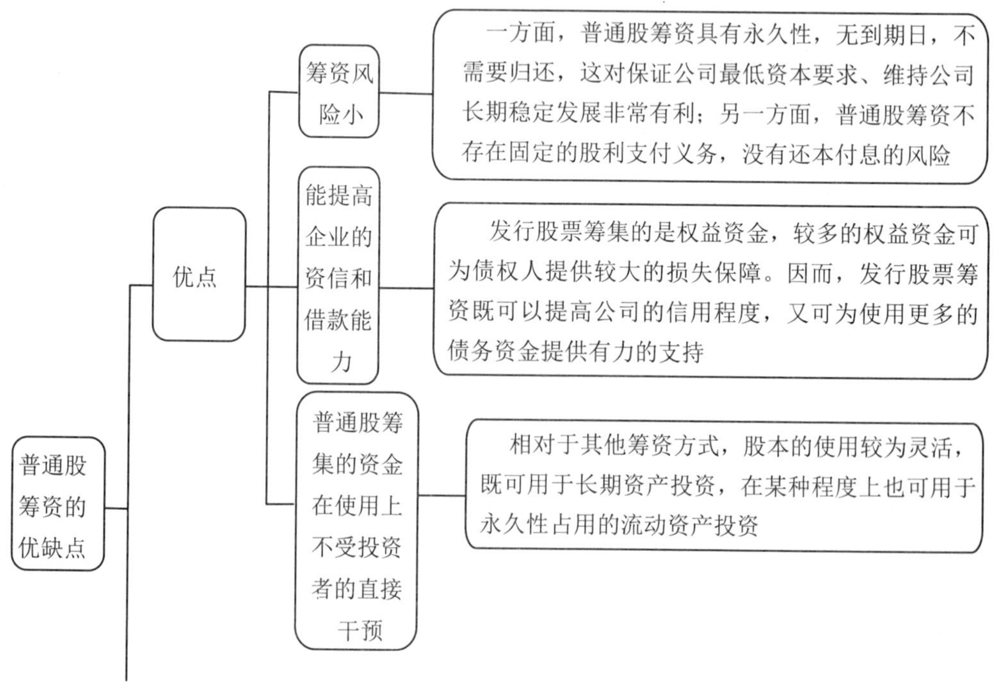

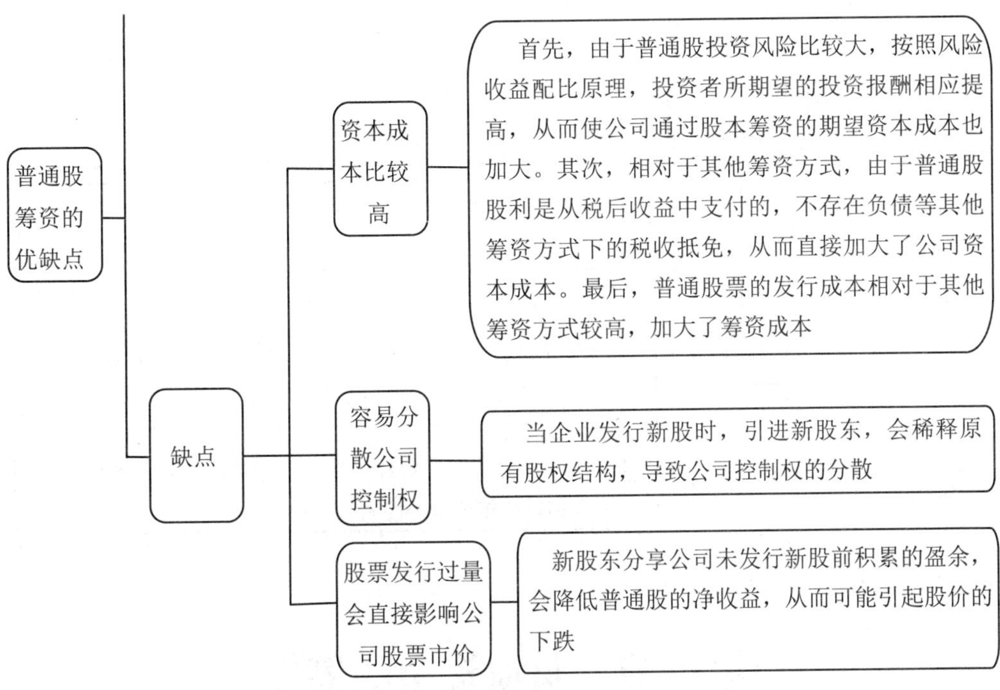
普通股筹资的优缺点
缺点
资本成本比较高
首先，由于普通股投资风险比较大，按照风险收益配比原理，投资者所期望的投资报酬相应提高，从而使公司通过股本筹资的期望资本成本也加大。其次，相对于其他筹资方式，由于普通股股利是从税后收益中支付的，不存在负债等其他筹资方式下的税收抵免，从而直接加大了公司资本成本。最后，普通股票的发行成本相对于其他筹资方式较高，加大了筹资成本
容易分散公司控制权
当企业发行新股时，引进新股东，会稀释原有股权结构，导致公司控制权的分散
股票发行过量会直接影响公司股票市价
新股东分享公司未发行新股前积累的盈余，会降低普通股的净收益，从而可能引起股价的下跌

三、利用留存收益

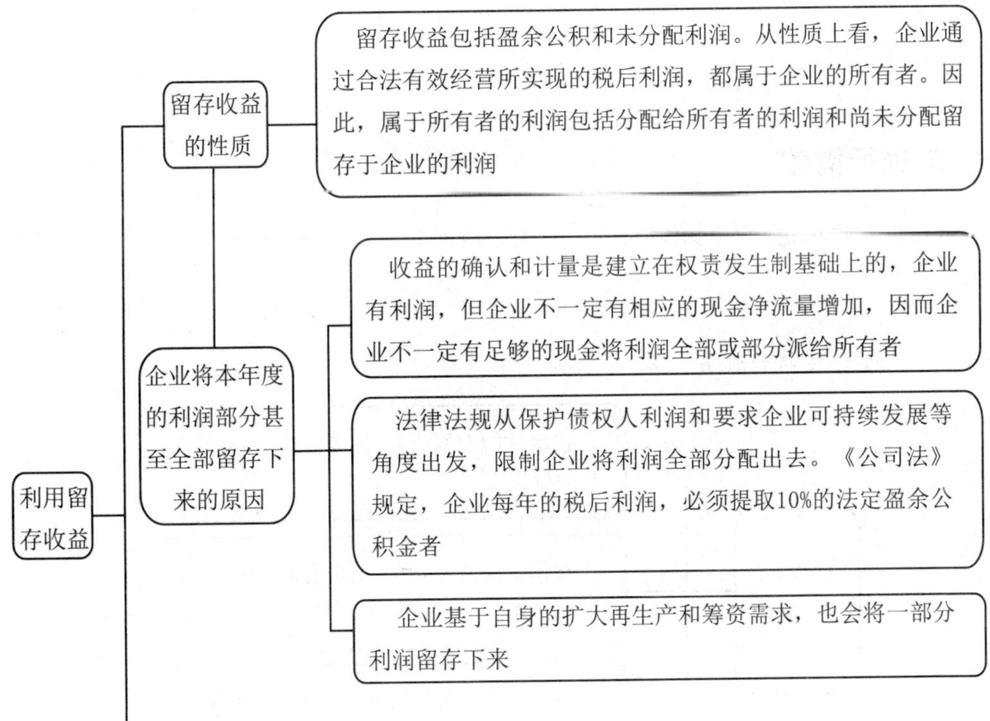
利用留存收益
留存收益的性质
留存收益包括盈余公积和未分配利润。从性质上看，企业通过合法有效经营所实现的税后利润，都属于企业的所有者。因此，属于所有者的利润包括分配给所有者的利润和尚未分配留存于企业的利润
企业将本年度的利润部分甚至全部留存下来的原因
收益的确认和计量是建立在权责发生制基础上的，企业有利润，但企业不一定有相应的现金净流量增加，因而企业不一定有足够的现金将利润全部或部分派给所有者
法律法规从保护债权人利润和要求企业可持续发展等角度出发，限制企业将利润全部分配出去。《公司法》规定，企业每年的税后利润，必须提取10%的法定盈余公积金者
企业基于自身的扩大再生产和筹资需求，也会将一部分利润留存下来

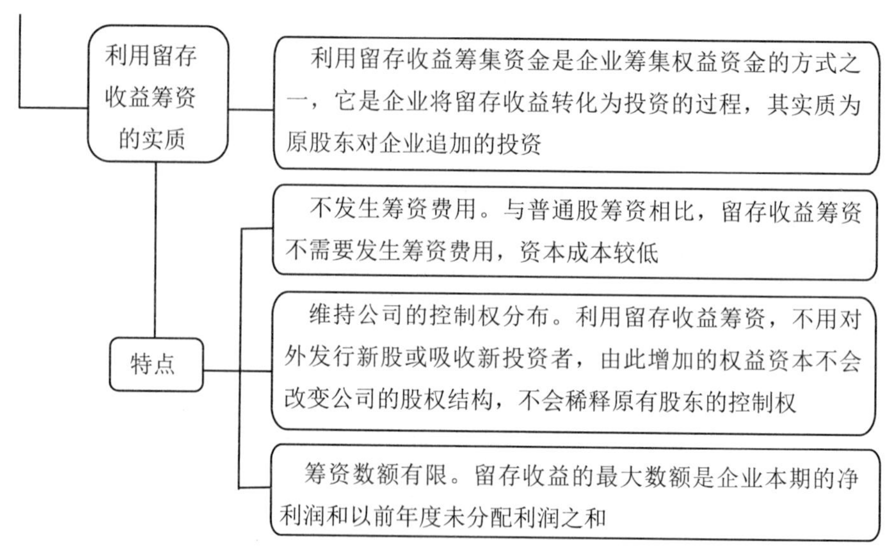

第三节　负债资金的筹集

企业负债资金筹集主要包括：向银行借款、发行债券、发行可转换债券、融资租赁和商业信用筹资。

一、向银行借款

银行借款是指企业根据借款合同从有关银行或非银行金融机构借人的需要还本付息的款项。

（一）银行借款的种类

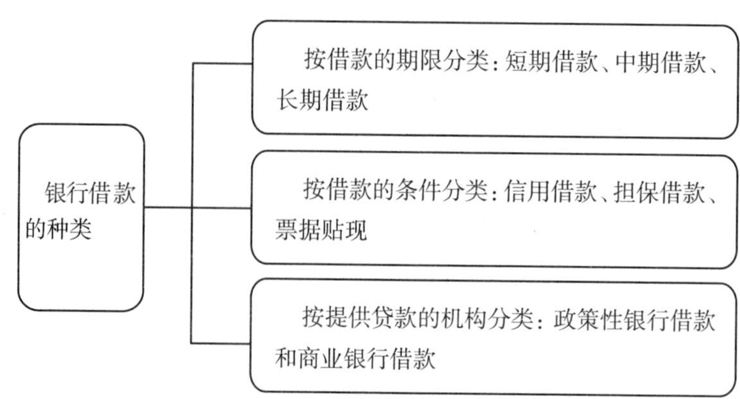

（二）银行借款筹资的程序

银行借款筹资的一般程序

- 企业提出借款申请。借款企业的经营方向和业务范围要符合国家政策，借款用途属于银行贷款办法规定的范围，借款企业要具有合理的偿还借款本金和利息的能力。银行对企业的借款理由进行审查同意后，企业应填写“借款申请书”，银行借款申请书中的主要内容包括：借款用途、借款金额、还款计划、项目经济效益、借款抵押品等
- 银行审查借款申请。银行对企业的申请进行审查，核准企业申请的借款金额和用款计划，主要审查企业的财务状况、信用、盈利稳定性和项目的可行性
- 双方签订借款合同。借款合同主要内容包括：借款单位、借款用途、借款金额、借款日期、还款日期、还款计划等
- 企业取得贷款。借款合同生效后，银行可在核定的贷款指标范围内，根据用款计划和实际需要，一次或分次将贷款转入企业的贷款结算户
- 企业还本付息。企业应根据借款合同规定付息还本

（三）与银行借款有关的信用条件

与银行借款有关的信用条件

- 信贷额度。信贷额度是借贷双方在协议中规定的允许借款人借款的最高限额。在信贷额度内，企业可随时按需要使用借款
- 周转信贷协定。该协定是指规定银行具有法律义务承担提供不超过某一最高限额的贷款协定。在协定的有效期内，只要企业借款总额未超过最高限额，银行必须满足企业任何时候提出的借款要求。企业适用周转信贷协定，通常要就贷款限额的未使用部分付给银行一笔承诺费
- 补偿性余额。补偿性余额是银行要求借款企业在银行中保留一定数额的贷款余额，约为借款额的10%～20%，其目的是降低银行贷款风险；对借款企业来说，提高了借款的实际利率

（四）银行借款筹资的优缺点

1. 银行借款筹资的优点

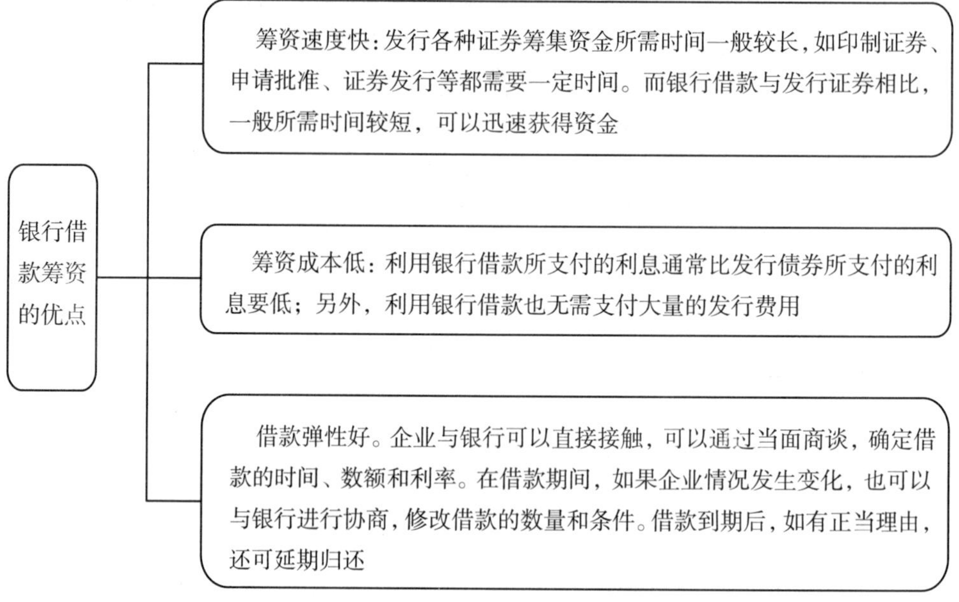

2. 银行借款筹资的缺点

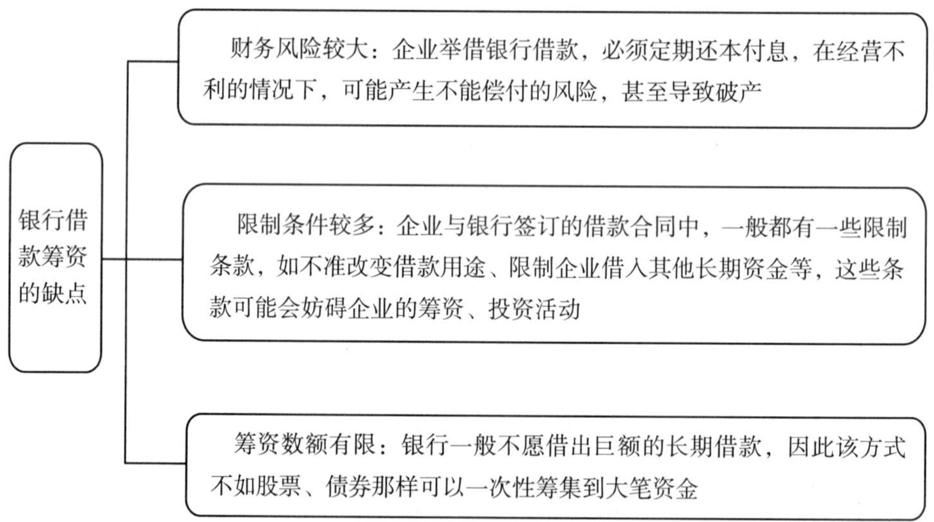

二、发行债券

（一）债券的含义

债券是债务人依照法定程序发行，承诺按约定的利率和日期支付利息，并在特定日期偿还本金的书面债务凭证。

（二）债券的要素

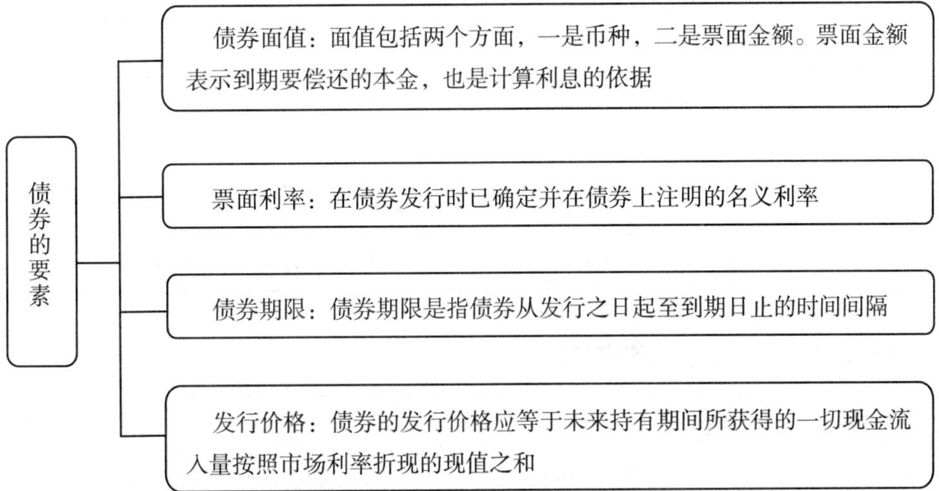

（三）债券的种类

企业债券按照不同的分类标准大致可分为以下几种：

1. 按照期限划分

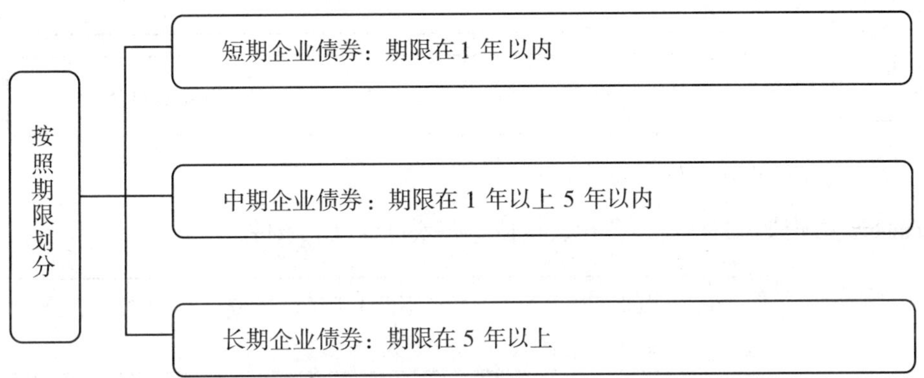

2. 按是否有担保划分

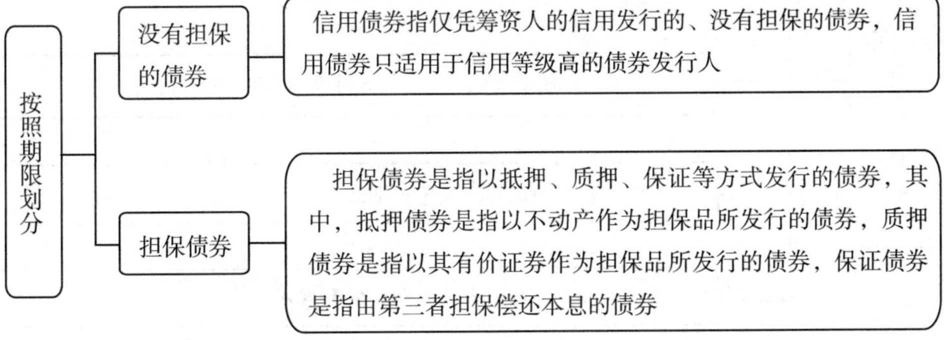

3. 按债券票面利率是否变动划分

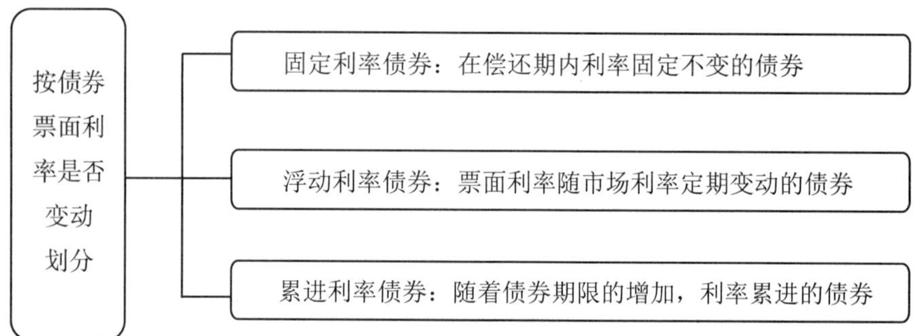

4. 按发行人是否给予投资者选择权划分

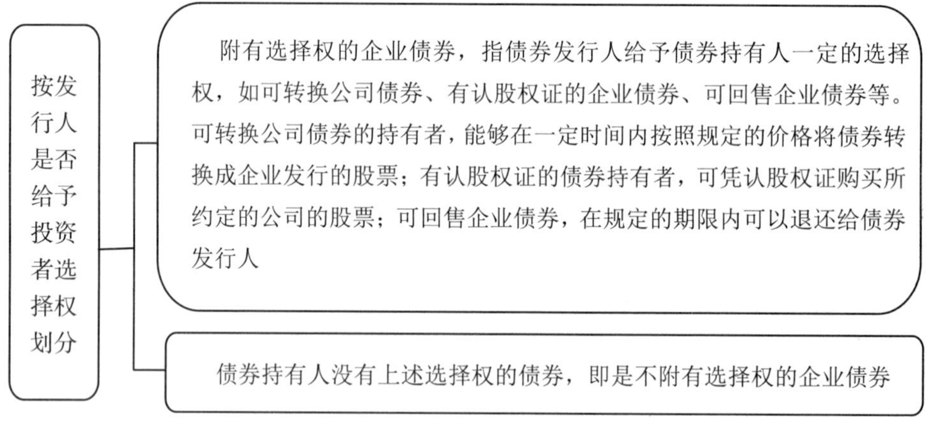

（四）债券的发行

按照《公司法》的规定，公司发行债券必须符合以下条件：

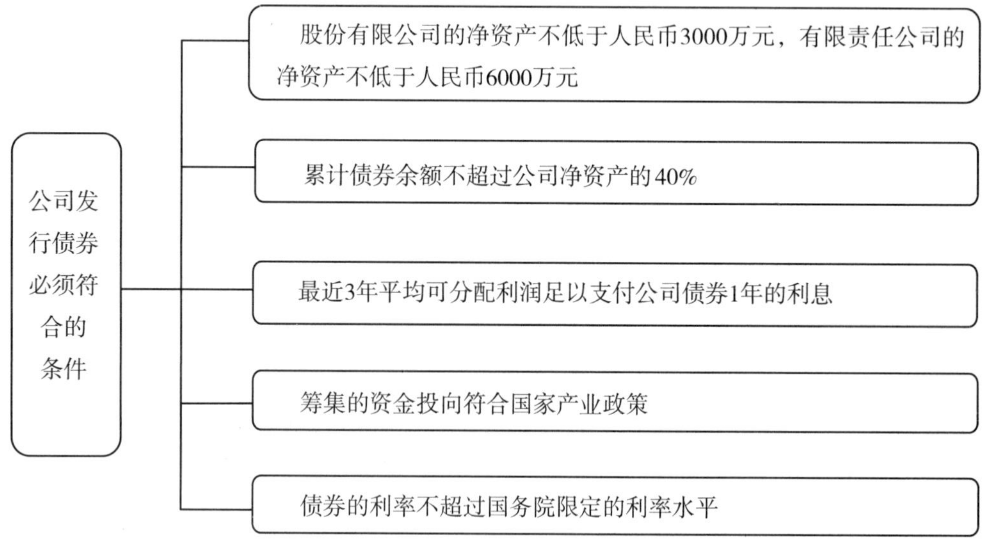

（五）债券筹资的优缺点

1. 债券筹资的优点

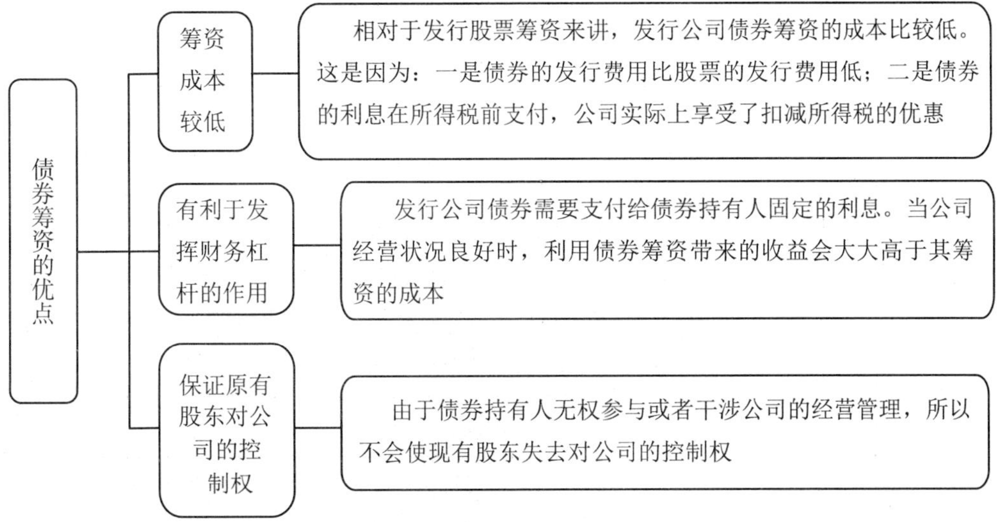

2. 债券筹资的缺点

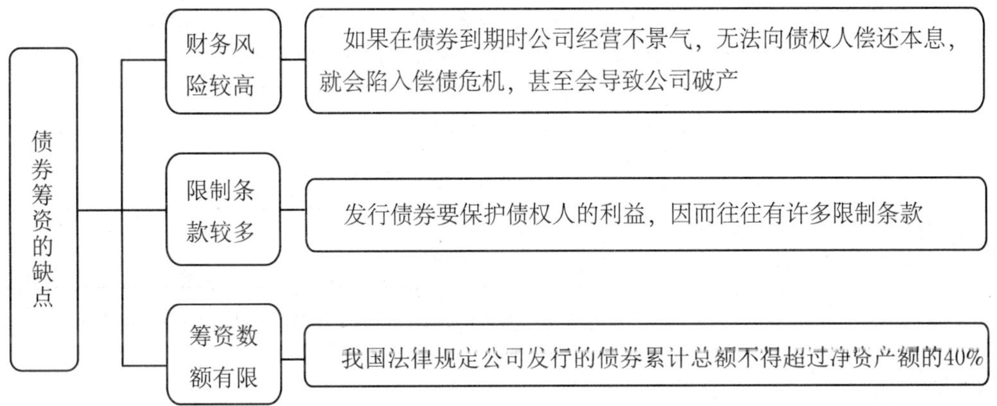

三、发行可转换债券

可转换债券简称可转债，是指由公司发行并规定债券持有人在一定期限内按约定的条件可将其转换为发行公司股票的债券。

（一）可转换债券的特性

从筹资公司的角度看，可转换债券具有债务与权益双重属性，属于混合性筹资。在规定的期限内，如果债券持有人未将债券转换成股票，债券持有人能够定期获得债券的利息，此时，可转换债券与普通的债券筹资相似，属于债权筹资；如果在规定的期限内，持有人将可转换债券转换成股票，则发行公司将债券负债转换成股东权益，从而具有权益性筹资的属性。

（二）可转换债券的要素

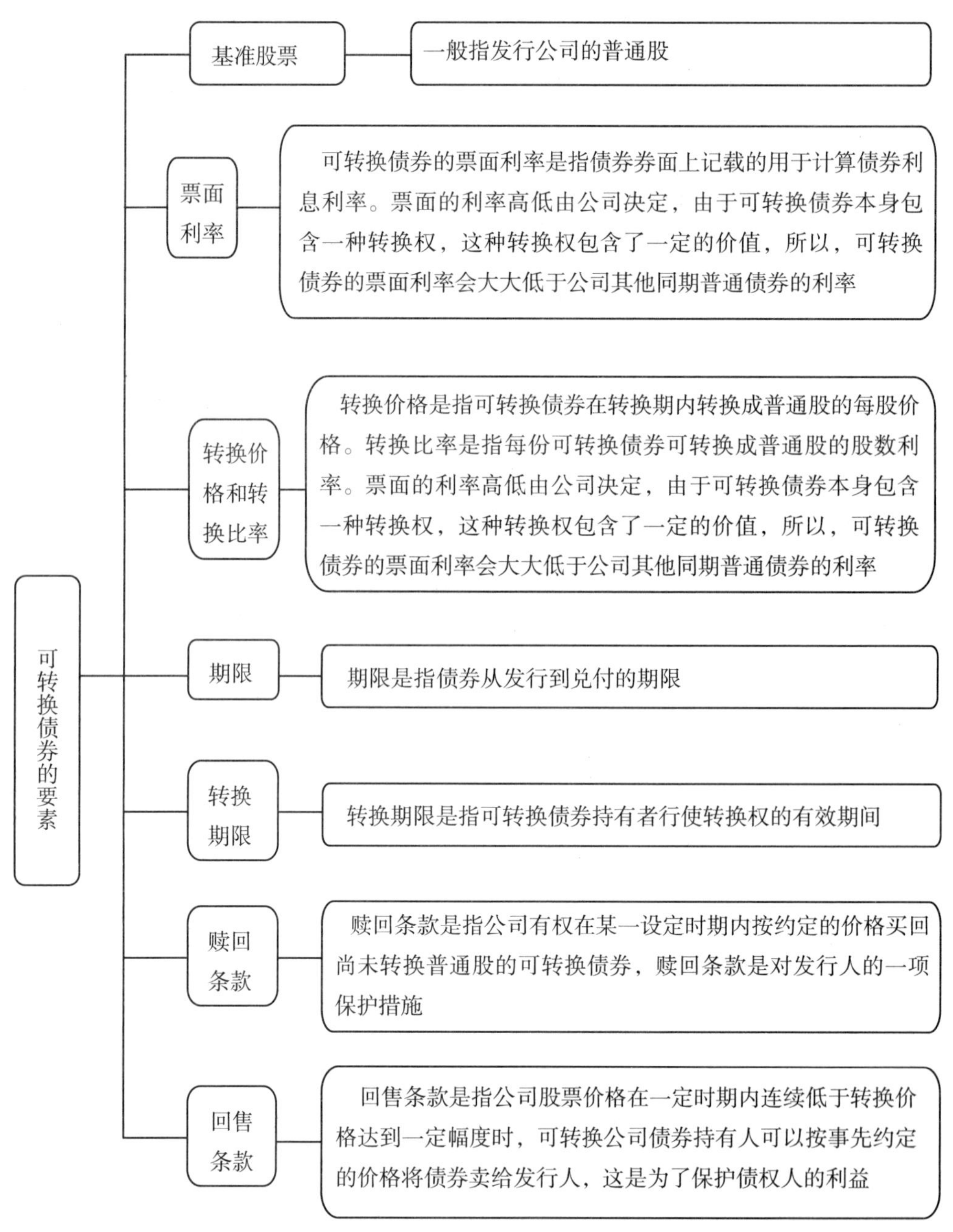

如 2006 年招商地产控股股份有限公司（股票代码 000024.SZ）发行的招商可转换债券主要要素如表 3-5 所示。

表 3-5　招商转债主要要素一览表

要素	基本内容
债券名称	招商转债
发行企业	招商地产控股股份有限公司
发行日期	2006 年 8 月 30 日
上市日期	2006 年 9 月 11 日
转股期限	2007 年 3 月 1 至 2011 年 8 月 30 日
发行额度	15.1 亿元
债券面值	100 元
发行期	5 年
转股价	13.09 元
票面利率	票面利率为第 1 年 1.0%、第 2 年 1.4%、第 3 年 1.8%、第 4 年 2.2%、第 5 年 2. 6%
回售条款	如股票在连续 30 个交易日收盘价低于当期转股价 70% 时持有人有权以 103 元(含当期利息）回售给本公司
赎回条款	如股票在任何连续 30 个交易日中至少 20 个交易日的收盘价格不低于当期转股价格的 130%，公司有权决定按照债券面值的 103%（含当前计息年度利息）的赎回价格赎回全部或部分未转股的本可转债

（三）可转换债券筹资的优缺点

1. 可转换债券筹资的优点

可转换债券筹资的优点

- 有利于筹集资金：可转换债券一方面可以使投资者获得固定利息，另一方面向其提供了进行债权投资或股权投资的选择权，对投资者具有一定的吸引力，有利于债券的发行，便于资金的筹集
- 有利于降低资本成本：可转换债券的利率通常大大低于普通债券，可节约利息支出
- 有利于稳定股票价格：直接发行新股一般会导致股票市价降低，而可转换债券的转换期较长，即使在将来转换股票时，对公司股价的影响也较温和

2. 可转换债券筹资的缺点

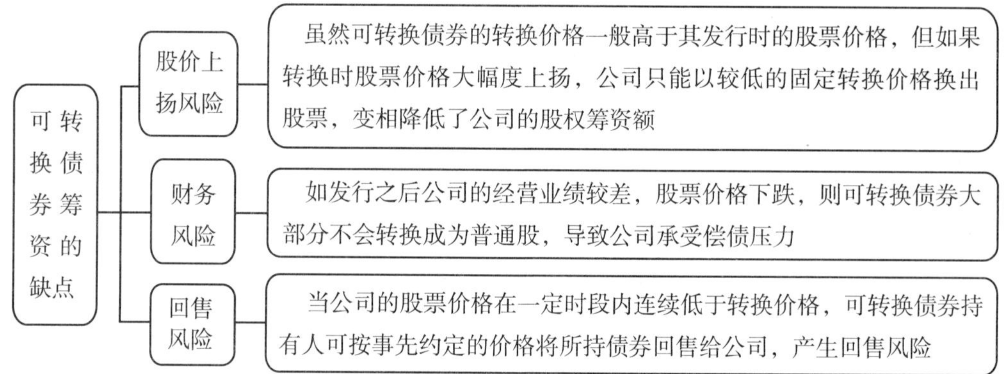

四、融资租赁

目前，融资租赁在我国方兴未艾。截至2013年年末，中国共有500多家融资租赁公司，总资产在1万亿元左右，其中以工银金融租赁有限公司、中银航空租赁私人有限公司、招银金融租赁有限公司等银行系统的融资租赁公司为主体。

（一）融资租赁的含义

租赁分为经营租赁和融资租赁。经营租赁是指为了满足经营使用上的临时或季节性需要而发生的短期资产租赁行为。融资租赁是指实质上转移了与资产所有权有关的全部或绝大部分风险和报酬的一种长期租赁行为。融资租赁最主要的财务特征是租期长并且不可撤销，因此出租人的租赁资产成本可以得到完全补偿。对承租人而言，融资租赁相当于以租赁的形式融资，用以替代借款筹资，属于筹资活动。

（二）融资租赁的种类

融资租赁包括售后回租、直接租赁和杠杆租赁三种形式。

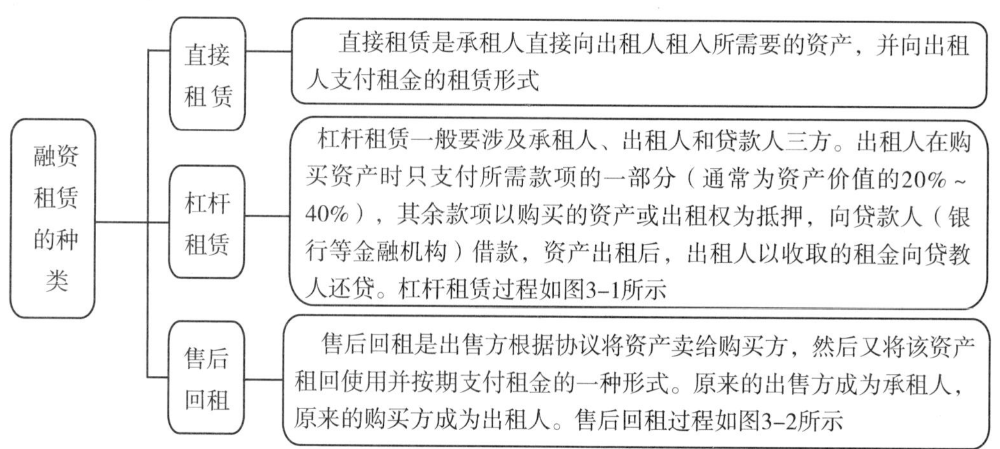

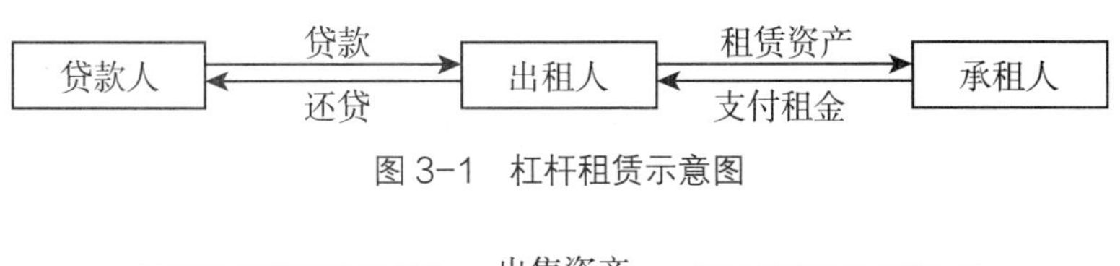

图 3-1　杠杆租赁示意图

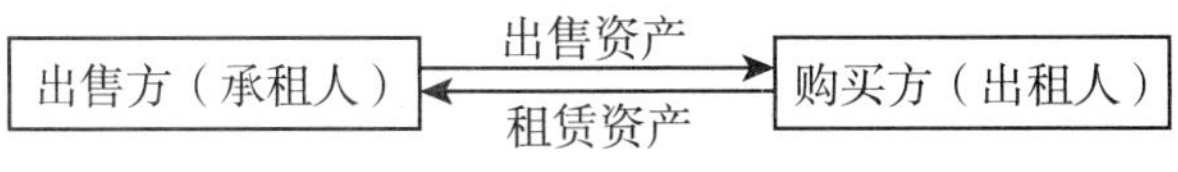

图 3-2　售后回租示意图

（三）融资租赁的程序

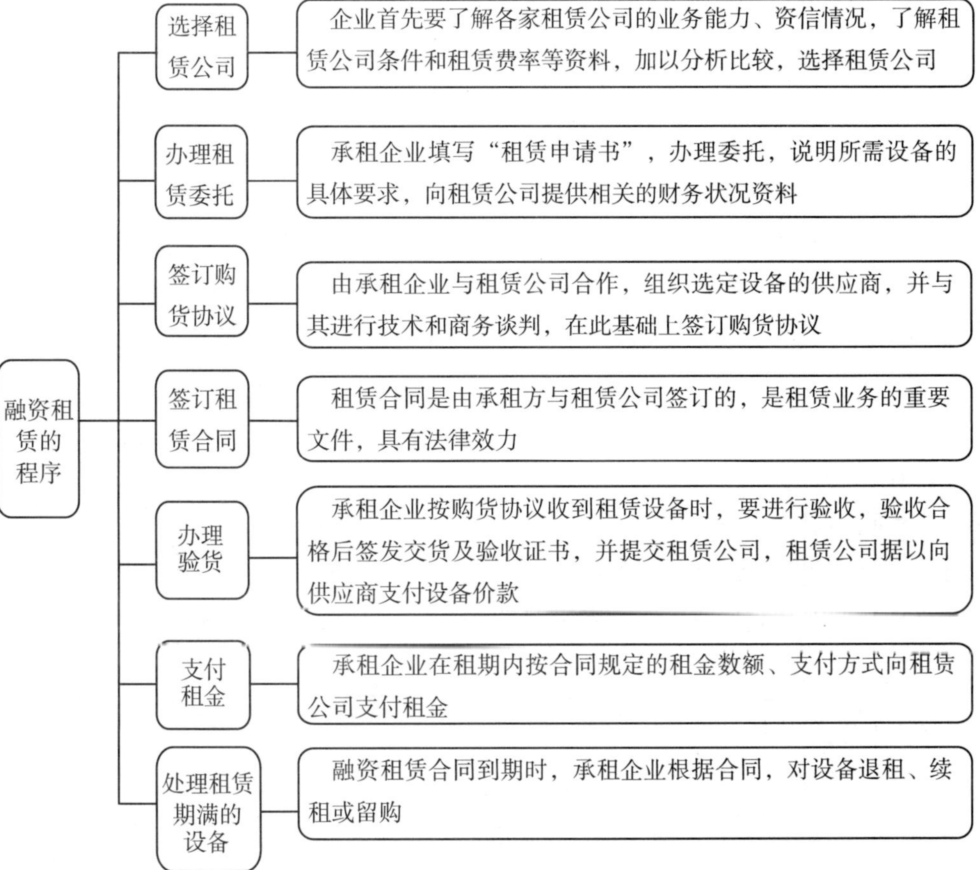

（四）融资租赁的租金

1. 融资租赁租金的构成

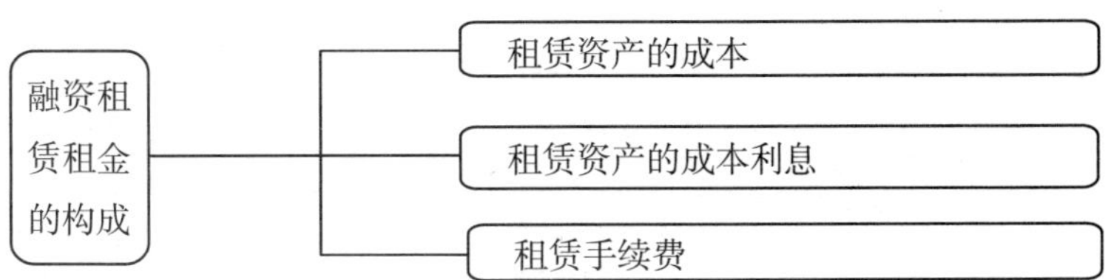

2. 融资租赁中租金的决定因素

融资租赁中租金的决定因素

- 租赁资产的购置成本——包括设备的买价、运杂费和途中保险费
- 预计租赁设备的残值——指设备租赁到期时预计的变现净值
- 利息——指租赁公司为承租企业购置设备融资而应计的利息
- 租赁手续费——包括租赁公司租赁设备的营业费用以及一定的盈利
- 租赁期限——租赁期限的长短不仅影响租金总额，也影响每期租金的数额
- 租金的支付方式——租金支付的次数越多，每次的支付额就越少

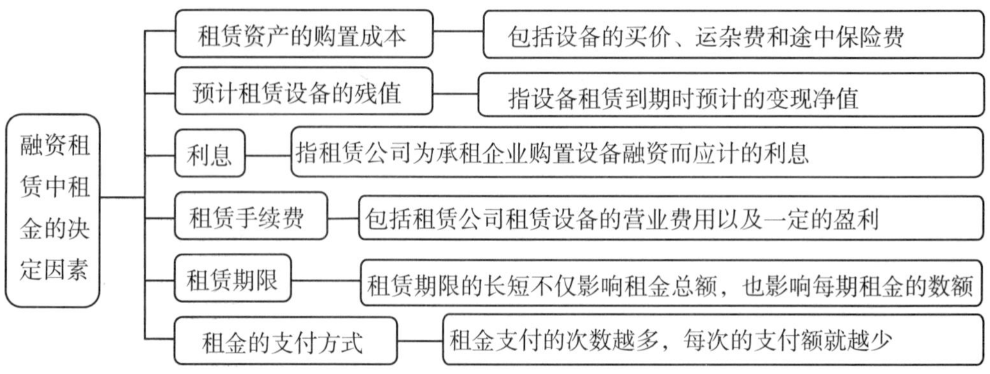

3. 融资租赁租金的计算方法和支付形式

融资租赁租金的计算方法和支付形式

- 如果租金在期初支付，计算每期租金时，租赁资产成本和成本利息按照预付年金现值计算，租赁的手续费按租期平均摊销
  - 例题
    - 东方航空公司向中银航空租赁私人有限公司租入一架价值为8000万元的飞机，租赁合同规定：租期20年，租金每年年初支付，利率7%，租赁手续费按设备成本的3%计算，租赁期满该飞机归东方航空公司所有。
      要求：计算东方航空公司每年年初应支付的租金
    - 解答：每期租金=8000÷[（P/A，7%，20−1）+1]+8000×3%÷20=8000÷（10.3356+1）+12=705.74+12=717.74（万元）
  - 例题
    - 接上题，假定租金每年年末支付一次，其他条件不变。
      要求：计算东方航空公司每年年末应支付的租金
    - 解答：每期租金=8000÷（P/A，7%，20）+8000×3%÷20=8000÷10.5940+12=755.14+12=767.14（万元）
- 租金包括租赁资产的成本、成本利息，租赁手续费单独一次付清
  - 例题
    - 接上题，假定租赁手续费于租赁开始时一次付清。
      要求：计算东方航空公司每年年初应支付的租金
    - 解答：解：每期租金=8000÷[（P/A，7%，20−1）+1]=8000÷（10.3356+1）=705.74（万元）
      其中，东方航空公司第1年租赁飞机的现金支出为：
      第1年租赁飞机的现金支出=705.74+8000×3%=945.74（万元）

（五）融资租赁筹资的优缺点

1. 融资租赁筹资的优点

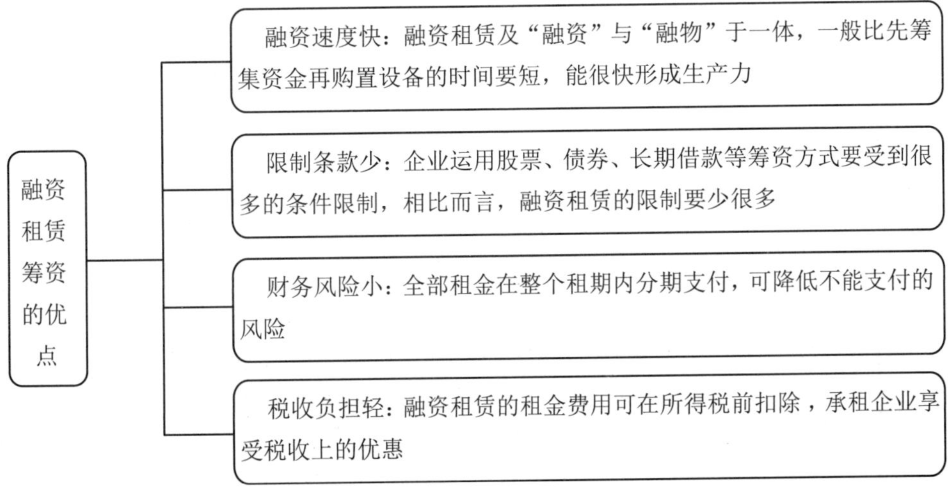

2. 融资租赁筹资的缺点

融资租赁筹资的最主要缺点就是资金成本较高。一般来说，其租金要比举借银行借款或发行债券所负担的利息高得多。在企业财务困难时，固定的租金也会构成一项较沉重的负担。

五、商业信用筹资

商业信用筹资是指利用商品交易中的延期付款或延期交货所形成的借贷关系进行的筹资，此类筹资在短期负债筹资中占有很大的比重，其形式主要有应付账款、应付票据和预收货款。

（一）应付账款

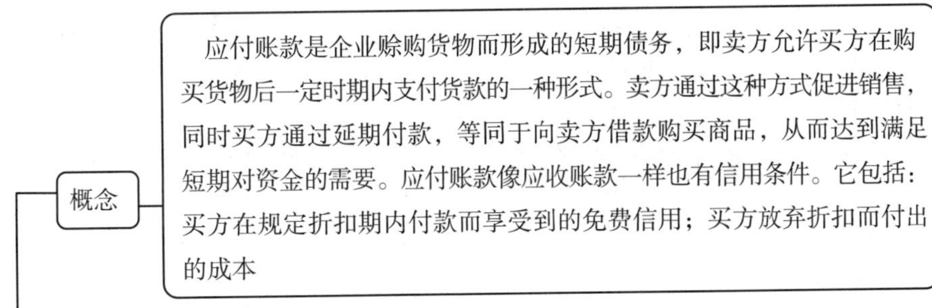

应付账款

应付账款的成本

买方企业在卖方规定的折扣期内付款，便可享受免费信用，但企业如超出折扣期付款，将承担放弃现金折扣的成本。

$$放弃现金折扣的成本（比率）=\frac{现金折扣百分比}{1-现金折扣百分比}\times\frac{360}{信用期-折扣期}\times100\%$$

例题

宏兴公司按“2/20，N/60”的条件购入1000万元货物。
要求：计算宏兴公司放弃现金折扣的成本

解答

如果公司在20天内付款，便可享受20天的免费信用期，并可获得20万元（1000×2%）的折扣，免费信用额度为980万元。

如果公司在20天后（不超过60天）付款，该公司承担了因放弃折扣而造成的机会成本，其计算公式为：

$$\frac{2\%}{1-2\%}\times\frac{360}{60-20}\times100\%=18.37（万元）$$

利用现金折扣的决策

在信用条件下，因为不同的信用有不同的代价，买方企业要在选择何种信用之间作出决策

如果能以低于放弃现金折扣的机会成本的短期借款利率借入资金，这时买方企业应该在折扣期内付款，享受现金折扣。上题中，如果同期的短期借款利率为10%，公司应利用更便宜的短期借款偿还应付账款

如果在折扣期内用应付账款进行短期投资，短期投资收益率高于放弃折扣的成本，这时应放弃折扣去追求更高的收益。如上题中，如果公司短期投资收益率为30%，公司应放弃现金折扣

如果两家以上卖方提供不同信用条件，当决定享受现金折扣时，应选择放弃现金折扣成本最高的一个

（二）应付票据

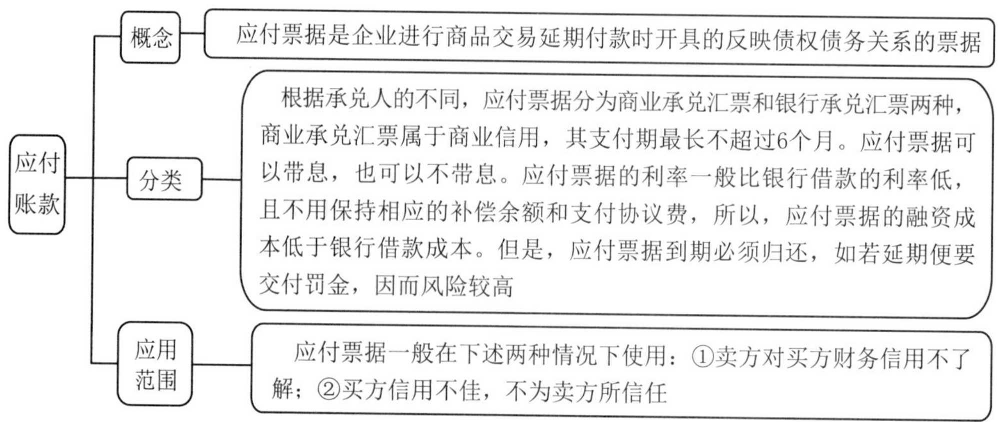

应付账款

概念：应付票据是企业进行商品交易延期付款时开具的反映债权债务关系的票据

分类：根据承兑人的不同，应付票据分为商业承兑汇票和银行承兑汇票两种，商业承兑汇票属于商业信用，其支付期最长不超过6个月。应付票据可以带息，也可以不带息。应付票据的利率一般比银行借款的利率低，且不用保持相应的补偿余额和支付协议费，所以，应付票据的融资成本低于银行借款成本。但是，应付票据到期必须归还，如若延期便要交付罚金，因而风险较高

应用范围：应付票据一般在下述两种情况下使用：①卖方对买方财务信用不了解；②买方信用不佳，不为卖方所信任

（三）预收货款

预收货款是指销货单位按照合同和协议规定，在发出货物之前向购货单位预先收取部分或全部货款的信用行为。购买单位对于紧俏商品往往乐于采用这种方式购货；销货方对于生产周期长、造价较高的商品，往往采用预收货款方式销货，以缓和占用本企业资金过多的矛盾。

（四）商业信用筹资的优缺点

1. 商业信用筹资的优点

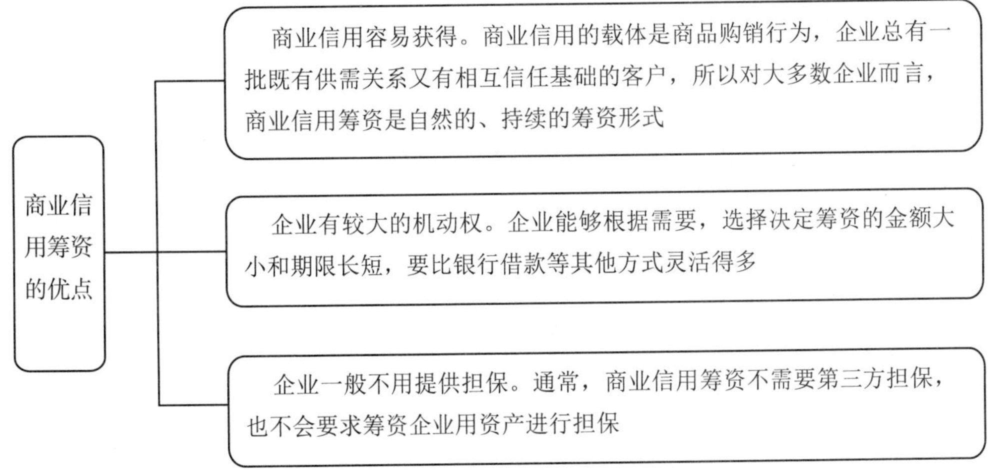

2. 商业信用筹资的缺点

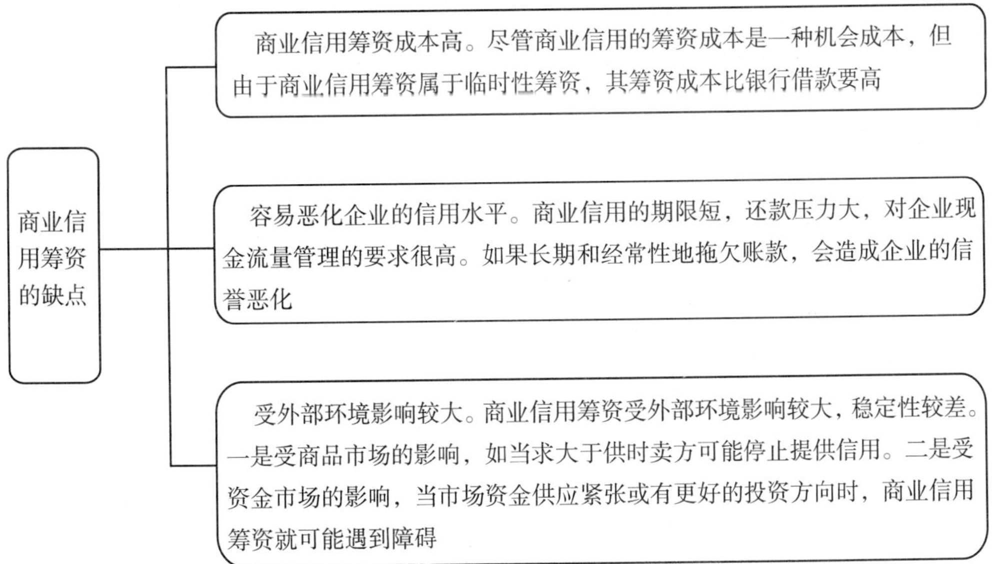

「第四章」

资金成本与资金结构

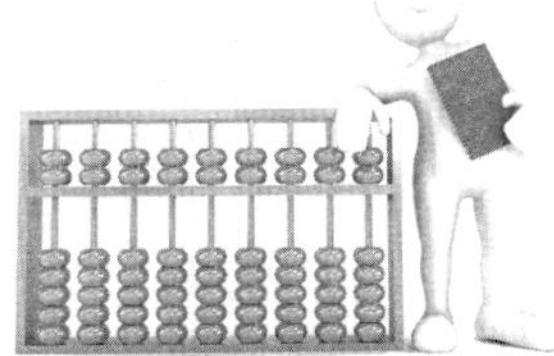

本章导读

现在，你已经看到一家企业如何在不同发展阶段筹资。尽管如此，企业是如何决定使用债务融资、股票融资还是同时使用二者的呢？在本章中，我们将考察一家公司如何通过不同的债务组合（短期和长期）、股票和其他证券为经营和成长融资，我们称这种结构为资本结构。

在所谓的完美金融世界（一个没有税收、破产和其他不完美情况的世界）中，公司价值独立于其资本结构；也就是说，企业如何融资并不重要。为了理解这种理想的理论结构，请将企业价值看作一块被切成不同大小的大蛋糕。不论你把它切成 8 块、6 块还是 4 块，总的蛋糕大小都不会变化。你怎么切不重要，蛋糕的重量都是相同的。企业价值（理论上）是一样的。你怎么分割债务和股权不重要，企业价值都是相同的。当我们在本章后面学习两位诺贝尔奖获奖者提出的著名金融定理时，我们将更详细地考察这一情况。当然，我们都知道，在真实生活中实际上有税收、破产和各种不完美金融情况，但通过考察不存在这些不完美的完美世界中的资本结构，我们可以获得关于构建何种资本结构的深入见解。

在理解这个理论之后，我们将考察真实的、不完美的世界，并看到资本结构的确会造成企业经营的巨大差异，尤其是在税收方面。我们将研究是否存在能最大化企业价值的最优债务与股权组合，产生我们所谓的最优资本结构。

在我们研究这些重要的金融理论之前，让我们回顾资本市场和借款的好处。

第一节　资金成本

一、资金成本概述

资本成本的概念

从企业管理者角度来看

资本成本是企业为筹集和使用资金而付出的代价。在市场经济环境下，资本成为一种特殊的商品，企业通过各种方式（长期借款、发行债券或股票等）筹集的资本往往都是有偿的，需要付出一定的代价

从投资者角度理解

资本成本是资金提供者（债权人或股东）要求得到的投资报酬率。债权人或股东作为资本的拥有者，其向企业提供资金实质上是一种投资行为，企业必须满足投资者对投资回报的要求。而投资人要求的报酬率与资本市场有关，如果市场上其他投资机会的报酬率升高，投资人要求的回报也会上升。因此，可以将资本成本与“投资者要求的报酬率”或“必要报酬率”看作同一问题的两个方面

考虑企业的筹资决策时，强调资本成本；考虑投资者的投资决策时，强调投资者收益率。筹资者的资金来源于投资者的投资，若企业（项目）的收益率达不到投资者要求的报酬率，投资者将不会对企业（项目）进行投资，筹资者也就筹集不到所需的资金。因此，资本成本的高低实质上是由投资者的必要报酬率决定的。对于不同的筹资方式，它们之间存在的对应关系如表4-1所示

资本成本不完全等同于投资者要求的报酬率

在债务融资中，公司的资本成本和投资者要求的收益率之间存在债务利息抵税的差异。比如，某公司的长期负债利息是10%，企业所得税率为25%。由于公司法规定利息费用可在税前扣除，那么该企业每支付1元的利息，就可以少支付0.25元的所得税。所以，该企业的实际债务成本为7.5%

企业在筹资过程中会发生筹资费用。如因借入长期借款而向银行支付的借款手续费，由于发行股票、债券等而支付的发行费用等。由于筹资费用的存在，会使得企业的资本成本相应地提高

表 4-1　资金成本与要求的报酬率

企业的角度（筹资）——资金成本	投资者的角度（投资）——要求的报酬率
债务资金成本（税前）	债券投资者要求的收益率
优先股资金成本	优先股股东要求的收益率
普通股资金成本	普通股股东要求的收益率

那么，是否能够简单地将两者区分呢？答案是否定的。两者之间的主要区别有两点。

综上所述，资金成本是企业为筹集及使用资金而付出的代价，也是企业（项目）必须获得的满足资者要求的回报率。

企业资金成本的高低取决于以下三个因素：

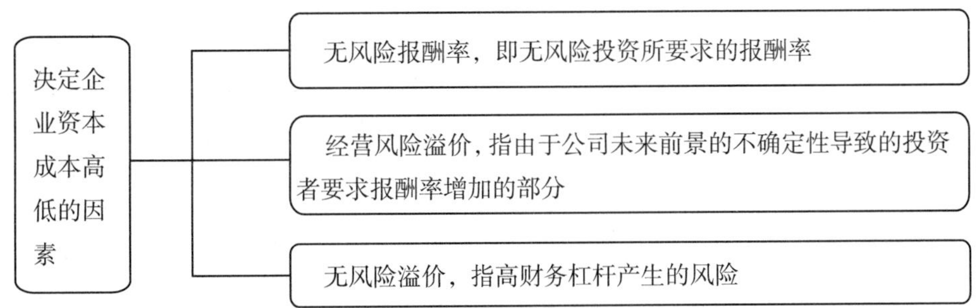

由于公司所经营的业务不同（经营风险不同）、资本不同（财务风险不同），所以各公司的资金成本也不同。

二、各类别资金成本

普通股、优先股以及债务是公司资本常见的三类来源。资金成本和投资者要求的收益之间存在着对应的关系，所以计算各类别资本的成本时，可从投资者要求的收益率入手，再考虑税收筹资费用等影响资金成本高低的因素。每类资本来源的投资人都希望在投资上取得报酬，但因为风险不同，每类资本来源要求的报酬率不同。本节主要讨论债务资金成本、优先股资金成本以及普通股权益资金成本三类资金成本的计算方法。

（一）债务资金成本

相对于股东，债务资金提供者承担的风险显著比较低，债务资金成本低于权益资金成本。债务资本包括各种银行贷款和企业发行的债券，所以债务资金成本具体可分为银行借款成本和债券资金成本。

1. 银行借款成本

银行借款的税后成本包括税后借款利息费用与筹资费用。计算银行借款资金成本的方法一般有两种。

决定企业资本成本的高低的因素

不考虑货币时间价值

此时，银行借款资本成本是税后利息费用与借款获得的可使用资金总量的比率，即税后实际利率。

$$K_L=\frac{I_L\times(1-T)}{L\times(1-F_L)}$$

式中，K_L—— 银行借款税后资本成本；

I_L —— 银行借款年利息；

T —— 所得税税率；

L —— 银行借款总额；

F_L —— 银行借款筹资费用率

考虑货币时间价值

货币时间价值是指货币经过一定时间的投资和再投资所增加的价值。当不考虑时间价值时，借款每年应付的利息价值相同，因此只需简单地将利息费用比上借款总额即可得到银行借款的资金成本。而实际上，由于货币具有时间价值，借款总额应等于未来每年利息及期末偿付的本金贴现的价值，该贴现率便是银行借款的资金成本。计算公式如下：

$$L\times(1-F_L)=\sum_{i=1}^{n}\frac{I_i(1-T)}{(1+K_L)^i}+\frac{P}{(1+K_L)^n}$$

其中，P为借款本金，其他符号的含义同上式。可利用插值法求出。F_L为银行借款筹资费用率

例题

A企业借入一笔期限为3年的长期借款100万元，年利率为10%，每年付息次，到期一次还本，筹资费用率为2%。假设企业所得税率为25%。计算该笔长期借款的资金成本

解答

根据公式：

$$K_L=\frac{I_L\times(1-T)}{L\times(1-F_L)}=\frac{100\times10\%\times(1-25\%)}{100(1-2\%)}\approx7.65\%$$

根据公式：

$$L\times(1-F_L)=\sum_{i=1}^{n}\frac{I_i(1-T)}{(1+K_L)^i}+\frac{P}{(1+K_L)^n}$$

$$100\times(1-2\%)=\sum_{i=1}^{3}\frac{100\times10\%(1-25\%)}{(1+K_L)^i}+\frac{100}{(1+K_L)^3}$$

利用插值法可求得：K_L=8.28%

2. 债券资金成本

企业发行债券，其利息费用亦在税前支付，因此也可为企业带来抵税利益。同时，债券发行筹资费用一般较高，主要包括申请费、注册费、印刷费、上市费和推销费等。此外，债券发行价格并不一定等于其面值，有溢价和折价发行的情况。类似银行借款成本，债券资金成本的计算方法也可分为不考虑货币时间价值和考虑货币时间价值两种。

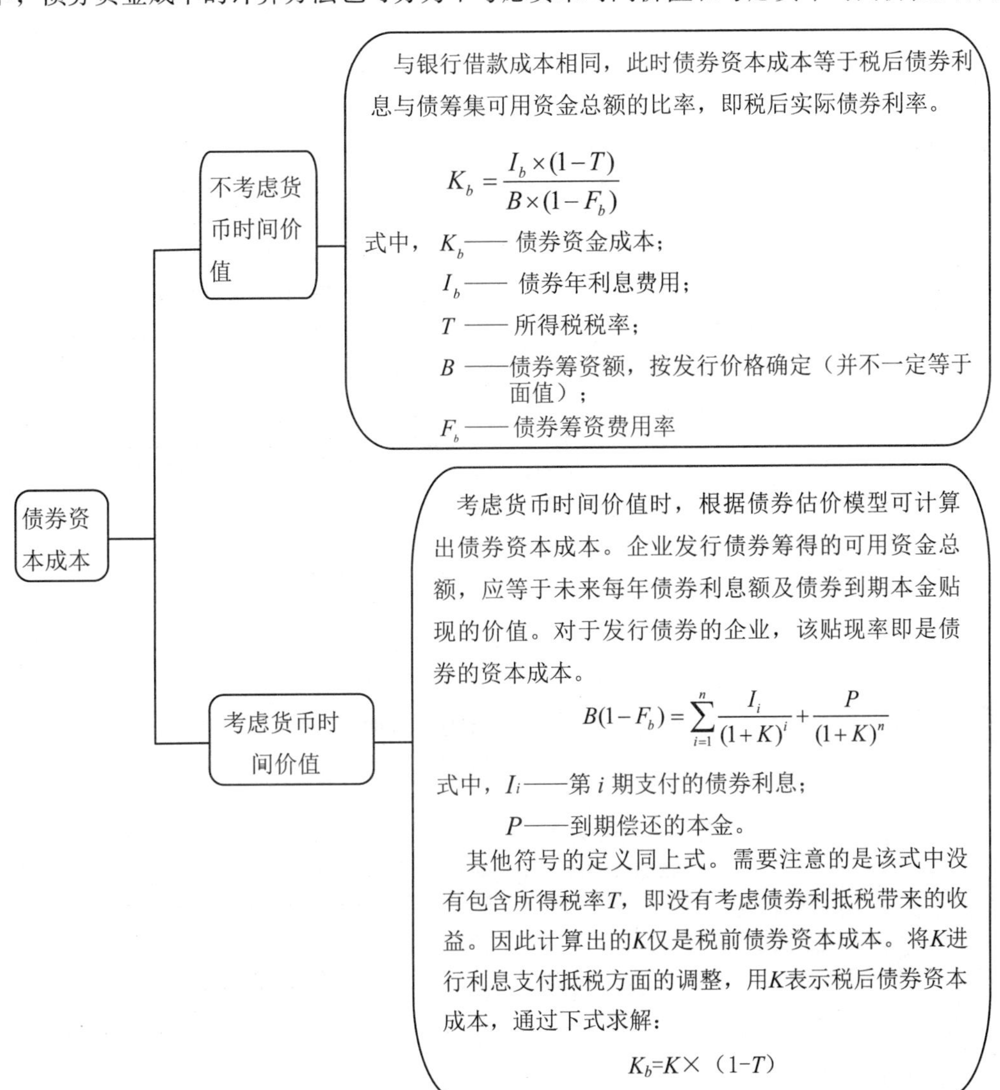

学习了如何计算债券资金成本后，还应对其有更深层次的理解。首先，计算税后债券资金成本的隐含条件是企业有应税收入。若企业不用纳税，则享受不到利息费用的抵税效应。其次，上面介绍的都是一些计算债券资金成本的基本模型，但实际上要估算债券资金成本是十分困难的。债券的形式多种多样，如可转换债券、附带认股权的债券、

浮动利率债券以及利息和本金偿还时间不固定的债券等，这些债券成本的估算都比较复杂。最后，计算出的税后资金成本代表的是新增负债的边际成本，而不是已取得的债务的资金成本。在评价投资决策或估算企业价值时所使用的贴现率，也只能是未来新增负债的资金成本，而不是债务的历史成本。

以上计算的债务资金成本均为债务的承诺收益率（合同规定的收益），是债权人所得报酬率的上限，并不一定等于债权人的真实收益。当筹资公司因特有风险而经营失败，债权人可能无法得到承诺的本金和利息。所以，债权人的期望收益低于承诺收益。

（二）优先股资金成本

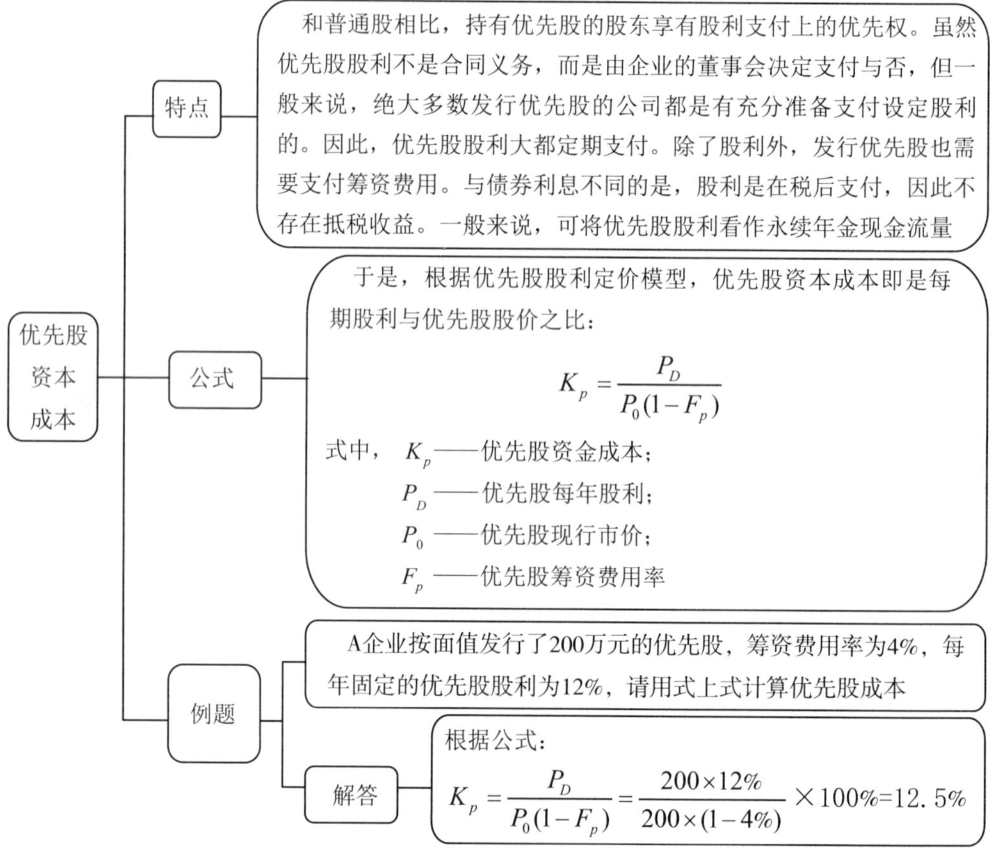

（三）普通股权益资金成本

企业普通股权益资金的来源主要有两个方面：一是通过留存收益内部筹集，二是通过发行普通股外部筹集。表面上看，留存收益来自企业的税后利润，取得留存收益不用支付筹资费用，使用留存收益也不需要付出利息、股利等成本。但实际上，对于股东来说，留存于企业的利润是其放弃获得的现金股利。股东愿意放弃享受现金股利的权利，而将其留用于企业，就相当于对企业进行追加投资。股东对这部分资金也要求获得与普通股等同的报酬，以弥补其承受的机会成本。因此，留存收益的资金成本和普通股一样，都是股东要求的必要报酬率。两者之间的差别在于，计算留存收益资金成本时不用考虑筹资费用。

一般来说，计算普通股权益资金成本的方法有三种：①股利贴现模型法；②资本资产定价模型法；③风险溢价法。首先来看留存收益资金成本的计算。

1. 留存收益资金成本

（1）股利贴现模型法

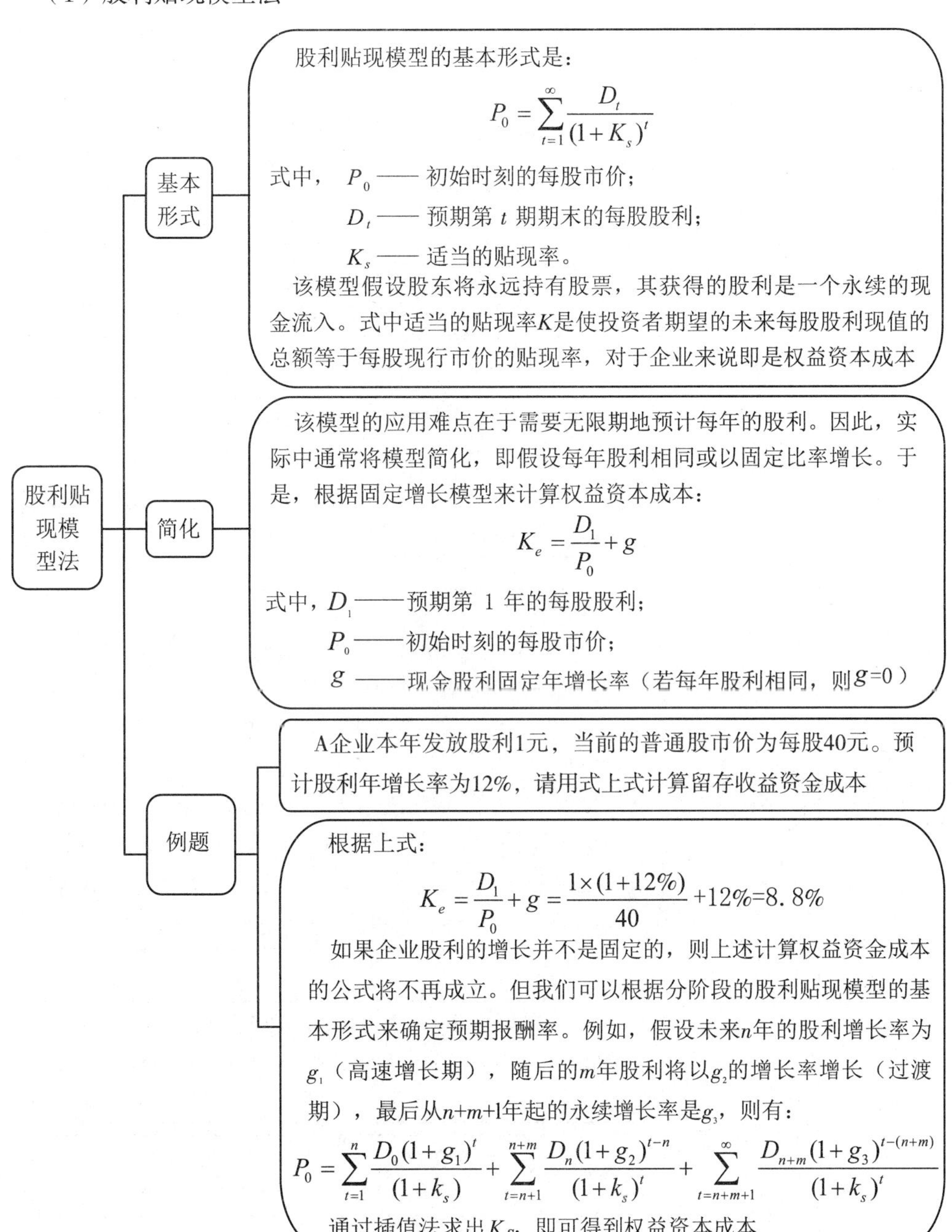

（2）资本资产定价模型法

资本资产定价模型法

- **公式**

  企业的资本成本和投资者要求的报酬率在一定程度上是等价的。因此，权益资本成本也可以通过估计企业普通股的必要报酬率来直接求解。根据资本资产定价型（CAPM），普通股的必要报酬率计算公式为：

  $$K_e=K_f+\beta\times(K_m-K_f)$$

  式中，K_f——无风险收益率；

  K_m——市场证券组合的期望收益率；

  β——股票的系统风险

- **例题**

  A企业的β系数为1.5，市场无风险收益率为8%，平均风险股票必要报酬率13%，请计算留存收益资金成本

  - **解答**

    根据式上式：

    $K_e=K_f+\beta\times(K_m-K_f)$ =8%+1.5×（13%-8%）=13.5%

（3）风险溢价法

风险溢价法

- **概念**

  所谓风险溢价法，是指在债券投资报酬率的基础上，追加一定的股票授资风险溢价。这种方法的理论依据是风险与收益相匹配。一般而言，股票投资者承担的风险高于债券投资者，因此，企业的普通股必须提供比本公司债券更高的期望收益

- **公式**

  其计算公式为：

  $$K_e=K_d(1-T)+RP_c$$

  式中，K_d——税前债务资本成本；

  RP_c——股东比债权人承担更大的风险而要求追加的收益率。

  K_d的计算方法前面已经有所介绍，因此采用风险溢价法估算权益资金成本的关键在于估计风险溢价RP_c。RP_c没有直接的计算方法，但资本市场的经验表明，企业普通股的风险溢价对其自身发行的债券来说，绝大部分为3%～5%

- **例题**

  A企业税前债券资本成本为10%，凭经验估计，A企业认为普通股风险溢价相对其发行的债券大约为3%，请计算留存收益资本成本

  - **解答**

    根据式上式：

    $K_e=K_d$（1-T）+RP_c=10%+3%=13%

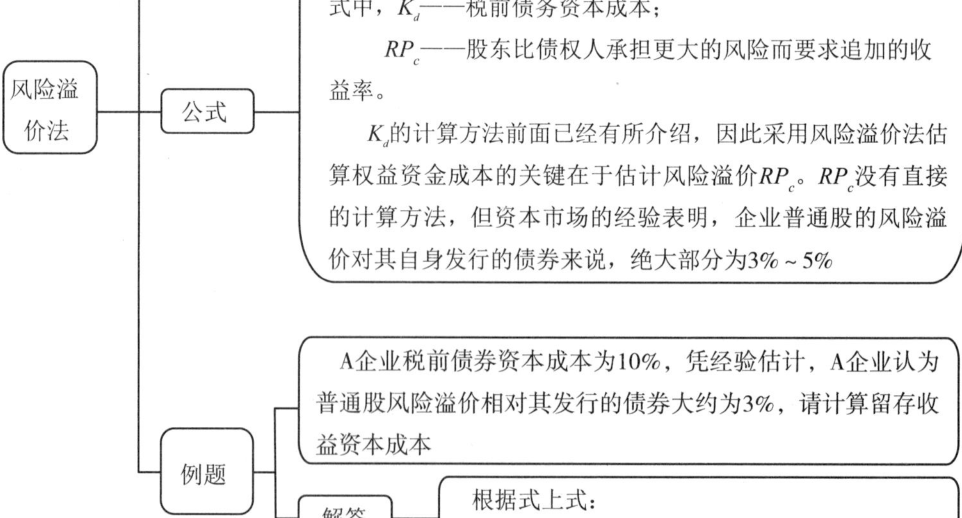

2. 普通股资金成本

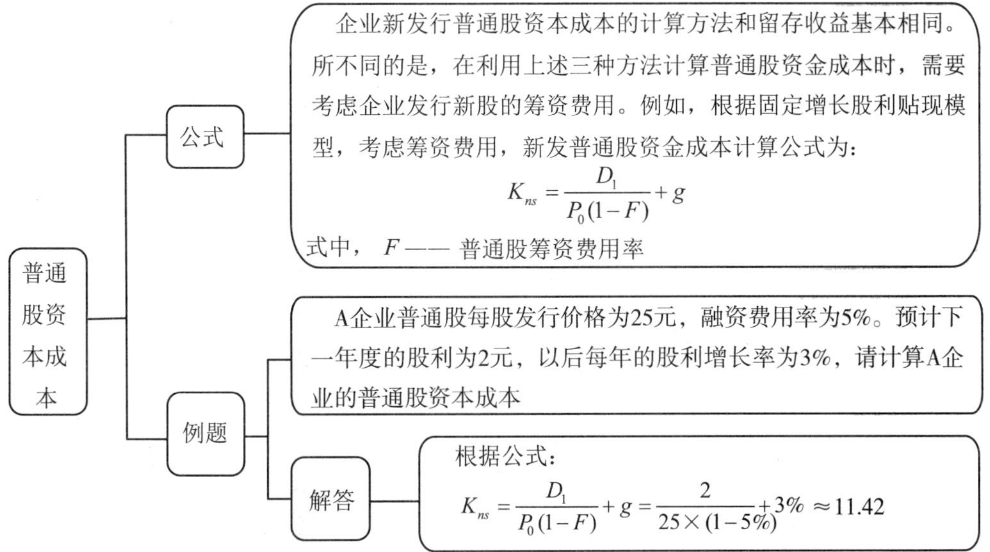

以上介绍了三种计算普通股权益资金成本的方法。三种方法各有其优缺点，具体比较如下：

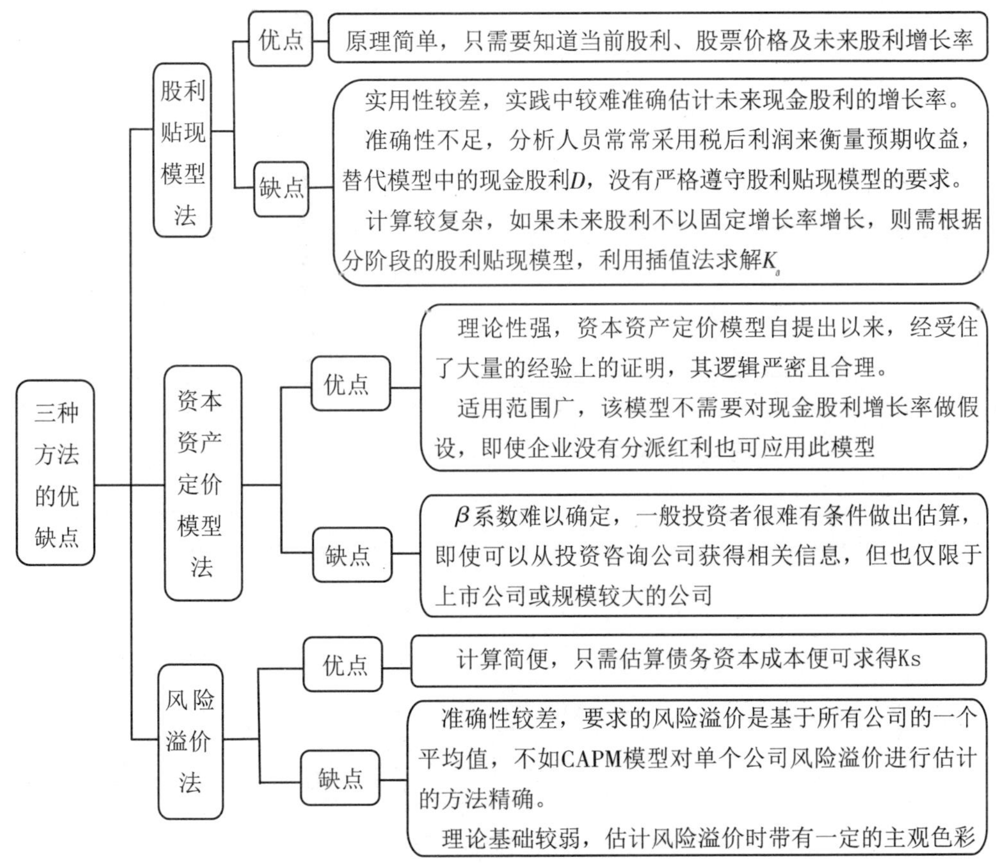

三、加权平均资金成本

（一）加权平均资金成本的概念及计算

加权平均资本成本的概念及计算

概念

由资本成本的概念可以知道，所有资本都有一个共同点，即提供这些资金的投资者都希望能从其投资中得到回报。如果一家企业唯一的投资者是普通股股东，那么在进行投资和融资决策时所采用的资本成本就是普通股股东要求的必要报酬率。然而，实际上大多数企业都采用了不同种类的资本融资方式，并且由于风险不同，各类投资者有着不同的必要报酬率，因而各类资本有着不同的资本成本。将企业看做一个整体，为满足所有投资者对投资收益的要求，在分析投融资决策时所使用的贴现率就应该是企业融集的各种不同资本的资本成本加权平均值。该加权平均值就是企业的加权平均资本成本

公式

以各种资本占全部资本的比重为权重计算WACC ，公式如下：

$$K_{\mathrm{WACC}}=\sum_{i=1}^{n}W_iK_i$$

式中，K_{WACC} —— 加权平均资本成本；

K_i—— 第 i 种资本的个别资本成本；

W_i—— 第 i 种资本占总资本的比重

公式

一般来说，负债、优先股和普通股是大多数企业融资的主要类型，因此，通常计算WACC的公式为：

$$K_{\mathrm{WACC}}=\frac{D}{V}\times K_d(1-T)+\frac{P}{V}\times K_p+\frac{E}{V}\times K_e$$

式中，K_d、K_p、K_e—— 税前债务资本成本、优先股资本成本、普通股资本成本；

D、P、E ——债务资本、优先股资本、普通股权益资本；

V—— 企业资本总额

例题

A、B企业的资本总额均为1000万元，普通股股价均为1元/股，所得税税率均为25%，其他资料如表4-2所示，请计算A、B企业的加权平均资本成本

解答

利用表4-2所示数据，根据式上式可计算出A、B企业的加权平均资本成本如下：

$$K_{\mathrm{WACC}}=\frac{D}{V}\times K_d(1-T)+\frac{P}{V}\times K_p+\frac{E}{V}\times K_e=\frac{1000}{1000}\times 15\%=15\%$$

$$K_{\mathrm{WACC}}=\frac{D}{V}\times K_d(1-T)+\frac{P}{V}\times K_p+\frac{E}{V}\times K_e=\frac{800}{1000}\times 8\%\times(1-25\%)+\frac{200}{1000}\times 10\%+\frac{1000}{1000}\times 15\%=21.8\%$$

表 4-2　计算加权平均资金成本

资本构成	企业 A		企业 B		
	融资金额	占总资本权重	融资金额	占总资本权重	单项资金成本
债务资本	0	0	800 万元	40%	8%
优先股	0	0	200 万元	10%	10%
普通股	2000 万元	100%	1000 万元	50%	15%

（二）加权平均资金成本的相关问题

1. 关于 *WACC* 的计算

根据公式可知，计算加权平均资金成本需要知道两方面的信息：一是个别资金成本的大小（K_i），二是各单项资本占资本总额的比重（W_i）。

在考虑债务资本时，并没有具体区分短期债务和长期债务。虽然企业借入短期银行借款、发行短期融资券也需要支付利息，存在资金成本，但是由于短期债务的临时性，且这些短期负债一般可以与企业持有的短期投资大致相互抵消，其对企业加权平均资金成本大小的影响基本可忽略。通常情况下，计算加权平均资金成本时只考虑长期银行贷款或企业债券等长期债务资本。但是，我国的现实情况是，大多数企业都持有数量较多的短期借款，而且通过不断“借新债还旧债”的资本运作，短期借款已经成为企业长期性资本的重要来源。在这种情况下，计算我国企业的加权平均资金成本时，需要深入分析企业的资本使用状况，根据实际情况考虑短期借款的资金成本。

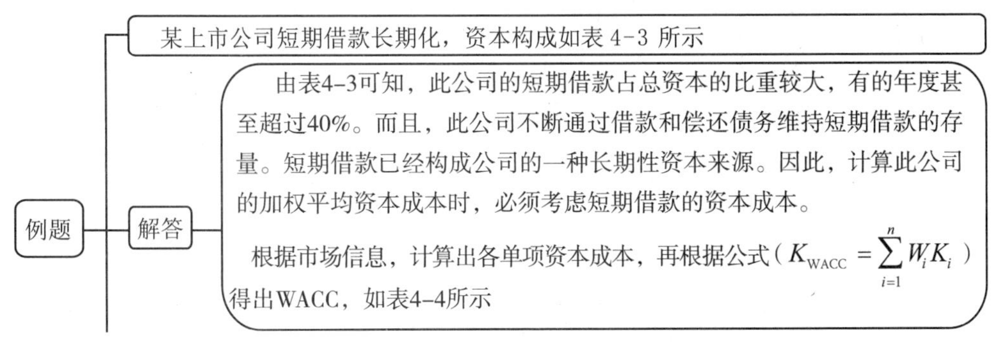

分析

第 i 类资本在资本总额中的权重可以根据公司财务报表提供的历史数据计算而得，这样求得的是按资本的账面价值计算的权重。由于权益资本的账面价值往往与其市场价值差别较大，因此按这种方法计算的加权平均资本成本会失去现实客观性，不利于制定筹资、投资管理决策。那么，是否应该按照企业各类资本的市场价值来计算权重呢？按市场价值确定权重是指债券、股票等以现行资本市场价格为基础确定其资本比例，虽然这种方法能反映公司现实的资本结构和当前实际资本成本，但证券市场价格的频繁波动性会影响资本结构的相对稳定。不同的资本结构不但会影响个别资本在总资本中的权重，还会影响个别资本成本的大小。因此，在计算企业加权平均资本成本时，通常会假定企业管理层设定了一个适当的资本结构作为目标资本结构，并尽力保持该目标资本结构的稳定。正确的权重应基于目标资本结构，企业根据这个结构进行筹资，能使资本成本最低而企业价值最大

表 4-3 某公司的资本构成

单位：百万元

项目	2010 年	2011 年	2012 年	2013 年
短期借款	5224.73	6136.31	8925.05	8866.94
长期负债①	954.20	4455.20	5676.11	7588.68
权益资本②	6112.24	12452.27	10535.07	9878.75
短期负债比重	42.51%	26.63%	35.51%	33.67%
长期负债比重	7.76%	19.33%	22.58%	28.82%
权益资本负债比重	49.73%	54.04%	41.91%	37.51%
取得借款收到的现金	9639.20	141563.29	17311.59	6814.21
偿还债务支付的现金	8922.42	11919.68	13101.81	6668.88

① 长期负债 = 长期借款 + 一年内到期的长期借款 + 应付债券。

② 权益资本 = 年末总股数 × 年末收盘价。

表 4-4 某公司加权平均资金成本

项目	2010 年	2011 年	2012 年	2013 年
短期负债资金成本（税前）①	7.17%	5.31%	5.36%	6.34%
长期负债资金成本（税前）	7.47%	5.76%	5.80%	6.70%
无风险报酬率②	3.92%	2.25%	2.30%	3.29%
风险溢价	8.19%	8.19%	8.19%	8.19%
β系数③	0.96	0.89	0.96	0.96
权益资金成本	11.78%	9.54%	10.16%	11.15%
*WACC*④	8.58%	7.05%	6.67%	7.23%

①短期负债资金成本根据一年期贷款基准利率确定，长期负债资金成本根据五年期贷款基准利率确定。一年内贷款利率发生调整的，根据计息日进行加权。

②在美国资本市场中，通常选择国库券作为无风险资产，以短期国债的利率作为无风险收益。由于我国国债在发行规模上存在明显不足，在投资者需要无风险资产时，只能通过银行存款获得稳定的收益。因而，在我国资本市场上，通常以一年期银行定期存款作为无风险资产，其利率作为无风险利率。此处，选用一年期整存整取作为无风险资产，依据 CSMAR 数据库中提取的日度化无风险收益率，先计算平均日度化无风险收益率，再依据复利得到年度无风险收益率。

③ β 系数估计使用线性回归法，即将证券投资回报率与市场指数回报率回归估计得到资产的贝塔系数值。按照资本资产定价模型，市场投资组合应包含资本市场上全部可供投资者选择的风险资产。但由于市场投资组合的更新频繁，收益率统计比较麻烦，在实际计算中，通常选用市场指数收益率作为替代。而回归时间间隔一般采用月收益率或日收益率。因此，此处 β 系数根据“考虑现金红利再投资的日个股回报率”与“考虑现金红利再投资的综合日市场回报率”计算。

④ 2010 年至 2013 年的 *WACC* 按照 25% 的企业所得税率计算。

2. 筹资规模对 *WACC* 的影响

在市场经济环境下，资本已成为一种特殊的商品。那么，资本的供给曲线应与其他普通商品的供给曲线一样，都是一条由左下方向右上方倾斜的曲线，即随着对资本需求的增加，资本的价格（对筹资者而言，资本的价格便是资金成本）也会上升。所以，想要扩大融资规模的企业，一般要为新筹集的资本支付更高的价格（成本），企业加权平均资本茂本将随筹资规模的扩大而上升。下面举例说明筹资规模对 *WACC* 的影响。

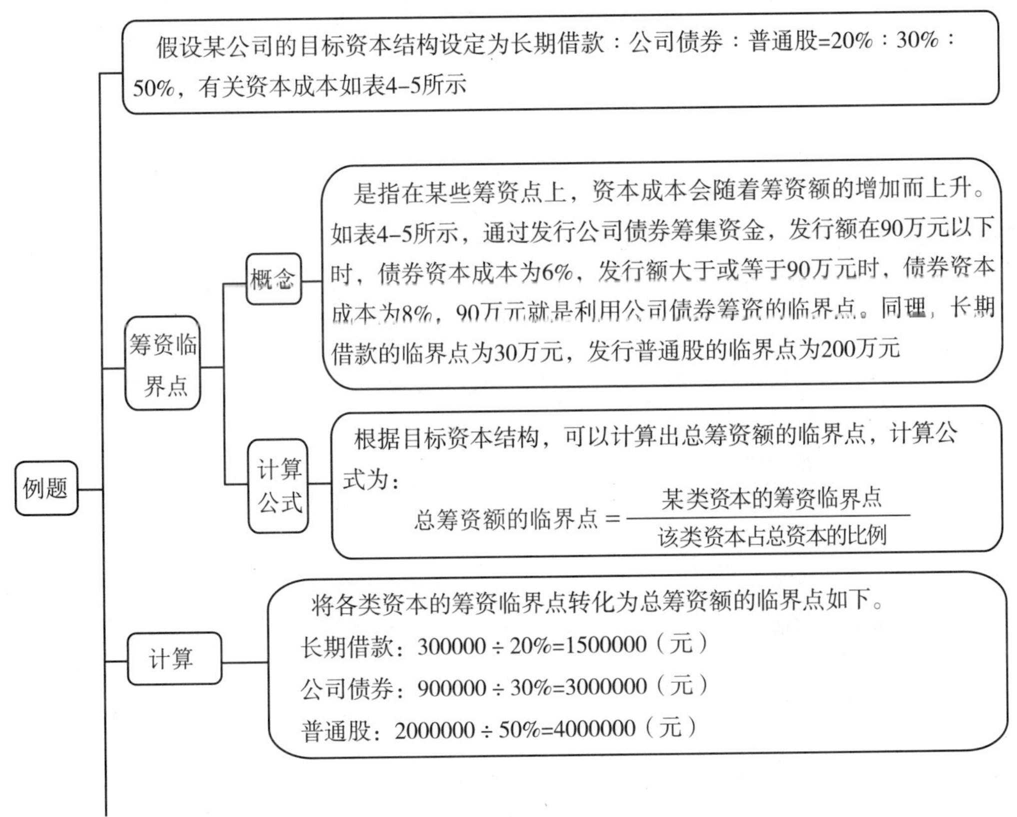

分析

150万元、300万元及400万元即是总筹资额的临界点。由此可得到四组筹资范围：①小于150万元；②150万～300万元；③300万～400万元；④大于或等于400万元。这意味着，如果总筹资额在150万元以下，根据目标资本结构的要求，长期借款的总额可保持在30万元以下，此时长期借款税后资本成本为5%。如果总筹资额超过150万元，则按照资本结构的要求，长期借款的数量将超过30万元，从而导致其税后资本成本上升为7%。对于其他三组筹资范围，也可做类似的解释。

列表求解相应筹资规模的加权平均资本成本，如表4-6所示

如表4-6所示，当企业总筹资额在150万元以下时，其加权平均资本成本为7.8%，当总筹资额超过150万元但小于300万元时，其加权平均资本成本将变为8.2%，依此类推。WACC随筹资额的变化而变化的情况可用图4-1来表示

表 4-5　筹资规模与资金成本

资本来源	筹集资金范围	资金成本（%）
长期银行借款	30 万元以下	5（税后）
	30 万元及以上	7（税后）
公司债券	90 万元以下	6（税后）
	90 万元及以上	8（税后）
普通股	200 万元以下	10
	200 万元及以上	12

表 4-6　各筹资范围的加权平均资金成本

筹资规模（万元）	资金类别	目标资本结构（%）	资金成本（%）	加权平均资金成本（%）
￥＜150	长期借款	20	5	K_{WACC}=20%×5%+30%×6%+50%×10%=7.8%
	公司债券	30	6	
	普通股	50	10	
150≤￥＜300	长期借款	20	7	K_{WACC}=20%×7%+30%×6%+50%×10%=8.2%
	公司债券	30	6	
	普通股	50	10	
300≤￥＜400	长期借款	20	7	K_{WACC}=20%×7%+30%×8%+50%×10%=8.8%
	公司债券	30	8	
	普通股	50	10	
￥≥400	长期借款	20	7	K_{WACC}=20%×7%+30%×8%+50%×12%=9.8%
	公司债券	30	8	
	普通股	50	12	

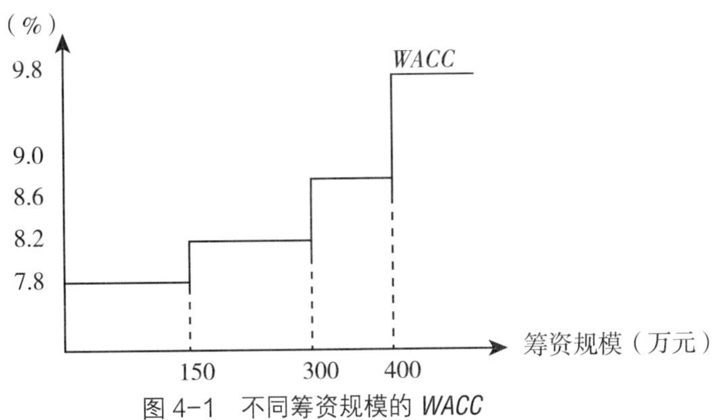

图 4-1　不同筹资规模的 *WACC*

由以上分析可知，企业加权平均资金成本随筹资规模的增加存在递增的效应，这种新增加一单位资本所发生的加权平均资金成本称为边际资金成本（Marginal Cost of Capital，MCC）。

四、投资项目的资金成本

（一）项目资金成本与投资决策

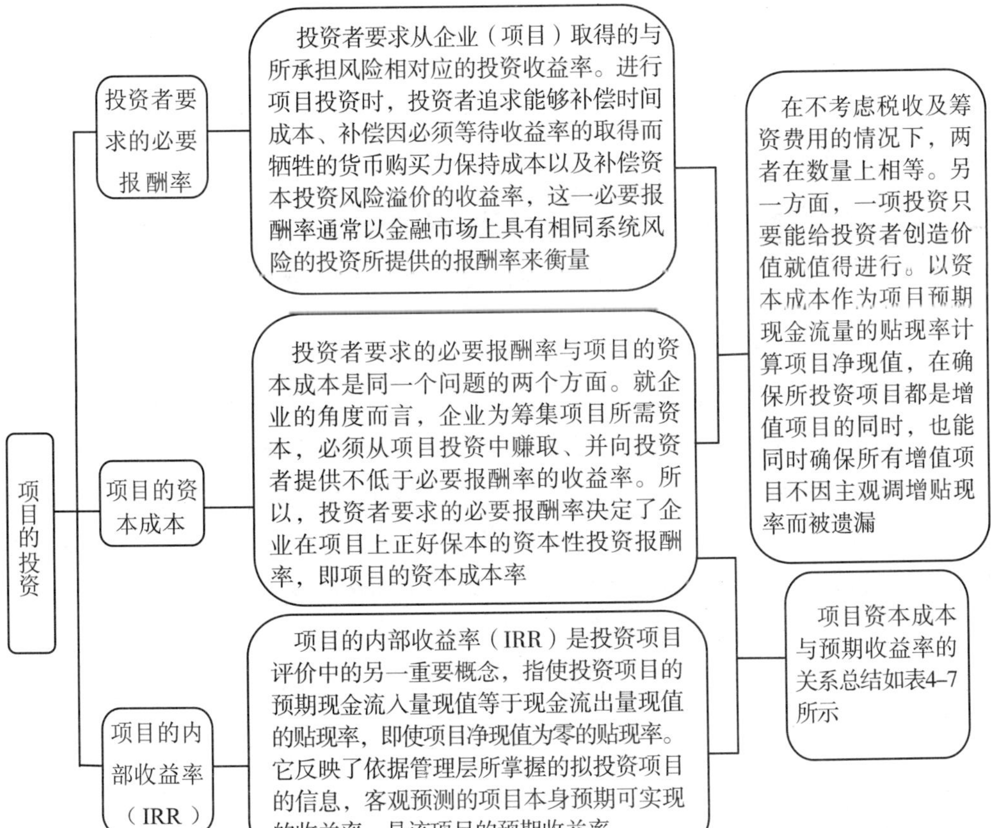

表 4-7　项目资金成本与预期收益率

项目投资收益率	股东财富（企业价值）	项目是否值得投资
项目资金成本（必要报酬率、基准收益率）<预期收益率（内部收益率）	增加	是
项目资金成本（必要报酬率、基准收益率）=预期收益率（内部收益率）	不变	是
项目资金成本（必要报酬率、基准收益率）>预期收益率（内部收益率）	减少	否

（二）基于项目风险调整资金成本

净现值法下，资金成本是项目预期现金流量适宜的贴现率；内部收益率法下，资金成本是内部收益率比较的基准。因此，采用两种方法中的任何一种对项目进行评价，都需要知道项目资金成本的大小。项目的资金成本是项目必须获得的满足投资者要求的回报率，其大小在本质上取决于项目本身的风险，按来源可具体分为经营风险和财务风险。而企业资金成本（*WACC*）是投资于企业债务和权益性证券的投资者要求的平均报酬率，反映的是企业现有资产（项目）作为一个整体的风险。这些现有项目可能与拟投资项目从属于不同行业，即便是专注于一类业务的企业，拟投资项目与企业现有项目所采用的财务杠杆也并不总相同。因此，拟投资项目的风险往往不同于企业的平均风险。在进行项目评价时，并不能一贯地将企业的加权平均资金成本作为其投资决策的“基准收益率”。只有当拟评估项目与企业现有经营活动的风险完全一致时，才能直接套用企业 *WACC* 作为项目的贴现率。

如图 4-2 所示，A、B 表示两个投资项目，X、Y 表示两个企业的总体风险。A、B 两个项目的风险水平都比企业 X 的总体风险水平高，但是比企业 Y 的总体风险水平低。首先考虑项目 A。若单纯地以企业 *WACC* 作为投资决策的贴现率，A 项目的收益率 R_A 小于 *WACC*Y，企业 Y 会否决 A 项目；而 R_A 大于 *WACC*X，企业 X 会认为 A 项目是值得投资的。实际上，在项目 A 所处的风险水平上，其提供的收益率超过了投资者要求的报酬率，投资 A 项目会增加股东的财富，因此对于两个企业来说，都应接受 A 项目。同理于项目 B。R_B 大于 *WACC*X，企业 X 将投资于 B 项目；但 R_B 小于 *WACC*X，企业 Y 会拒绝 B 项目。此时就 B 项目的风险水平而言，投资者最低可接受的报酬率高于该项目的收益率，因此对于两个企业来说，都应拒绝项目 B。我们接受收益率较低的项目 A，拒绝收益率较高的项目 B，因为项目 B 的预期收益率虽比项目 A 更高，但是这个差额不足以补偿项目 B 更高的风险。

以上分析表明，如果不考虑项目的风险，而笼统地用企业 *WACC* 来评价单个投资项目，往往会做出错误的决策：错误地拒绝相对安全的项目，错误地接受相对而言具有风险性的项目。只有当投资项目的风险水平同企业整体风险水平大致相同的情况下，才能够将企业 *WACC* 作为评价该项目的“基准比率”。不同的项目通常面临不同的风险，根据风险与收益匹配的原则，项目的贴现率必须根据其风险差异进行调整。

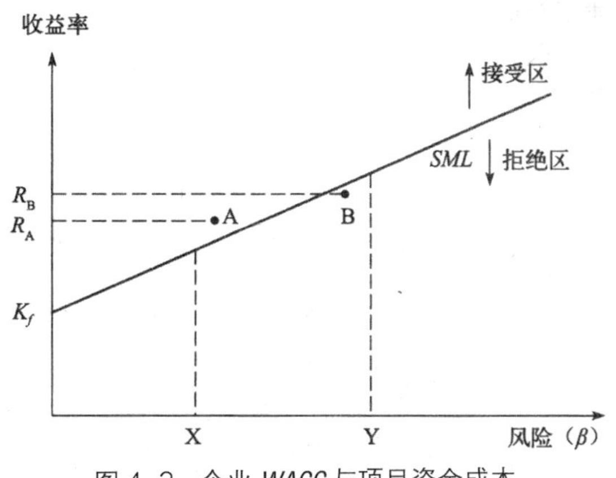

图 4-2　企业 *WACC* 与项目资金成本

基于风险调整得到拟投资项目资金成本，其前提是寻找一个参考对象作为调整的基点。若该项目的市场风险（经营风险）与企业其他项目的市场风险相同，参考对象可选择本企业。否则，需要选择与该项目具有相似经营风险的可比公司（如专注于该行业的企业）作为参考对象。然而，项目资金成本取决于项目的经营风险和财务风险，参考对象仅仅是与拟投资项目具有同等的经营风险。若参考对象的资本结构与项目不同，拟投资项目仍不能直接沿用参考对象的资金成本。出于这种资本结构上的差异，有必要对参考对象的资金成本进行调整。

接下来的问题是，如何通过对参考对象的资金成本进行财务风险调整得到拟投资项目资金成本。不妨设想，如果项目和参考对象均为完全权益融资，则项目与参考对象不存在财务风险。而由于参考对象与项目又具有相同的经营风险，所以此时项目的 *WACC* 与参考对象的 *WACC* 相等，都等于全权益资金成本。全权益资金成本被称为资本机会成本，其大小仅取决于全权益项目的经营风险。因此，要计算项目的资金成本，首先应得到资本机会成本。具体而言，可依据有税 MM 命题Ⅱ揭示的杠杆企业权益资金成本与无杠杆企业全权益资金成本之间的关系 *e*，通过从参考对象的权益资金成本中卸载参考对象的财务杠杆获得资本机会成本。然后，仍依据有税的 MM 命题Ⅱ，在资本机会成本上加载项目的财务杠杆，即获得项目的权益资金成本。最后，通过加权平均资金成本的计算公式，可最终得到拟投资项目的资金成本。具体而言，项目的风险不同于企业风险特征时，项目资金成本通常可通过报酬率调整和贝塔系数调整两种方法获得。

1. 报酬率调整法

报酬率调整法，是通过从参考对象的 TVACC 中卸载和加载财务杠杆，实现项目资金成本的调整，调整步骤如下。

报酬率调整法

步骤1

先卸载。根据有税MM命题Ⅱ，从参考对象的*WACC*中卸载财务杠杆，以计算资本机会成本。

假设参考企业C与拟投资项目P具有相似的市场风险，可根据参考企业C的负债权益比及其债务、权益资本成本，得到项目P负债为零时的资本机会成本。

$$资本机会成本r=\frac{r_d^c(1-T_c)(D_c/V_c)+r_e^c(E_c/V_c)}{1-T_c\dfrac{D_c}{V_c}}$$

式中，D_c —— 参考企业 C 的债务价值；

E_c —— 参考企业 C 的权益价值；

V_c —— 参考企业 C 的价值；

r_d^c —— 参考企业 C 的税前债务资本成本；

r_e^c —— 参考企业 C 的权益资本成本；

T_c —— 参考企业 C 的所得税税率

步骤2

后加载。运用有税MM命题Ⅱ，加载项目的财务杠杆，计算项目的权益资本成本。

在项目P的负债比率下，估计项目债务资本成本。依据步骤1中得到的资本机会成本、项目P的负债权益比及债务资本成本，计算项目P的权益资本成本。

$$r_e^p=r+(r-r_d^p)(1-T_p)D_p/E_p$$

式中，D_p —— 拟投资项目的债务价值；

E_p —— 拟投资项目的权益价值；

r_d^p —— 拟投资项目的债务资本成本；

r_e^p —— 拟投资项目的权益资本成本；

T_p —— 拟投资项目适用的所得税税率

步骤3

再加权。运用加权平均资本成本计算公式，在项目的融资权重下，计算项目加权平均资本成本。

根据项目P的负债权益比、债务资本成本及步骤2中得到的项目P的权益资本成本，计算项目P的加权平均资本成本$WACC_P$。

$$WACC_p=r_d^p(1-T_p)(D_p/V_p)+r_e^p(E_p/V_p)$$

式中，V_p —— 拟投资项目的价值

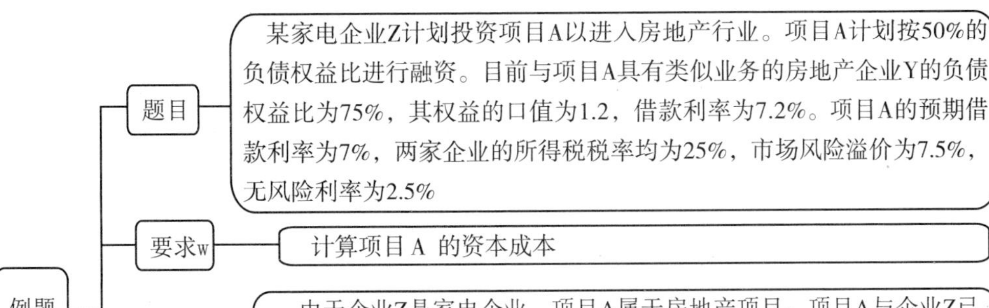

解题

由于企业Z是家电企业，项目A属于房地产项目，项目A与企业Z已有项目的经营风险有较大差距，所以不能在原企业资本成本的基础上进行调整，需要参考企业Y的资本成本数据

计算过程

根据资本资产定价模型确定参考企业Y的权益资本成本。

根据公式：

$$r_e^{\mathrm{Y}}=r_f+\beta_e^{\mathrm{Y}}\times(r_m-r_f)=2.5\%+1.2\times7.5\%=11.5\%$$

可得知企业Y 的加权平均资本成本：

$$WACC_{\mathrm{Y}}=r_d^{\mathrm{Y}}\times(1-T_{\mathrm{Y}})(D_{\mathrm{Y}}/V_{\mathrm{Y}})+r_e^{\mathrm{Y}}(E_{\mathrm{Y}}/V_{\mathrm{Y}})$$

$$=7.2\%\times(1-25\%)\times\frac{3}{7}+11.5\%\times\frac{4}{7}=8.89\%$$

从企业Y的$WACC$中卸载财务杠杆。

根据上述公式：

$$r=\frac{r_d^{\mathrm{C}}(1-T_{\mathrm{C}})(D_{\mathrm{C}}/V_{\mathrm{C}})+r_e^{\mathrm{C}}(E_{\mathrm{C}}/V_{\mathrm{C}})}{1-T_{\mathrm{C}}\dfrac{D_{\mathrm{C}}}{V_{\mathrm{C}}}}$$

$$=\frac{7.2\%\times(1-25\%)\times\dfrac{3}{7}+11.5\%\times\dfrac{4}{7}}{1-0.25\times\dfrac{3}{7}}=9.95\%$$

假定投资项目的经营风险与该行业现有的经营风险相当，则全权益融资下项目A 的贴现率也是9.95%

加载项目A 的财务杠杆，得到项目A的权益资本成本r_e^{A} Te。

根据上述公式：

$$r_e^{\mathrm{A}}=r+(r-r_d^{\mathrm{A}})(1-T_{\mathrm{A}})D_{\mathrm{A}}/E_{\mathrm{A}}=9.95\%+(9.95\%-7\%)\times(1-25\%)\times\frac{1}{2}=11.06\%$$

计算项目A的加权平均资本成本。

根据上述公式：

$$WACC_{\mathrm{A}}=r_d^{\mathrm{A}}(1-T_{\mathrm{A}})(D_{\mathrm{A}}/V_{\mathrm{A}})+r_e^{\mathrm{A}}(E_{\mathrm{A}}/V_{\mathrm{A}})=7\%\times(1-25\%)\times\frac{1}{3}+11.06\%\times\frac{2}{3}=9.12\%$$

采用全权益对项目进行融资时，项目的资金成本等于同等经营风险下的资本机会成本。加入债务资本后，由于债务利息抵税效应的存在，杠杆项目的资金成本得以逐渐降低，小于资本机会成本。与此同时，债务的引入加大了项目权益资本的风险，致使杠杆项目的权益资金成本增加。且随着债务比重的上升，项目的债务违约风险增加，债务资金成本也缓慢增加。用图形表示如下（图 4-3）。

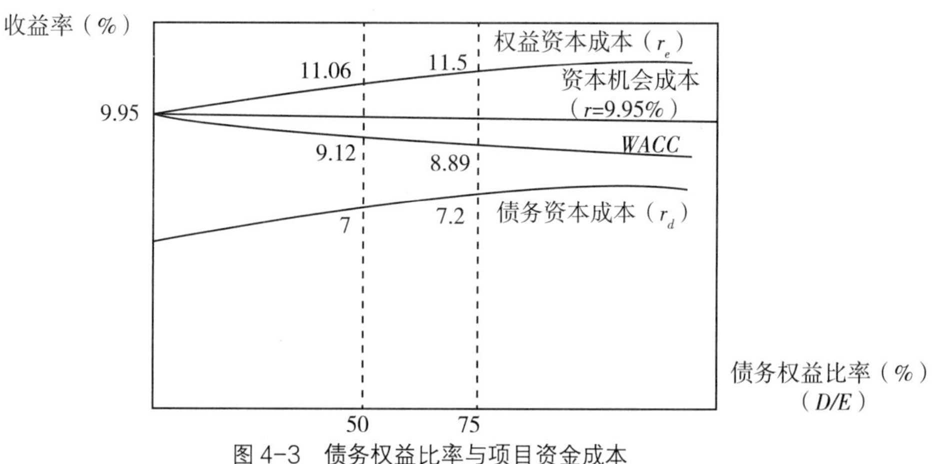

图 4-3　债务权益比率与项目资金成本

2. 贝塔系数调整法

（1）基本原理

基本原理

- 报酬率调整法的基本原理是运用有税 MM 命题 II 中，杠杆项目权益资本成本与无杠杆项目全权益资本成本之间的关系，实现“财务杠杆的调节”
- 在特定的市场环境下，资本的贝塔系数是各类资本必要报酬率的唯一影响因素。若将资本资产定价模型引入到有税 MM 命题 II 的关系式中，即可得到杠杆项目权益贝塔与无杠杆项目权益贝塔间的关系
- 贝塔系数调整法，就是依据得到的杠杆项目权益贝塔与无杠杆项目权益贝塔间的关系，用贝塔系数替代报酬率进行财务杠的卸载和加载，实现项目资本成本的调整

（2）相关概念

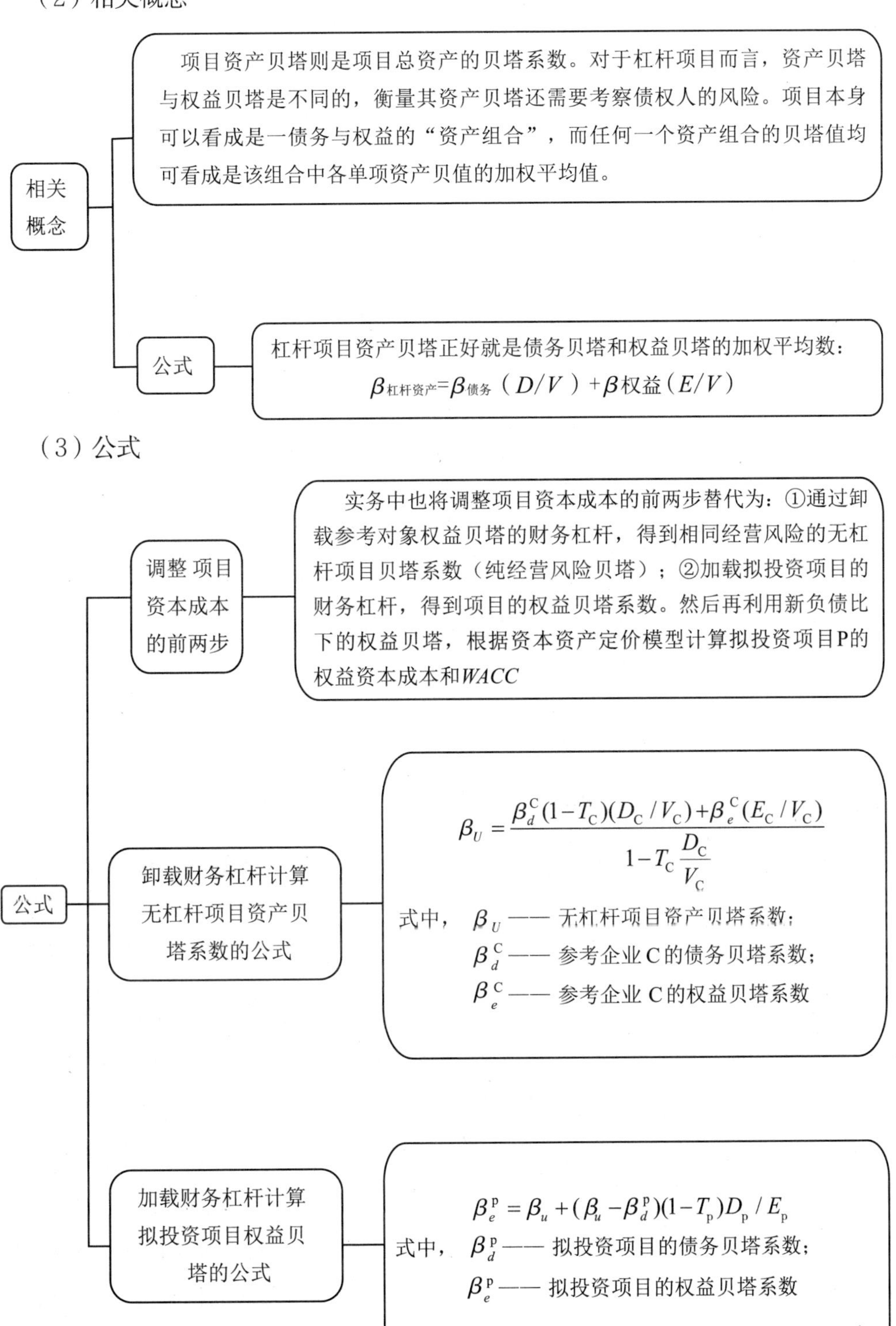

相关概念

项目资产贝塔则是项目总资产的贝塔系数。对于杠杆项目而言，资产贝塔与权益贝塔是不同的，衡量其资产贝塔还需要考察债权人的风险。项目本身可以看成是一债务与权益的“资产组合”，而任何一个资产组合的贝塔值均可看成是该组合中各单项资产贝值的加权平均值。

公式

杠杆项目资产贝塔正好就是债务贝塔和权益贝塔的加权平均数：

$$\beta_{杠杆资产}=\beta_{债务}（D/V）+\beta 权益(E/V)$$

（3）公式

公式

调整项目资本成本的前两步

实务中也将调整项目资本成本的前两步替代为：①通过卸载参考对象权益贝塔的财务杠杆，得到相同经营风险的无杠杆项目贝塔系数（纯经营风险贝塔）；②加载拟投资项目的财务杠杆，得到项目的权益贝塔系数。然后再利用新负债比下的权益贝塔，根据资本资产定价模型计算拟投资项目P的权益资本成本和*WACC*

卸载财务杠杆计算无杠杆项目资产贝塔系数的公式

$$\beta_U=\frac{\beta_d^{\mathrm{C}}(1-T_{\mathrm{C}})(D_{\mathrm{C}}/V_{\mathrm{C}})+\beta_e^{\mathrm{C}}(E_{\mathrm{C}}/V_{\mathrm{C}})}{1-T_{\mathrm{C}}\dfrac{D_{\mathrm{C}}}{V_{\mathrm{C}}}}$$

式中，β_U——无杠杆项目资产贝塔系数；

β_d^{C}——参考企业C的债务贝塔系数；

β_e^{C}——参考企业C的权益贝塔系数

加载财务杠杆计算拟投资项目权益贝塔的公式

$$\beta_e^{\mathrm{P}}=\beta_u+(\beta_u-\beta_d^{\mathrm{P}})(1-T_{\mathrm{P}})D_{\mathrm{P}}/E_{\mathrm{P}}$$

式中，β_d^{P}——拟投资项目的债务贝塔系数；

β_e^{P}——拟投资项目的权益贝塔系数

（4）例题

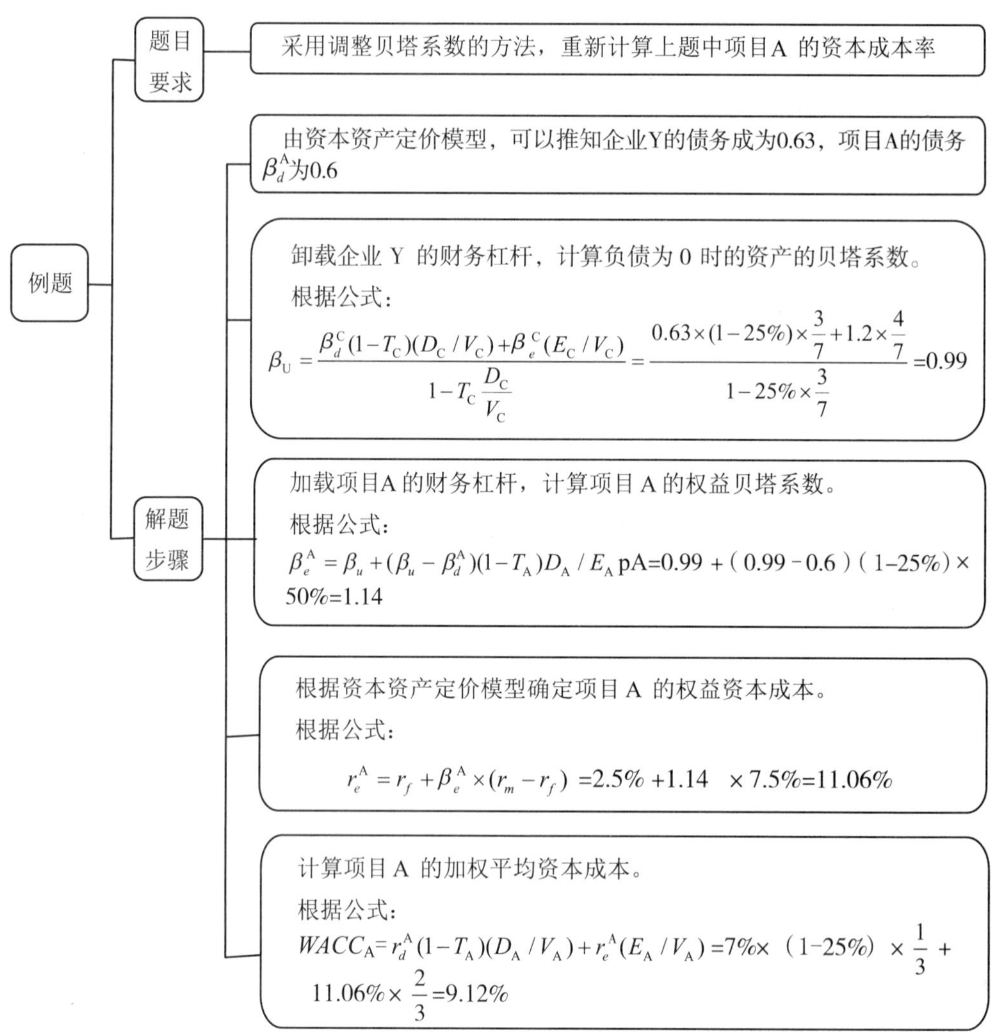

需要特别强调的是，项目的资金成本并不等价于专门为项目所筹资金的融资成本。例如，公司 x 的目标资本结构为 30% 的债务、70% 的权益，当前，公司正在考虑一个热门项目。由于企业的信用状况很好，可以 8% 的利率借到投资项目所需资金的 70%，其余的 30% 可通过权益资本获得，当前企业股东的必要报酬率是 15%。若无企业所得税，直接套用加权平均资金成本公式得到该项目的资金成本率仅为 10.1%。然而，如果不考虑公司的信用状况，仅考虑项目自身的现金流量及风险，项目不可能借入 70% 的投资资本。新项目负债融资高于正常水平所能带来的好处是企业整体的积累，不全是新项目的贡献。当前对“廉价”债务的使用可能导致公司用尽信贷限额，从而损害公司在未来从事有价值项目的能力。评估“正确的”资金成本还需要预测未来所有投资机会和资本

供给。另外，以 70% 的债务结构对项目进行投资将提升企业的债务比率，致使股东的财务风险增加，进而引起股东必要报酬率的增加。所以，该项目的“真实”资金成本率要高于 10.1%，其具体值可通过将项目视为独立项目，并采用已介绍的两种方法进行资金成本的风险调整来获得。

第二节　杠杆原理

财务管理中存在着类似于自然界的杠杆效应：由于固定性成本的存在，当某一财务变量变动较小幅度时，将使得另一相关的财务变量以更大的幅度变动。杠杆效应分为经营杠杆和财务杠杆，前者是由与生产经营活动相关的固定性经营成本引起的，后者是由固定性的融资成本引起的。这两类杠杆分别是对企业经营风险和财务风险的度量。

杠杆的风险和收益是研究资本结构理论时需要考虑的问题，也是企业资本结构决策的一个基本因素。本节主要介绍经营风险、财务风险和总风险的概念，分析并计算企业的经营杠杆、财务杠杆以及总杠杆。

一、经营风险与财务风险

（一）经营风险

经营风险是企业生产经营活动的固有风险，即生产经营活动产生的未来预期收益的不确定性或可能的波动程度。经营风险是企业投资活动的结果，其大小取决于企业经营活动的性质，与企业的资本结构（是否负债经营、发行优先股等）无关。影响企业经营风险的因素主要有如下几项：

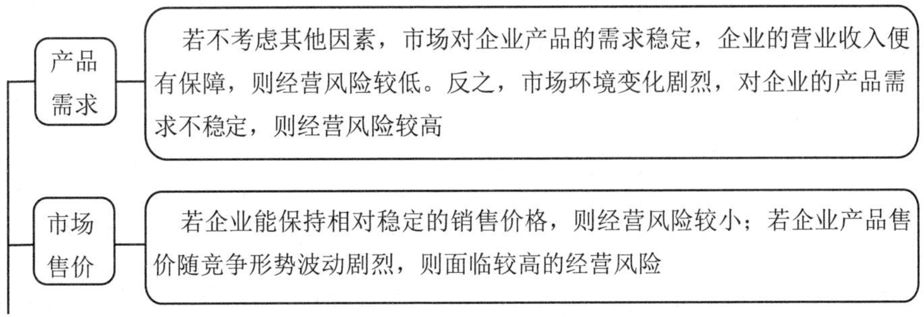

影响企业经营风险的因素

产品成本：和市场价格一样，若企业能有效地控制各种投入生产要素的价格波动，使生产成本相对固定，则经营风险较小。相反，若生产成本波动较大，则利润的不确定性也较大

市场环境及企业研发能力：如果企业产品的生命周期短，而企业又缺乏研究开发新技术、新产品的能力，则将面临被市场淘汰的风险，经营风险较高

固定成本的比重：固定经营成本将会引发经营杠杆效应。固定成本占总成本的比例越高，单位产品分摊的固定成本就越大，一旦企业产销量减少，单位产品分摊的固定成本上升也越大，从而会导致利润更大幅度地变动，经营风险较大；反之，经营风险较小

公式

根据经营风险的定义，通常可用息税前利润（Earnings Before Interests and Tax，EBIT ）作为未来预期收益的度量指标，定义息税前利润的变动系数作为衡量经营风险的一个相对指标。息税前利润变动系数是其标准差除以它的期望值，公式如下：

$$CV_{EBIT}=\frac{\delta_{EBIT}}{E(EBIT)}$$

式中，CV_{EBIT} —— 营业利润变动系数；

δ_{EBIT} —— 营业利润标准差；

$E(EBIT)$ —— 息税前利润期望值

如图4-4所示，企业A预期*EBIT*大于企业B，而其息税前利润标准差小于企业B。根据上式，企业A的息税前利润变动系数较小，因此经营风险较小

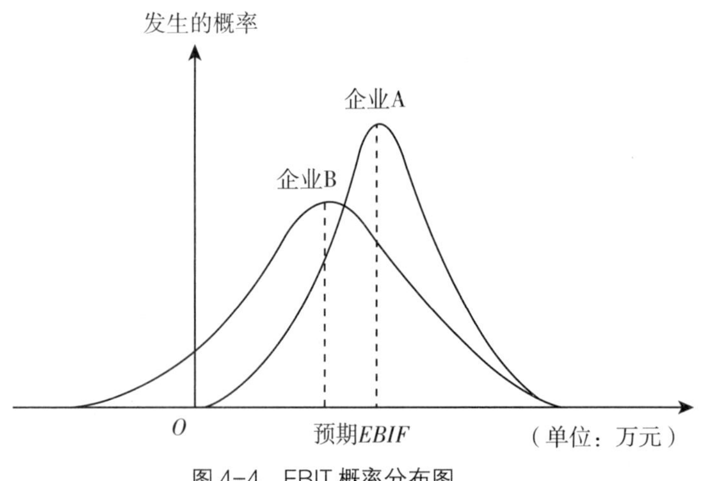

图 4-4　EBIT 概率分布图

（二）财务风险

财务风险

概念

财务风险是指由于公司使用了如债务、优先股等固定财务费用的融资方式所增加的公司普通股股东收益的风险。如果企业采用债务或优先股等方式筹资，就会产生固定性的融资成本。即无论企业的经营状况如何，都必须向债权人支付确定数量的利息及按约定的方式偿还本金，或向优先股持股人支付股息。一旦企业的经营状况不如预期，导致其没有足够的现金流偿还这些固定性融资费用，就可能陷入财务困境，甚至发生破产，这便是财务风险。通常用普通股每股收益（Eamings Per Share，EPS）的波动性来衡量企业负债经营的财务风险

经营风险

经营风险是指企业未来收益（*EBIT*）的不确定性，它是由企业项目性质决定的，与企业的资本结构没有直接关系；而财务风险是指由于企业负债经营，相对于固定性的融资成本，不能产生足够的现金流量，从而造成丧失偿债能力的风险及每股收益变动性的增加。因此，不管企业是否负债经营，股东都要承担经营风险。企业利用债务筹资后，将使经营风险集中到股东身上，债权人由于收取固定利息而不用承担经营风险，此时股东不仅要承担经营风险，还要承担财务风险，如图4-5所示

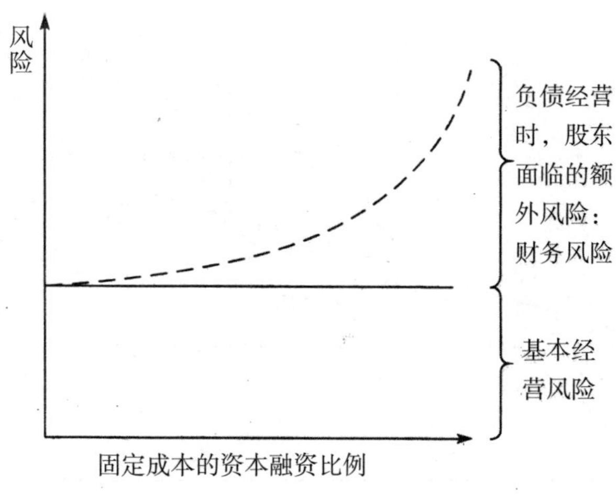

图 4-5 经营风险与财务风险

二、经营杠杆

1. 盈亏平衡分析

盈亏平衡分析

生产成本

一般来说，企业的生产成本可以分为固定成本和变动成本两类。在一定的产量范围内，固定成本总额不受产销量或营业收入变化的影响；而变动成本是产量的函数，其总额与产出量成正比例变化关系

公式

根据会计学的相关知识，*EBIT* 等于总收入减去总成本，其计算公式如下：

$$EBIT = PQ - VQ - FC = (P - V)Q - FC$$

式中，Q——产销量；

P——产品单价；

V——单位变动成本；

FC——固定成本；

$P-V$——单位边际贡献。

使企业*EBIT* 等于零时的销售量称为盈亏平衡（销售量）点，记为Q_{BE}。于是：

$$Q_{BE} = \frac{FC}{P-V}$$

企业收入、成本和利润可以用盈亏平衡图来表示，如图4-6所示

如图4-6所示，在达到盈亏平衡点销售量（*QBE*）之前，总成本（*TC*）大于营业收入（S）；而在盈亏平衡点处，营业收入刚好等于总成本[固定成本（*FC*）和变动成本（*VC*）之和]，此时企业利润为零；超过盈亏平衡点，企业开始盈利

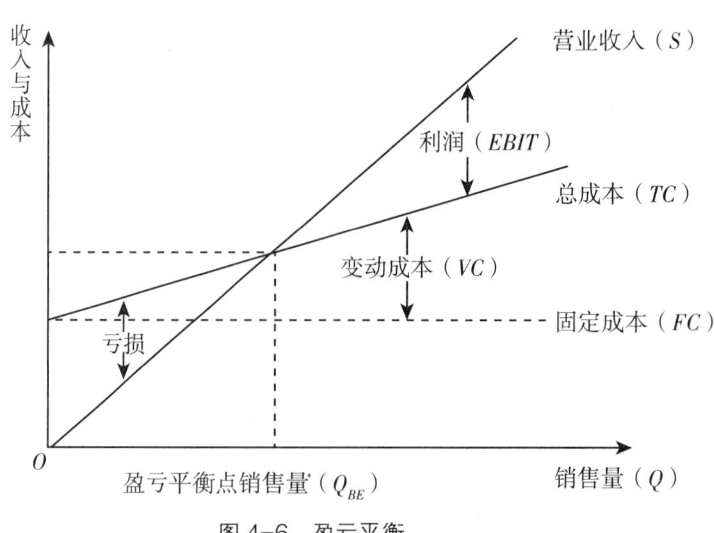

图 4-6　盈亏平衡

2. 什么是经营杠杆

经营杠杆

相关概念

在影响经营风险的诸因素中，固定成本的影响最为重要。在一定的营业收入范围内，固定成本总额是不变的，于是随着营业收入的增加，每单位产品所负担的固定成本，即单位固定成本就会降低，从而单位产品的利润提高，息税前利润的增长率将大于营业收入的增长率。相反，营业收入的下降会提高产品单位固定成本，从而单位产品的利润减少，息税前利润的下降率将大于营业收入的下降率。如果企业不存在固定成本，则息税前利润等于边际贡献，其变动率将与营业收入的变动率一致。这种在某一固定成本比重的作用下，营业收入一定程度的变动引起息税前利润产生更大程度变动的现象，被称为经营杠杆效应

经营杠杆大小的决定因素

固定成本是引发经营杠杆的根源，而企业营业收入水平与盈亏平衡点的相对位置决定了经营杠杆，即经营杠杆的大小由固定性的经营成本和息税前利润两个因素共同决定

举例

通过一个例子可以直观地了解营业收入变动率对息税前利润变动率的影响程度。某企业在生产某种产品时有三种技术方案可供选择：技术A、技术B和技术C。相关数据如表4-8所示

问题分析

假设下一年度A、B、C三种技术的固定成本保持不变，当营业收入均增加50%时，三种技术的息税前利润的变动程度分别是多少？

如表4-8所示，当预计下一年度营业收入均增长50%时，技术A由于没有固定经营成本，其息税前利润变动百分比也是50%；而B、C技术由于固定成本的存在，其息税前利润分别增长了75%和83%。由此可知，固定成本引起了经营杠杆效应，即营业收入每变动一个百分比就使息税前利润变动一个更大的百分比。值得注意的是，固定成本虽然是引发经营杠杆的根源，但却不是决定经营杠杆大小的唯一因素，认为固定成本绝对额或相对额较大会自动表现出较强的经营杠杆效应是错误的。

B、C技术有效地利用了经营杠杆，获得了经营杠杆利益。但是，如果预期下一年度营业收入将减少50%，则B、C技术息税前利润的下降幅度将会大于A技术，即需要承受经营杠杆损失，因此经营杠杆是一把“双刃剑”。在上例中，产销量变化相同比例时，C技术EBIT变动率最大，说明C技术的经营杠杆作用最强，同时经营风险也最大

表 4-8 经营杠杆效应

单位：元

初始情况			
项目	技术 A	技术 B	技术 C
产品价格（P）	10	10	10
销售量（件）	300	300	300
营业收入（S）	3000	3000	3000
营业成本			
变动成本[①]（VC）	1800	1500	1200
固定成本（FC）	0	500	720
盈亏平衡点（Q_{BE}）	0	100	120
营业利润（$EBIT$）	1200	1000	1080
成本比率(固定成本相对额)			
固定成本 / 总成本	0	0.25	0.375
固定成本 / 营业收入	0	0.167	0.24
假设当营业收入增加 50%			
项目	技术 A	技术 B	技术 C
营业收入（S）	4500	4500	4500
经营成本			
变动成本（VC）	2700	2250	1800
固定成本（FC）	0	500	720
营业利润（$EBIT$）	1800	1750	1980
$EBIT$ 变动百分比（$AEBIT/EBIT$）	50%	75%	83%

注：①假设技术 A 的变动成本率为 60%，技术 B 的变动成本率为 50%，技术 C 的变动成本率为 40%。

3. 经营杠杆系数

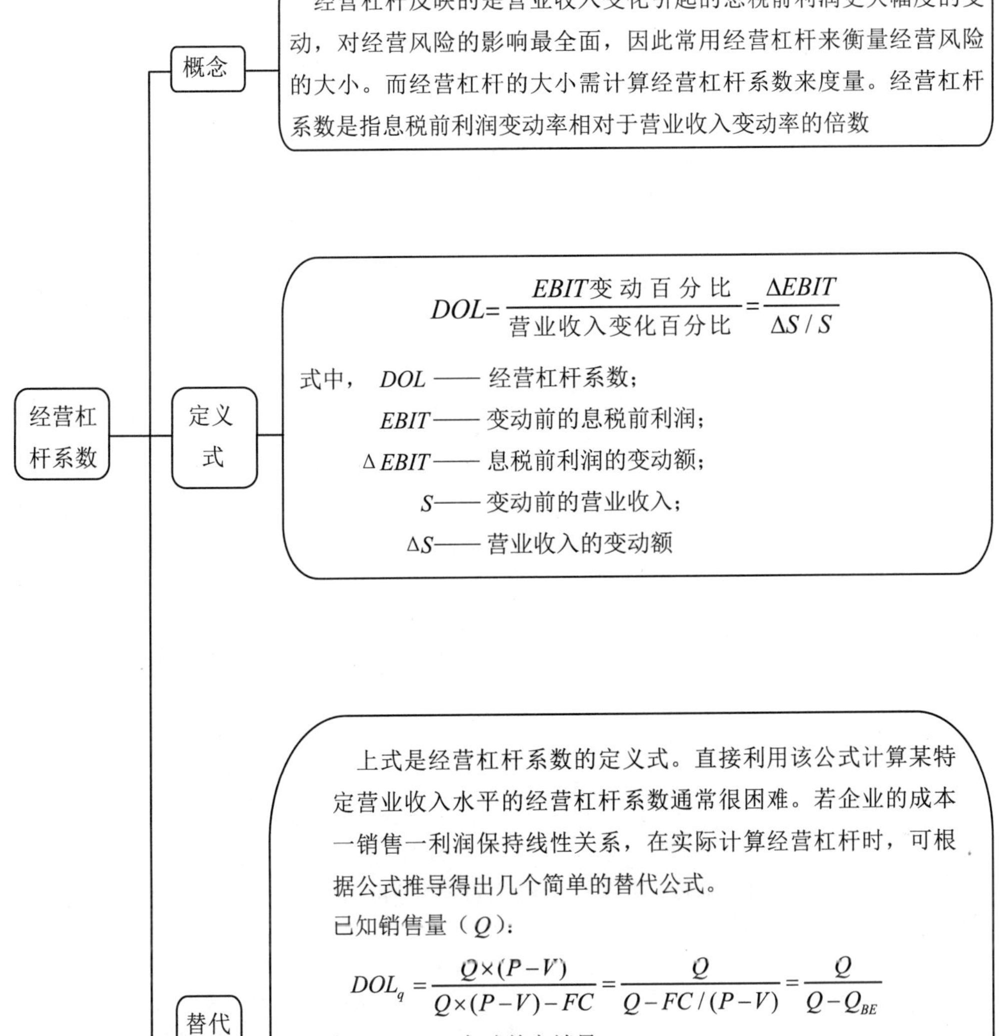

经营杠杆系数

概念

经营杠杆反映的是营业收入变化引起的息税前利润更大幅度的变动，对经营风险的影响最全面，因此常用经营杠杆来衡量经营风险的大小。而经营杠杆的大小需计算经营杠杆系数来度量。经营杠杆系数是指息税前利润变动率相对于营业收入变动率的倍数

定义式

$$DOL=\frac{EBIT\text{变动百分比}}{\text{营业收入变化百分比}}=\frac{\Delta EBIT}{\Delta S/S}$$

式中，DOL——经营杠杆系数；

$EBIT$——变动前的息税前利润；

$\Delta EBIT$——息税前利润的变动额；

S——变动前的营业收入；

ΔS——营业收入的变动额

替代公式

上式是经营杠杆系数的定义式。直接利用该公式计算某特定营业收入水平的经营杠杆系数通常很困难。若企业的成本一销售一利润保持线性关系，在实际计算经营杠杆时，可根据公式推导得出几个简单的替代公式。

已知销售量（Q）：

$$DOL_q=\frac{Q\times(P-V)}{Q\times(P-V)-FC}=\frac{Q}{Q-FC/(P-V)}=\frac{Q}{Q-Q_{BE}}$$

式中，Q——变动前产销量；

Q_{BE}——变动前盈亏平衡点销售量。

已知营业收入（S）：

$$DOL_s=\frac{S-VC}{S-VC-FC}=\frac{EBIT+FC}{EBIT}$$

式中，$EBIT$——变动前息税前利润；

FC——固定成本总额。

第一个公式适用于计算企业单个产品或单种产品的经营杠杆系数，若企业生产多利用第二个公式计算企业总体经营杠杆系数更为方便

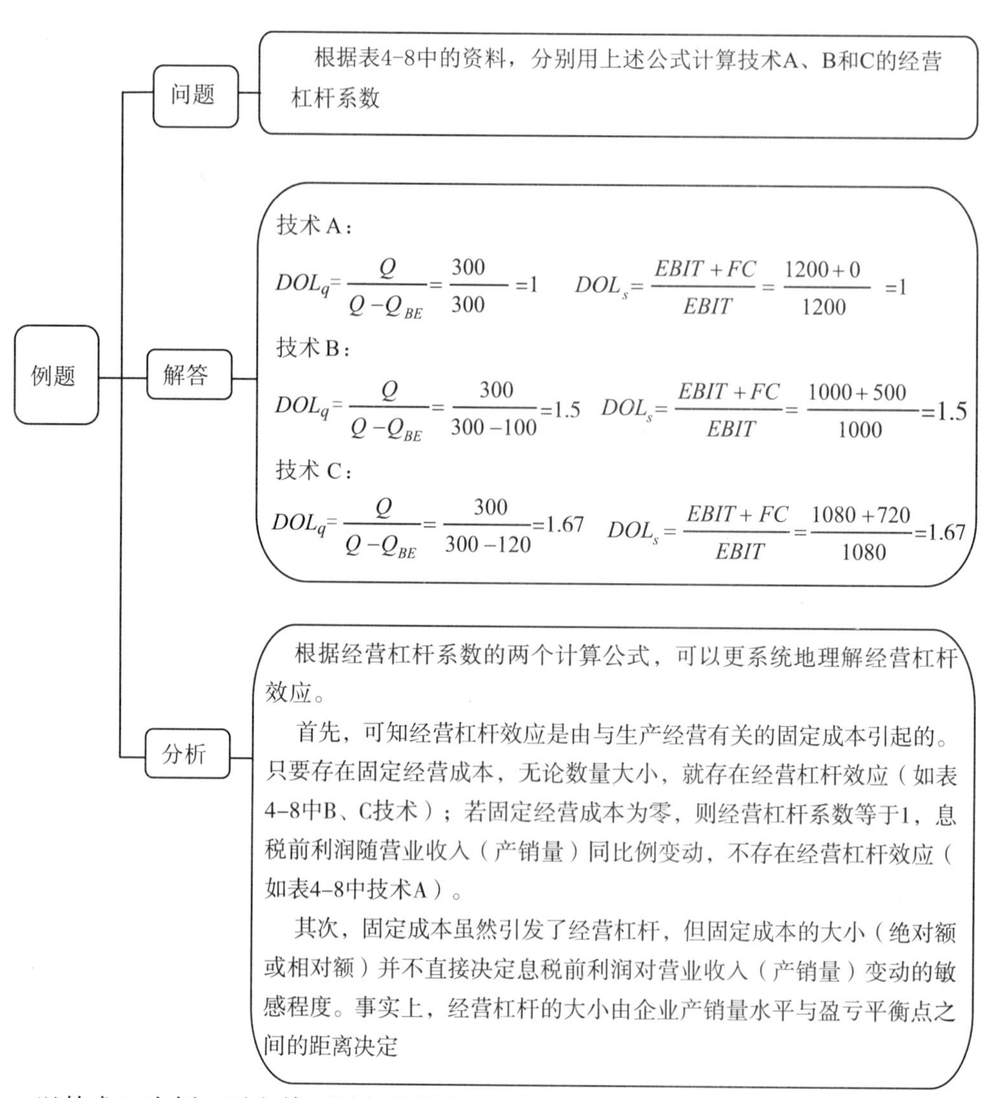

以技术B为例，列出其不同产销量水平下的 *EBIT* 及经营杠杆系数，如表4-9所示。

表4-9　技术B不同产销量水平下的 *EBIT* 及 *DOL*

产销量（Q）	营业利润（$EBIT$）	经营杠杆系数（DOL）
0	−500	0
30	−350	−0.43
80	−100	−4
Q_{BE}=100	0	无穷大
120	100	6
180	400	2025
240	700	7.71

从表 4-9 中可以看到，企业的产销量偏离盈亏平衡点越远，其息税前利润或亏损的绝对值就越大。同时，用经营杠杆系数度量的息税前利润对营业收入（产销量）变动的敏感性也越低。根据表 4-9 可以画出经营杠杆系数和产销量之间的关系图，如图 4-7 所示。

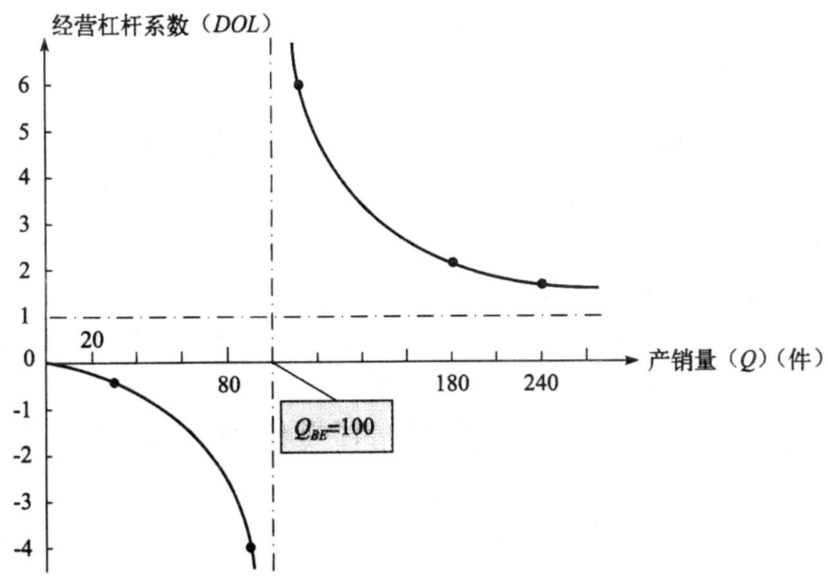

图 4-7　*DOL* 与产销量 *Q* 的关系图

图 4-7 中的图形是以 $Q=Q_{BE}$ 和 $DOL=1$ 为渐近线的双曲线，表明了经营杠杆系数与产销量之间的非线性关系。每个具有稳定的、线性的成本性态的企业，都能以各自的盈亏平衡点为中心，画出类似的图形。而且，基于营业收入描点 *DOL*，也可以得出形状相似的图形。

从图 4-7 可以发现，在销售量（营业收入）达到盈亏平衡点之前，经营杠杆系数的绝对值随销售量（营业收入）的增加呈递增的趋势，销售量（营业收入）越靠近盈亏平衡点，经营杠杆系数越趋近于无穷。在销售量（营业收入）超过盈亏平衡点之后，经营杠杆系数随销售量（营业收入）的增加呈递减的趋势，而且当销售量（营业收入）继续增长趋于无穷时，经营杠杆系数趋近于 1。

根据表 4-8、表 4-9 及定义式与替代公式可总结出以下关于经营杠杆效应的结论。

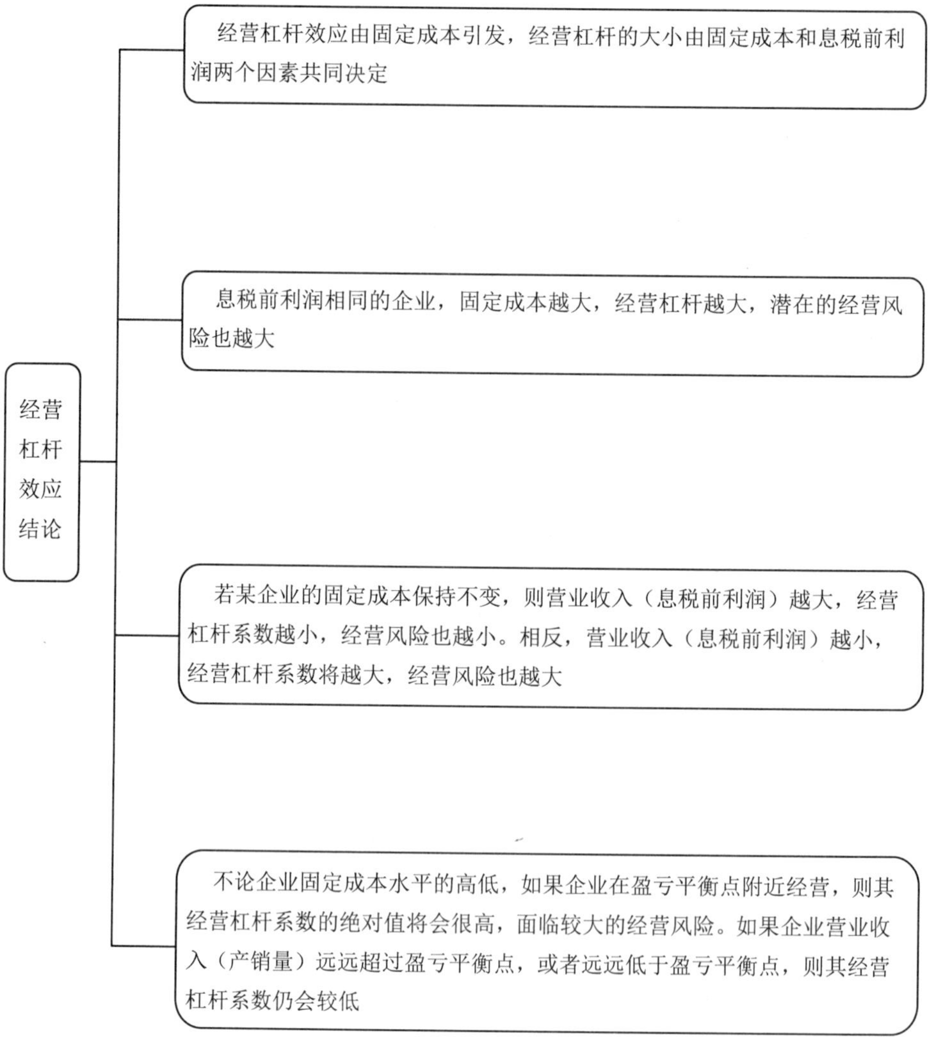

经营杠杆效应结论

- 经营杠杆效应由固定成本引发，经营杠杆的大小由固定成本和息税前利润两个因素共同决定
- 息税前利润相同的企业，固定成本越大，经营杠杆越大，潜在的经营风险也越大
- 若某企业的固定成本保持不变，则营业收入（息税前利润）越大，经营杠杆系数越小，经营风险也越小。相反，营业收入（息税前利润）越小，经营杠杆系数将越大，经营风险也越大
- 不论企业固定成本水平的高低，如果企业在盈亏平衡点附近经营，则其经营杠杆系数的绝对值将会很高，面临较大的经营风险。如果企业营业收入（产销量）远远超过盈亏平衡点，或者远远低于盈亏平衡点，则其经营杠杆系数仍会较低

4. 经营杠杆与经营风险

经营杠杆系数的大小虽然能够用来度量企业经营风险的大小，但经营杠杆本身并不是经营风险的来源。根据经营风险的定义，那些使得未来收益产生波动的因素才是导致经营风险的根源。例如宏观经济环境、市场竞争程度等对产品需求的影响，以及产品的发展前景、生产成本的变化等，才是引起企业经营风险的主要原因。而经营杠杆系数仅是企业总的经营风险的一个重要组成部分，它只是放大了市场和生产成本等不确定因素对利润变动的影响。如果企业保持固定的销售水平和固定的成本结构，则再高的经营杠杆系数也没有任何意义。只有当销售和生产成本等因素变化时，较高的经营杠杆系数会导致利润更大幅度的变动，企业的经营风险就越大。

三、财务杠杆

（一）什么是财务杠杆

财务杠杆效应的结论

相关概念

当企业负债经营时，无论息税前利润为多少，固定性的财务费用，如债务的利息、优先股的股息等是不变的。当息税前利润增大时，每一元利润所负担的固定财务费用就会相对减少，从而每一元利润可供股东分配的部分会相应增加，普通股股东每股收益的增长率将大于息税前利润的增长率。反之，当息税前利润减少时，每一元利润所负担的固定财务费用就会相对增加，从而每一元利润可供股东分配的部分相应减少，*EPS*的下降率将大于*EBIT*的下降率。如果不存在固定性财务费用，则*EPS*的变动率将和*EBIT*的变动率一致。这种固定性的财务费用对股东收益的影响被称为财务杠杆效应

财务杠杆是可以选择的，当企业使用具有固定性财务成本的融资方式时，便会产生财务杠杆。采用财务杠杆的目的是希望能增加股东的每股收益，但这同样会增加企业无力偿还债务的可能性

例题

案例相关数据如表4-10 所示

如表4 10所示，预计下 年度*EBIT*增加100%时，若B企业采用方案I进行无负债经营，则EPS的变动率等于*EBIT*的变动率为100%。若B企业采用方案Ⅱ或Ⅲ融资，则由于固定性财务费用的存在（方案Ⅱ为债务利息，方案Ⅲ为优先股股利），其*EPS*分别增长了120%和125%。可见，固定性财务费用引起了财务杠杆效应，即息税前利润每变动一个百分比就使普通股每股收益变动一个更大的百分比。正如同介绍财务风险时所说，普通股收益的波动性因固定性财务费用的存在而增加。

融资方案Ⅱ、Ⅲ成功地利用了财务杠杆，获得了财务杠杆利益。同样地，若下一年度EBIT下降，则方案Ⅱ、Ⅲ的*EPS*的下降幅度将大于方案Ⅰ，即承受财务杠杆损失。因此，和经营杠杆一样，财务杠杆也是一把“双刃剑”

表 4-10　财务杠杆效应：三种融资方案下 EPS 变化程度的比较

初始情况　企业 B 共需要融资 2000 万元。目前已有发行在外的普通股 100 万股，每股 10 元。余下的 1000 万元考虑以下三种融资方案。
方案Ⅰ：增发普通股 100 万股，10 元每股。
方案Ⅱ：筹集利率为 10% 的长期债务。
方案Ⅲ：发行优先股，税后股利为 9%。
预计息税前利润为 600 万元：

项目	Ⅰ．普通股融资	II．长期负债融资	III．优先股融资
息前税前营业利润（*EBIT*）	600	600	600
固定利息费用（*I*=10%）	0	100	0
税前利润（*EBT*）	600	500	600
所得税（税率 *T*=25%）	150	125	150
税后利润（*EAT*）	450	375	450
优先股股利（*PD*）	0	0	90
可供股东分配的利润（*EACS*）	450	375	360
流通在外普通股股数（*N*，万股）	200	100	100
普通股每股收益（*EPS*，元 / 股）	2.25	3.75	3.6
假设下一年度 *EBIT* 增加 100%			
息前税前营业利润（*EBIT*）	1200	1200	1200
固定利息费用（*I*=10%）	0	100	0
税前利润（*EBT*）	1200	1100	1200
所得税（税率 *T*=25%）	300	275	300
税后利润（*EAT*）	900	825	900
优先股股利（*PD*）	0	0	90
可供股东分配的利润（*EACS*）	900	825	810
流通在外普通股股数（*N*，万股）	200	100	100
普通股每股收益（*EPS*，元 / 股）	4.5	8.25	8.1
EPS 变动百分比率（$\Delta EPS/EPS$）	100%	120%	125%

（二）财务杠杆系数

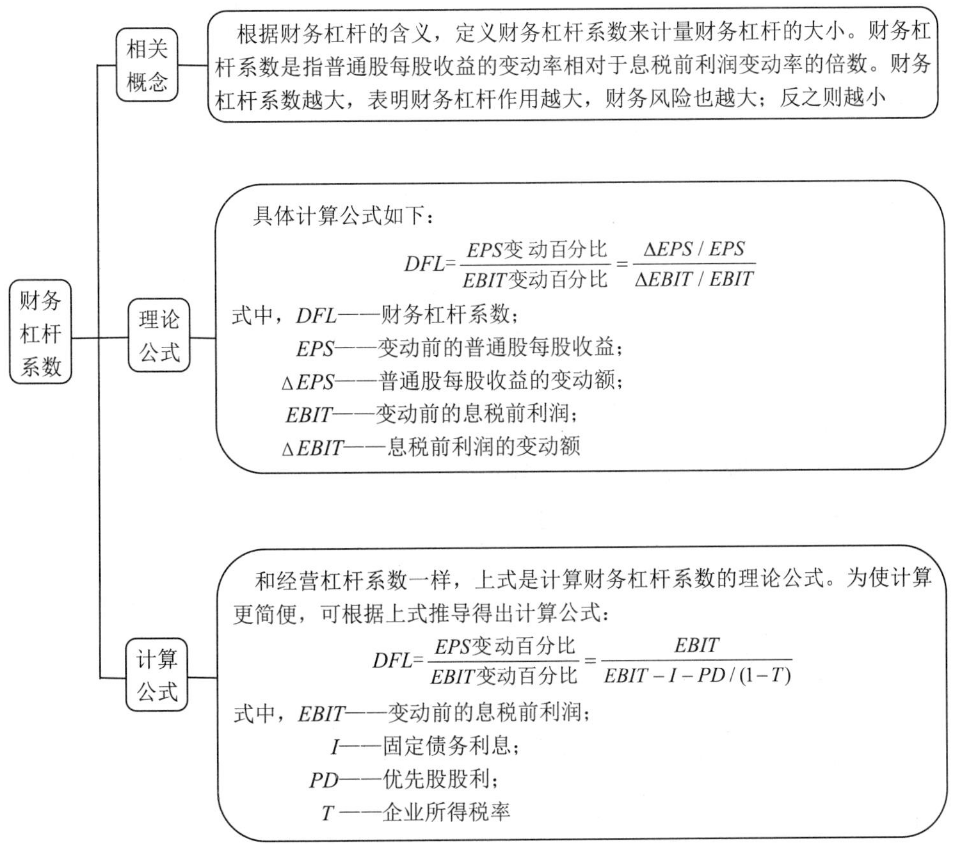

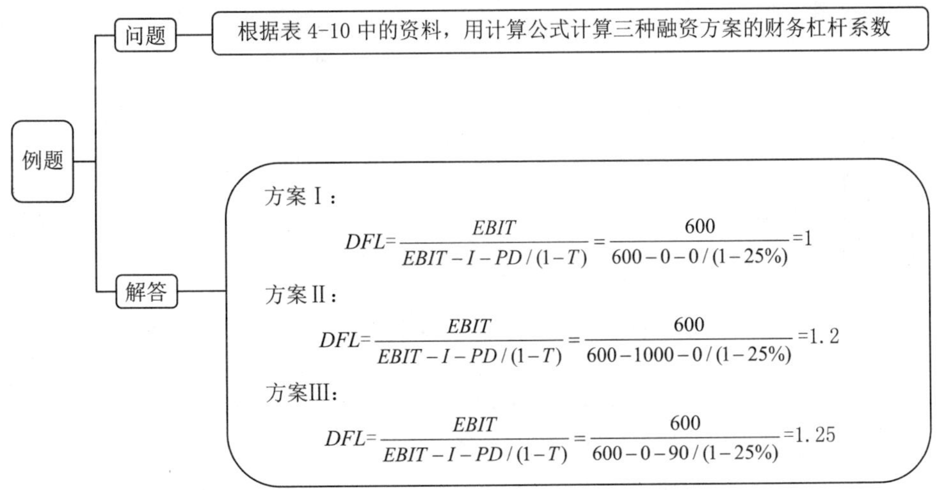

根据财务杠杆系数计算公式，可总结出以下关于财务杠杆效应的结论。

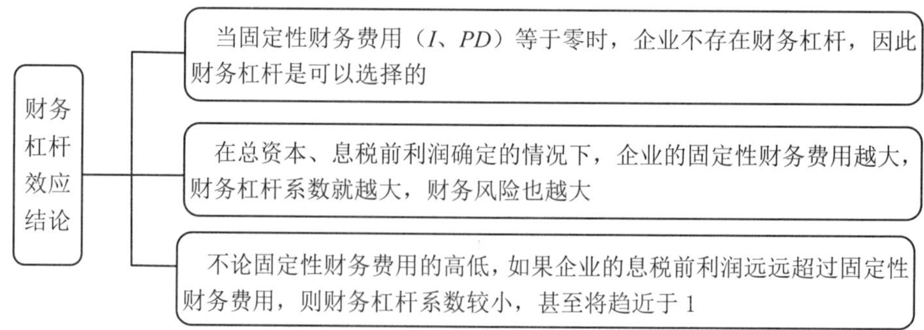

（三）财务杠杆与财务风险

财务杠杆系数反映的是普通股每股收益对息税前利润变动的敏感程度，它衡量了由于企业使用财务杠杆而引起的风险增加相对额。财务杠杆系数是对财务风险的量化，但并非财务风险的同义词。财务风险是企业使用财务杠杆所导致的。因此，当企业采用优先股或债务等会产生固定财务费用的方式筹资时（如方案Ⅱ、Ⅲ），股东不仅要承担全部的经营风险，还要承担由于使用财务杠杆而带来的财务风险。

四、总风险和总杠杆

（一）总风险

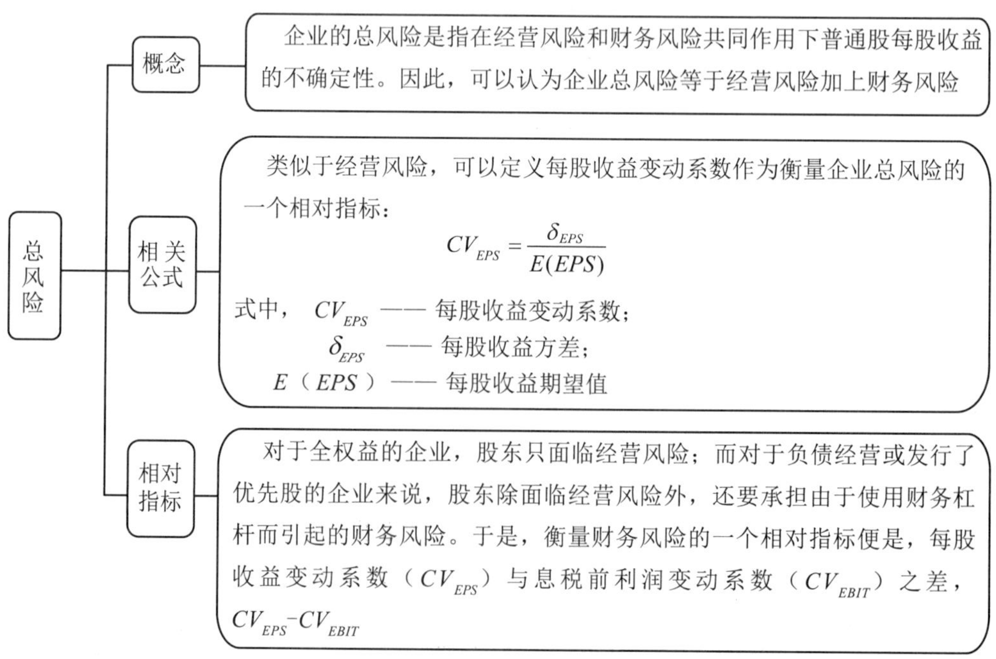

（二）总杠杆及总杠杆系数

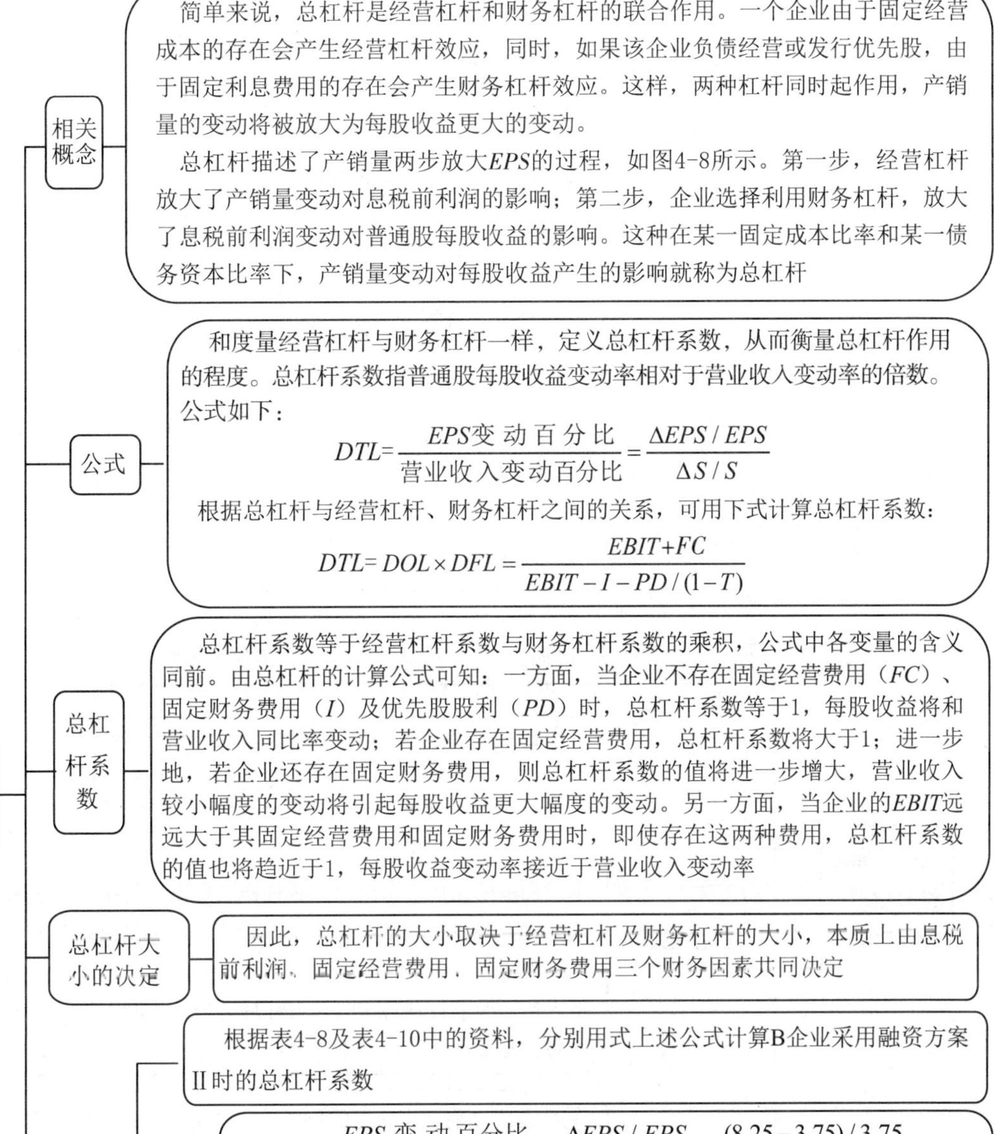

总杠杆及总杠杆系数

相关概念

简单来说，总杠杆是经营杠杆和财务杠杆的联合作用。一个企业由于固定经营成本的存在会产生经营杠杆效应，同时，如果该企业负债经营或发行优先股，由于固定利息费用的存在会产生财务杠杆效应。这样，两种杠杆同时起作用，产销量的变动将被放大为每股收益更大的变动。

总杠杆描述了产销量两步放大*EPS*的过程，如图4-8所示。第一步，经营杠杆放大了产销量变动对息税前利润的影响；第二步，企业选择利用财务杠杆，放大了息税前利润变动对普通股每股收益的影响。这种在某一固定成本比率和某一债务资本比率下，产销量变动对每股收益产生的影响就称为总杠杆

公式

和度量经营杠杆与财务杠杆一样，定义总杠杆系数，从而衡量总杠杆作用的程度。总杠杆系数指普通股每股收益变动率相对于营业收入变动率的倍数。公式如下：

$$DTL=\frac{EPS\text{变动百分比}}{\text{营业收入变动百分比}}=\frac{\Delta EPS/EPS}{\Delta S/S}$$

根据总杠杆与经营杠杆、财务杠杆之间的关系，可用下式计算总杠杆系数：

$$DTL=DOL\times DFL=\frac{EBIT+FC}{EBIT-I-PD/(1-T)}$$

总杠杆系数

总杠杆系数等于经营杠杆系数与财务杠杆系数的乘积，公式中各变量的含义同前。由总杠杆的计算公式可知：一方面，当企业不存在固定经营费用（*FC*）、固定财务费用（*I*）及优先股股利（*PD*）时，总杠杆系数等于1，每股收益将和营业收入同比率变动；若企业存在固定经营费用，总杠杆系数将大于1；进一步地，若企业还存在固定财务费用，则总杠杆系数的值将进一步增大，营业收入较小幅度的变动将引起每股收益更大幅度的变动。另一方面，当企业的*EBIT*远远大于其固定经营费用和固定财务费用时，即使存在这两种费用，总杠杆系数的值也将趋近于1，每股收益变动率接近于营业收入变动率

总杠杆大小的决定

因此，总杠杆的大小取决于经营杠杆及财务杠杆的大小，本质上由息税前利润、固定经营费用、固定财务费用三个财务因素共同决定

例题

根据表4-8及表4-10中的资料，分别用式上述公式计算B企业采用融资方案Ⅱ时的总杠杆系数

解答

$$DTL=\frac{EPS\text{变动百分比}}{\text{营业收入变动百分比}}=\frac{\Delta EPS/EPS}{\Delta S/S}=\frac{(8.25-3.75)/3.75}{(4500-3000)/3000}=2.4$$

$$DTL=DOL\times DFL=\frac{EBIT+FC}{EBIT-I-PD/(1-T)}=2\times1.2=\frac{600+600}{600-100-0/(1-30\%)}=2.4$$

分析

总杠杆系数是对总风险大小的量化。在其他因素不变的情况下，总杠杆系数越大，总风险越大；反之则越小。企业可以通过很多方式对经营杠杆和财务杠杆进行组合，以获得一个理想的总杠杆系数和企业总风险。如经营杠杆高的企业可以在较低的程度上使用财务杠杆，这样高的经营风险便能被较低的财务风险抵消，从而获得一个适当的企业综合风险。当然，在选择经营杠杆与财务杠杆的组合时，应以企业（股东）的价值最大化为目标，在风险和收益之间进行权衡

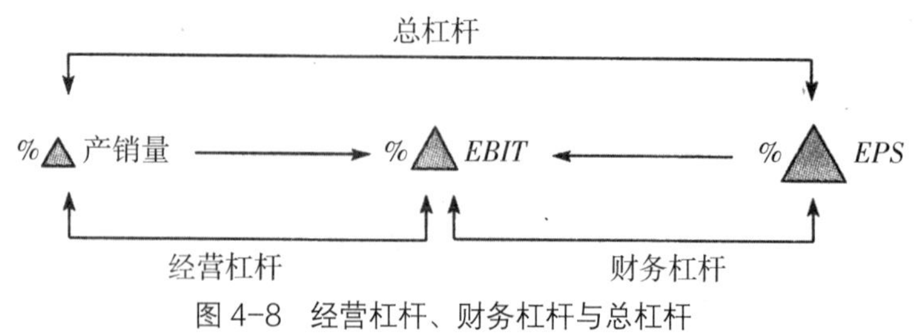

图 4-8 经营杠杆、财务杠杆与总杠杆

第三节 资金结构

一、资本结构理论

莫迪利亚尼和米勒：资本结构的MM命题

- 莫迪利亚尼和米勒（MM）在1958年发表在期刊《美国经济评论》上的论文提出了三个在完美资本市场条件下关于资本结构的MM命题
- 命题Ⅰ：命题Ⅰ是指任何公司的市场价值将不受资本结构的影响，在一定风险水平下，其价值由投资所产生的预计收益决定
- 命题Ⅱ：命题Ⅱ是指如果公司资产的预计收益保持不变，当增加资本结构中的无风险负债时，有杠杆（负债）公司的股东所要求的收益率将相应呈线性增加。命题Ⅱ其实在说如果公司的市场价值不变，公司的全部资本成本也不变，当用负债代替资本结构中的权益资本时，有杠杆公司的所有者权益的收益率应该是多少
- 命题Ⅲ：命题Ⅲ是前两个命题的自然结果，是一个最佳投资政策的命题，即公司投资决策仅以权益资本为出发点即可。因为无论资本结构如何变化，公司的边际资本成本等于平均资本成本，而平均资本成本又等于无杠杆企业权益报酬率
- 资本结构是当代财务理论的核心内容之一。在计算WACC时，考虑的各单项资本权重的问题，即企业各种资本的价值构成及其比例关系，就属于企业资本结构的内容。通过对杠杆原理的学习，我们了解负债既会为股东带来财务杠杆利益，也会增加相应的风险。资本结构理论的发展脉络如图4-9所示

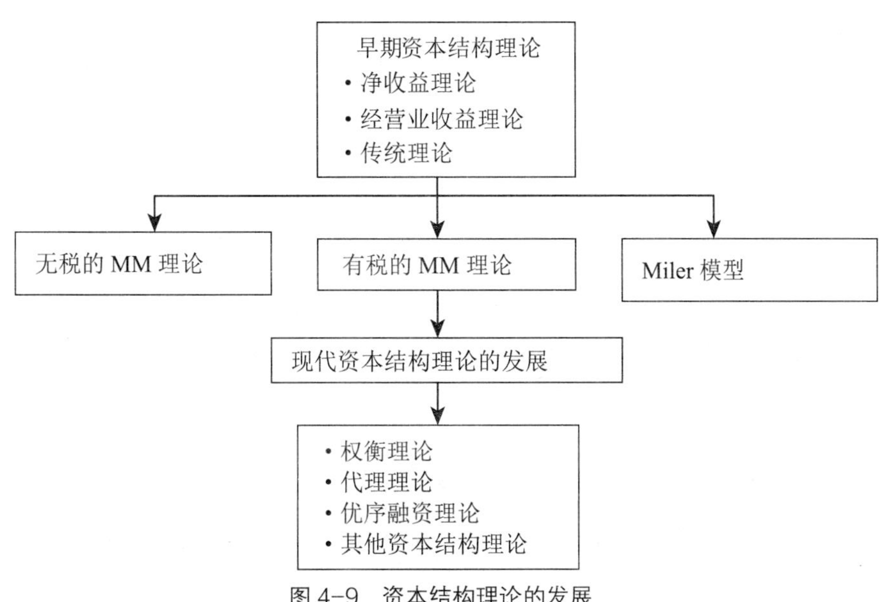

图 4-9　资本结构理论的发展

（一）资本结构的概念

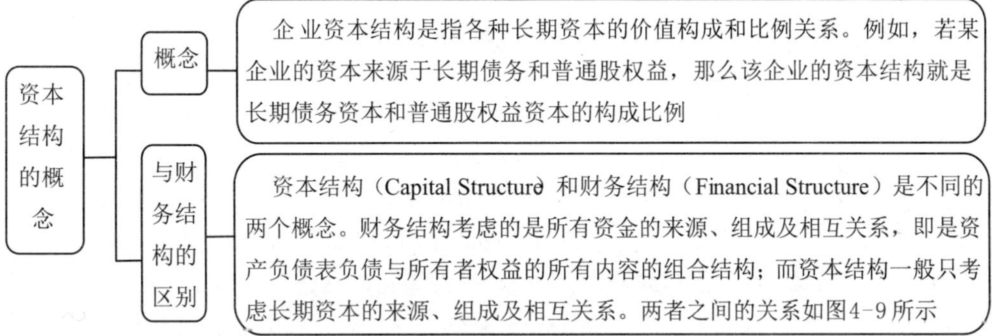

（二）早期资本结构理论

1. 净收益理论

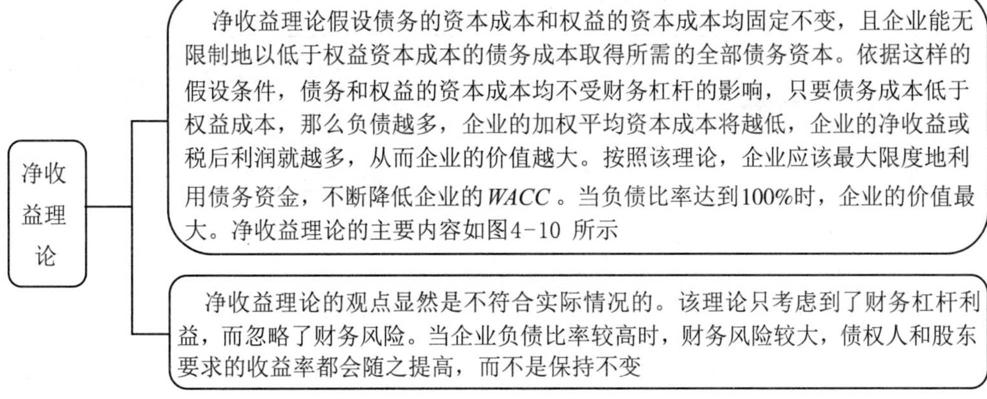

2. 净营业收益理论

净营业收益理论

净营业收益理论与净收益理论是完全相反的两种理论。净营业收益理论的主要观点是：不论企业的负债比率（财务杠杆）如何变化，企业的 *WACC* 都是固定不变的，企业的总价值也是固定不变的。该理论认为，企业利用财务杠杆时会带来财务风险。因此，即使债务资本成本固定不变，但增加成本较低的债务资本加大了权益的风险，权益资本成本会上升。这样一升一降，加权平均资本成本不会因负债比率的提高而降低，而是保持不变。从而，资本成本及企业价值与企业资本结构无关，企业不存在最佳资本结构的问题，决定企业价值的是营业收益。净营业收益理论的相关内容如图 4-11 所示

净营业收益理论的观点也是不符合实际情况的。该理论虽然认识到债务资本带来的财务风险，但实际上企业的加权平均资本成本不可能是一个常数，而且企业的价值也不仅仅取决于净营业收益

3. 传统资本结构理论

传统资本结构理论

净收益理论和净营业收益理论都是极端的资本结构理论。介于这两种理论之间，有一种折中的观点，称为传统资本结构理论（简称传统理论）。传统理论认为，企业利用财务杠杆尽管会导致权益成本（K_e）上升，但在一定程度内并不会明显增加企业的财务风险，债务资本成本（K_d）保持相对稳定。因此，利用成本较低的债务会使企业加权平均资本成本（K_{WACC}）下降，企业总价值上升。但是，当债务比率超过一定程度时，企业财务风险加大，权益成本的上升就不再能被债务的低成本所抵消，加权平均资本成本便会上升，企业价值下降。若债务资本的比率继续增加，权益资本成本和债务资本成本均将加速上升，导致加权平均资本成本更大幅度地增加。这一过程如图 4-12 所示

如图所示，企业价值曲线呈倒 U 形的结构。加权平均资本成本由下降变为上升的转折点便是其最低点，此时的企业价值最大，而该点对应的负债比率就是企业的最佳资本结构

传统资本结构理论考虑到了财务风险及风险价值等因素，得出了比较符合经济实际的结论。但该理论缺乏严密的逻辑推理和证明，难以根据企业的财务状况，求解最优资本结构下的负债比率

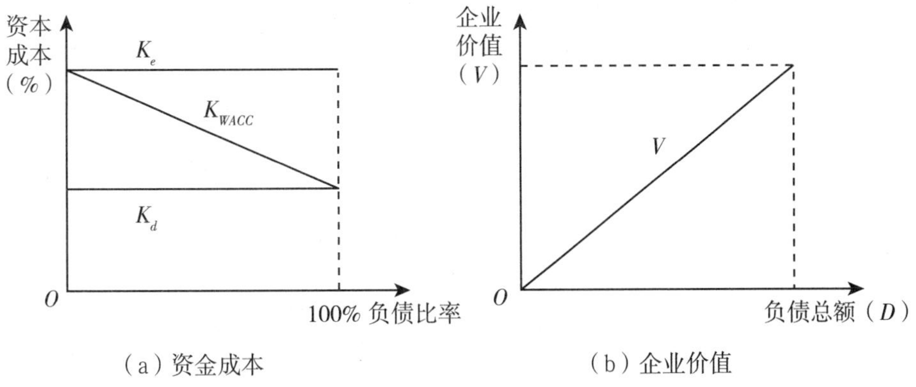

图 4-10　净收益理论下的资金成本与企业价值

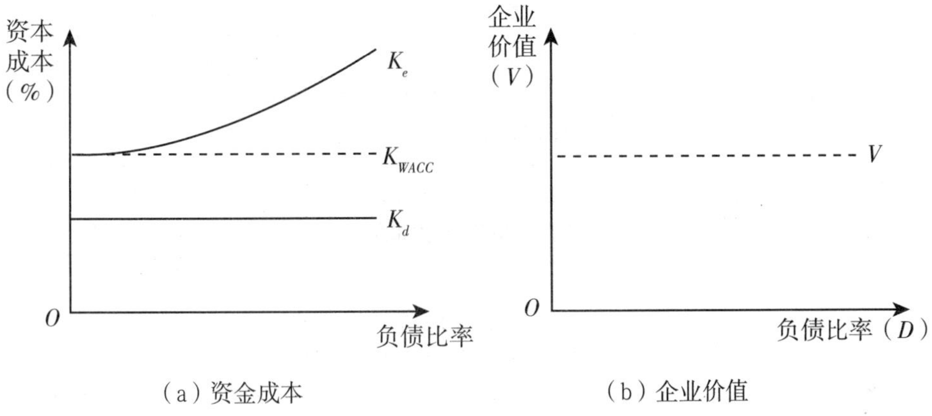

图 4-11　净营业收益理论下的资金成本与企业价值

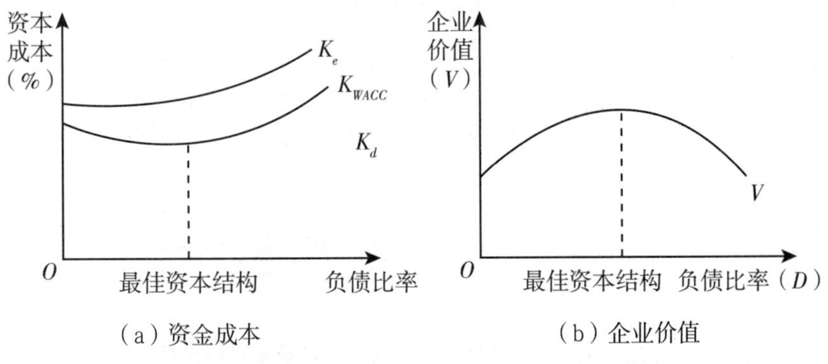

图 4-12　传统理论下的资金成本与企业价值

（三）现代资本结构理论——MM 理论

1. MM 理论的基本假设条件

MM 理论的基本观点是：企业价值是由其全部资产的盈利能力决定的，而与实现资产融资的负债与权益资本的结构无关。但 MM 理论相关结论的得出，依赖于一系列假设条件。这些假设条件形成了一个理想的资本市场。MM 理论假设的主要内容如表 4-11 所示。

表 4-11 理想资本市场假设

类别	序列	关键词	主要内容	放宽该假设条件
基本假设	假设 1	完全竞争市场	不管投资者和企业的行为如何，企业在任何时候都可按不变的价格转换证券；企业的任何行动都不能影响市场的利率结构	
	假设 2	无交易成本	没有市场交易成本，没有政府的限制，从而可以自由地交易，且资本资产可以无限制地分割	
	假设 3	相同的期望	每一个市场参与者对于企业未来的收益和风险都有相同的期望	
	假设 4	现金流的外生性	所有现金流是永续的（包括债券），融资决策不改变投资产生的现金流	
	假设 5	借贷平等	投资者（包括个人和机构）的借款利率企业相同	
扩展条件	条件 1	无个人所得税	无个人所得税，或对股利、利息和资本利得的课税是平等的	米勒模型
	条件 2	无财务困境成本	企业和个人有可能陷入财务困境甚至破产，但是不会发生财务困境成本（诸如法律费用、会计清算费用、经营中断费用和企业重组费用，等等）	权衡理论
	条件 3	无信息成本	企业和个人的可利用信息是相同的，而且获得这些信息是不需要付出成本的	优序融资理论、信号理论
	条件 4	无代理成本	经理以最大化股东利益为目标，且不会发生债务代理成本	代理理论

在理想资本市场的假设前提下，莫迪利亚尼和米勒提出了以下两个主要命题。

2. 无税条件下的 MM 理论

在不考虑企业所得税的情况下，MM 理论得出了以下两个命题。

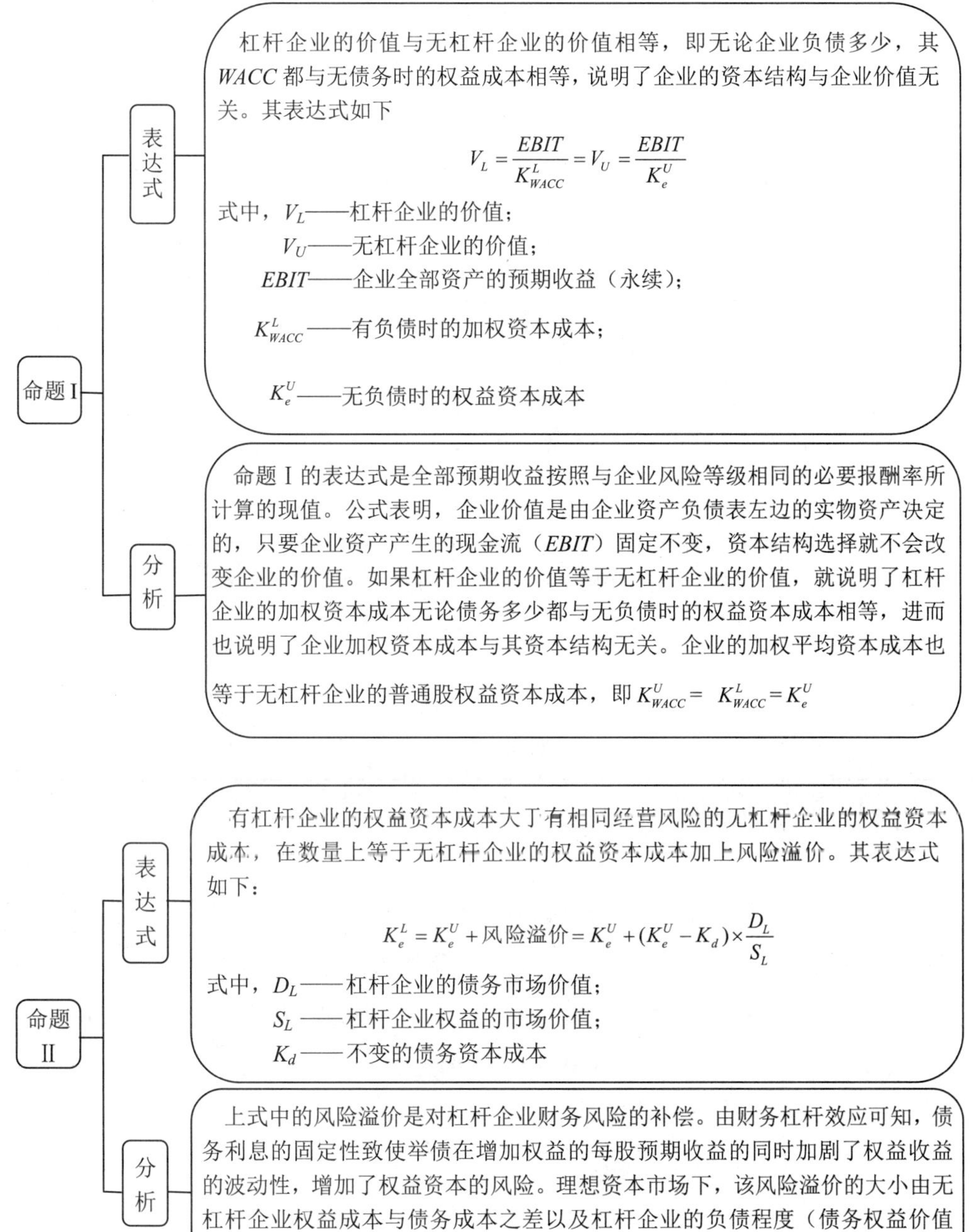

对以上两个命题的证明，MM 利用了投资者套利行为及自制财务杠杆来解释。对于

L 和 U 两家企业来说，若两者只是在资本结构和总市场价值上有所不同，而在企业规模、盈利能力等其他方面完全相同，则必发生套利行为。投资者会卖掉价值被高估企业的股票，买进价值被低估企业的股票，可实现在不增加任何风险的情况下增加投资收益。这一行为会持续到两个企业有完全相同的市值为止。另一方面，不论企业的资本结构如何（是否负债或负债多少），投资者都可以通过自制财务杠杆的方式，获得自己想要的资本结构及收益，如表 4-12 所示。

表 4-12　自制财务杠杆（不考虑企业所得税）

项目	杠杆企业 L	无杠杆企业 U
企业价值（V）	$V_L=S_L+D_L$	$V_U=S_U$
预计未来每年收益	$EBIT$	$EBIT$
利息费用	$K_d\times D_L$	0
分配的股利	$EBIT-K_d\times D_L$	$EBIT$
投资者的选择	买入比例为 N 的 L 企业股票	借入 $N\cdot D_L$ 的资金，购买比例为 N 的 U 企业股票①
投资者的收益	$N\times（EBIT-K_d\times D_L）$	$N\times EBIT-N-D_L\times K_d=N\times（EBIT-K_d\times D_L）$
投资者的投资额	$N\times S_L$	$N\times SU-N\cdot DL$

注：①在这种情况下，投资者实际上是参照了 L 企业的负债结构，通过借入资金获得了和 L 企业一样的资本结构。这种方式就称为自制财务杠杆。

根据表 4-12 对投资者自制杠杆行为的分析可知，投资者通过自制财务杠杆，无论投资于哪家企业（L 或 U），最终获得的收益均为 $N\times（EBIT-K\times D_L）$。由于套利行为的存在，投资者投资的市场价值必然相等。于是可得 $N\times S_L=N\times S_U-N\cdot D_L$，从而 $S_L+D_L=S_U$，即 $V_L=V_U$，无税条件下 MM 命题 I 得证。

由企业价值等于资产预期收益贴现，可得：

$$V_L=\sum_{i=1}^{n}\frac{EBIT_i}{(1+K_{WACC}^L)^i}\qquad V_U=\sum_{i=1}^{n}\frac{EBIT_i}{(1+K_{WACC}^L)^i}$$

MM 假设所有公司都是永续零增长的，即 EBIT 永续且预期保持不变，所以：

$$V_L=\frac{EBIT}{K_{WACC}^L}\qquad V_U=\frac{EBIT}{K_{WACC}^L}$$

两家公司的价值相等、未来 EBIT 相同，则有 $K_{WACC}^{L}=K_{WACC}^{U}=K_{e}^{U}$。根据企业 *WACC* 的计算公式（不考虑所得税），可得：

$$K_{WACC}^{L}=K_{e}^{L}\times\frac{S_{L}}{S_{L}+D_{L}}+K_{d}\frac{D_{L}}{S_{L}+D_{L}}$$

推导得出 $K_{e}^{L}=K_{e}^{U}+(K_{e}^{U}-K_{d})\times\frac{D_{L}}{S_{L}}$，亦即 MM 命题Ⅱ。

MM 命题Ⅱ表明，公司的权益成本可以划分成两个组成部分。一部分是 KU，即公司总体资产的必要报酬率，其大小取决于公司经营活动性质，即公司权益的经营风险。公司的经营风险越大，Ko 就越大。权益成本中的第二部分，是由公司财务结构所决定的，即公司权益的财务风险。对一家全部权益公司而言，这部分就是零。当公司开始依赖债务筹资时，权益的必要报酬率就会上升。这是因为债务增加了股东的风险。因此，公司权益的总系统风险包括两部分：经营风险和财务风险。

用图 4-13 来表述无企业所得税情况下的 MM 理论。

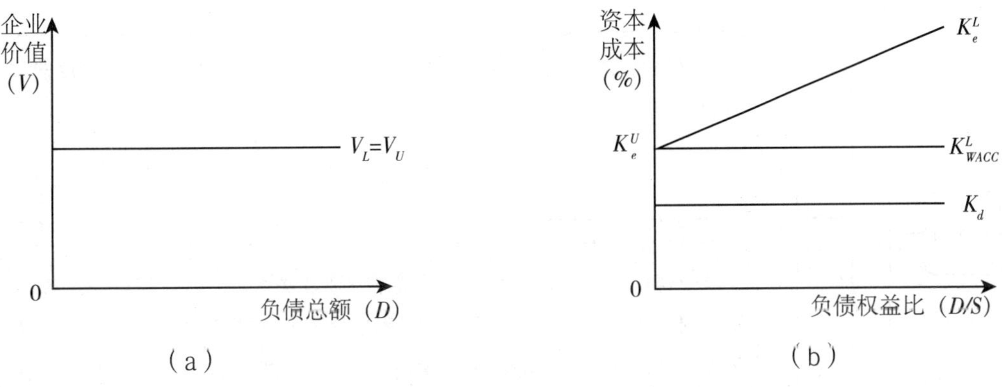

图 4-13　无税 MM 的命题Ⅰ和命题Ⅱ

图 4-13 表明，在理想的资本市场假设条件下，债务资金成本保持不变。不考虑企业所得税，企业增加负债会使得权益资金成本随之提高，且提高的权益资金成本完全抵消了债务筹资的低成本所带来的好处，使企业的加权平均资金成本不会由于资本结构的变动而变化。从而，企业价值和企业的资本结构无关。

3. 有税条件下的 MM 理论

MM 理论不考虑企业所得税得出的资本结构相关结论显然是不符合实际情况的。MM 理论的创始人莫迪利亚尼和米勒在 1963 年发表了修正最初 MM 理论的论文，讨论了考虑企业所得税的 MM 理论。修正的 MM 理论同样提出关于企业价值与权益资金成本的两个命题。

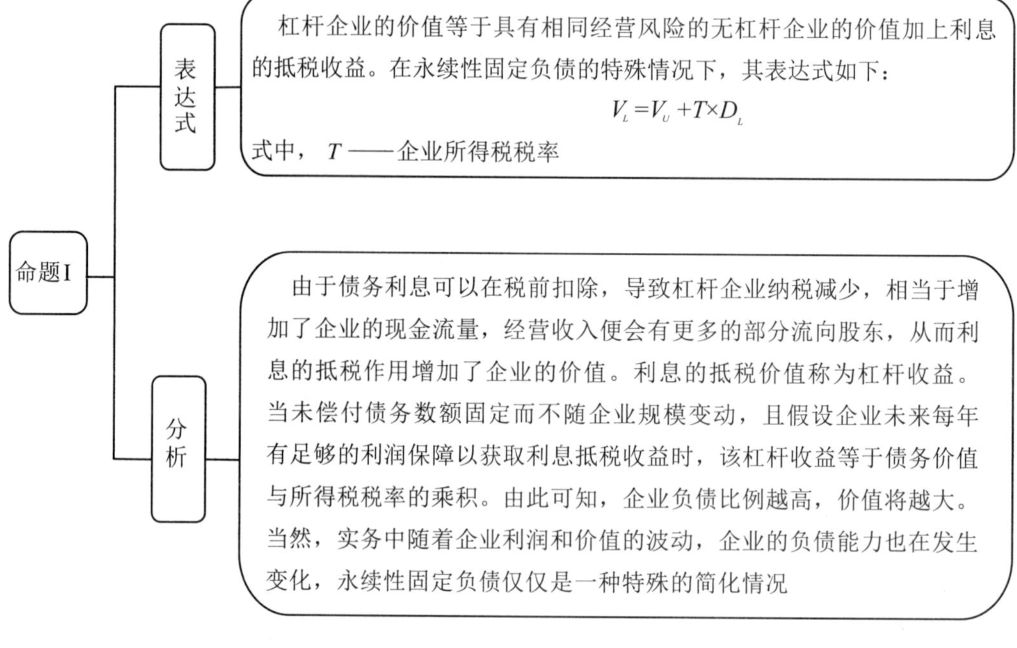
命题Ⅰ
表达式
杠杆企业的价值等于具有相同经营风险的无杠杆企业的价值加上利息的抵税收益。在永续性固定负债的特殊情况下，其表达式如下：
$V_L = V_U + T \times D_L$
式中，T——企业所得税税率
分析
由于债务利息可以在税前扣除，导致杠杆企业纳税减少，相当于增加了企业的现金流量，经营收入便会有更多的部分流向股东，从而利息的抵税作用增加了企业的价值。利息的抵税价值称为杠杆收益。当未偿付债务数额固定而不随企业规模变动，且假设企业未来每年有足够的利润保障以获取利息抵税收益时，该杠杆收益等于债务价值与所得税税率的乘积。由此可知，企业负债比例越高，价值将越大。当然，实务中随着企业利润和价值的波动，企业的负债能力也在发生变化，永续性固定负债仅仅是一种特殊的简化情况

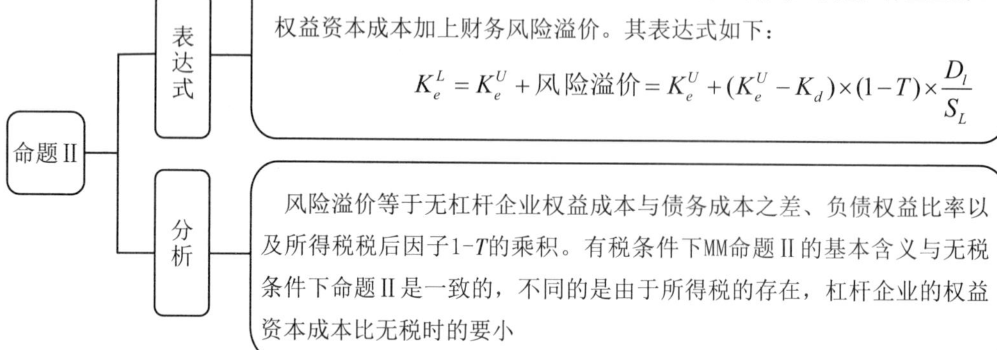
命题Ⅱ
表达式
杠杆企业的普通股权益资本成本等于相同经营风险下无杠杆企业的权益资本成本加上财务风险溢价。其表达式如下：
$K_e^L = K_e^U + \text{风险溢价} = K_e^U + (K_e^U - K_d) \times (1-T) \times \frac{D_l}{S_L}$
分析
风险溢价等于无杠杆企业权益成本与债务成本之差、负债权益比率以及所得税税后因子1-T的乘积。有税条件下MM命题Ⅱ的基本含义与无税条件下命题Ⅱ是一致的，不同的是由于所得税的存在，杠杆企业的权益资本成本比无税时的要小

4. 米勒模型

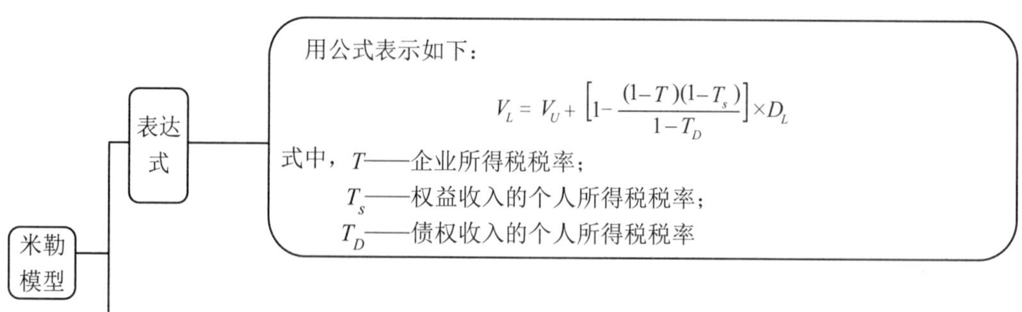
米勒模型
表达式
用公式表示如下：
$V_L = V_U + \left[1 - \frac{(1-T)(1-T_s)}{1-T_D}\right] \times D_L$
式中，T——企业所得税税率；
T_s——权益收入的个人所得税税率；
T_D——债权收入的个人所得税税率

用图4-14来对米勒模型的重要观点进行详细的描述

- $\left[1-\frac{(1-T)(1-T_s)}{1-T_D}\right]\times D_L$表示杠杆收益，它替代了仅考虑企业所得税时 MM 命题Ⅰ中的 $T\times D_L$；$1-\frac{(1-T)(1-T_s)}{1-T_D}$称为债务的有效抵税税率
- 如果忽略所有的税率，即 $T=T_s=T_D=0$，那么米勒模型与无税条件下的 MM 命题Ⅰ相同，如图 4-13中的线条 a
- 如果忽略个人所得税，即 $T_S=T_D=0$，那么米勒模型与有税条件下的 MM 命题Ⅰ相同，如图 4-13中的线条 b
- 如果权益和债权收入的个人所得税税率相等，即 $T_s=T_D$，那么米勒模型也与有税条件下的 MM 命题Ⅰ相同，如图 4-14 中的线条 b
- 如果（$1-T$）（$1-T_s$）$=1-T_D$，则杠杆收益为零。这意味着企业因负债带来的利息抵税收益被投资者的个人所得税全部抵消。此时资本结构对企业价值或资本成本没有影响，与无税条件下的 MM 理论相同，如图 4-15 中的线条 a
- 现实生活中，权益收入的个人所得税税率会低于债权收入的个人所得税税率。当（$1-T$）（$1-T_s$）小于 $1-T_D$时，个人所得税会抵消一部分企业债务带来的抵税收益，因此杠杆公司获得的杠杆收益将小于仅考虑企业所得税的 MM 理论计算出的收益，如图 4-14 中的线条 c

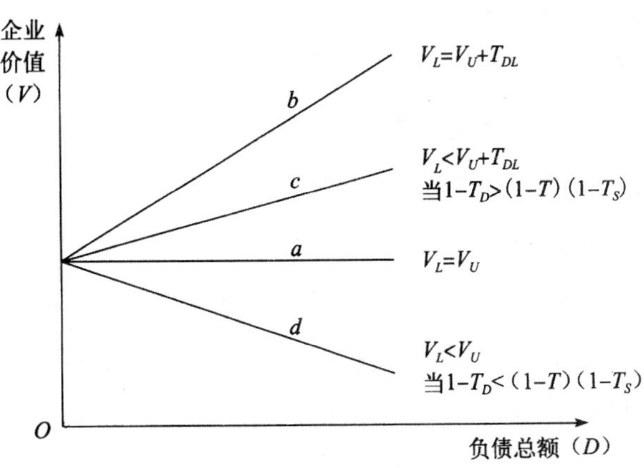

图 4-14　米勒模型中的财务杠杆与企业价值

5. 对 MM 理论的评价

MM 理论的提出在财务经济学界产生了巨大的影响，引导了许多学者后续对资本结构的研究。而 MM 理论结论的成立，依赖于理想资本市场的一系列假设条件，这无疑与现实世界的真实情况不符。

对 MM 理论的评价

- 投资者的套利行为会受到阻碍，甚至无法进行。原因主要有以下三点。其一，个人对债务负无限偿还责任，而企业对债务仅承担有限责任，因此个人投资于杠杆企业要比“自制”杠杆损失的风险小，自制杠杆并非完全可以替代企业杠杆。其二，个人未必能与企业按同样的利率借款。实际上，企业的借款利率往往要低于个人借款利率，这也会使得个人借款替代企业杠杆受到限制。其三，理想资本市场不存在交易成本，而现实中投资者套利所得收益有可能不足以弥补交易所产生的费用，从而阻碍套利过程的进行
- MM 理论及米勒模型均没有考虑财务风险的作用。随着债务比率的增加，债权人的风险也是不断增加的，因此债权人会要求更高的债务利率以补偿风险，导致企业的债务资本成本上升。这显然会对 MM 理论的结论产生影响
- 资本市场的有效性，使得对企业 *EBIT* 零增长的假定以及未来现金流量的预测都很难合理
- 以上三点指出了 MM 理论的不足，但 MM 理论逻辑论证的严谨性是无可厚非的。MM 理论是理想资本市场条件下的正确结论，是研究非理想资本市场资本结构问题的基础。大多数对 MM 理论的质疑，都集中在理想资本市场的假设上。事实上，正是对 MM 理论假设条件的放宽，推动了资本结构理论的发展，产生了一系列可以直接运用于实际的理论

（四）现代资本结构理论的发展

在 MM 理论的基础上，后续的学者不断放宽研究的假设条件，通过与产权理论、不对称信息理论、公司治理理论等相互结合、交融发展，产生了权衡理论、信号理论、财务契约论、公司治理结构学派、机会窗口理论以及产业组织理论等资本结构理论的分支。其中最具代表性的三个理论是权衡理论、代理理论与优序融资理论。权衡理论通过放宽无财务困境成本的假设，构建了资本结构的目标比率模型；代理理论在权衡理论的基础上考虑两权分离下的委托代理冲突，进一步探寻最优资本结构；而优序融资理论则关注实务中的信息不对称现象，形成了资本结构的融资方式选择顺序模型。

1. 权衡理论

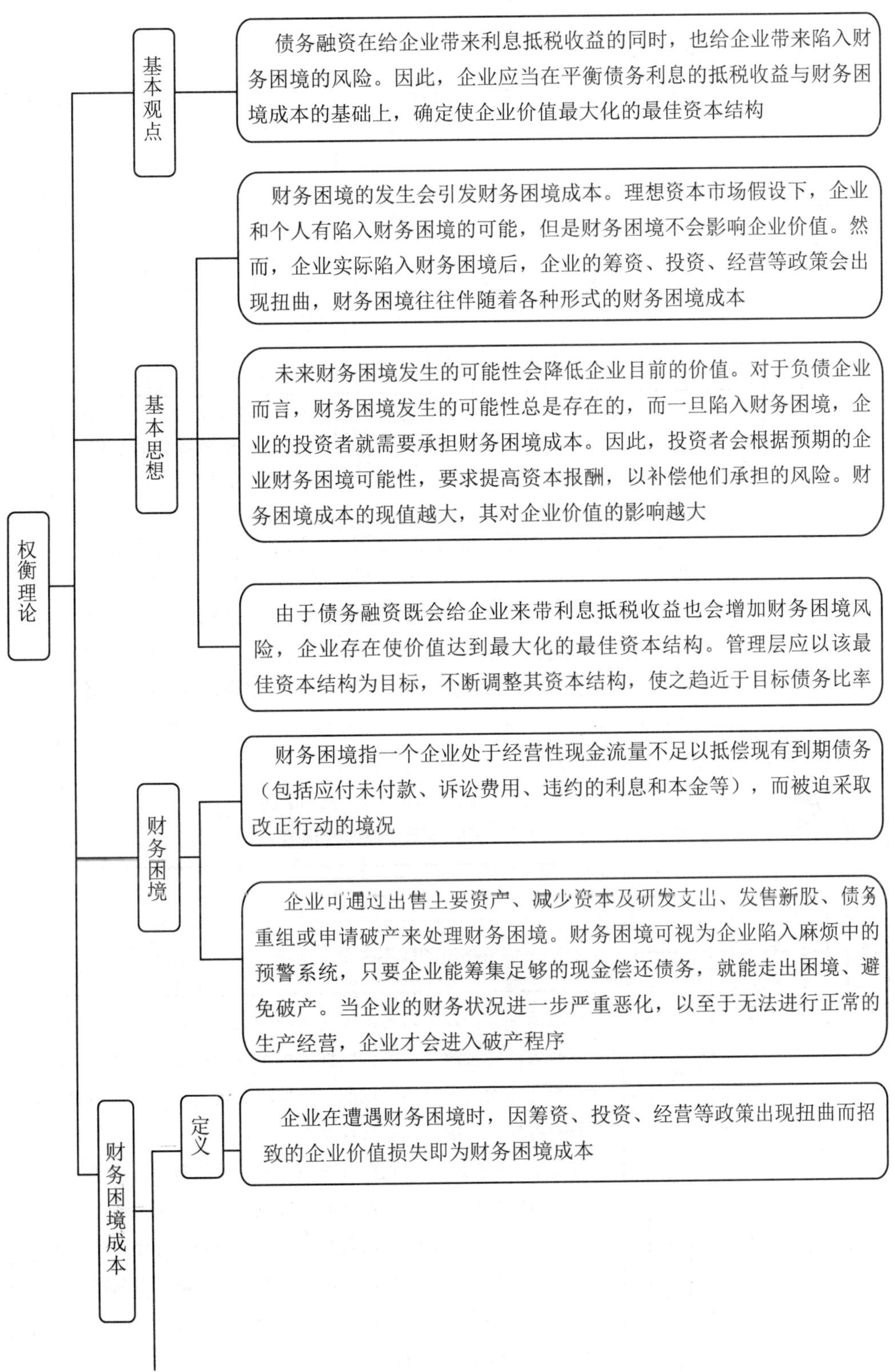
权衡理论
基本观点
债务融资在给企业带来利息抵税收益的同时，也给企业带来陷入财务困境的风险。因此，企业应当在平衡债务利息的抵税收益与财务困境成本的基础上，确定使企业价值最大化的最佳资本结构
基本思想
财务困境的发生会引发财务困境成本。理想资本市场假设下，企业和个人有陷入财务困境的可能，但是财务困境不会影响企业价值。然而，企业实际陷入财务困境后，企业的筹资、投资、经营等政策会出现扭曲，财务困境往往伴随着各种形式的财务困境成本
未来财务困境发生的可能性会降低企业目前的价值。对于负债企业而言，财务困境发生的可能性总是存在的，而一旦陷入财务困境，企业的投资者就需要承担财务困境成本。因此，投资者会根据预期的企业财务困境可能性，要求提高资本报酬，以补偿他们承担的风险。财务困境成本的现值越大，其对企业价值的影响越大
由于债务融资既会给企业来带利息抵税收益也会增加财务困境风险，企业存在使价值达到最大化的最佳资本结构。管理层应以该最佳资本结构为目标，不断调整其资本结构，使之趋近于目标债务比率
财务困境
财务困境指一个企业处于经营性现金流量不足以抵偿现有到期债务（包括应付未付款、诉讼费用、违约的利息和本金等），而被迫采取改正行动的境况
企业可通过出售主要资产、减少资本及研发支出、发售新股、债务重组或申请破产来处理财务困境。财务困境可视为企业陷入麻烦中的预警系统，只要企业能筹集足够的现金偿还债务，就能走出困境、避免破产。当企业的财务状况进一步严重恶化，以至于无法进行正常的生产经营，企业才会进入破产程序
财务困境成本
定义
企业在遭遇财务困境时，因筹资、投资、经营等政策出现扭曲而招致的企业价值损失即为财务困境成本

财务困境成本

分类

间接困境成本：是指财务困境伴随着的非最优管理行为以及客户、供应商、资本提供者们造成的成本。陷入财务困境后，管理层会采取维持企业在短期可以生存但同时可能会损失长期价值的措施，如推迟设备维护、变卖长期资产、为削减成本而降低产品质量等短期行为。与此同时，由于企业资信状况恶化，供应商可能不再给予信用优惠甚至拒绝供货，这将导致企业进货资金成本上升。对于严重依赖商业信用的企业，供应商的潜在流失是企业一项非常严重的财务困境成本。另外，考虑到财务困境企业一旦破产将无力提供持续服务，客户会转向其他企业，导致企业销售收入下降。客户的流失对技术企业、耐用品制造商的影响尤其显著。即使企业最终成功地恢复元气、走出困境，这些间接困境成本也会对企业价值造成重大损失。如果企业的财务状况进一步恶化并进入破产程序，企业还将面临直接困境成本

直接困境成本：源于不同权益求偿人之间协商、谈判而导致的交易成本，具体包括：因所有者与债权人之间的争执而延期清算导致的实物资产的损耗，企业破产、进行清算所发生的法律成本（律师费、诉讼费）和管理费用等

表达式

投资者（包括股东和债权人）预期到企业一旦陷入财务困境就可能发生这些成本，于是要求相应的报酬补偿他们承担的风险。因此，未来发生财务困境的可能性的增加会降低企业目前的价值，提升资本成本。基于修正的MM 理论的命题，考虑了财务困境成本后，有负债企业的价值是无负债企业的价值加上抵税收益，再减去财务困境成本的现值。其表达式为：

$$V_L=V_U+T\times D_L-P_V(FDC)$$

式中，P_V（FDC）—— 财务困境成本的现值

两个重要决定因素

- 发生财务困境的可能性
- 企业发生财务困境的成本大小

分析说明

一般情形下，发生财务困境的可能性与企业收益现金流的波动程度有关。现金流与资产价值稳定程度低的企业，因违约无法履行偿债义务而发生财务困境的可能性相对较高。另外，由财务杠杆效应可知，使用的债务融资越多，固定的利息支出越多，企业在收益下滑时越可能陷入财务困境，因而伴随着财务困境的成本发生的可能性也越大。企业财务困境成本的大小则取决于财务困境成本来源的相对重要性以及行业特征。如果企业陷入财务困境后，会有大量潜在客户与核心员工的流失并且缺乏容易清算的有形资产，财务困境成本可能会很高。相反，不动产密集性高的企业财务困境成本可能较低

权衡理论的图形表述如图 4-15 所示。

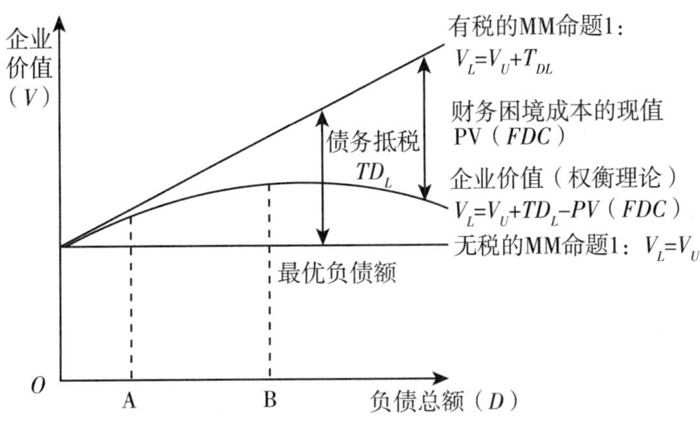

（a）企业价值与资本结构

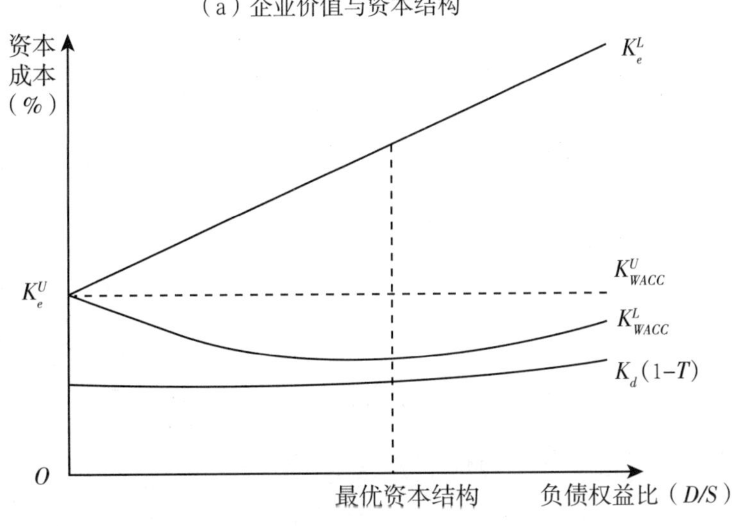

（b）资金成本与资本结构

图 4-15　权衡理论

由于债务利息的抵税收益，负债增加会增加企业价值，这是负债的第一效应；随着债务比率的增加，财务困境成本的现值也增加，这是负债的第二效应。如图 4-16（a）所示，负债总额达到 A 点前，第一效应起主导作用；达到 A 点之后，第二效应的作用逐渐加强，直至 B 点，边际杠杆收益等于边际财务困境成本，企业价值达到最大，B 点的债务权益比即为最佳资本结构；超过 B 点，新增债务的不利影响超过利息的抵税收益，企业价值加速下降。对应图 4-16（b），最优资本结构点的加权平均资金成本最低，债务资金成本也不是一直保持不变，而是随着负债比例的上升而逐渐增加。

权衡理论的表达式也可以根据米勒模型得出，只是杠杆收益还要反映增加的个人所得税。在MM理论或米勒模型中，杠杆的收益可以大致估计得到，而对潜在的财务困境成本的衡量几乎完全是主观的，无法精确地衡量。因此，在财务管理实践中，很难根据权衡模型准确计算出企业的最佳资本结构。但是，它的基本思想给我们提供了以下几点启示。

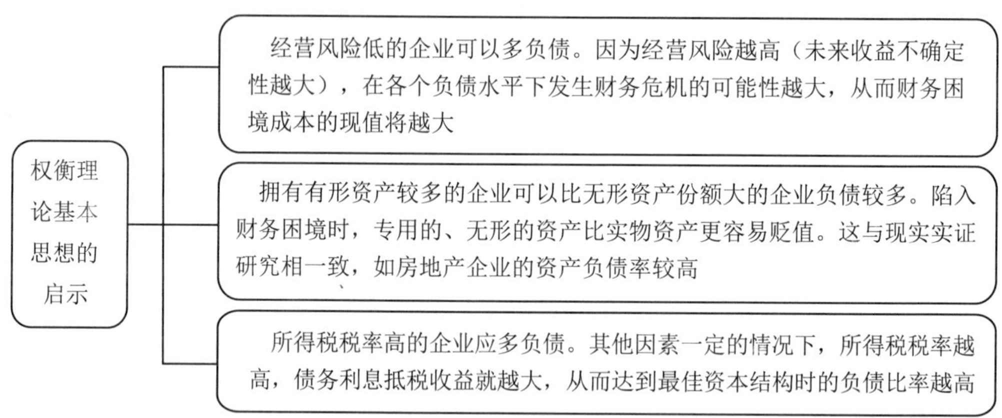

权衡理论是对MM理论的进一步发展，根据权衡理论，每家企业应该制定其目标资本结构，使得杠杆的成本和收益达到边际平衡，实现企业价值最大化。权衡理论和MM理论的相关结论如图4-16所示。

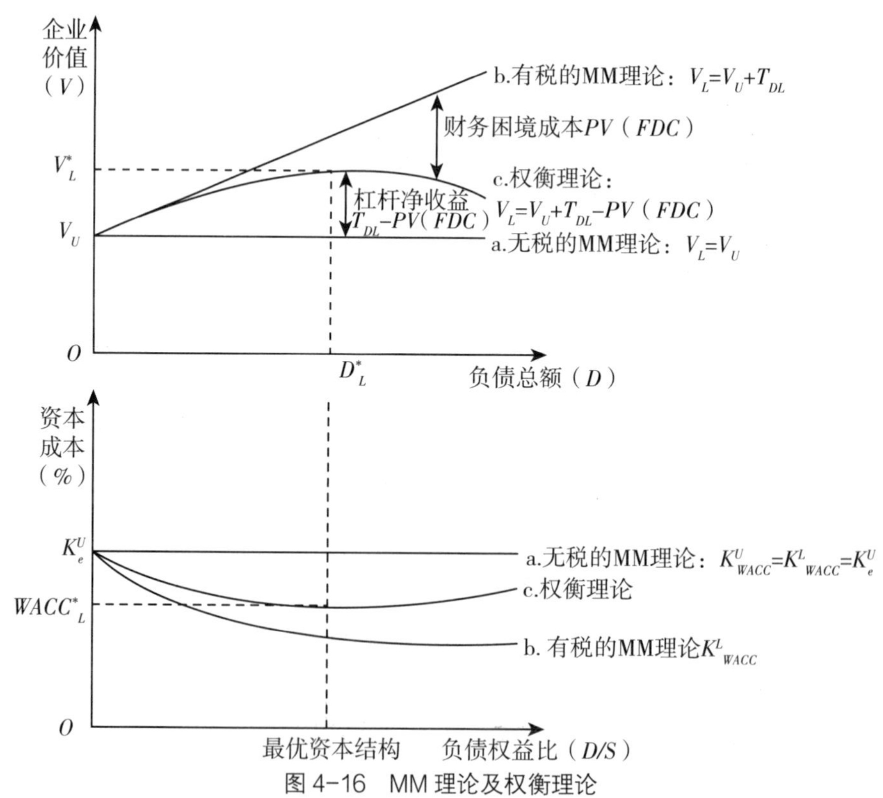

图4-16　MM理论及权衡理论

如图 4-16 所示，情况 a 反映了在无企业所得税和财务困境成本下，企业的价值和加权平均资金成本不受资本结构的影响。情况 b 表示只考虑企业所得税，但忽略财务困境成本，企业的价值随负债的增加而增加，加权平均资金成本随债务比率的增加而减小。情况 c 就是在有企业所得税及财务困境成本下，企业的价值 V_L 在负债额为 D^*_L 时达到最大，加权平均资金成本最小为 $WACC^*_L$，此时企业的资本结构为最佳资本结构。权衡理论概述见表 4-13。

表 4-13　权衡理论概述

企业背景		企业存在财务困境风险
扭曲来源	间接财务困境成本	管理层的非最优管理行为、供应商及客户的流失等
	直接财务困境成本	延期清算导致的资产损耗、破产清算的法律成本和管理费用等
经济后果		财务困境风险的存在将提升资金成本、降低企业价值
基本观点		随着债务比率的增加，债务利息抵税收益增加，企业财务困境成本的现值也增加。最佳资本结构应权衡债务利息抵税收益与财务困境成本

权衡理论存在以下两方面的局限性。

权衡理论的局限性

- 在权衡理论观点下，如果调整资本结构没有成本，那么所有的企业都一定会始终坚持自己的目标债务比率。但是，调整资本结构实际上是有成本的，这会导致最优目标的实现会延迟。如果随机事件使企业偏离了自己的目标资本结构，企业不能立即消除它们的影响，那么即使企业的目标债务比率完全相同，它们的实际债务比率仍然会存在随机差异
- 权衡理论成功解释了很多资本结构的行业差异，如高科技成长型企业由于资产风险很大，负债较低；航空公司由于资产是有形的，负债较高。但是，该理论却不能解释现实中盈利能力较强的企业往往负债最少的事实

2. 代理理论

（1）代理理论（agency theory）的基本观点

代理理论（agency theory）的基本观点

- 在信息不对称的环境下，利益不一致的委托代理关系双方存在代理冲突并引发代理成本
- 最优资本结构的确定应当在权衡理论的基础上，权衡债务代理成本与收益对企业最优资本结构的影响
- 有负债企业的价值是无负债企业的价值加上抵税收益和债务代理收益、减去财务困境成本的现值和债务代理成本的现值

代理理论最早由 Jensen and Meckling（1976）提出，并经 Myers（1977）以及 Jensen（1986）等发展完善。它是在权衡理论的基础上，进一步放松“委托人和代理人之间没有代理成本”这一假定而形成的。

（2）代理理论的基本思想

代理理论的基本思想

- 随着“所有权”与“控制权”的分离，企业中逐渐形成了委托代理关系：委托人要求代理人按照委托人的利益提供服务，并同时将部分决策权委托给代理人。企业中主要存在两类代理关系：经理和股东间的代理关系、股东和债权人间的代理关系
- 在信息不对称的背景下，代理人利用其控制权最大化个人利益导致委托人的利益受损，即产生代理成本。在理性经济人假设下，代理关系双方都追求自身利益的最大化，因此代理人并不总是按最大化委托人利益行事，即存在代理冲突。且在信息不对称的背景下，委托人制定的监督和激励机制并不能完全消除代理人利益背离的行为。委托人的监督支出（monitoring expenditures）、代理人的保证支出（bonding expenditures）和剩余损失（residual loss）构成了代理成本。与代理关系对应，企业中的代理成本主要有权益代理成本和债务代理成本
- 企业的资本结构会影响代理成本的大小进而影响企业未来现金流量的概率分布，并最终影响企业价值。在信息不对称的环境下，经理、股东、债权人间利益冲突的存在将导致非效率的次优化投资（suboptimal investment），致使企业的投资策略与资本结构相关

次优化投资决策不以企业整体价值最大化为目标而仅使企业特定群体受益，依据投资扭曲的方向可分为过度投资（overinvestment）和投资不足（underinvestment）两类。两类情形的次优化投资都将减损企业价值。以下将从次优化投资的视角，分别阐述资本结构对权益代理成本、债务代理成本的影响机制。

（3）权益代理成本

- 权益代理成本
  - 两权分离的企业制度下，经理在授权范围内配置企业的内部资源，成为外部股东的代理人。由于经理不持股或仅持有企业部分股权，经理承担了改善企业经营管理的全部努力成本却只享受到其产生的部分收益，外部股东与经理之间存在潜在的利益冲突。具有信息优势的经理会权衡个人管理投入的边际成本与边际收入，以谋取个人利益最大化。因此，增加外部权益融资将减少经理的管理投入，降低企业的价值
  - 管理层过度投资
    - 定义：经理将利用其经营决策权做出旨在提升自己私人利益的过度投资决策，致使一些净现值为负的项目被采纳，造成企业价值的减损，即管理层过度投资（managerial overinvestment）
    - 管理层过度投资行为产生的具体动因分类
      - 营建企业帝国（empire building），即经理为获得更高的社会威望、薪酬及更多的特权，在企业缺乏盈利项目和成长机会时，仍然持续扩张而超过企业最优规模以增加自身对企业资源控制，而不是将多余的资金通过发放股利的形式返还给股东，造成企业过度扩张。而对于那些能产生大量自由现金流的大规模成熟型企业而言，经理具有把过度扩张的动机转变为实际行动所需要的资源
      - 形成管理层盘踞（managerial entrench-ment），即经理为抵制被解雇的威胁、实现管理层盘踞，偏好投资于与个人专长相关的项目（即专属性投资），致使一些不能提升企业价值但能增强企业对经理个人能力依赖的项目被实施
      - 管理层的过度自信（managerial overconfidence），即经理虽以股东价值最大化为目标，但高估了企业和自己的能力，自信地认为其行为是有助于提升股东价值的，导致投资了实际并不能增加企业价值的项目。经理作为内部人取得了公司实际控制权的地位，外部股东因股权分散和信息不对称难以形成对内部经理人的实质性监督，而契约的不完全性导致激励机制也并不能完全消除权益代理问题

提高资本结构中债务筹资的比例将有助于降低企业的权益代理成本，实现对经理的自利性机会主义行为的抑制

在经理对企业持股的绝对额不发生变化的前提下，增加企业融资中的债务比例能够提升经理所有权的集中度，降低经理与股东利益的背离程度，进而缓解经理与股东间的利益冲突，减少冲突引发的损失

增加对负债的依赖相当于引入约束机制，债务利息及本金的支付迫使经理交出现金，进而减少经理可用于过度扩张等活动的自由现金流。尤其对于低增长的成熟型企业而言，维持高债务比率，对降低企业的代理成本具有重要意义

增加债务比重能迫使经理更加努力工作、减少特权消费，以降低企业破产的可能性。这是因为，企业如果破产，经理将遭受控制权和名誉的损失，对经理而言破产成本很高

从资本结构的设计角度出发，适当增加债务，可以约束经理随意支配企业自由现金流的浪费性投资与在职消费行为，减少对企业价值的侵害

（4）债务代理成本

除企业经理与股东之外，股东与债权人之间形成了另一层委托代理关系：债权人作为委托人将资金贷给企业，股东则作为代理人使用借入的资金进行投资。股东与债权人之间的利益冲突本质上源于股东有限责任的特性。与权益代理成本的普遍存在不同，债务代理成本只有在企业存在破产和财务困境的可能性时才会发生。当企业存在显著违约风险时，代表股东利益的经理会试图通过牺牲债权人的利益来增加股东的利益，股东与债权人之间潜在的利益冲突得以凸显，既可能表现为资产替代（asset substitution）形成的过度投资，也可能表现为债务过剩（debt overhang）形成的投资不足

资产替代是指债务契约签订后，当企业遇到财务困境时，股东或代表股东利益的经理会有动机投资于比企业现有风险水平更高的项目，通过高风险资产对风险较低资产的替代来实现财富由债权人向股东的转移，即使该高风险项目的净现值为负

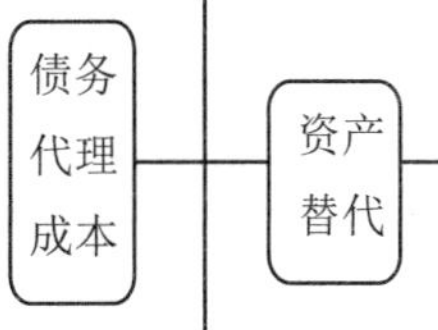

股东对企业的剩余求偿权相当于行权价为债务面值的企业资产欧式看涨期权。标的资产的风险越大，看涨期权的价值越大，即企业权益价值越大：如果这一高风险项目成功了，企业的资产价值将远高于债务面值（行权价），看涨期权价值大于零，股东将获得全部剩余收益（相当于行权）；但如果该项目失败了，因此时企业处于财务困境或濒临破产的状况，企业价值将低于其债务面值（行权价），看涨期权价值为零，由于股东受有限责任制度的保护（相当于放弃行权），主要损失将由债权人承担。而债务的利率是根据债务发行时企业的平均风险确定的，因此，股东在债务发行后凭借选择高风险项目（替代平均风险项目）提高了债务资金的实际风险水平，降低了债务价值。与此同时，高风险所增加的额外收益由股东获得，增加了权益价值，实现财富由债权人向股东的转移。对于可以轻易增加投资风险的企业，发生资产替代问题的可能性更大

债务过剩

债务过剩是指负债比例高的财务困境企业容易出现因经理（股东）放弃净现值为正的投资项目而使债权人利益受损、企业整体价值减少的现象。当陷入财务困境且有比例较高的债务时，企业难以再通过新增债务为新项目融资。而对于筹集外部权益资金对项目进行投资而言，由于债权的求偿权先于股权，将导致股东承担全部投资成本而大部分投资收益流向债权人，造成股东价值向债权人转移。企业的负债比例越高，债权人从新增投资中受益越多。如果新项目的净现值能够弥补外部权益融资导致的潜在价值转移，股东将愿意筹集资金进行投资。如果新项目的净现值不能弥补潜在的价值转移（即新项目从企业整体角度而言净现值为正，而对股东而言净现值为负），股东事先预见到投资新项目会导致自身财富减少，将拒绝投资该净现值为正的项目，造成投资不足。债务过剩对未来有大量盈利增长机会的成长型公司危害尤其严重

例题

假设处于财务困境中的某企业，仅有的一笔170万元债务年末将到期，如果企业的策略不变，企业年末总市值为150万元。目前，该企业有一高风险项目A，需要5万元的初始投资（由企业已有现金提供）。项目可能的收益状况如表4–14所示

分析解答

从表4–14中看出，项目A的净现值为负，以企业整体价值最大化为决策目标，该企业不应当进行此项投资。但由于经理代表的是股东利益，可以进一步分析实施项目对债权人和股东价值分自的影响，如表4–15所示。

如表4–15所示，如果该企业经理不实施高风险项目A，企业最终将违约，债权人获得剩余的全部150万元，股东价值为0。而如果经理实施该项目，当项目成功时，股东将获得剩余的5万元；即使项目失败，相对于不实施项目A，股东也不会发生额外损失。实施项目A会给股东带来0.5万元的期望所得，因此，代表股东利益的经理将采取该项净现值为负的高风险项目。而与此同时，实施该项目将会给债权人带来2.5万元的期望损失，股权价值增加的0.5万元实质是由债务价值转移而来，产生了过度投资问题

表 4-14 项目 A 预朝收益状况

单位：万元

初始投资	情况（概率）	年末可能收入	期望收入	净现值
5	成功（10%）	30	3	-2
	失败（90%）	0		

表 4-15 实施项目 A 对债务与股权

项目	原策略	实施项目 A			实施项目 A 的影响
		成功	失败	期望值	
公司总市值	150	175	145	148	-2
债务	150	170	145	147.5	-2.5
股权	0	5	0	0.5	0.5

例题

续上题，假设该企业不采取高风险的项目A，而考虑另一个能产生30%固定回报率的无风险项目B，B项目需要20万元的初始投资，项目净现值为6万元。假设企业目前没有剩余现金，如果实施项目B，必须从外部融入20万元。由于企业处于财务困境中，无法继续增加债务，假设20万元全部由企业现有股东提供。实施项目B对债权人和股东价值各自的影响如表4-16所示

分析解答

如表4-16所示，股东为新项目B投入20万元，年末却只获得6万元的回报，该项目对股东而言的净现值为-14万元。项目产生的另外20万元收入将流向债权人，债务价值由150万元上升到170万元。此时，虽然项目能对企业整体带来6万元的净现值，但是代表股东利益的经理将放弃净现值为正的项目B，造成对债权人和企业总价值的损失

表 4-16 实施项目 B 对债权和股权价值的影响

项目	原策略	实施项目 B		实施项目 B 的影响
		追加资本	年末价值	
公司总市值	150	20	176	6
债务	150	0	170	20
股权	0	20	6	-14

然而在发行债务时，债权人如果意识到股东可能通过各种方式损害债权人的利益，会采取必要措施保护自身利益，如要求较高的回报以弥补其潜在损失或是在债务合约中添加缩短负债到期日、提出对资产担保能力要求的限制性条款等。企业则必须接受监督以确保其遵守了这些条款，而监督成本也将以高利率的形式施加给股东。债权人的自我保护增加了债务成本、削减了债务的优势，债务代理成本将最终由发行债务的股东承担。

将两类代理冲突对企业投资行为可能造成的扭曲进行总结，如表 4-17 所示。

表 4-17　代理冲突引发的次优化投资行为

<table>
<tr><td colspan="2" rowspan="2">项目</td><td colspan="2">过度投资</td><td>投资不足</td></tr>
<tr><td>管理层过度投资</td><td>资产替代</td><td>债务过剩</td></tr>
<tr><td colspan="2">代理冲突类型</td><td>经理与股东间的利益冲突</td><td colspan="2">股东与债权人间的利益冲突</td></tr>
<tr><td colspan="2">企业背景</td><td>较少依赖债务融资且缺乏成长前景的企业</td><td>大量使用债务且处于高风险行业的财务困境企业</td><td>大量使用债务且处于经济前景较好行业的财务困境企业</td></tr>
<tr><td rowspan="3">诱发因素</td><td>负债率</td><td>低</td><td>高</td><td>高</td></tr>
<tr><td>成长性</td><td>低</td><td>低</td><td>低</td></tr>
<tr><td>现金流状况</td><td>充裕</td><td>短缺</td><td>短缺</td></tr>
<tr><td colspan="2">经济后果</td><td>管理层为谋求私利投资于净现值为负的项目</td><td>投资高风险项目（净现值甚至为负）替代安全项目</td><td>股东拒绝贡献权益资本导致企业放弃净现值为正的项目</td></tr>
<tr><td colspan="2">债务的影响</td><td>减少代理成本</td><td>增加代理成本</td><td></td></tr>
</table>

（5）债务代理成本与收益的权衡

债务代理成本与收益的权衡

- 提高债务比例财企业价值的影响存在两面性：在负债比例较低的情况下，债务的约束作用可以使管理层与股东的冲突最小化，应当增加企业负债；随着负债比例的提高，债权人发现管理层所从事的投资或融资行为正在使他们承担的风险不断上升，并且可能已经危害到他们的利益，负债成本开始上升。在考虑了企业债务的代理成本与代理收益后，资本结构的权衡理论模型可以扩展为如下形式：$V_L=V_U+PV$（利息抵税）$-PV_2$（财务困境成本）$-PV_3$（债务的代理成本）$+PV_4$（债务的代理收益）
- 代理理论分析的思想提供的启示
  - 资产替代行为机会受限制的行业将有更高的负债水平。资产替代行为受限的行业，如受到较严监管的公共事业部门、缺乏增长机会的成熟行业，债务的代理成本较小，企业会有较高的负债水平
  - 有大量净经营现金流，但增长程度较慢甚至是负增长的成熟型企业应该持有更高水平的负债，以减少经理可用于实施机会主义行为的自由现金流量，降低权益代理成本

3. 优序融资理论

基本观点与特点

- 基本观点
  - 在信息不对称的背景下，企业进行融资时遵循一种啄食顺序（pecking order）：当企业存在融资需求时，会首先偏好于内源融资；若内源融资不能满足企业的资金需求，会偏好于发行债务的外部融资方式；如果债务发行过量，企业会选择的下一个融资方式是发行可转换债券；最后，企业才会选择以发行普通股的方式融资。优序融资理论认为，企业不存在一个明确的目标资本结构
- 特点
  - 权衡理论和代理理论旨在构建企业最优资本结构模型，优序融资理论则通过放宽理想市场下无信息成本的假设，基于内部人与外部投资者间存在的信息不对称现象，揭示了企业融资方式选择的顺序
  - 两个关键假设
    - 内部人与外部投资者之间关于企业的价值存在信息不对称
    - 股票发行决策以发行前现有股东的价值最大化为目标

- 基本思想
  - 管理层增发新股为企业融资，将被外部投资者视为企业价值被高估的信号。这是因为，若企业股票价值被低估，增发新股将使现有股东价值蒙受损失。因此，只有当企业股票价值被高估时，管理层才会选择外部权益融资方式
  - 在外部投资者的逆向选择行为下，企业发行股票将降低投资者对企业价值的预期，导致股票市价下跌
  - 在信息不对称的前提下，管理层形成一种优序融资顺序
    - 当企业存在融资需求时，会首先偏好于内源融资
    - 由于信息不对称对债务融资成本影响较小，若内源融资不能满足企业的资金需求，管理层会偏好于发行债务的外部融资方式
    - 如果债务发行过量，企业会选择的下一个融资方式是发行可转换债券
    - 企业才会选择以发行普通股的方式融资
  - 企业的债务比率是其累积的外部融资需求的反映，并不存在目标资本结构

- 信息不对称
  - 概念
    - 优序融资理论是在信息不对称框架下研究资本结构的一个方面。所谓信息不对称，是指企业内部管理层通常要比外部投资者拥有更多更准的企业信息。在这种情况下，企业管理层的许多决策，如股利分配、筹资方式选择等，不仅具有财务上的意义，而且向市场和外部投资者传递着信号。外部投资者通过管理层的这些决策所传递出的信息对企业未来的收益和投资风险做出判断。其中，企业债务比例或资本结构就是一种把内部信息传递给市场的工具
  - 在信息不对称的条件下，如果投资者掌握的关于企业资产价值的信息比企业管理层掌握的少，那么企业权益的市场价值就可能被错误地定价。当企业股票价值被低估时，管理层将避免增发新股，而采取其他的融资方式筹集资金，如内源融资或发行债券；而在企业股票价值被高估的情况下，管理层将尽量通过增发新股为新项目融资，让新的股东分担投资风险
  - 举例
    - 如表4-18情况Ⅰ，在企业前景较好而价值被低估时发行股票，新投资者将获得超额收益，而现有股东会蒙受损失；相反，如情况Ⅱ在企业价值被高估时发行新股，能使现有股东的价值得到保护。所以，如果企业管理层站在现有股东的立场、代表现有股东的利益，那么，只有当企业价值被高估时，才会为了新项目进行外部权益融资

风险

据此，外部投资者会产生逆向选择的心理：当企业发展前景较好时，管理者会选择债务方式筹资，以增加每股收益，提高企业价值；而企业发行新股，实际上是在向市场传递企业价值被高估的信号。于是，一般而言，企业发行股票将降低投资者对企业价值的预期，导致股票市价下跌。这种信号传递的结果是，管理者在债务融资和外部权益融资之间总是优先考虑债务融资。当然，对于借款已经非常多、再借款就可能陷入财务困境的企业，或是处于财务困境成本高昂行业中的企业，仍然会被迫选择发行普通股。另一方面，与内源融资相比，债务融资容易引起财务困境成本和代理成本增加。因此，企业在筹集资本的过程中，遵循着内源融资、债务性融资和权益性融资这个顺序

信息不对称创造了依赖外部融资的另一种成本：企业因信息不对称放弃发行权益而错过良好投资机会的可能性。发行股票导致的潜在股价下跌可能阻碍企业发行股票为净现值大于零的项目融资，在此情况下，企业可能选择其他融资工具或者干脆放弃项目，导致投资不足。股价受信息不对称的影响越大，错过良好投资机会的可能性越大。如果企业能保留足够的内部资金为其具有正NPV的项目融资，那么就能够避免这种成本。因此，保证有充分的资金宽松（financial slack）对具有大量的正NPV项目的成长型企业是很有价值的

表 4-18　优序融资理论逻辑分析

类型	当前股价	管理层预期	权益定价结果	增发新股结果
情况Ⅰ	50 元	60 元	股票价值被低估	新投资者仅支付 50 元便获得了价值 60 元的股票
情况Ⅱ	50 元	40 元	股票价值被高估	新投资者支付 50 元却只获得了价值 40 元的股票

与权衡理论不同，优序融资理论下企业并没有明确的目标资本结构，每个企业根据各自的资金需求来选择财务比率。企业首先从留存收益中筹集项目资金，这会降低资本结构中的债务比例；额外的资金需求由债务获取，无疑会使债务水平提高；在企业的债务水平在某一点耗竭时，将发行权益。因此，资本结构根据可利用的投资项目随机决定。在缺乏投资机会的情况下，企业不会为趋向某一目标资本结构而刻意调整其负债比率。该理论很好地解释了同一行业中盈利能力和财务杠杆之间的反向关系：高盈利但缺乏投资机会的企业现金充裕，将偿还部分债务；盈利能力差的企业内部资金较少，所以需要

借入更多的资金满足投资需要，如表 4-19 所示。

表 4-19 优序融资理论概述

企业背景	企业内部人与外部投资者之间存在信息不对称
假设前提	企业管理层代表现有股东利益
扭曲来源	当企业价值被低估时发行股票，将使新投资者获得超额收益、现有股东蒙受损失，这与管理层的立场矛盾。因此，外部投资者产生逆向选择心理：企业进行外部权益融资，说明该企业的价值被高估
经济后果	发行新股将导致企业股价下跌，外部权益融资成本高昂
基本观点	企业将依照先内源、后债务、再权益的顺序进行融资，并且没有明确的目标资本结构

二、资本结构决策

长期债务与权益资本的组合形成了企业的资本结构。债务融资能够实现抵税收益，且在理论上用于抵税的利息数额至多可达息税前利润总额，所以，适当利用负债可以降低企业资金成本。但当债务比率过高时，杠杆收益会被债务成本抵消，企业面临较大的财务风险。所以，企业应该确定其最佳的债务比率（资本结构），使加权平均资金成本最低，企业价值最大。

（一）资本结构影响因素

资本结构的理论研究表明，最佳资本结构是存在的：依据权衡理论的思想，企业的资本构成里应该有适量的债务，负债的两种效应相互抵消；再根据信息不对称框架下的资本结构理论，企业应保留一定的负债容量，以便于在好的投资机会来临时，可发行债券，避免以高成本发行新股融资。但是资本结构理论是在一系列严格假设下产生的，而每个企业都处于不断变化的经营条件和外部经济环境中，因此资本结构理论难于解释现实条件下企业资本结构的特征。事实上，资本结构不仅在不同行业之间存在明显差异，即使在同一个行业内部的不同企业之间也会存在一定的差异。现实条件下影响资本结构的因素较为复杂，大体可以分为企业的内部因素与外部因素。

1. 内部因素

影响企业资本结构的内部因素通常有资产类型、营业收入确定性、成长性、盈利能力、管理层偏好、财务灵活性以及股权结构等。

内部因素

- **资产类型**：由于陷入财务困境时，有形资产相比无形资产贬值程度较小，所以，一般而言，有形资产比例高的企业的财务困境成本要比大量投资研究开发的类似企业低，从而可以具有较高的负债权益比率。此外，一般性用途资产比例高的企业因其资产作为债务抵押的可能性较大，要比具有特殊用途资产比例高的类似企业的负债水平高
- **营业收入确定性**：发生财务困境的可能性与企业收益现金流的波动程度有关。营业收入不确定性大的企业其收益和现金流量的波动较大，因违约无法履行偿债义务而发生财务困境的可能性相对较高。因此，营业收入不确定性大的企业比营业收入不确定性小的类似企业的负债水平低
- **成长性**：一方面，成长性好的企业因其快速发展，对外部资金需求比较大，而进行权益融资的成本又高于债务融资，因此，成长性好的企业要比成长性差的类似企业的负债水平高。另一方面，成长型企业因现金流波动性较大，常常面临着更高的不确定性，要比成熟型企业的负债能力低
- **盈利能力**：当企业盈利能力较强时，企业就可能保留更多的盈余。根据优序融资理论，企业融资的一般顺序是先内源融资、后债权融资、再外部权益融资。因此盈利能力强的企业因其内源融资的满足率较高，要比盈利能力较弱的类似企业的负债水平低
- **管理层偏好**：资本结构的优劣在一定程度上依赖于管理层的主观判断。喜欢冒险的管理人员，可能会安排比较高的负债比例以谋求更高的利润；反之，一些保守的管理层则会使用较少的债务
- **财务灵活性**：财务灵活性是指企业利用闲置资金和剩余的负债能力应付可能发生的偶然情况和把握未预见机会（新的好项目）的能力。财务灵活性大的企业要比财务灵活性小的类似企业的负债能力强
- **股权结构**：债务作为管理层机会主义的约束机制，较其他直接干预的监督成本低。所以，股权集中度高的企业因大股东有激励通过增加负债实现对管理层的监督，要比股权分散的类似企业的负债水平高。此外，由于发行新股可能会导致企业现有股东的相对控制地位被稀释，被大股东控制的企业为避免权益融资带来的控制权威胁，会更多地使用债务融资方式

2. 外部因素

影响企业资本结构的外部因素通常有所得税税率、利率、资本市场以及行业特征等。

- 外部因素
  - 所得税税率
    - 负债的利息在税前扣除可以使企业在税收方面获益。然而并不是所有企业都有着同样的所得税税率。所得税税率越高，债务融资的抵税收益越大，企业越倾向于使用债务融资；如果税率很低，则债务融资的优势相对较小
  - 利率
    - 利率水平偏高，会增加负债企业的固定财务费用负担，此时企业负债水平将低于利率水平较低时。此外，对利率变动趋势的预期也会影响企业的资本结构：预期未来利率将上升时，企业会在当前提高长期负债的比例；预期未来利率将下跌时，企业将较谨慎地使用债务融资方式
  - 资本市场
    - 资本结构常常受到资本市场效率的影响。在非有效市场环境下，企业权益的市场价值可能被错误定价，管理层将在股票价格处于高位时发行股票，而在股价过低时转向负债（或回购股票）。另外，资本市场的发展状况也会影响企业的融资方式选择。如我国企业债券发行市场的发行规模较小，范围单一，导致企业缺乏发行债券的动力和积极性；同时由于我国银行的功能尚未完善，而长期贷款的风险较大，银行为控制呆坏账比率，并不偏好长期贷款。这两个因素导致债务融资的渠道不畅，我国上市公司在资本市场上倾向选择以权益方式进行融资
  - 行业特征
    - 不同行业面临的竞争程度不同，行业集中程度也不一样。集中度越高，竞争性越弱，企业就可以有较多的负债，反之负债就越少。不同行业的经营风险也不同，产品需求稳定、经营杠杆较低的行业负债能力较强。例如，公用事业公司的需求较稳定，所以有能力使用比工业公司更多的财务杠杆

- 分析资本结构影响因素的注意事项
  - 以上分析的各因素对资本结构的影响并不绝对。基于不同的资本结构理论视角，分析得到的各因素对资本结构的影响预期可能不一致。例如，基于权衡理论，有形资产比例高的企业财务困境成本较低，该类企业的负债水平应较高；但基于优序融资理论，由于有形资产比例高的企业经理与外部股东间的信息不对称程度较低，权益资本成本较低，该类企业的负债水平应较低
  - 企业实际资本结构往往受企业自身状况与政策条件及市场环境多种因素的共同影响，并同时伴随着企业管理层的偏好与主观判断。例如，我国中小型民营企业相对于大型国有企业而言，外部融资约束的程度较高，表现为银行负债融资能力较低，并难于在证券市场上通过发行股票及债券进行融资。此外，在我国多数上市公司的融资结构中，商业信用融资与银行短期借款占全部负债的比例较高，而长期银行借款与公司债券融资等长期负债所占的比例则相对较低

（二）资本结构决策方法

资本结构决策旨在通过分析、比较和选择资本中债务资本与权益资本的比例关系，确定企业的最优资本结构，这是筹资管理中的重要问题。常见的资本结构决策方法有资金成本比较法、每股收益无差别点法和企业价值比较法。

1. 资金成本比较法

资本成本比较法

- 概念：资本成本比较法，是指通过计算不同长期筹资组合方案的加权平均资本成本，并根据计算结果的高低来选择最佳的融资方案，确定最优资本结构
- 例题
  - 某企业初始成立时需要资本总额7000万元，有以下三种筹资方案，如表4-20所示
  - 解答：根据加权平均资本成本计算公式及式，以表11-14 中的数据计算三种同筹资方案的加权平均资本成本如下。

    方案一：

    $$K_{WACC}=\frac{50}{700}\times 4.5\%+\frac{100}{700}\times 6\%+\frac{50}{700}\times 10\%+\frac{500}{700}\times 15\%=12.61\%$$

    方案二：

    $$K_{WACC}=\frac{80}{700}\times 5.25\%+\frac{120}{700}\times 6\%+\frac{50}{700}\times 10\%+\frac{450}{700}\times 14\%=11.34\%$$

    方案三：

    $$K_{WACC}=\frac{50}{700}\times 4.5\%+\frac{200}{700}\times 6.75\%+\frac{50}{700}\times 10\%+\frac{400}{700}\times 13\%=10.39\%$$
  - 解答：通过比较不难发现，方案三的加权平均资本成本最低。因此，在适度的财务风险条件下，企业应按照方案三的各种资本比例筹集资金，由此形成的资本结构为最佳的资本结构
- 具体方法：企业在发展过程中追加筹资的资本结构决策，同样可用资本成本比较法确定。具体方法有两种：一种是直接测算各备选追加筹资方案的边际资本成本，选择最低的即最佳方案；二是将追加方案的各资本金额与企业原有资本结构汇总，计算企业的加权平均资本成本
- 特点：资本成本比较法的优点在于原理简单，计算过程也不复杂。但实际上，企业追求的实质是价值最大化，而该方法仅以资本成本最低为决策标准，没有具体测算财务风险因素

表 4-20　各筹资方案基本数据

项目	方案一		方案二		方案三	
筹资方式	筹资金额	资金成本	筹资金额	资金成本	筹资金额	资金成本
长期借款	50	4.5%	80	5.25%	50	4.5%
长期债券	100	6%	120	6%	200	6.75%
优先股	50	10%	50	10%	50	10%
普通股	500	15%	450	14%	400	13%
资本合计	700	—	700	—	700	—

注：表中债务资金成本均为税后资金成本，所得税率为 25%。

2. 每股收益无差别点法

每股收益无差别点法

作用

当企业因扩大经营规模需要筹措长期资本时，一般可供选择的筹资方式有普通股融资、优先股融资与长期债务融资。前面财务杠杆原理解释了当企业选择具有固定性融资成本的融资方式时会显现出杠杆效应，且财务杠杆系数越大，财务风险也越大。由于财务杠杆更多是关注息税前利润的变化程度引起每股收益变动的程度，主要应用于具有不同债务融资规模或比率的方案的财务风险比较，显然相对于单纯比较债务比率来判断财务风险具有更好的说服力。但如果想解决在某一特定预期盈利水平下的融资方式选择问题，特别是在长期债务融资与普通股融资之间进行选择时，因全部融资为普通股时不存在财务杠杆效应，可以运用每股收益无差别点法。可以说，每股收益无差别点法为企业管理层解决在某一特定预期盈利水平下是否应该选择债务融资方式的问题提供了一个简单的分析方法

特点

每股收益无差别点法是在计算不同融资方案下企业的每股收益（*EPS*）相等时所对应的盈利水平（*EBIT*）基础上，通过比较在企业预期盈利水平下所对应的不同融资方案的每股收益，进而选择每股收益较大的融资方案。显然，基于每股收益无差别点法的判断原则是比较不同融资方式能否给股东带来更大的净收益

无差别点的计算公式

$$EPS=\frac{(EBIT-I_1)(1-T)-PD_1}{N_1}=\frac{(EBIT-I_2)(1-T)-PD_2}{N_2}$$

式中，*EBIT*——*EPS* 无差别时的息税前利润；

I_i——年利息支出；

T——企业所得税税率；

PD_i——支付的优先股股利；

N_i——筹资后的发行在外的普通股股数

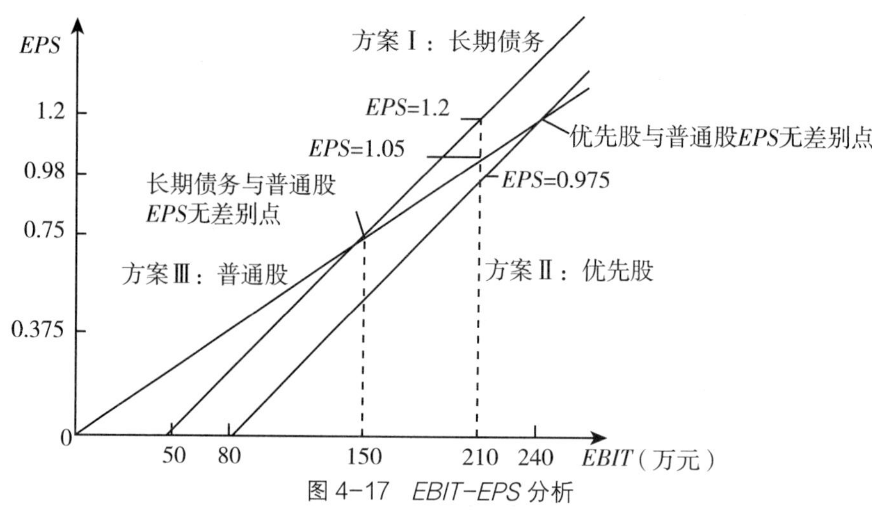

图 4-17 *EBIT-EPS* 分析

例题

某企业目前已有1000万元长期资本，均为普通股，股价为10元/股。现企业希望再实现500万元的长期资本融资以满足扩大经营规模的需要。有三种筹资方式可供选择：①全部通过年利率为10%的长期债券融资；②全部利用股利率为12%的优先股筹资；③全部依靠发行普通股股票筹资，按照目前的股价，需增发50万股新股。假设企业预期的息前税前盈余为210万元，企业所得税税率为25%。要求：在预期的息前税前盈余水平下进行融资方式的选择

分析

利用*EBIT-EPS*方法进行分析，最直观的方法是画出每股收益无差别点图。如图4-17所示，横轴为*EBIT*，纵轴为*EPS*，每条直线代表一个筹资方案的*EBIT-EPS*关系。如果采用方案①，则必须有息税前利润50万元（即500万元×10%），才能够支付长期债务利息。因此，50万元就是债务融资与横轴（息税前利润）的交点，为长期债务线的起点。若采用方案②，优先股股利：500万元×12%=60万元。由于优先股股利在税后支付，所以应以1-税率除优先股股利，才能得出足以支付优先股股利的息税前利润。60万元÷（1-25%）=80万元，即为优先股线与横轴（息税前利润）的交点，为优先股的起点。普通股筹资没有固定性的财务费用，因此以0为起点

计算

假设企业预期的息前税前盈余为210万元，计算三种方案的每股收益，如表4-21所示

根据表4-21中的数据，息税前利润为210万元时，长期债务筹资每股收益为1.2元，优先股筹资每股收益0.975元，普通股筹资每股收益1.05元，由此可画出长期债务线、优先股线和普通股线的另一点。分别将两点连接起来，画出长期债务线、优先股线和普通股线，如图4-17所示

例题

计算

方案①与方案③，即长期债务筹资和普通股筹资的无差别点上，

$EPS_{\text{I}}=EPS_{\text{III}}$：

$$\frac{(EBIT-I_1)(1-T)-PD_1}{N_1}=\frac{(EBIT-I_3)(1-T)-PD_3}{N_3}$$

$$\frac{(EBIT-50)\ (1-25\%)-0}{100}=\frac{(EBIT-0)\ (1-25\%)-0}{150}$$

解方程得方案①与方案③的每股收益无差别点所对应的$EBIT$ =150万元。

同样方法可求得方案②与方案③，即优先股筹资和普通股筹资的每股收益无差别点所对应的 $EBIT$ =240万元

分析

长期债务线与普通股线相交于营业利润为150万元的点上，此时，这两种筹资方式带来的每股收益相同。此为长期债务筹资与普通股筹资的每股收益无差别点。如果预期*EBIT*低于此点，则普通股融资比长期债务融资能提供更高的每股收益，应采用普通股筹资；如果预期*EBIT*高于此点，债务融资优于普通股融资

普通股线和优先股线相交于营业利润为240万元的点上，此时，这两种筹资方式带来的每股收益相同。此为优先股筹资与普通股筹资的每股收益无差别点。如果预期*EBIT*低于此点，增友普通股为更好的筹资方案；如果预期*EBIT*高于此点，则发行优先股能提供更高的每股收益

方案①与方案②即长期债务线与优先股线是平行的，不会产生每股收益无差别点，这说明债务融资在任何同一预期收益条件下均比发行优先股能提供更高的每股收益

由于预期的息前税前盈余为210万元，在方案①与方案③比较时选择长期债务融资，而在方案②与方案③比较时选择普通股融资。但如果将三个方案综合起来考虑，选择长期债务融资方案能够实现最大的每股收益

表 4-21　三种筹资方案的每股收益（*EPS*）比较

单位：元

项目	方案Ⅰ（债券）	方案Ⅱ（优先股）	方案Ⅲ（普通股）
EBIT	2100000	2100000	2100000
利息支出	500000	—	—
税前收益	1600000	2100000	2100000
所得税（25%）	400000	525000	5250000
税后收益	1200000	1575000	1575000
优先股股利	—	600000	—
普通股收益	1200000	975000	1575000
普通股股数（*N*）	100 万股	100 万股	150 万股
EPS	1.2	0.975	1.05

每股收益无差别点法在为企业管理层解决在某一特定预期盈利水平下应该选择什么融资方式提供了一个简单的分析方法。显然，这种方法侧重于对不同融资方式下的每股收益进行比较，但预期盈利水平与每股收益无差别点所对应的盈利水平之间的距离不同，反映的状态稳定性也不同。在上例中，长期债务和普通股筹资方式的每股收益无差别点所对应的息前税前盈余 *EBIT*=150 万元，当预期收益超过 150 万元时，债务融资方式的每股收益总是大于普通股融资方式的每股收益，且距离每股收益无差别点对应的息前税前盈余 150 万元越远，两种融资方式的每股收益差距越大，债务融资相对于普通股融资的优势越明显。

以提高普通股股东每股收益为出发点，通过 *EBIT–EPS* 分析，企业在筹集长期资金时，可以在不同的筹资方式之间做出有利的选择。但是这种分析方法没有考虑到负债增加所导致的财务风险的增加。财务杠杆是一把“双刃剑”，企业选择具有固定财务费用的筹资方式，一方面能提高每股收益，但同时也带来了财务风险。因此，财务人员在使用每股收益无差别点法判断筹资方式的合理性时，还应该加强对企业偿债能力和未来现金收益的分析。

3. 企业价值比较法

企业价值比较法

- 概念：资本成本比较法和每股收益无差别点法的缺陷均在于，没有充分考虑企业财务风险等因素的影响。针对这一缺点，提出企业价值比较法。企业价值比较法是在充分反映财务风险的前提下，以企业价值的大小为决策标准，确定最佳资本结构的方法
- 衡量企业价值的方法：
  - 衡量企业价值的一种合理的方法是，企业的市场价值 V 等于其股票的市场价值 S 加上长期货务的价值 B：
    $$V=S+B$$
  - ↓ 为使计算简便，假设长期债务（长期借款和长期债券）的现值等于其面值，股票的现值则等于企业未来的净收益按股东要求的报酬率贴现。假设企业的经营利润永续，股东要求的回报率（权益资本成本）不变，则股票的市场价值为：
    $$S=\frac{EBIT-I\ (1-T)-PD}{K_e}$$
  - ↓ 通过上述公式计算出企业的总价值和加权平均资本成本，以企业价值最大化为标准确定最佳资本结构，此时的加权平均资本成本最小
- 早期：现实条件下，由于资本结构的决策难以形成统一的原则与模式，尚无准确的公式可以用于评价企业的最优资本结构。企业在进行资本结构决策时，通常以其所在行业的平均值作为参照依据。这是因为行业平均值是现存企业在目前市场条件下各自进行资本结构决策而共同形成的，大体反映了现存企业融资结构的共同性特征。参照行业平均资本结构水平进行决策，可使企业不至于过度偏离这种共同性特征

第五章

流动资金

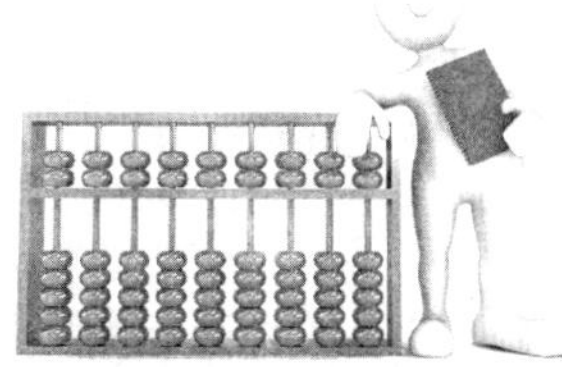

本章导读

流动资金，是在企业生产中，在一个生产周期内，使用价值全部被消费，价值全部转移到产品中去的那一部分生产资金。社会主义企业的资金分为固定资金和流动资金。流动资金与固定资金的区别在于周转方式的不同。流动资金的使用价值是仅在一次生产过程中发生作用。原材料、燃料和辅助材料在生产过程中，全部被消耗。其中一部分经过物理的、化学的或生物的变化形成产品的实体。另一部分作为能源、润滑剂等因素实现和帮助机器设备运转，其价值也一次全部转移到产品中去。

流动资金的重要性在于每一次周转可以产生营业收入及创造利润，因而流动资金的周转是为企业盈余的直接创造者。加强流动资金管理，可以加速流动资金周转，减少流动资金占用，促进企业生产经营的发展。加强流动资金管理，有利于促进企业加强经济核算，提高生产经营管理水平。

第一节　流动资金的概述

一、流动资金的概念和特点

流动资金的概念和特点

- 概念

  流动资产是指可以在一年以内或者超过一年的一个营业周期内变现或运用的资产，包括现金、银行存款、交易性金融资产、应收账款、预付账款和存货等。流动资产在企业资产总额中占有很大的比重，在生产经营活动中具有较强的流动性。流动资产的多少表明企业短期偿债能力的强弱，因此它在企业资产中占有最重要的地位。企业拥有一定数量的流动资产是企业开展生产经营活动必不可少的物质条件。科学地安排流动资产的投资，可以降低企业财务风险，增加企业收益

- 特点

  - 流动资产周转速度快，变现能力强

    企业投放到流动资产上的资金，周转一次所需的时间较短，通常能在一年或一个营业周期内收回，而其他长期资产则需要几个或更多的营业周期才能收回，相对而言，流动资产周转速度快。作为流动资产，如交易性金融资产、应收账款、存货等，又具有较强的变现能力，企业一旦出现资金周转不灵、现金短缺，可以迅速变卖这些资产，以获得生产经营所必需的现金

  - 流动资产占用数量具有较大的波动性

    流动资产在企业生产经营过程中，随着供产销的变化及季节的变化，其占用数量时高时低，起伏不定，波动性较大

  - 流动资产占用形态的多样性

    企业流动资产的占用形态是经常变化的，一般在现金、材料、在产品、产成品、应收账款、现金之间依次转化，但又同时并存于生产经营过程中供、产、销各个阶段上。其主要原因在于企业的生产经营活动是持续不断进行的。因此，企业流动资产的各种占用形态在时间上依次继起，每一次转化都是一种形态的结束和另一种形态的开始，在空间上又是同时并存的

二、流动资产的分类

为了合理运用流动资产，加强对流动资产的管理，需对流动资产进行科学的分类。流动资产主要有以下几种分类方法。

1. 按流动资产的占用形态不同，可分为现金、交易性金融资产、应收及预付账款和存货

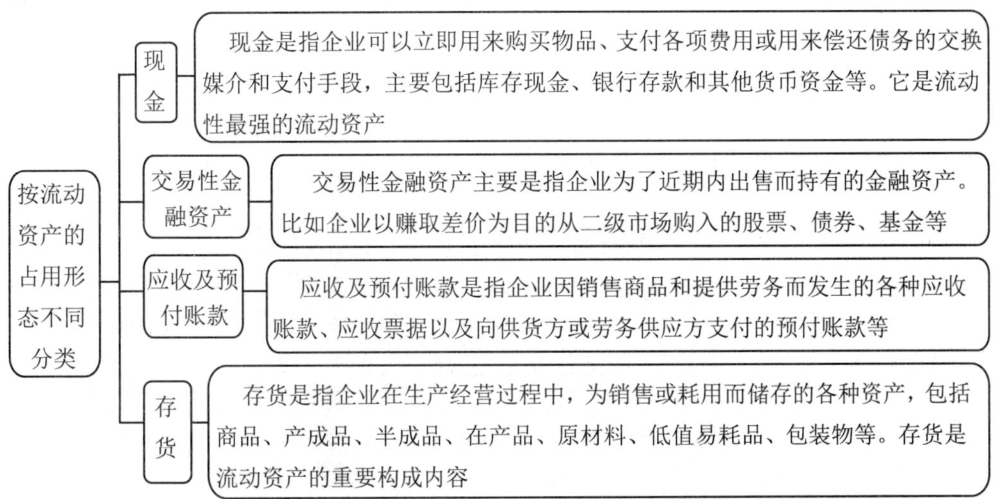

2. 按流动资产变现能力的强弱，可分为速动资产和非速动资产

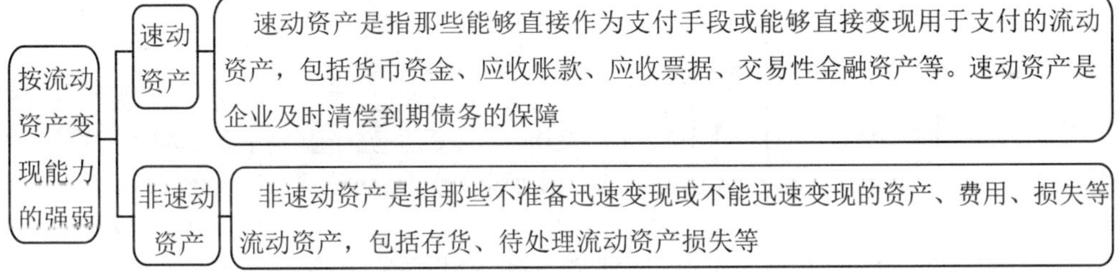

3. 按流动资产的盈利能力不同，可分为收益性流动资产和非收益性流动资产

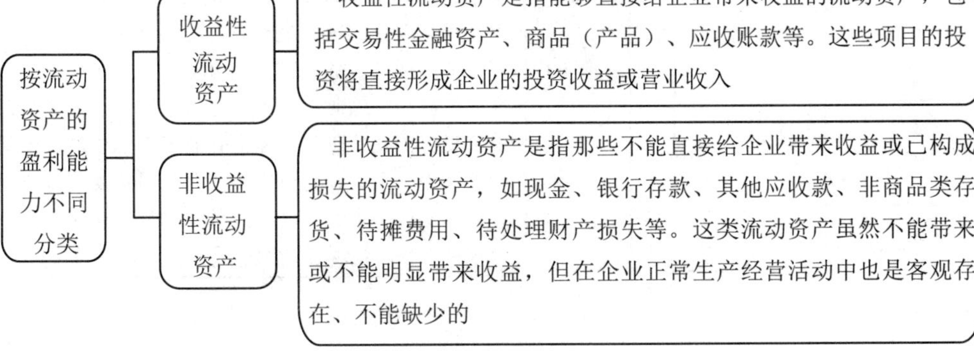

流动资产管理的重点就是要加速流动资产的周转速度，提高其利用效率。为此，企业应加强现金管理、应收账款管理和存货管理。

第二节　现金的管理

一、现金管理的目的和有关规定

- 现金管理的目的和有关规定
  - 现金管理的概念：现金是指企业的货币资产，包括库存现金及存入银行或其他金融机构并可随时用于支付的款项，及其他货币性资金等。持有一定数量的现金是企业组织生产经营活动的必要条件，也是稳定经营、降低财务风险、增强偿债能力的基础
  - 现金管理的目的：现金是可以立即投入流通的交换媒介。它的突出特点是普遍的可接受性，即可以有效地立即用来购买商品、货物，用于劳务支出或偿还债务等
    - 持有现金的动机
      - 交易动机：交易动机是指企业为了应付日常业务开支而保持现金的动机，如购买材料、支付工资、支付税款和各项费用等。虽然企业会经常取得业务收入，但每天的现金收入和现金支出并非同时等额发生。因此保持一定数量的现金余额是十分必要的，这样，当出现现金支出大于现金收入时，企业的正常生产经营活动仍然可以继续进行。这种因交易动机而持有的现金余额称为交易性现金余额
      - 预防动机：预防动机是指为了防止意外的支付而保持现金的动机。现代企业的经济环境和经济活动日趋复杂，因而未来现金的需要具有较大的不确定性，再加上有可能出现的自然灾害，都可能导致未来现金的需要产生波动。因此，为了满足未来发生意外事件的现金支付需要，也为了保证企业未来的生产经营活动能够进行下去，企业需要持有比日常支付所需现金更多的现金余额。这种因预防动机而持有的现金余额称为预防性现金余额

- 现金管理的目的和有关规定
  - 投机动机：投机动机是指企业为满足某种投资行为的需要而保持现金的动机。如在证券市场发生剧烈动荡时，企业用手头上所拥有的现金投资于有价证券以取得丰厚的投资收益；再如，在商品市场上以现金购入廉价材料或商品以赚取巨大收益等。这种以投资为目的而储备的现金余额称为投机性现金余额
  - 现金管理的目的：企业缺乏必要的现金，将不能满足各种业务支付的需要，严重的会导致停工待料和信用损失。如果现金持有量过大，又会因为现金不能投入周转，无法取得盈利而遭受损失。因此，企业为了获得最大的经济利益，需要保持一定数量的现金，既要满足日常业务开支的需要，又要避免现金的闲置浪费。现金管理的目的，就是将现金持有量减少到最低限度，并能获取最大的经济效益
  - 现金管理的有关规定
    - 库存现金的管理
      - 建立由专人管理现金的制度，即出纳岗位责任制。出纳和会计不能由一人兼任，管钱的不管账，管账的不管钱，保证钱账分管，实行内部牵制，以防弄虚作假、贪污挪用行为的发生，并可减少差错
      - 建立健全现金账目，做到逐笔序时登记，保证日清月结，账款相符，以确保钱款安全
      - 认真执行现金使用的有关规定，严禁“白条”抵充库存现金
      - 根据业务需要正确核定库存限额。库存现金限额一经核定，企业就必须按规定的限额控制库存现金，超过库存限额部分的现金必须在当天或次日上午由企业解交银行，以保证现金安全。库存现金一般以企业3～5天的日常零星开支额的需要为限额。边远地区或交通不便地区企业的库存现金限额可以多于5天，但最多不得超过15天的日常零星开支现金需要量
      - 除规定可用现金支付的项目外，一切付款均应通过银行转账结算
      - 企业不得“坐支”现金，即不得以本单位的现金收入直接支付现金支出。因特殊情况需“坐支”现金的，必须报经有关部门批准并在核定的范围和限额内进行。同时，收支的现金必须入账
    - 银行存款的管理：
      ①按期对银行存款进行清查，保证银行存款安全完整。
      ②若存款结余过多，在一定时期内出现闲置，可转为定期存款，也可投资于股票、债券，以获得较多的收益。
      ③与银行保持良好的关系，使企业的借款、还款和转账结算能够顺利进行

二、现金余额的控制方法

为了保证正常的生产经营业务需要，企业必须保持一定的现金存量。现金余额的控制就是要确定最佳现金余额，即确定最佳现金持有量，它是指现金成本最低时的现金余额。

（一）现金成本

现金成本

- 相关概念：企业持有现金必然要发生一些相关成本，这些成本主要是持有成本、转换成本和短缺成本，三者之和构成了相关总成本。相关总成本最低点的现金额度，就是现金最佳持有额度
- 持有成本：持有成本也叫机会成本，是指企业因持有现金而放弃的再投资收益和增加的相应管理成本。例如，某企业持有现金10万元，若投资于证券，可以获得10%的收益率，即现金的再投资收益为1万元，若放弃再投资，则其收益1万元即为机会成本。它与现金的持有量存在正比例关系，可以看出，现金持有量越大，机会成本越高；反之，则越低。机会成本属于变动成本。持有现金的管理费用包括管理人员的工资及必要的安全设施费用等。它一般与所持现金的数量没有密切的关系，具有固定成本的性质
- 转换成本：转换成本是指企业用现金购入有价证券以及转让有价证券换取现金时付出的交易费用，即现金同有价证券之间相互转换的成本，如委托买卖佣金、委托手续费、证券过户费等。转换成本并不都是固定费用，有的则是变动成本，如委托买卖佣金、委托手续费。这些费用通常是按委托成交金额计算的。证券转换成本与现金持有量的关系是：现金持有量越少，进行证券变现的次数越多，相应的转换成本越大；反之，现金持有量越多，证券变现的次数越少，需要的转换成本就越小
- 短缺成本：短缺成本是指因现金持有量不足且又无法及时通过有价证券变现得以补充而给企业造成的损失。例如，由于现金短缺而无法购进急需的原材料，从而使企业的生产经营及投资中断而给企业造成的损失。又如，由于现金短缺而不能按期支付货款或不能按期归还贷款，而给企业的信用和企业形象造成的损害。现金的短缺成本随现金持有量的增加而下降，随着现金持有量的减少而上升，即与现金持有量成反比例关系

（二）最佳现金持有量的确定

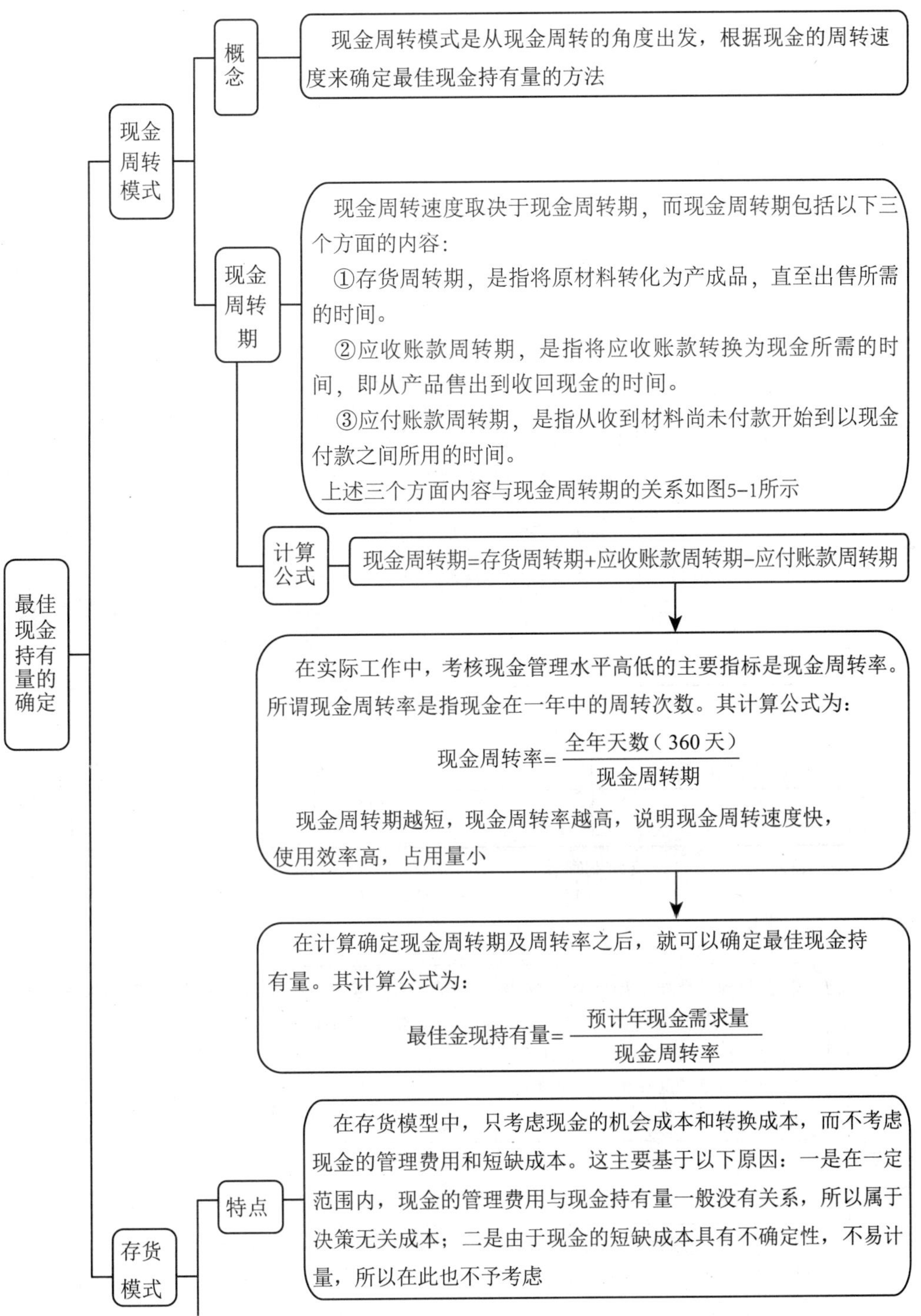

公式

如果现金持有量大，则现金的机会成本高，转换成本低；反之，现金持有量小，则现金的机会成本低，转换成本高。最佳现金持有量就是使现金的机会成本与转换成本之和最低的现金持有量，用公式可表示如下：

现金总成本 = 机会成本 + 转换成本

即

$$TC=\frac{N}{2}\times i+\frac{T}{N}\times B$$

式中，TC —— 现金总成本；

B —— 现金与有价证券每次的转换成本；

T —— 特定时间内的现金需求总额；

N —— 现金持有量；

i —— 短期有价证券利息率。

$$最佳现金持有量=\sqrt{\frac{2TB}{i}}$$

将最佳现金持有量代入现金总成本公式，即可得到最低总成本

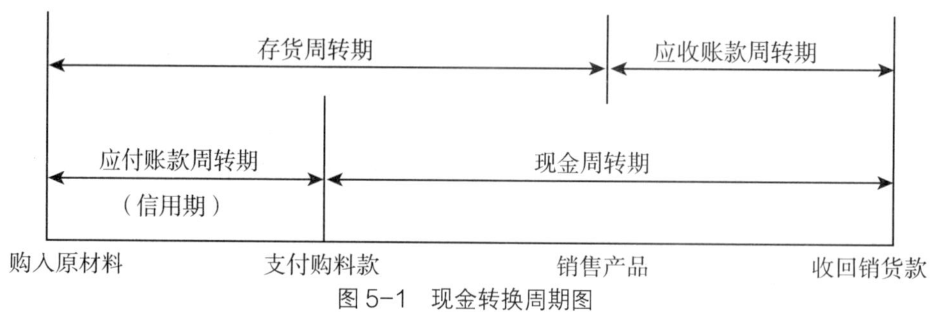

图 5-1 现金转换周期图

例题

某企业预计全年需用现金 1600 万元，预计的存货周转期为 100 天，应收账款周转期为 40天，应付账款周转期为 50 天，该企业的最佳现金持有量计算如下：

现金周转期=100+50-60=90（天）

现金周转率=360÷90=4（次）

最佳现金持有量=1600÷4=400（万元）

分析

现金周转模式通俗易懂，计算简便。但它是以材料采购与产品销售所产生的现金流量在数量上大体一致、企业的生产经营过程在一年中平稳进行为前提条件的。如果达种假设条件不能成立，计算出来的最佳现金持有量将会出现偏差

例题

某公司预计全年货币资金需要量为 70000 元，每天资金支出量不变，货币资金与有价证券的转换成本为每次 140 元，有价证券的年利息率为 10%，根据公式计算如下：

最佳现金持有量 $=\sqrt{\dfrac{2\times65000\times130}{10\%}}=13000$（元）

有价证券转换次数：

$T/N=65000/13000=5$（次）

最低现金总成本为：

$$TC=\frac{13000}{2}\times10\%+\frac{65000}{13000}\times140=1350\text{（元）}$$

分析

运用存货模式确定最佳现金持有量时，也是以一定的假设条件为前提的，如企业所需现金可通过证券变现取得，计划期的现金需要量可以预测，以及现金支出均衡、稳定等。如果这些条件可以得到满足，企业就可以利用存货模式来确定现金的最佳持有量

三、现金收支的日常管理

为了最大限度地提高现金使用效率，必须做好以下几个方面的工作：

现金收支的日常管理

- 编制现金收支计划，预测未来的现金需求量：为了管好用好现金，企业应逐期编制现金收支计划。现金收支计划就是对企业未来现金收支的预测。通过现金收支计划，可以了解企业在不同时期的现金收入和现金支出情况，并对企业的现有现金进行有效的控制。企业的现金流量是衡量企业经济状况的重要指标。通过现金预测，企业可以更准确地确定未来的现金需要量，从而提高现金的使用效率
- 加速收款，减少闲置资金数量：企业赊销业务量越大，势必增加企业的资金占用，财务部门要积极做好货款回收工作，按预计的货款回收期或合同约定的收款日期，督促购货单位按时支付货款。如果未能按时收到货款，应向银行查询，并与销售部门密切配合，采用妥善的收款策略向购货单位催收，以免造成长期拖欠，影响企业的资金周转
- 合理利用现金浮游量：所谓现金浮游量是指企业账户和银行账户之间在存款余额上所出现的差额。究其原因，在于有些企业已经开出的付款票据尚在传递过程中，银行还没有付款记账。此时，企业的存款账户的现金余额已是零或负数，但在银行的账户上该企业的现金账户还有余额。如果企业能够合理利用现金浮游量，就可以节约大量资金。需要指出的是，使用现金浮游量时，一定要控制好时间，否则将会发生银行存款的透支，严重影响企业的对外形象和信誉
- 充分利用信用条件，控制付款：控制付款，是指企业利用供货方所提供的信用优惠条件，尽可能地推迟应付款的付款期。通常的做法是在信用期的最后一天付款，这样就能使企业增加可利用的现金流量。采用商业汇票结算方式购进商品或材料时，延缓付款的时间可达 6 个月。对于其他各种应付款项，应在不违反规定的前提下，尽量延长付款时间

第三节　应收款项的管理

一、应收账款的概念、功能和成本

应收账款的概念、功能和成本

- 应收账款的概念
  - 应收账款是企业因对外销售产品、材料及提供劳务等原因，应向购货单位或接受劳务单位收取而未收取的款项。影响企业应收账款水平的主要因素有需求状况、产品定价、产品质量和企业的信用政策等。这些影响因素中除最后一项外，其他因素基本不是或不是财务部门所能控制的。所以，财务部门对应收账款的管理，主要是制定适当的信用政策，从而改变应收账款的水平
- 应收账款的功能
  - 增加销售的功能
    - 企业销售产品可以采取现销和赊销两种方式，显然赊销是一种促销策略。在竞争激烈的市场经济条件下，许多企业资金紧张，要求现收现付势必影响产品的销售，失去市场份额；而采取一定的赊销措施，特别是在销售新产品、开拓新市场时，赊销会对购买者产生吸引力，从而巩固市场份额，扩大销售，提高竞争力
  - 减少存货的功能
    - 由于赊销具有促销功能，可以加速产品的销售，从而可以降低存货中产成品的数额，这有利于缩短产成品的库存时间，降低产成品存货的管理费用、仓储费用和保险费用等各方面的支出。因此，无论是季节性生产企业还是非季节性生产企业，当产成品较多时，一般应采用较优惠的信用条件进行赊销，把存货转化为应收账款，减少产成品存货，节约各种支出
- 应收账款的成本
  - 机会成本
    - 企业发生应收账款，就意味着这笔应收账款资金被客户占用，而不能用于其他投资，从而使企业丧失了获得其他投资收益的机会，我们把这种因投资于应收账款而放弃的投资收益称为机会成本。一般可用企业最可能投资项目的收益率来计算，如有价证券收益率
  - 管理成本
    - 应收账款的管理成本是指企业为管理应收账款而发生的一切耗费，它是应收账款成本的重要组成部分。主要包括：调查客户信用情况的费用、搜集各种信息的费用、催收账款的费用、账簿的记录费用等

坏账成本：坏账成本是指由于某种原因导致应收账款不能如数收回而给企业造成的损失。这一成本一般与应收账款数量成正比关系，即应收账款数额越大，坏账成本越大。对于应收账款来说，最大的风险就是坏账损失，企业应尽量防范

二、应收账款信用政策的制定

信用政策是指企业基于对客户资信情况的认定而给予客户赊销方面的优惠。制定合理的信用政策，是企业应收账款管理的重点。应收账款赊销效果的好坏，依赖于企业的信用政策。信用政策的内容主要包括信用条件（信用期限、现金折扣政策）和信用标准。

1. 信用期限

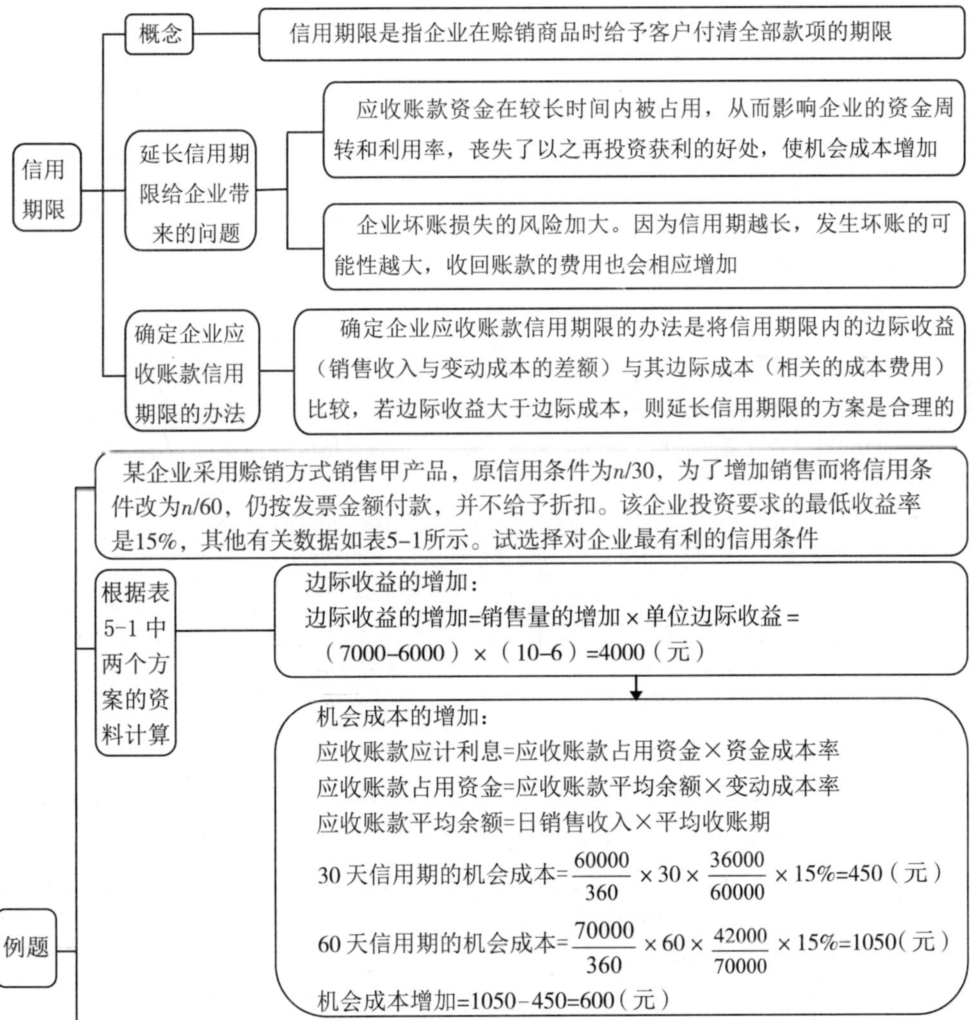

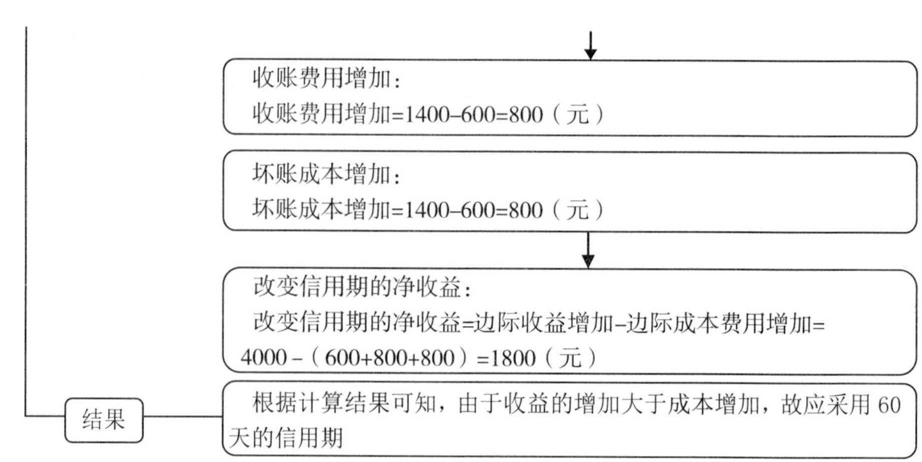

表 5-1　企业不同信用条件下的数据表

金额单位：元

信用期项目	30 天	60 天
销售量（件）	6000	7000
销售收入（10 元 / 件）	6000	70000
销售成本		
变动成本（6 元 / 件）	3600	42000
固定成本	1000	10000
毛利	1400	18000
预计收账费用	600	1400
预计坏账损失	600	1400

2. 现金折扣政策

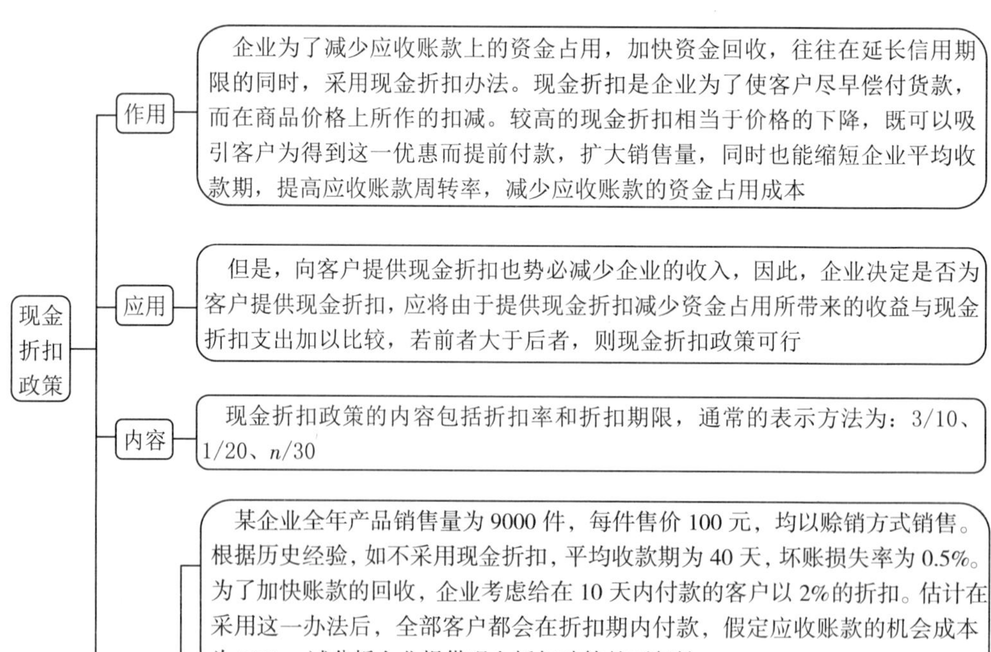

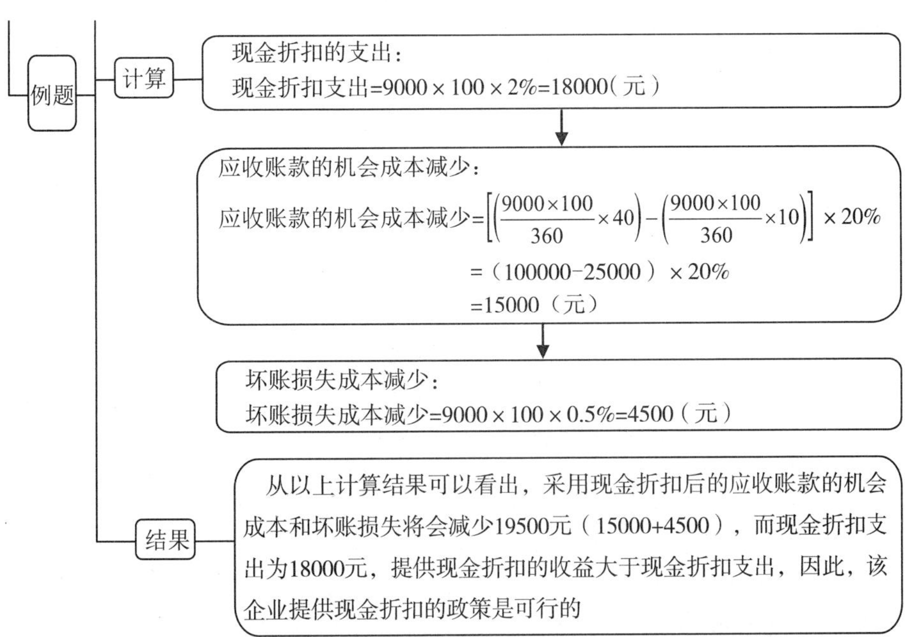
例题
计算
现金折扣的支出：
现金折扣支出=9000×100×2%=18000（元）
应收账款的机会成本减少：
应收账款的机会成本减少=$\left[\left(\frac{9000\times100}{360}\times40\right)-\left(\frac{9000\times100}{360}\times10\right)\right]\times20\%$
=（100000-25000）×20%
=15000（元）
坏账损失成本减少：
坏账损失成本减少=9000×100×0.5%=4500（元）
结果
从以上计算结果可以看出，采用现金折扣后的应收账款的机会成本和坏账损失将会减少19500元（15000+4500），而现金折扣支出为18000元，提供现金折扣的收益大于现金折扣支出，因此，该企业提供现金折扣的政策是可行的

3. 信用标准

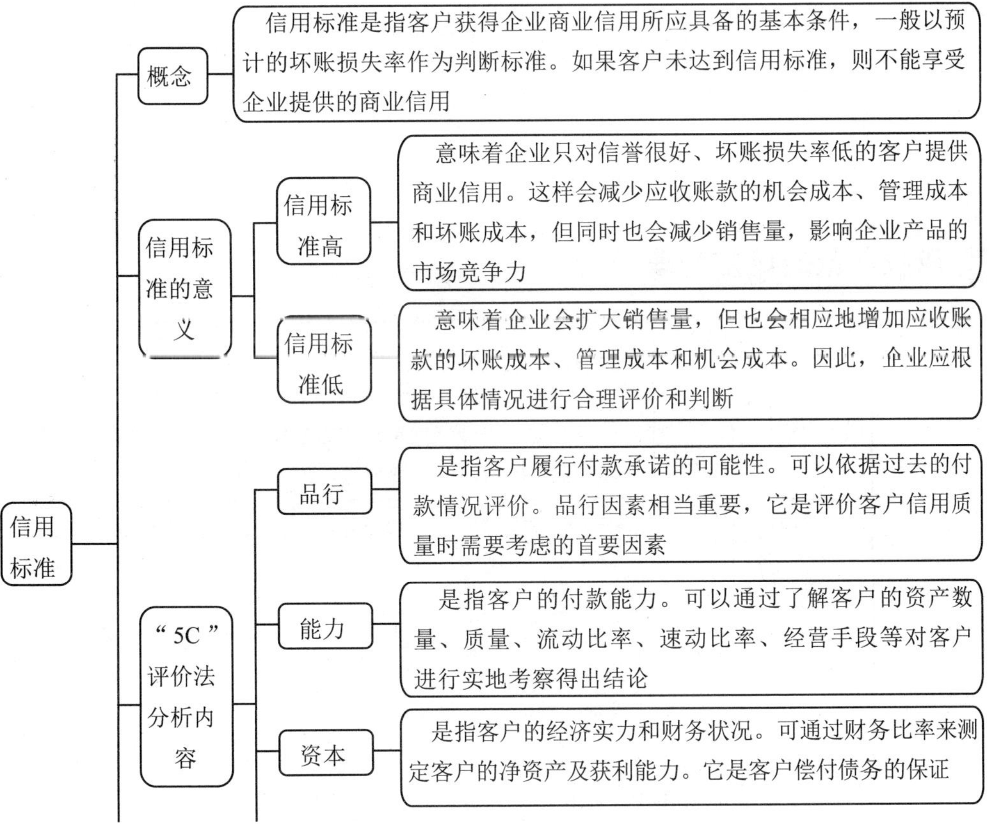
信用标准
概念
信用标准是指客户获得企业商业信用所应具备的基本条件，一般以预计的坏账损失率作为判断标准。如果客户未达到信用标准，则不能享受企业提供的商业信用
信用标准的意义
信用标准高
意味着企业只对信誉很好、坏账损失率低的客户提供商业信用。这样会减少应收账款的机会成本、管理成本和坏账成本，但同时也会减少销售量，影响企业产品的市场竞争力
信用标准低
意味着企业会扩大销售量，但也会相应地增加应收账款的坏账成本、管理成本和机会成本。因此，企业应根据具体情况进行合理评价和判断
"5C"评价法分析内容
品行
是指客户履行付款承诺的可能性。可以依据过去的付款情况评价。品行因素相当重要，它是评价客户信用质量时需要考虑的首要因素
能力
是指客户的付款能力。可以通过了解客户的资产数量、质量、流动比率、速动比率、经营手段等对客户进行实地考察得出结论
资本
是指客户的经济实力和财务状况。可通过财务比率来测定客户的净资产及获利能力。它是客户偿付债务的保证

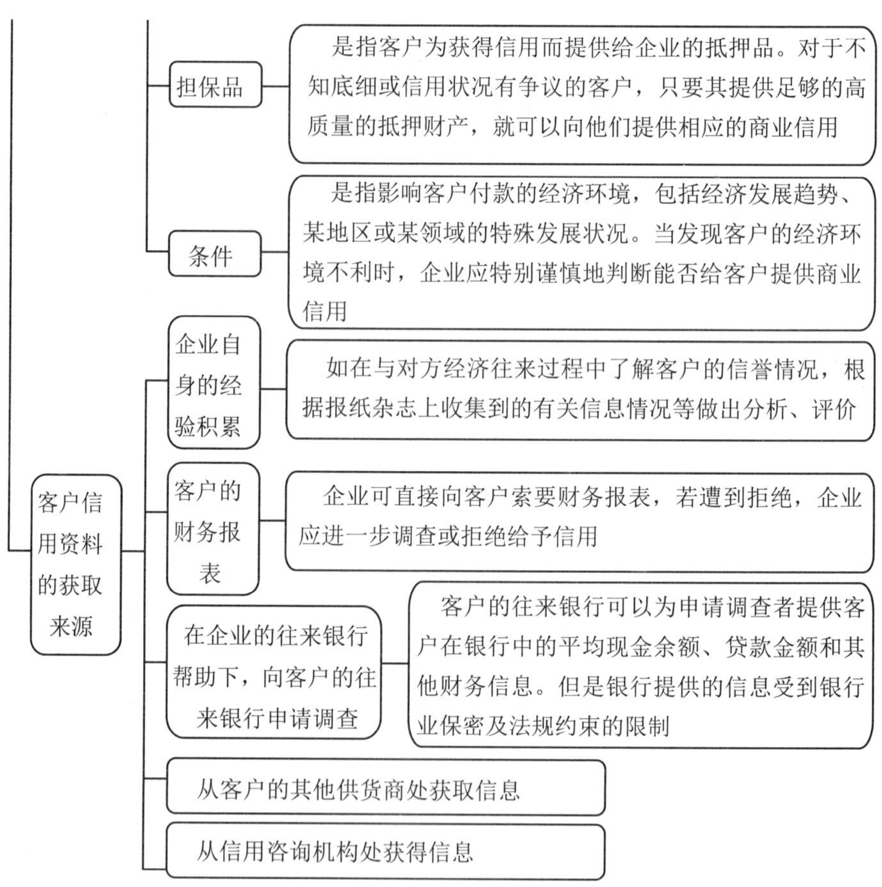
担保品
是指客户为获得信用而提供给企业的抵押品。对于不知底细或信用状况有争议的客户，只要其提供足够的高质量的抵押财产，就可以向他们提供相应的商业信用
条件
是指影响客户付款的经济环境，包括经济发展趋势、某地区或某领域的特殊发展状况。当发现客户的经济环境不利时，企业应特别谨慎地判断能否给客户提供商业信用
客户信用资料的获取来源
企业自身的经验积累
如在与对方经济往来过程中了解客户的信誉情况，根据报纸杂志上收集到的有关信息情况等做出分析、评价
客户的财务报表
企业可直接向客户索要财务报表，若遭到拒绝，企业应进一步调查或拒绝给予信用
在企业的往来银行帮助下，向客户的往来银行申请调查
客户的往来银行可以为申请调查者提供客户在银行中的平均现金余额、贷款金额和其他财务信息。但是银行提供的信息受到银行业保密及法规约束的限制
从客户的其他供货商处获取信息
从信用咨询机构处获得信息

三、应收账款的日常管理

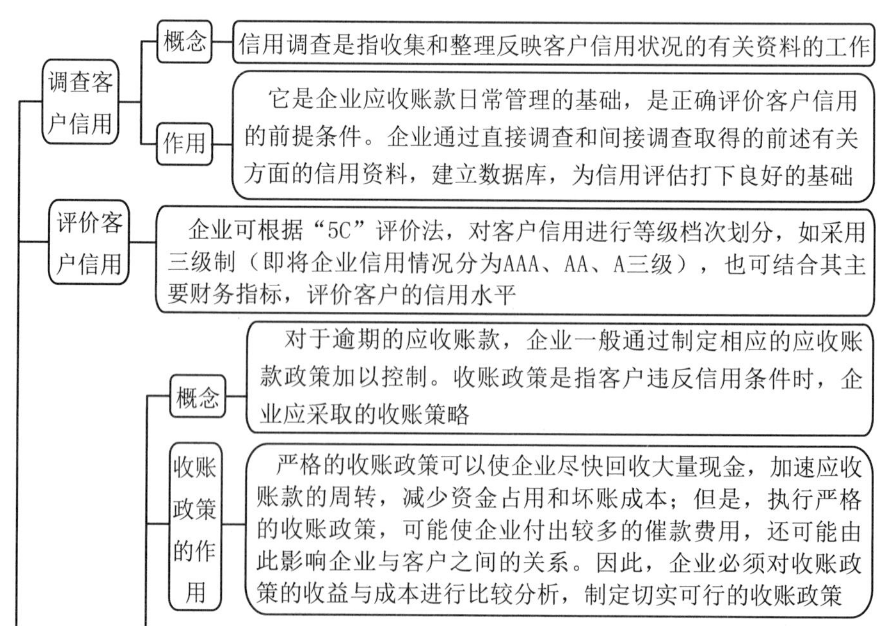
调查客户信用
概念
信用调查是指收集和整理反映客户信用状况的有关资料的工作
作用
它是企业应收账款日常管理的基础，是正确评价客户信用的前提条件。企业通过直接调查和间接调查取得的前述有关方面的信用资料，建立数据库，为信用评估打下良好的基础
评价客户信用
企业可根据“5C”评价法，对客户信用进行等级档次划分，如采用三级制（即将企业信用情况分为AAA、AA、A三级），也可结合其主要财务指标，评价客户的信用水平
概念
对于逾期的应收账款，企业一般通过制定相应的应收账款政策加以控制。收账政策是指客户违反信用条件时，企业应采取的收账策略
收账政策的作用
严格的收账政策可以使企业尽快回收大量现金，加速应收账款的周转，减少资金占用和坏账成本；但是，执行严格的收账政策，可能使企业付出较多的催款费用，还可能由此影响企业与客户之间的关系。因此，企业必须对收账政策的收益与成本进行比较分析，制定切实可行的收账政策

- 调查客户信用
  - 催收应收账款
    - 常用的收账方式
      - 定期向客户寄发账单，要求数据准确无误
      - 信函催收，信中说明客户的逾期账款，并要求付款。之后再由训练有素的收款员用电话与客户联系、催收
      - 派人上门催款。由促成此笔业务的销售人员上门拜访，要求付款；或派出善于言辞且经验丰富的特别收款员前去催款
      - 对以后的销货采用预收货款或者货到立即付款方式结算
      - 停止发货直到客户还清全部或大部分欠款为止
      - 将客户的逾期账款委托收账公司办理。此法效果很好，但费用较高，往往占应收账款额的15%～40%，导致企业较大的损失
      - 向有逾期账款的客户提起法律诉讼。但这会导致与客户的商业关系破裂，甚至导致客户破产。这是企业一种无奈的选择
  - 建立应收账款坏账准备金制度
    - 计提坏账准备时必须把握好的要点
      - 企业应向债务人函证应收账款，对应收款项的可回收性进行评估
      - 企业应根据具体情况，自行确定坏账准备的计提方法、计提比例等。如果企业历史上发生坏账损失的记录较少，且债务人的信用较好，企业仍然可以在较低的水平上计提坏账准备
      - 企业在确定坏账准备的计提比例时，应根据其以往的经验、债务单位的实际财务状况和现金流量的情况；以及其他相关信息合理地估计，如市场情况和行业惯例，特别是赊销金额巨大的客户的支付能力等因素
      - 除有确凿证据表明该项应收账款不能够收回或收回的可能性不大外（如债务单位已撤销、破产、资不抵债、现金流量严重不足、发生严重的自然灾害等导致停产而在短时间内无法偿付债务等，以及3年以上的应收款项），以下情况不能全额提取坏账准备：①当年发生的应收款项；②计划对应收款项进行重组；③与关联方发生的应收款项；④其他已逾期，但无确凿证据表明不能收回的应收款项
    - 坏账损失的核算方法
      - 坏账损失的核算方法有直接转销法和备抵法两种。按现行制度规定，企业只能采用备抵法核算坏账损失。采用备抵法估计坏账损失、计提坏账准备的具体方法有应收账款余额百分比法、账龄分析法和销售百分比法

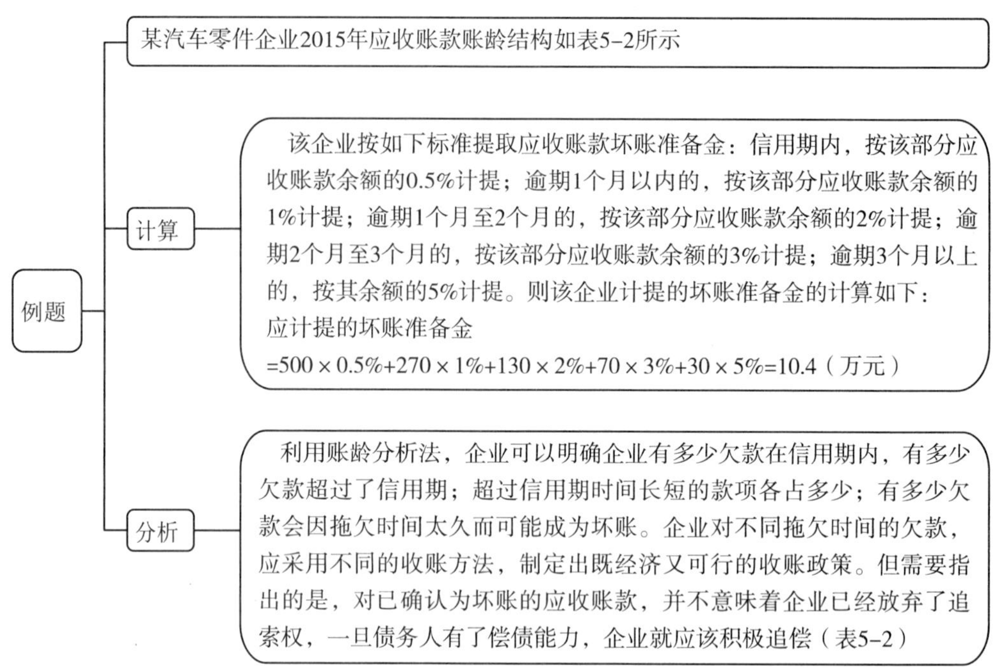

表 5-2　应收账款账龄结构表

应收账款账龄	金额（万元）	比重（%）
信用期内	500	50
逾期 1 个月内	270	27
逾期 1 个月至 2 个月	130	13
逾期 2 个月至 3 个月	70	7
逾期 3 个月以上	30	3
合计	1000	100

第四节　存货的管理

存货是指企业在生产经营过程中为了生产和销售而储备的各种物资，主要包括企业的原材料、辅助材料、燃料、包装物、低值易耗品、在产品、产成品等。存货种类较多，在流动资产中所占比重较大，且分布在生产经营的各个环节，具有较强的流动性。其中，原材料、在产品和产成品是生产企业存货的主要部分，是存货管理的重点。存货管理水平的高低直接影响着企业的生产经营能否顺利进行，并最终影响企业的收益、风险等状况。因此，存货管理是财务管理的一项重要内容。

（一）存货管理的目的与内容

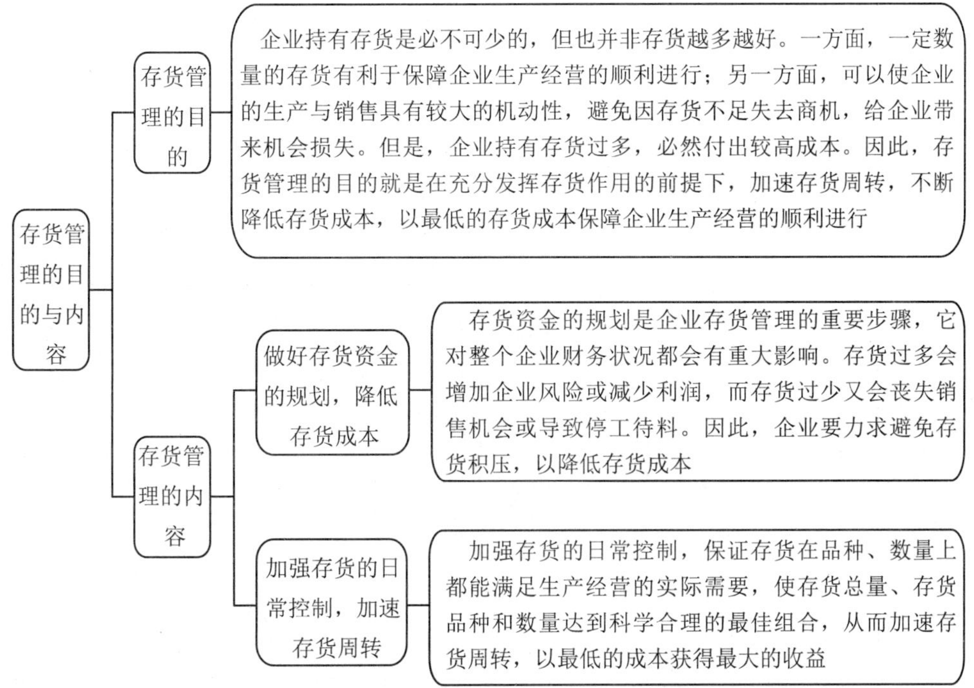

（二）存货的功能与成本

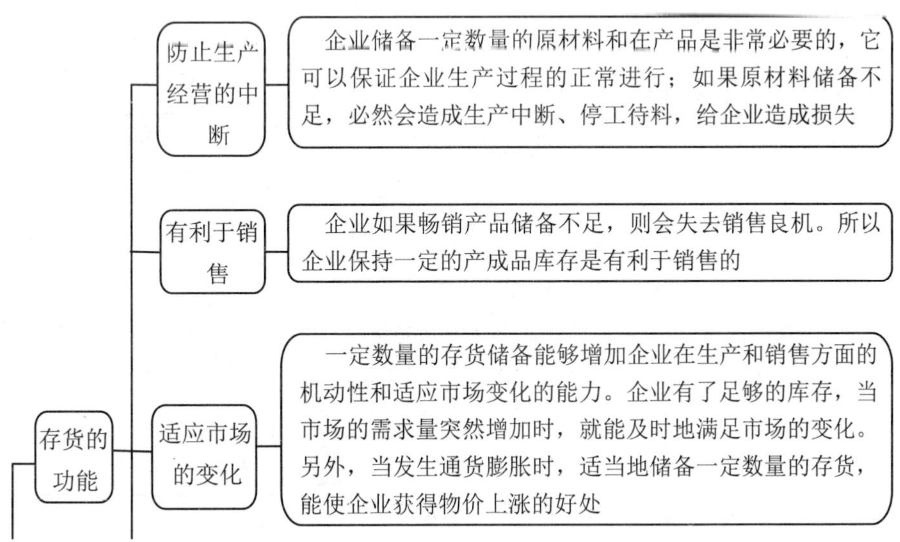

存货管理的目的与内容

降低进货成本

一般来说，企业采购时，进货的总成本与采购物资的单位进价及采购的次数有密切的关系。许多企业为了鼓励客户购买其产品，往往给购货方提供较优厚的商业折扣，即当客户的采购量达到一定数量时，便可以在价格上给予相应的折扣。所以，企业采取大批量的集中进货，就可以降低单位存货的采购成本，从而增强企业在市场中的竞争能力

维持均衡生产

许多产品的市场需求具有季节性，如空调、羽绒服等产品。生产或销售具有季节性产品的企业，其产品的生产并不能完全按市场需求的季节性来安排，否则，就会造成生产的不均衡，出现忙时超负荷运转，闲时生产能力得不到充分利用的不良现象。例如，在销售淡季减少生产量，势必会增加单位产品的固定生产成本，这就要求生产企业在各月保持均衡生产，从而使销售淡季的存货量增加

存货成本

取得成本

定义：取得成本是指在取得某种存货时所支出的成本

分类

订货成本：订货成本是指为取得订单的成本，包括办公费、差旅费、邮电费、运输费等。订货成本中有些与订货次数无关，如常设采购机构的办公费、工资费用等，称之为订货的固定成本；有些则与订货次数有关，如差旅费、邮费等，称为订货的变动成本

购置成本：购置成本是指为购买存货本身而支出的成本，它由买价和采购费用构成。采购费用是指购进存货时发生的运输费、装卸费，运输途中的合理损耗和入库前的挑选整理费用等。购置成本与采购数量成正比例关系。为了降低购置成本，企业应认真分析研究材料的供应情况，争取采购物美价廉的材料存货

公式：取得成本=订货成本+购置成本

储存成本

储存成本是指存货在储存过程中发生的成本，包括存货的保险费、储存过程中的损耗、仓储费、因存货占用资金而支付的利息等。它属于变动成本，与存货数量无关

缺货成本

缺货成本是指由于存货供应中断而给生产和销售造成的损失。如由于材料供应中断造成的停工待料损失；由于产品的库存不足造成延期发货付出的罚金和丧失销售机会的潜在损失；由于紧急购料而发生的紧急额外购入成本等。为了降低缺货成本，企业必须有一定的安全保险储备量

企业存货成本的最优化管理，就是使企业存货总成本即上述三项成本之和最小

（三）存货的控制方法

1. ABC分类法

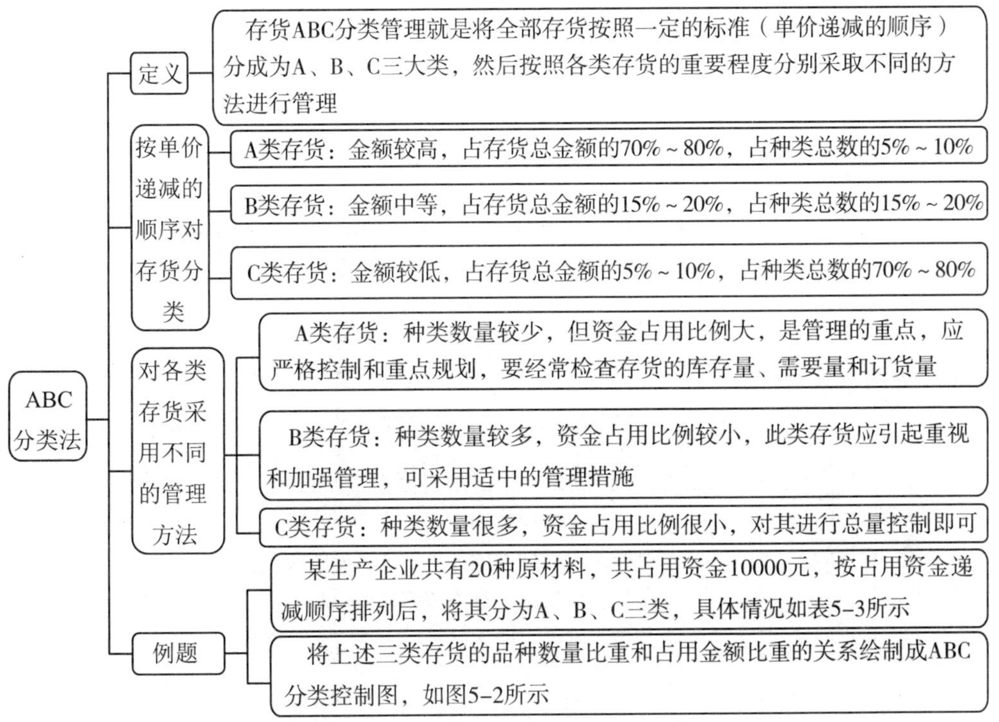

表5-3 企业存货分类状况表

材料品种		占用金额（元）	占用金额比重（%）	品种数量比重（%）
分类	编号			
A类	1	2500	75	10
	2	5000		
B类	3	1000	20	25
	4	500		
	5	250		
	6	150		
	7	100		
C类	8	90	5	65
	9	80		
	10	70		
	11	60		
	12	50		
	13	40		
	14	30		
	15	20		
	16	19		
	17	18		
	18	17		
	19	5		
	20	1		
合计		10000	100	100

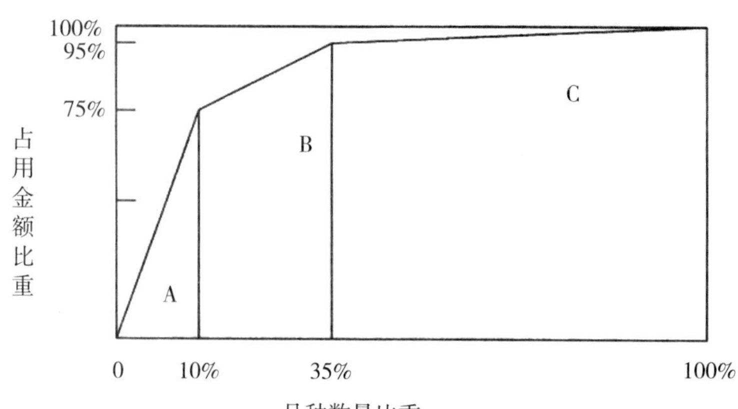

图 5-2　ABC 分类控制图

2. 经济批量法

经济批量法

- **经济批量**：存货的经济批量又称最佳经济批量，是使一定时期存货的总成本最小时的每批订货数量。经济批量法主要应用于外购材料和外购商品
- **企业在进行经济批量决策时的假设条件**：
  - ①存货的流转比较均衡
  - ②企业一定时期内的存货需求总量能准确预测
  - ③存货价格稳定，且不考虑商业折扣
  - ④无缺货现象，即无缺货成本
  - ⑤市场货源充足，并能集中到货
  - ⑥进货日期完全由企业自行决定，并且采购不需时间
  - ⑦企业现金充足，不会因现金短缺而影响进货
- **经济批量决策时的存货相关成本**：存货成本包括取得成本、储存成本和缺货成本，只有各项成本中的变动成本才是经济批量决策时的相关成本。企业在满足以上假设条件的情况下，存货的买价和缺货成本都不是决策的相关成本，相关成本仅包括变动的订购费用和变动的储存成本。只要这两部分成本之和最小，就能保证存货成本最小，相关总成本最小时的订货批量即为最佳经济批量
- **最佳经济批量的计算**：

  假设：Q 为每次订货的最佳经济批量，S 为存货年需要量，U为每次订货成本，P为单位储存成本，存货总成本为r，C 为单位采购价格，则：

  $$T=\frac{S}{Q}\times U+\frac{Q}{2}\times P$$

  最佳经济批量（Q）$=\sqrt{\frac{2SU}{P}}$

  经济批量变动总成本（R）$=\sqrt{2SUP}$

  全年最佳订货次数（F）$=\frac{S}{Q}=\sqrt{\frac{SP}{2U}}$

  经济批量平均资金占用额为$\frac{QC}{2}$

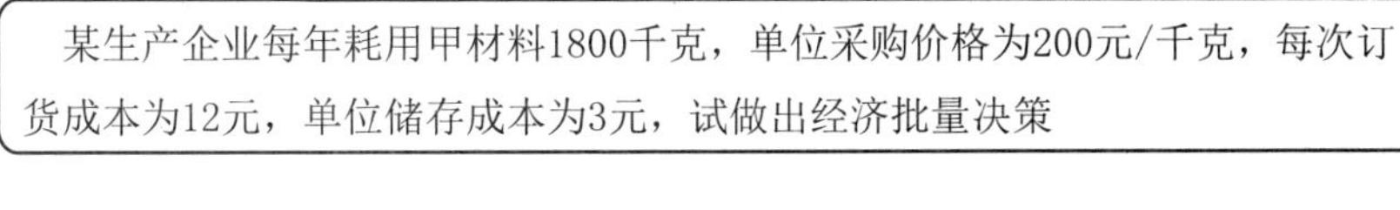

例题

某生产企业每年耗用甲材料1800千克，单位采购价格为200元/千克，每次订货成本为12元，单位储存成本为3元，试做出经济批量决策

解答

最佳经济批量（Q）= $\sqrt{\frac{2\times1800\times12}{3}}$ =120（千克）

全年最佳订货次数（F）= $\frac{1800}{120}$ 或 = $\sqrt{\frac{1800\times3}{2\times12}}$ =15（次）

经济批量变动总成本（R）= $\sqrt{2\times1800\times12\times3}$ =360（元）

经济批量平均资金占用额 $\frac{QC}{2}=\frac{1}{2}\times120\times200=12000$（元）

通过计算可以看出，当每批订货量为 120 千克时，存货总成本最低

3. 存货储存期控制法

存货储存期控制法

存货储存期控制的意义

我们知道，储存存货会占用资金，并要付出仓储管理费，而且储存的时间越长，付出成本越多，尤其是在瞬息万变的市场经济条件下，储存期过长，可能导致企业的产品或商品滞销而给企业带来巨大的损失。因此必须对存货储存期进行控制，尽量缩短存货储存期，加速存货周转，以提高企业经济效益、降低企业经营风险

存货储存期的计算

企业存货的储存成本分为固定储存成本和变动储存成本，前者与存货储存期的长短无直接关系（如进、销货时发生的费用），后者则与存货储存期的长短有密切关系（如利息、保管费用）。它们与利润之间的关系是：

目标利润=毛利-销售税金及附加-固定储存成本-变动储存成本 = 毛利-销售税金及附加-固定储存成本-每日变动储存成本×储存期

$$存货保利储存期=\frac{毛利-销售税金及附加-固定储存成本-目标利润}{每日变动储存成本}$$

上式中若目标利润为零，表示企业购销过程中不亏不盈，则：

$$存货保本储存期=\frac{毛利-销售税金及附加-固定储存成本}{每日变动储存成本}$$

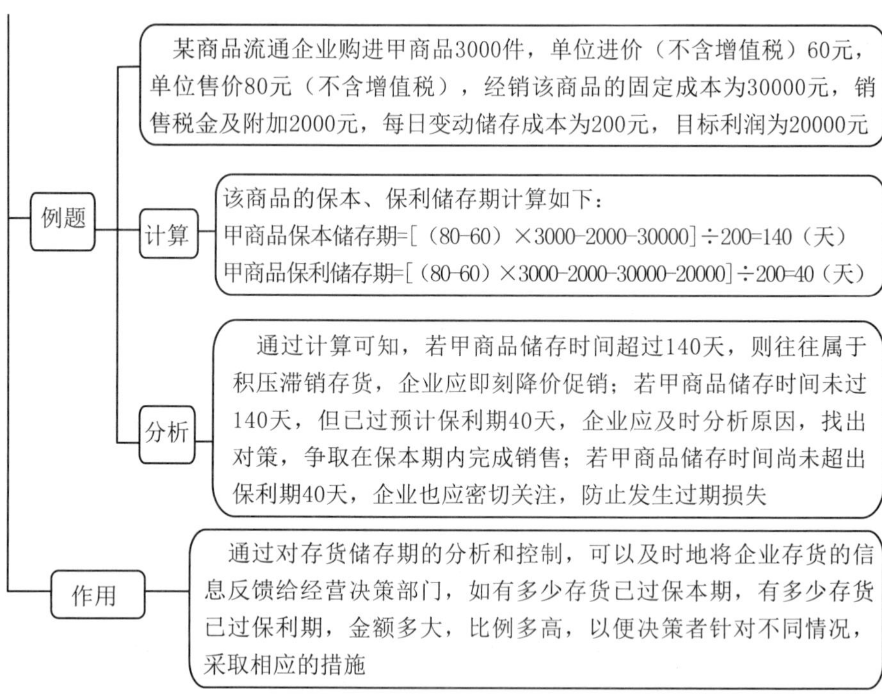
例题
某商品流通企业购进甲商品3000件，单位进价（不含增值税）60元，单位售价80元（不含增值税），经销该商品的固定成本为30000元，销售税金及附加2000元，每日变动储存成本为200元，目标利润为20000元
计算
该商品的保本、保利储存期计算如下：
甲商品保本储存期=[（80-60）×3000-2000-30000]÷200=140（天）
甲商品保利储存期=[（80-60）×3000-2000-30000-20000]÷200=40（天）
分析
通过计算可知，若甲商品储存时间超过140天，则往往属于积压滞销存货，企业应即刻降价促销；若甲商品储存时间未过140天，但已过预计保利期40天，企业应及时分析原因，找出对策，争取在保本期内完成销售；若甲商品储存时间尚未超出保利期40天，企业也应密切关注，防止发生过期损失
作用
通过对存货储存期的分析和控制，可以及时地将企业存货的信息反馈给经营决策部门，如有多少存货已过保本期，有多少存货已过保利期，金额多大，比例多高，以便决策者针对不同情况，采取相应的措施

4. 零库存管理法

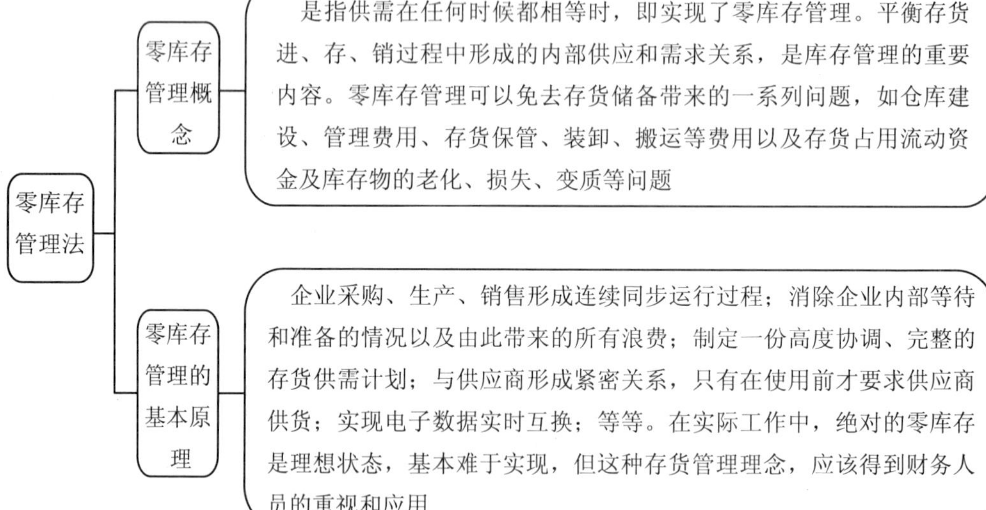
零库存管理法
零库存管理概念
是指供需在任何时候都相等时，即实现了零库存管理。平衡存货进、存、销过程中形成的内部供应和需求关系，是库存管理的重要内容。零库存管理可以免去存货储备带来的一系列问题，如仓库建设、管理费用、存货保管、装卸、搬运等费用以及存货占用流动资金及库存物的老化、损失、变质等问题
零库存管理的基本原理
企业采购、生产、销售形成连续同步运行过程；消除企业内部等待和准备的情况以及由此带来的所有浪费；制定一份高度协调、完整的存货供需计划；与供应商形成紧密关系，只有在使用前才要求供应商供货；实现电子数据实时互换；等等。在实际工作中，绝对的零库存是理想状态，基本难于实现，但这种存货管理理念，应该得到财务人员的重视和应用

第六章

固定资产

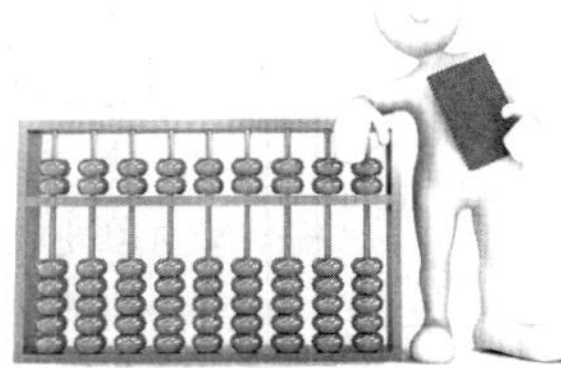

本章导读

固定资产是企业开展各项经济活动，完成利润指标的物质保证。折旧的概念来自于会计四大基本原则之一的配比原则，要取得利润，就必然会产生一定的费用。固定资产折旧是指某项固定资产由于长期使用，存在着有形损耗和无形损耗，因而减少的资产价值。这部分减少的价值以折旧的形式转嫁到产品的成本或者费用上，并可以从销售收入中得到补偿。

随着经济和科学技术的高速发展，通货膨胀现象日益加剧，固定资产折旧额的大小直接作用于企业的收益。对企业可持续发展，未来发展战略的制定，以及国内外市场的开拓有着深远而重大的意义。选择正确的折旧政策，对国家财政收入，经济发展，企业盈利水平和竞争力等有着重要的意义。折旧不仅仅是作用于企业，它与国家税收息息相关。担负着国家财政收入和税收平衡的杠杆调节责任。改革开放以来，我国企业形式的增多，会计制度的不断改革，也促进了固定资产折旧的改革，使得折旧越来越重要。影响固定资产的因素有四，且每个因素之间相互作用。企业选择不同的折旧方法，总体估计出来一个折旧率来提取折旧，利用影响因素之间的差异性，便有了调整利润的可趁之机。折旧对企业的成本、利润、所得税和投资决策都产生重大作用。而在实际会计核算时，许多企业存在内部控制缺失等问题，管理者为了获取利润，甚至违背了会计准则。在漫长的经营过程中，固定资产折旧所滋生的问题越来越严重，不得不引起我们的思考。

第一节　固定资产的概述

一、固定资产的概念

固定资产

- 固定资产是指使用年限超过1年或者一个经营周期、价值超过一定标准的有形资产，包括房屋、建筑物、机器、设备、设施、运输工具等
- 固定资产是企业进行生产经营活动的主要劳动资料，也是企业实物资产的主要组成部分。它们有的直接参加生产过程，把劳动者的劳动传导到劳动对象上去，使劳动对象变成产品，如设备、工具等；有的虽然不直接参加产品生产过程，但作为生产必要条件而存在，如房屋、建筑物、运输设备和管理用具等，没有这些条件，生产经营活动将无法进行
- 作为固定资产，它能在生产过程中长期使用，在多个生产周期中发挥作用，且始终保持原来的实物形态，而其价值则是随着固定资产的磨损程度，逐渐转移到产品成本或期间费用中，并通过商品销售，从实现的销售收入中逐渐地、部分地得到补偿，转化为固定资产实物更新货币准备金。当固定资产完全丧失了使用功能，或在经济效果上考虑不宜继续使用时，就需要用积累起来的货币准备金进行更新。从固定资产的价值周转方式来看，它具有相对的固定性

二、固定资产的特点

固定资产的特点

- 使用期限超过一年或超过一年的一个营业周期
  - 固定资产的最低使用期限为一年以上或超过一年的一个营业周期以上。但通常情况下，固定资产都可使用数年甚至数十年，如房屋、建筑物、机器设备等。使用期限长，且在使用过程中难以改变用途，不易变现。因此，固定资产的流动性较弱，周转速度慢，需要经过数年或数十年才能完成一个循环周期
- 在使用过程中保持原来的物质形态不变
  - 固定资产作为一种劳动手段，它直接或间接地服务于生产经营过程，从其投入使用，一直到报废清理为止，在这一过程中，固定资产基本保持原来的物质形态和性能，并不断地发挥其作用，直到完全丧失其使用价值。因此，固定资产的价值补偿是随着固定资产的使用而逐渐进行的，而实物更新则要等到固定资产报废时才能进行

用于生产经营而不是为了出售

企业拥有固定资产的目的是为了给生产经营提供条件，而不是为了出售，这是区别固定资产与流动资产的一个重要标志。即使购买或生产的某些资产单位价值较高，库存时间也较长，但只要其目的是为了出售，就不能作为固定资产而应列为流动资产。例如，机床厂制造出来的机床，目的是为了出售，应列为流动资产，而机械加工厂使用机床加工零部件，其机床就应作为固定资产

其使用寿命是有限的（土地除外）

固定资产可以用来为企业创造财富，但其使用寿命则是有限的。固定资产的使用寿命取决于其物理性能、使用情况、使用条件、维护保养的好坏和科学技术进步情况等。固定资产使用寿命的确定，既要考虑由于固定资产的使用及自然力的影响而带来的有形损耗，也要考虑科学技术进步等原因使固定资产价值贬值而产生的无形损耗。有些固定资产即使在物理性能上看还能继续使用，但从它的效能和经济角度上考虑，则应提前报废

三、固定资产的分类

按固定资产的经济用途分类

- 生产用固定资产：这是指直接参加生产过程或直接服务于生产过程的各种固定资产，如房屋、建筑物、机器设备、运输工具等
- 销售用固定资产：这是指在商品销售过程中发挥作用的各种固定资产，如销售门市部销售中使用的运输设备等
- 科研开发用固定资产：这是指在产品研制、开发过程中使用的各种固定资产，如科研开发过程中所用的房屋、机器设备等
- 生活福利用固定资产：这是指用于职工生活、文化、医疗等方面的各种固定资产，如职工宿舍、职工医院和职工俱乐部等
- 按经济用途对固定资产进行分类，可据以分析各类固定资产在全部固定资产中所占的比重，了解和掌握各类固定资产之间的构成和变动情况，促使企业合理配备固定资产，充分发挥固定资产的效能

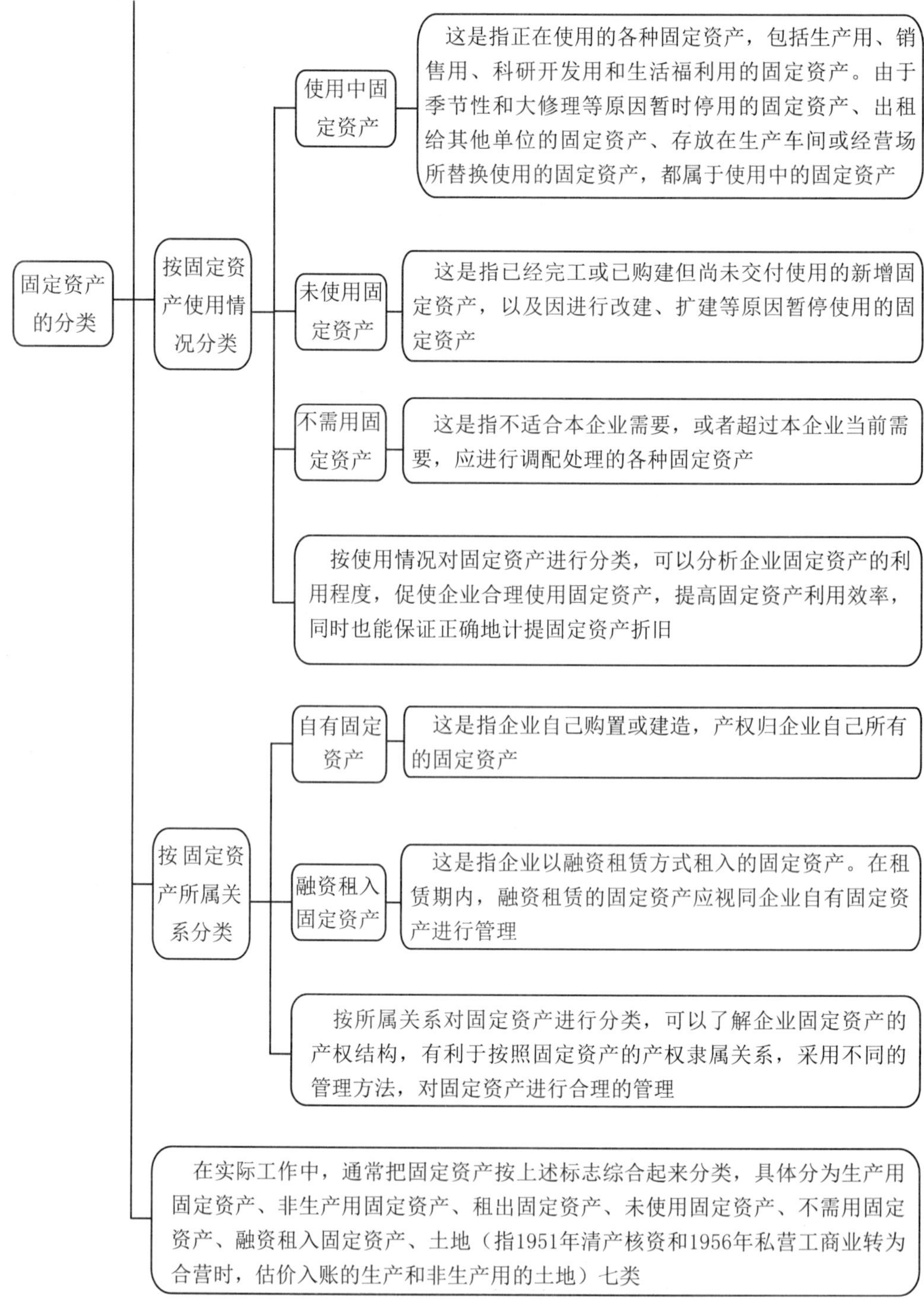
固定资产的分类
按固定资产使用情况分类
使用中固定资产
这是指正在使用的各种固定资产，包括生产用、销售用、科研开发用和生活福利用的固定资产。由于季节性和大修理等原因暂时停用的固定资产、出租给其他单位的固定资产、存放在生产车间或经营场所替换使用的固定资产，都属于使用中的固定资产
未使用固定资产
这是指已经完工或已购建但尚未交付使用的新增固定资产，以及因进行改建、扩建等原因暂停使用的固定资产
不需用固定资产
这是指不适合本企业需要，或者超过本企业当前需要，应进行调配处理的各种固定资产
按使用情况对固定资产进行分类，可以分析企业固定资产的利用程度，促使企业合理使用固定资产，提高固定资产利用效率，同时也能保证正确地计提固定资产折旧
按固定资产所属关系分类
自有固定资产
这是指企业自己购置或建造，产权归企业自己所有的固定资产
融资租入固定资产
这是指企业以融资租赁方式租入的固定资产。在租赁期内，融资租赁的固定资产应视同企业自有固定资产进行管理
按所属关系对固定资产进行分类，可以了解企业固定资产的产权结构，有利于按照固定资产的产权隶属关系，采用不同的管理方法，对固定资产进行合理的管理
在实际工作中，通常把固定资产按上述标志综合起来分类，具体分为生产用固定资产、非生产用固定资产、租出固定资产、未使用固定资产、不需用固定资产、融资租入固定资产、土地（指1951年清产核资和1956年私营工商业转为合营时，估价入账的生产和非生产用的土地）七类

四、固定资产管理的要求

固定资产管理的要求

- 科学地进行固定资产需要量的预测
  - 随着企业生产经营的不断发展，企业所需固定资产无论在数量、技术、结构和效能上都相应地发生了变化。正确预测固定资产需要量，是搞好固定资产管理的基本环节。为此，企业要根据生产经营的任务、生产规模、生产能力等因素，采用科学的方法测算各类固定资产的需要量，合理配置固定资产，形成生产能力，从而提高固定资产的利用效率。同时，企业在预测固定资产需要量的基础上，还要对固定资产投资进行预测。由于固定资产使用期限长、投资数额大，固定资产投资决策一旦做出，便会在较长时间内影响企业的经营。因而企业在进行固定资产投资时，必须认真研究投资项目的必要性，对其技术上的可行性进行分析，并将各种投资方案的经济效益进行测算，选择出投资少、收益高、回收期短的最佳方案，以保证投资决策的科学性
- 正确地计提固定资产折旧
  - 固定资产在生产经营过程中，由于不断发生磨损，其价值也随之逐渐转移，使用价值也在逐步丧失。为了保证企业生产经营活动的顺利进行，就必须正确地计提折旧，使固定资产在价值上及时地得到补偿，保证原有固定资产的更新改造。正确计提折旧，必须遵守国家有关规定，考虑影响固定资产价值的各种因素，合理确定固定资产折1日年限，并结合企业实际情况选择恰当的折旧方法。正确计提折旧也是加强固定资产管理的要求，是保证固定资产更新改造的一项重要措施
- 提高固定资产的利用效率
  - 为了提高固定资产的利用效率，发挥固定资产应有的作用，企业在日常的生产经营过程中，应加强固定资产保管、维护和修理工作，使之保持良好的技术状态并充分合理利用。只有管理得力，才能做到最大限度地发挥固定资产的效能，充分挖掘现有固定资产的潜力，不断提高固定资产的利用效率
- 切实做好固定资产的保全
  - 固定资产是企业重要的经济资源。保证固定资产的完整无缺，既是固定资产管理的基本要求，也是企业生产经营正常进行的客观条件。为此，企业必须做好固定资产管理的各项基础工作，包括制定固定资产目录，明确固定资产的管理范围；建立固定资产登记账、卡，及时反映各类固定资产的增减变化和结存情况；定期进行固定资产的清查盘点，做到账、卡、实物三相符。此外，还要建立固定资产管理责任制，实行归口分级管理，确保固定资产的完整无缺

第二节 固定资产的初始计量

一、预测固定资产需要量的基本原则

预测固定资产需要量的基本原则

- 固定资产需要量的预测定义
  - 是指根据计划生产任务、生产方向和扩大销路的可能性等因素，来测算企业预算期各类固定资产正常的、合理的需要数量。正确地预测固定资产的需用量，是合理配置固定资产，提高固定资产投资效果的首要环节。只有正确测算核定固定资产的需要量，才能使企业生产的各个环节合理配备固定资产，以满足生产经营对固定资产的正常需要。否则，就会造成固定资产的闲置浪费或固定资产配备不足而影响生产的顺利进行
- 基本原则
  - 要由财会部门会同有关部门对固定资产进行清查盘点，并根据国家规定的技术标准，对固定资产进行鉴定，了解固定资产的新旧程度和完好程度，掌握固定资产哪些在用、哪些未用、哪些闲置，以及固定资产的设计生产能力和现有生产能力，目的是做到心中有数
  - 必须以生产经营任务为依据，结合市场需求来确定企业发展方向，然后对固定资产配置加以规划。对于市场需求逐年上升的则应有计划地增加设备；如果市场需求只是暂时增加，则可通过租赁方式租入固定资产来满足需求；如果市场需求呈下降趋势，则应通过出租或转让固定资产来提高固定资产的利用效率
  - 要坚持添置更新与挖潜改造相结合。当企业需要购建固定资产时，首先应考虑挖掘现有设备的生产能力，并采取技术革新措施，改造旧设备和闲置设备，充分提高固定资产利用率。对于必须添置的设备，也要进行投资效益分析，以期达到最佳的投资效果

二、预测固定资产需要量的方法

预测固定资产需要量的方法，主要是直接查定法和产值资产率法。

1. 直接查定法

直接查定法

定义

直接查定法，就是通过使企业预测期生产任务与各类固定资产生产能力相平衡来直接确定固定资产需要量的方法。采用这种方法查定固定资产需要量，必须在彻底清查固定资产的数量、能力以及对现有生产设备分类排查摸底的基础上进行。一般来说，生产设备是企业进行生产经营活动的重要物质技术基础，是决定产品产量和质量的关键，因此，应作为预测固定资产需要量的重点，通常按其实物量逐项测定。在正确计算生产设备需要量的基础上，其他各类设备可以根据生产设备的配套需要确定其合理的需要量。至于非生产用的固定资产，如职工宿舍、集体福利设施等，由于它们不直接服务于产品的生产过程，其需要量不能以生产计划任务为依据来测算，只能根据企业的实际需要和可能的条件来加以确定

公式

测算生产设备需要量的基本方法，是将企业预测年度的生产任务与单台设备的生产能力进行比较。其基本计算公式为：

$$某项生产设备的需要量=\frac{预测生产任务}{单台设备生产能力}$$

直接查定法的具体运用步骤和方法

测算预测年度的生产任务

预测年度的生产任务可用实物量表示，也可用台时数表示，以实物量表示即为预测产量。在企业产品品种不多的情况下，可按不同产品品种的产量分别测算。如果企业生产产品品种很多，难以按不同品种分别测算，则可按产品结构或工艺过程进行适当分类，将同类产品折合为代表性产品进行测算

但如果企业产品品种很多，各品种差异又较大，在不便于归类的情况下，为了计算各类生产设备需要量，则应将全年预测生产任务的实物量按单位产品定额台时换算成预测定额总台时。其计算公式为：

预测定额总台时数=Σ（预测产量×单位产品定额台时）×定额改进系数

公式中的“单位产品定额台时”，是技术资料所规定的现行定额台时。现行定额不是经常修改的，考虑到技术改造和劳动生产率的不断提高，预测年度单位产品定额台时应较现行定额有所改进。预测年度改进后的定额叫预测新定额。预测新定额占现行定额的百分比，称为定额改进系数。定额改进系数的大小，标志着预测年度采用技术措施使劳动生产率可能提高的程度。它是根据上年定额的完成情况，并考虑预测年度可能达到的水平计算确定的。其计算公式为：

$$定额改进系数=\frac{预测年度估计新定额台时}{现行定额台时}\times 100\%$$

测算单台生产设备的生产能力

单台生产设备的生产能力是指单台设备所能生产某种产品的最大年产量。单台设备生产能力的计量要与预测年度生产任务的计量相适应，既可用实物生产量（台、件、千克等）表示，也可用全年有效台时表示。如果按实物计算，就是单台设备的年产量，其计算公式为：

单台设备的年产量=全年计划工作日数×每日开工班次×每台班产量

单台设备的生产能力若用台时数表示，即为单台设备全年有效台时。其计算公式为：

单台设备全年有效台时=全年计划工作日数×每日开工班次×每台班工作台时数

↓

全年计划工作日数是指全年制度工作日数减去维修、保养等停工天数的实际应工作的日数。其中：全年制度工作日数是全年日历天数减去厂休日和法定假日后的工作天数。每日开工班次是指每个工作日开工几班。每班工作台时数是指单台设备每班工作几小时。每日开工班次决定了制度工作台时，一班制以8小时计算，两班制平均每班以7.5小时计算。连续作业的设备，一般情况下是不间断地生产，所以全年制度工作日数要按日历天数计算，每日制度工作台时数按24小时计算

↓

计算生产设备需要量

根据预测生产任务定额台时和单台设备的全年有效台时资料，用预测年度的生产任务定额台时除以单台设备的全年有效台时，即为生产设备需要量。

生产设备需要量也可用设备负荷系数乘以现有设备数量来计算。其计算公式为：

某生产设备需要量=该设备的现有数量×该设备的预测负荷系数

该设备负荷系数是指某种设备生产能力的负荷程度，它是计划任务需用定额总台时与设备全年有效台时的比率

↓

通过设备负荷系数的计算，可以了解预测年度各种设备的负荷程度。其计算公式为：

$$某种设备预测负荷系数=\frac{该种设备预测定额总台时}{设备全年有效台时}$$

某项设备全年有效台时=该设备的现有台数×单台设备全年有效台时

↓

生产设备需要量计算出来以后，应与企业现有设备数量进行比较，计算出生产设备多余或不足的台数。其计算公式为：

种生产设备多余或不足数量（±）=某种生产设备现有数量－某种生产设备预计需要量

某种生产设备预计需要量既可用预测年度生产任务需用定额台时总数与单台设备全年有效台时总数相比求得，也可用设备负荷系数乘以现有设备数量来计算

2. 产值资产率法

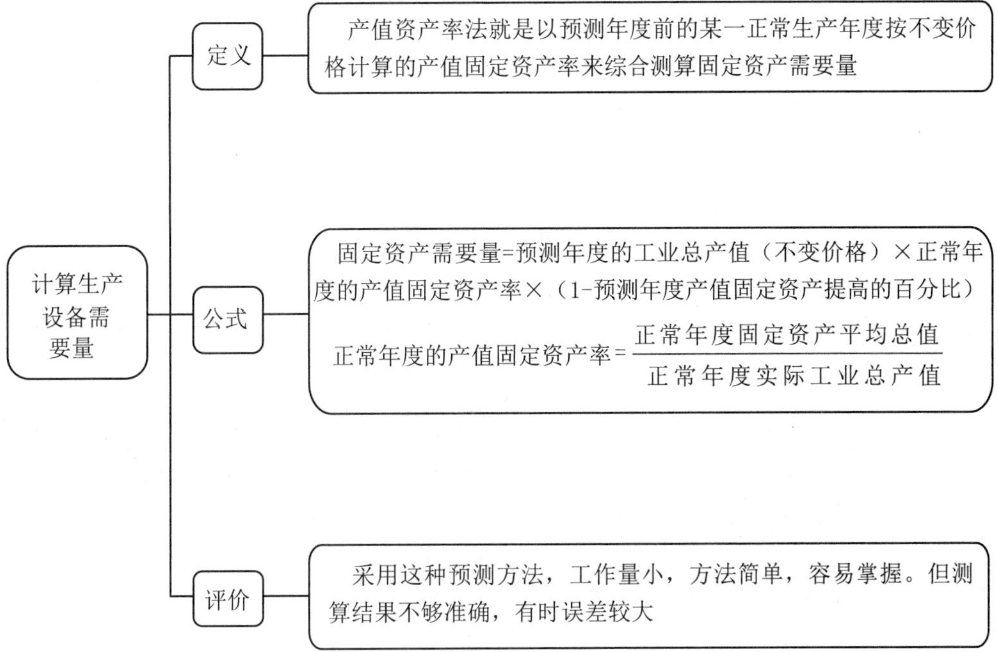

第三节 固定资产的折旧

一、确定固定资产使用寿命应考虑的因素

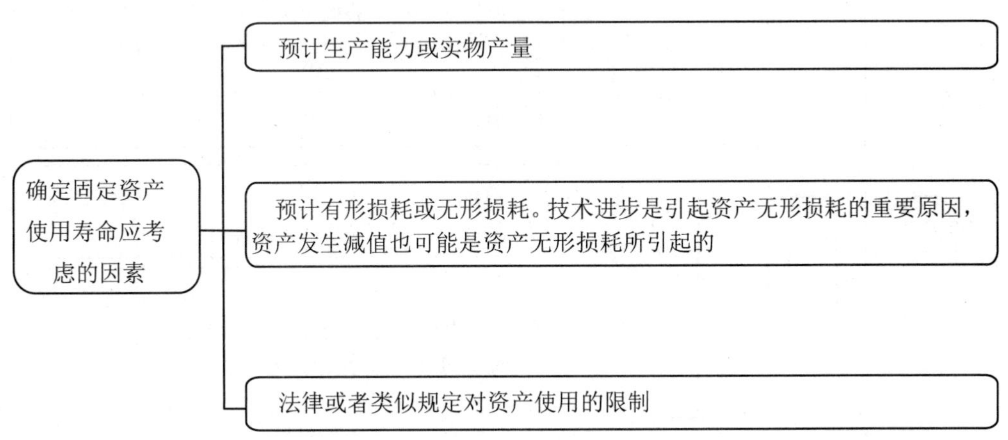

二、固定资产折旧范围

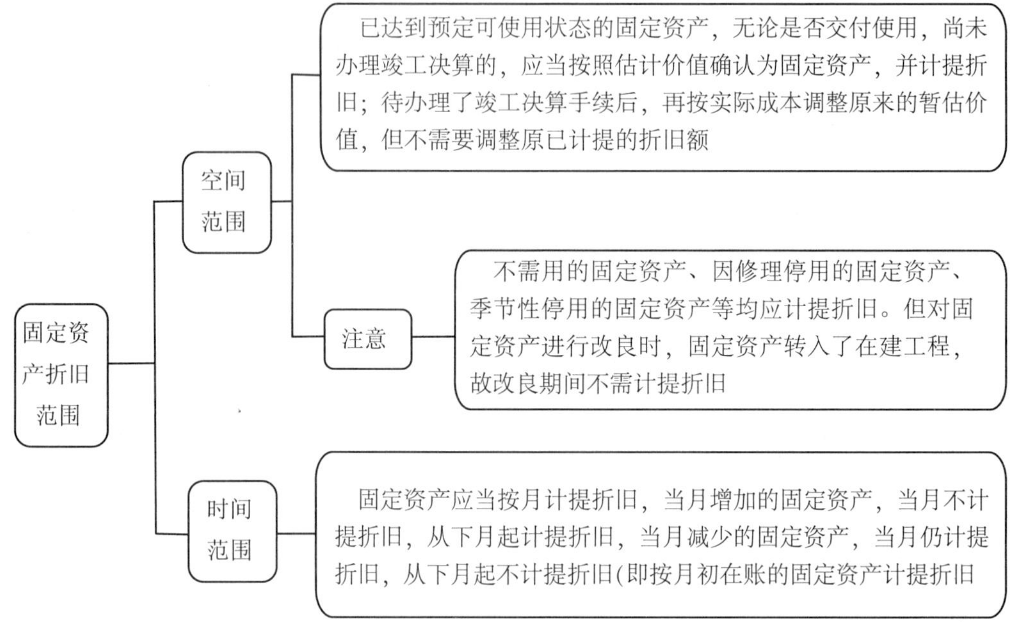

三、固定资产折旧方法

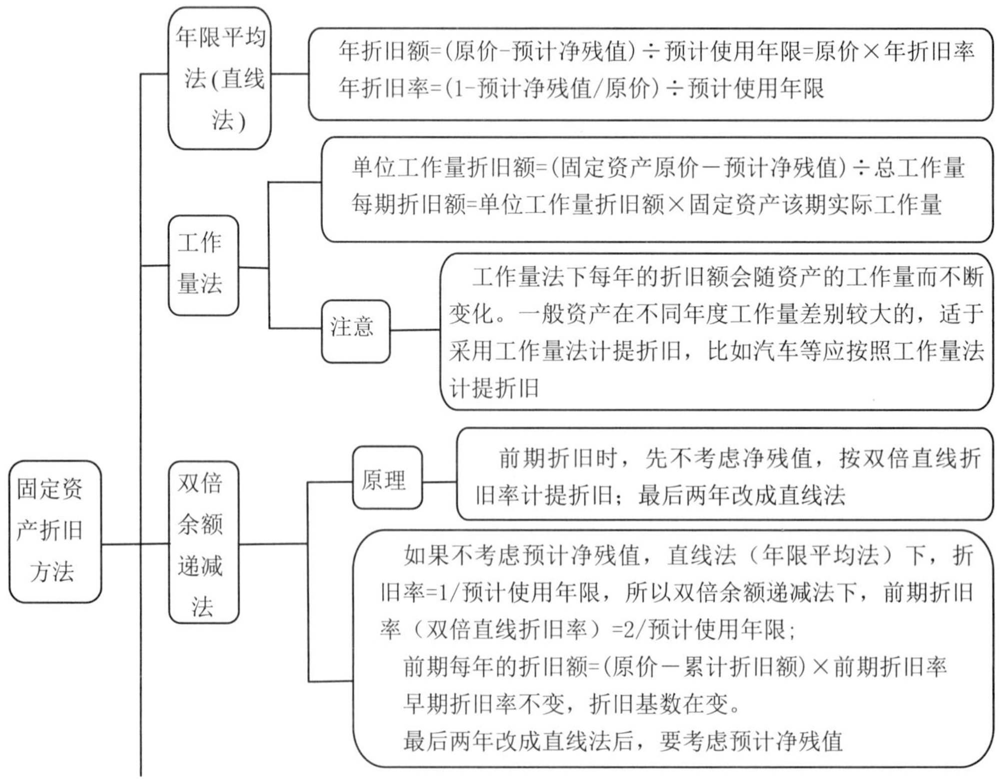

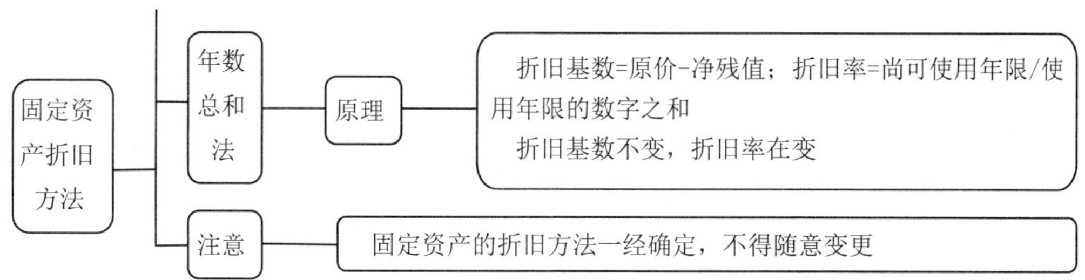

四、固定资产预计使用寿命等的复核

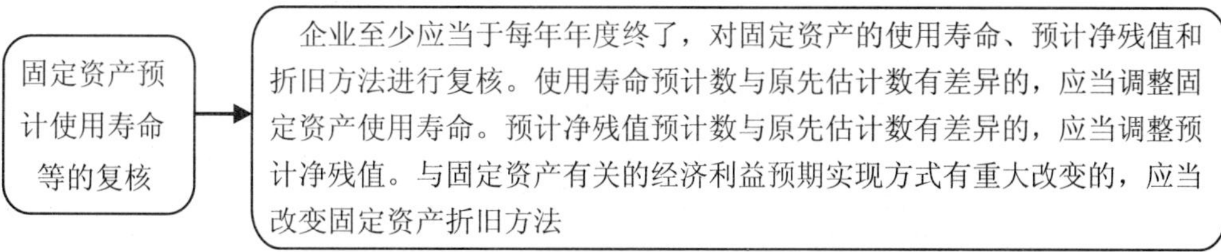

第四节　固定资产的日常管理

固定资产的日常管理，就是企业按照固定资产管理的要求，以固定资产计划指标和各项定额为依据，对固定资产的形成、使用、损耗、补偿和利用效果所进行的日常监督和调节。其目的是充分发挥固定资产的效能，提高固定资产的利用效果。

一、实行固定资产的分级归口管理

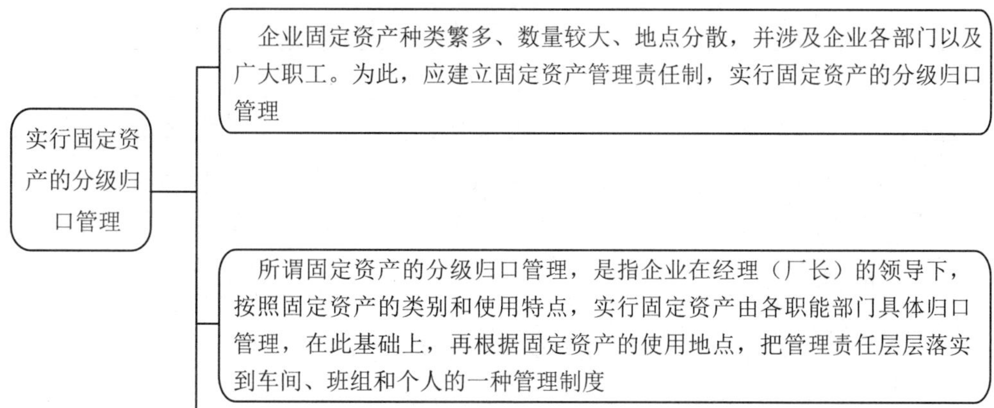

实行固定资产的分级归口管理

固定资产实行分级归口管理的一般做法是：根据“谁使用，谁管理”的原则，将企业所有的固定资产按其类别划分给有关职能部门进行管理，做到物物有人管，层层负责任。一般来说，全厂的生产设备归生产部门负责管理，动力设备归动力部门负责管理，运输工具归运输部门负责管理，房屋建筑物和管理用具归总务部门管理，各种科研设备归技术部门负责管理。各归口管理部门要对所分管的固定资产负责，保证固定资产的安全、完整

实行固定资产分级归口管理制度，应与归口部门和责任人员的物质利益挂起钩来，把固定资产使用与管理的责任以及利用效果纳入各级责任制范围，具体落实到每个班组和个人身上，将责、权、利结合起来，实行定机、定岗、定责、定奖、定罚。对管理成绩突出的单位和个人，应按照考核办法给予奖励；对于使用不当、保管不善、利用效果差的单位和个人除进行批评教育外，还要给予处罚；对使用保管中由于玩忽职守等人为因素而造成重大损失的人员，还要追究法律责任。只有这样，才能保证固定资产管理的责任制度真正落到实处

二、建立固定资产卡片制度

建立固定资产卡片制度

固定资产卡片是以每一独立的固定资产项目为对象开设的明细账。企业在购入固定资产时要设立卡片，既用来登记固定资产的类别、名称、编号、预计使用年限、原始价值、建造单位等原始资料，也用来登记固定资产大修理、内部转移、对外投资、出售及报废清理等内容。固定资产卡片的基本格式如表6-1所示

实行这种办法有利于保护企业固定资产的完整无缺，有利于促进使用单位加强对设备的保养和维护，提高设备的完好程度，有利于做到账实相符，为管好、用好固定资产打下良好的基础

表6-1　固定资产卡片的基本格式

（a）固定资产卡片（正面）

<table>
<tr><td colspan="4">建造单位______
建造年月______
验收日期______
交接凭证编号______
技术特征规格______
调入来源______
开始使用日期______</td><td colspan="4">固定资产卡片
第____号
固定资产名称______
固定资产类别______
固定资产编号______</td><td colspan="3">原价______
其中安装费______
预计使用年限______
年（月）折旧率______
调入时已
使用年限______
调入时已
提折旧额______</td></tr>
<tr><td colspan="4">完工大修理记录</td><td colspan="4">使用单位和内部转移记录</td><td colspan="3">停用记录</td></tr>
<tr><td>日期</td><td>凭证</td><td>摘要</td><td>金额</td><td>日期</td><td>凭证</td><td>使用单位</td><td>存放地点</td><td>停用原因</td><td>停用时期</td><td>动用时期</td></tr>
</table>

（b）固定资产卡片（反面）

<table>
<tr><td colspan="3">附属设备</td><td colspan="6">原价变动记录</td></tr>
<tr><td>名称</td><td>规格</td><td>数量</td><td>金额</td><td>日期</td><td>凭证</td><td>增加金额</td><td>减少金额</td><td>变动后金额</td></tr>
<tr><td></td><td></td><td></td><td></td><td></td><td></td><td></td><td></td><td></td></tr>
<tr><td colspan="3">调出记录</td><td colspan="3">报废清理记录</td><td colspan="3" rowspan="2">设立卡片日期 ________
注销卡片日期 ________
卡片登记人 ________</td></tr>
<tr><td colspan="3">日　　期________
凭证号数________
调出方式________
调出单位________
原始价值________
已提折旧额________
有偿调出价款______
备　　注________</td><td colspan="3">日　　期 ________
凭证号数 ________
报废原因 ________
原始价值 ________
已提折旧额________
残值收入 ________
清理费用 ________
备　　注 ________</td></tr>
</table>

三、按规定计提固定资产折旧

固定资产在其使用期限内不断地发生损耗，其价值随着损耗程度逐渐转移到有关成本和费用中去，并从企业销售收入中得到补偿。固定资产因损耗而转移的价值就称固定资产折旧。

固定资产的损耗分有形损耗和无形损耗两种形式。有形损耗是指固定资产由于使用和自然力的作用而逐渐丧失其物理性能而发生的损耗。无形损耗是指由于劳动生产率提高和科学技术进步，而使原有固定资产发生贬值所造成的价值损耗。无论是有形损耗，还是无形损耗，在计算固定资产折旧时都必须加以考虑，这样，才能使固定资产的损耗价值在科学技术不断进步的条件下也能全部得到补偿。因此，做好固定资产折旧的计提工作，也是固定资产日常管理的重要内容。

（一）固定资产折旧的计提分类

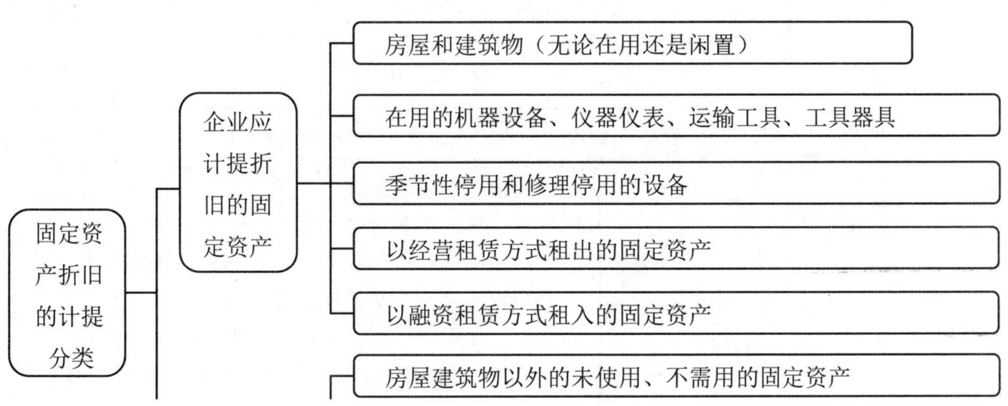

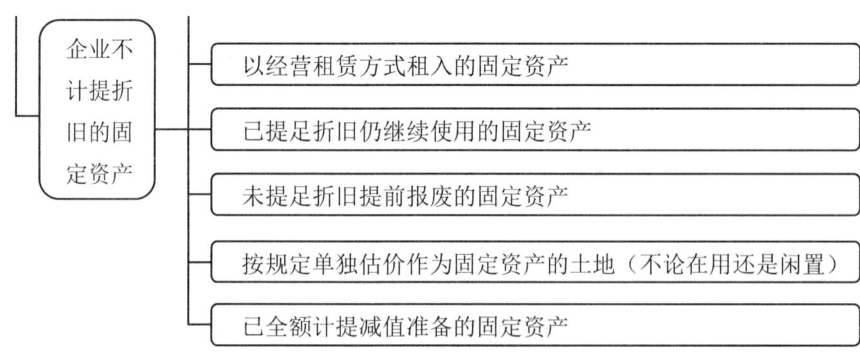

（二）固定资产折旧时间的确定

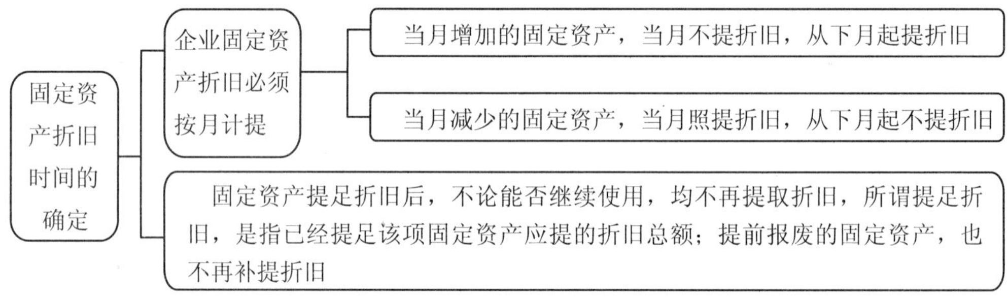

（三）固定资产折旧的方法

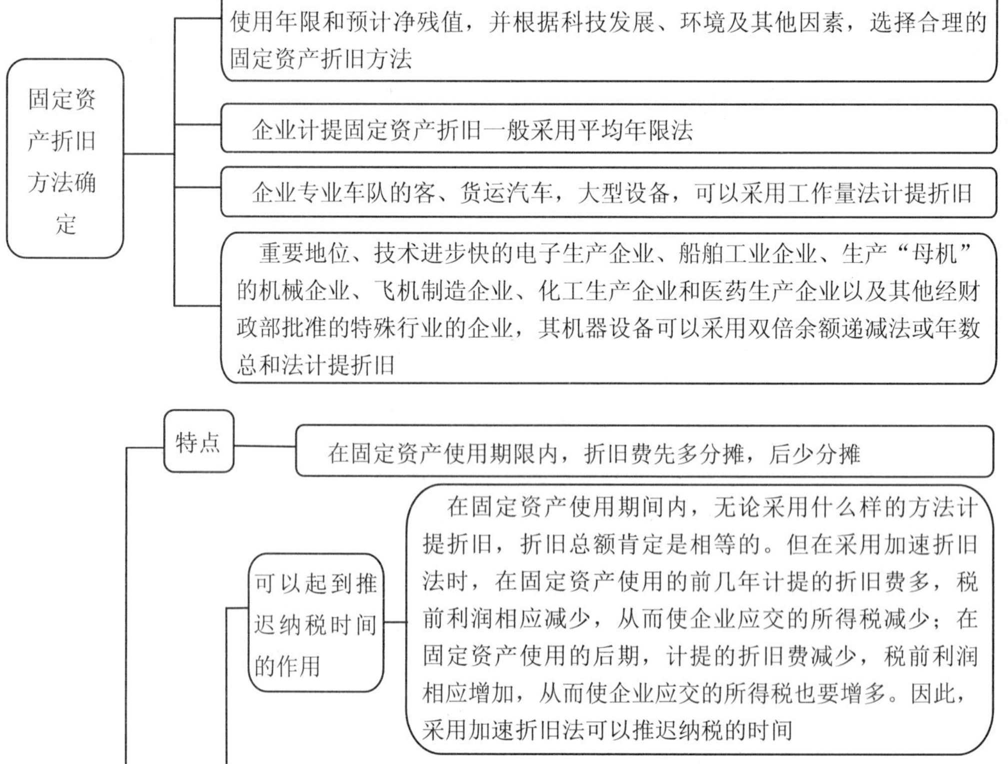

- 加速折旧法
  - 意义
    - 有利于企业加速资金周转，改善企业财务状况
      - 在采用加速折旧法时，由于固定资产使用的前几年提取的折旧多，这样就有比较多的资金从固定资产上转移出来，形成企业的营运资金。因此，采用加速折旧法有利于加速现金的回收，改善企业财务状况
  - 注意
    - 以上是基于企业有利润并且交纳所得税条件下而言的，如果企业不存在上述条件，企业也就不会得到这种好处。企业应根据具体情况，选择合理的计提固定资产折旧的方法。折旧方法一经确定，不得随意变更。确需变更的，企业需说明理由，重新履行审批程序

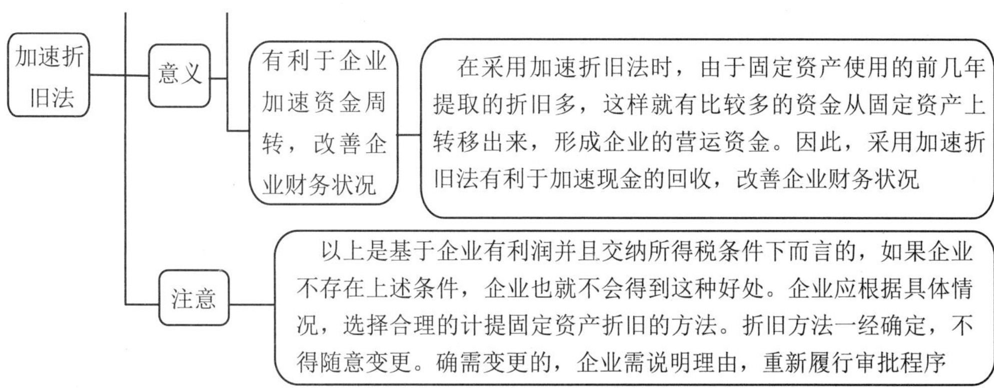

四、财务部门对固定资产的管理

- 财务部门对固定资产的管理
  - 参与固定资产投资的使用、项目建设和验收的预测与决策
    - 按建设项目工程进度拨付资金，监督固定资产投资按计划使用；预测建设项目完成程度及项目建设工期提前或延期对产量和利润的影响；加强在建工程的成本核算和投资计划完成情况预测；核算竣工项目的建设成本，监督办理竣工项目交接手续，妥善处理结余资金，分析竣工项目建设成本的完成情况
  - 监督固定资产调入调出、报废清理和清查盘点
    - 财务部门参与、监督财产管理部门对固定资产进行的定期或者至少每年一次的清查盘点。对盘盈、盘亏、毁损的固定资产，应当查明原因，写出书面报告，按规定程序报经批准后，在期末结账前处理完毕
  - 依据规定计提固定资产、在建工程的减值准备
    - 根据现行制度规定，企业应当定期对固定资产和在建工程进行全面检查，按照谨慎性原则的要求，合理地预计其可能发生的损失，对可能发生的损失按其可收回金额低于其账面价值的差额计提固定资产、在建工程减值准备。企业计提固定资产、在建工程减值准备，能够增强以后资产处理中发生事实损失的应对能力
  - 合理安排固定资产修理
    - 固定资产在使用过程中，由于磨损、腐蚀等原因而发生损耗，为了保证固定资产的正常使用，并发挥其应有的功能和维持良好的状态，必须做好固定资产的维修和保养工作。对固定资产日常修理时所发生的修理费，可直接计人当期费用；但企业发生的固定资产改良支出，应当计入固定资产账面价值
  - 促进企业不断提高固定资产的利用效果
    - 固定资产日常管理的主要目的，在于提高固定资产的利用效果。而提高固定资产的利用效果，主要在于改进固定资产的利用状况。财务部门应通过对固定资产利用效果指标的分析和评价，必要时通过调查研究发现企业在固定资产利用方面存在的问题，提出切实可行的改进措施，提请有关部门克服消极因素，改进固定资产的使用状况，提高固定资产的利用效果

第七章

无形资产和其他类型资产

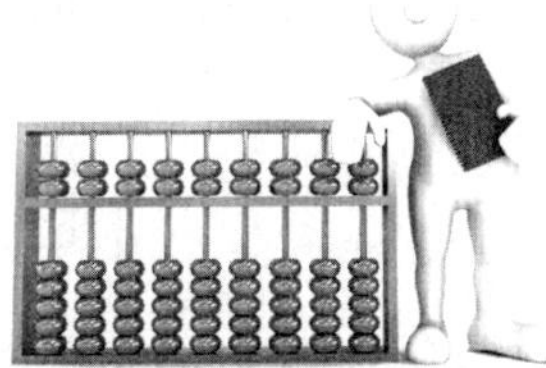

本章导读

无形资产是指企业拥有或控制的，可为企业带来经济利益的非实物、非货币性资产，包括专利权、非专利技术、商标权、著作权、土地使用权、特许权等。随着科学技术的进步和市场竞争的加剧，无形资产对企业来说越来越重要，尤其在未来的市场经济中，无形资产具有有形资产不可替代的经济作用，因此，无形资产的管理是财务管理的重要内容之一。

本章阐述无形资产和其他资产的有关问题。通过本章的学习，要求理解无形资产与其他资产的概念及特点，掌握无形资产的分类与计算、日常管理。

第一节　无形资产的管理

一、无形资产的概念和特点

1. 无形资产的概念

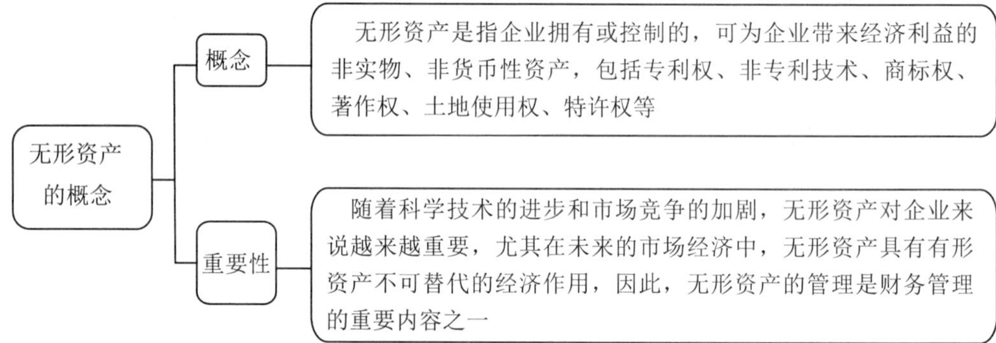

2. 无形资产的特点

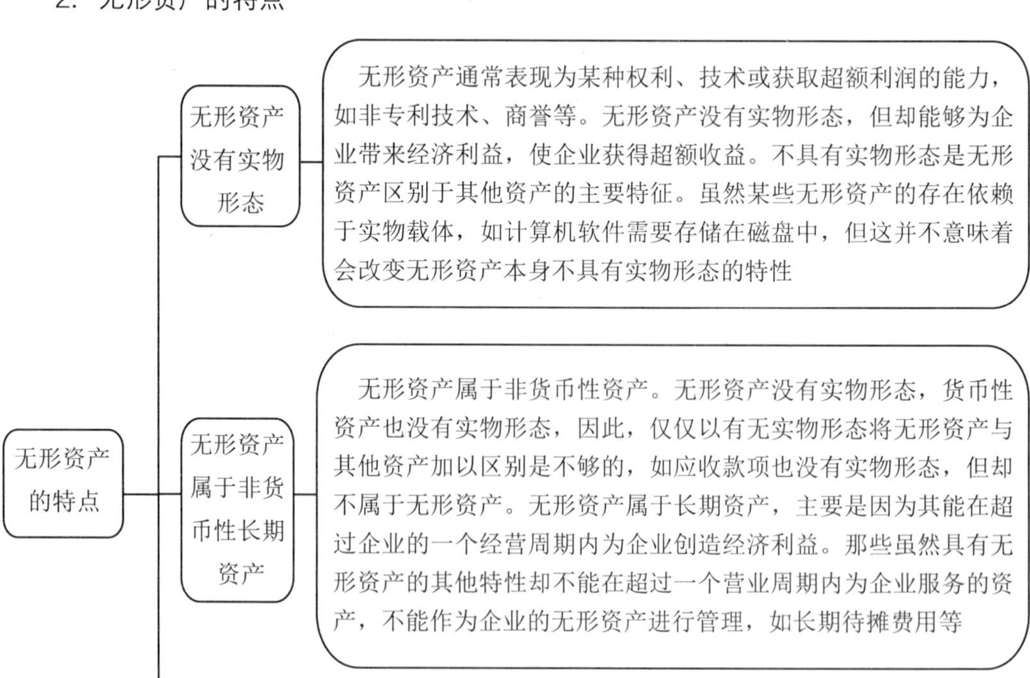

无形资产是为企业使用而非出售的资产

企业持有无形资产的目的不是为了出售而是为了生产经营，即利用无形资产来生产商品、提供劳务、出租给他人或为企业经营管理服务，如土地使用权，属于企业生产经营用的资产，而非出售的资产

无形资产在创造经济利益方面存在较大不确定性

无形资产必须与企业的其他资产相结合，才能为企业创造经济利益。这里说的“其他资产”包括足够的人力资源、高素质的管理队伍、相关的硬件设备、相关的原材料等。此外，无形资产创造经济利益的方法还较多地受外界因素的影响，如相关技术更新换代的速度、利用无形资产所生产产品的市场接受程度等。无形资产在创造经济利益方面存在较大的不确定性，因此，要求在对无形资产进行投资决策时应采取谨慎态度

二、无形资产的分类与计量

1. 无形资产的分类

按无形资产的性质划分

专利权

专利权是国家专利机关根据发明人的申请，授予发明人对其发明创造成果，在一定期限内享有的专有权利或独占权利。专利权可以转让所有权和使用权。专利权作为技术成果，是既有价值又有使用价值的商品。它一般是由企业自主研发形成的，是企业核心竞争力的主要来源

非专利技术

非专利技术又称技术秘密和技术诀窍，是指某些在生产经营上先进实用、尚未公开、也尚未申请过专利的，但能给企业带来经济利益的技术和诀窍。它包括各种设计图纸、工艺流程、化学配方、主要的技术参数指标等，也包括专业技术人员、生产和管理人员所掌握的经验、知识和技巧。非专利技术不受法律保护，其所有者只能依靠自身保密来维护其独占权

商标权

商标权是国家商标管理部门根据商标使用人的申请，经核准赋予商标注册人在指定商品上使用注册商标的权利。经核准注册的商标为注册商标，商标注册人享有商标专用权，受商标法保护。商标权同其他商品一样，具有价值和使用价值，既可以作价转让，也可以有偿地允许他人使用

无形资产的分类

著作权：著作权又称版权，它是一种知识产权，是国家版权管理部门依法授予著作或文艺作品作者在一定时期内发表、再版、发行其作品的权利。企业作为著作权人，其作品包括工程设计图、产品设计图等图形作品和模型、计算机软件等作品

土地使用权：土地使用权是国家或地方政府准许某一企业在一定时期内对国有土地享有开发、利用、经营的权利。在我国，土地归国家所有，企业对土地只有使用权，没有所有权。但土地使用权可以依法转让，也可利用土地使用权进行投资

特许权：特许权是政府或其他企业授予的在一定区域和期限内，以一定形式生产经营某种特定商品或劳务的专有权利。由政府机关授予的专有权利，如公共交通、电话、电力、煤气、烟草等专有生产经营权利；由一个企业授予另一个企业的专有权利，如使用其商标、商号、专利和非专利技术等。目前，全球500强企业中有1/3的业务与特许经营有关，如百事、迪斯尼、家乐福等。通常说的连锁经营和授权经营，属于特许经营范畴

按无形资产取得方式划分

- 内部自创无形资产：内部自创无形资产是指企业自行研究与开发取得的无形资产，如非专利技术、专利权、商誉等
- 外部取得无形资产：外部取得无形资产是指企业以一定代价从企业外部取得的无形资产，包括从其他单位购入的无形资产、通过非货币性交易换入的无形资产、投资者投入的无形资产，通过债务重组取得的无形资产、接受捐赠取得的无形资产等

按无形资产有无期限划分

- 有期限无形资产：有期限无形资产是指法律或合同上规定了最长有效期限的无形资产。在有效期限内，有期限无形资产受法律保护，而过了有效期限，就不受法律保护了，如专利权、商标权、著作权和土地使用权等
- 无期限无形资产：无期限无形资产是指法律上没有规定有效期限的无形资产。这些无形资产只要有商业价值，就可以一直有效地存在，如非专利技术、商誉等

2. 无形资产的计量

无形资产的计量

- 自行开发的无形资产
  - 企业自行研究开发取得的无形资产，按开发时发生的材料成本、劳务成本、注册费、在开发该无形资产过程中使用的其他专利权和特许权的摊销，以及按照借款费用的处理原则可以资本化的支出，作为无形资产的实际成本。在开发过程中发生的，除上述可直接归属于无形资产开发活动之外的其他如销售费用、管理费用等间接费用，无形资产达到预定用途前发生的可辨认的无效和初始运作损失，为运作该无形资产发生的培训支出等不构成无形资产的开发成本
- 购入的无形资产
  - 企业从其他单位购人的无形资产，应按照实际支付的价款作为实际成本，包括购买价款、相关税费以及直接归属于该项资产达到预定用途所发生的其他支出
- 投资者投入的无形资产
  - 企业接受其他单位作为资本金或合作条件投资转入的无形资产，应按投资各方确定的价值作为实际成本。但是，为首次发行股票而接受投资者转入的无形资产，应按该无形资产在投资方的账面价值作为实际成本。但合同或协议约定价值不公允的除外
- 通过债务重组取得的无形资产
  - 企业以债务重组方式取得的无形资产，按照债务重组的规定确定其实际成本。企业接受的债务人以非现金资产抵偿债务方式取得的无形资产，按重组债务的账面价值与受让无形资产公允价值之间的差额作为转让资产损益，计入当期损益
- 以非货币性交易换入的无形资产
  - 企业以非货币性交易换入的无形资产，按换出资产的账面价值加上应支付的相关税费作为实际成本。涉及补价的，换入无形资产的计量为：收到补价的企业，按换出资产的账面价值加上应确认的收益和支付的相关税费减去补价后的余额，作为实际成本；支付补价的企业，按换出资产的账面价值加上应支付的相关税费和补价，作为实际成本
- 接受捐赠的无形资产
  - 捐赠方提供了有关凭据的，按凭据上标明的金额加上应支付的相关税费，作为实际成本
  - 捐赠方没有提供有关凭据的，按以下顺序确定其实际成本：第一，同类或类似无形资产存在活跃市场的，按同类或类似无形资产的市场价格估计的金额，加上应支付的相关税费，作为实际成本。第二，同类或类似无形资产不存在活跃市场的，按该接受捐赠的无形资产的预计未来现金流量现值，作为实际成本

三、无形资产的日常管理

1. 无形资产取得的管理

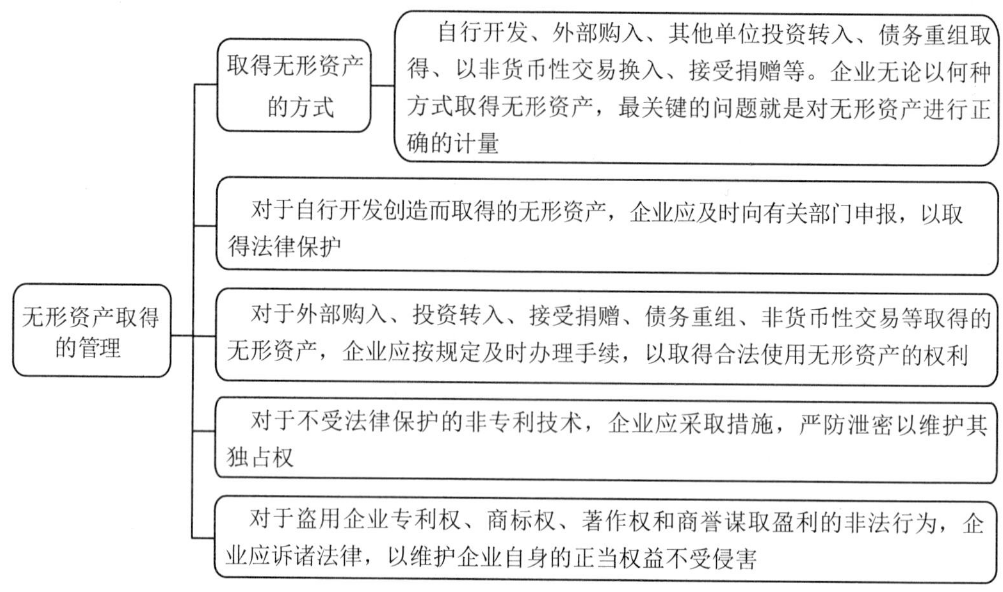

2. 无形资产摊销的管理

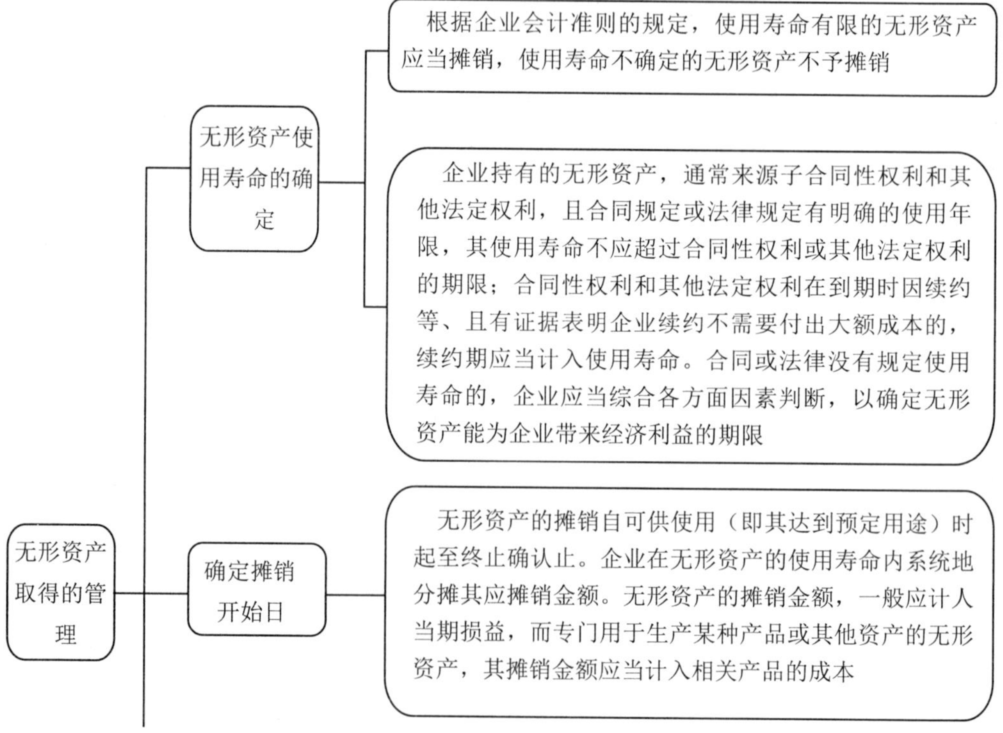

无形资产的摊销方法

无形资产的摊销方法有多种：如：直线法、生产总量法等。企业选择的无形资产摊销方法，应当能够反映与该项无形资产有关的经济利益的预期实现方式，并一致地运用于不同会计期间；无法可靠确定其预期实现方式的，应当采用直线法进行摊销。在摊销无形资产价值时，通常将无形资产的残值视为零

无形资产各期摊销额可根据无形资产的应摊销额（原值减残值）和估计使用寿命计算求得。其计算公式为：

$$\text{无形资产年摊销额}=\frac{\text{无形资产原始价值}}{\text{预计使用寿命}}$$

$$\text{无形资产月摊销额}=\frac{\text{无形资产年摊销额}}{12}$$

3. 无形资产处置的管理

无形资产处置的管理

无形资产的处置包括无形资产的出租、无形资产的出售和无形资产的转销

无形资产的出租是指企业将所拥有的无形资产的使用权让渡给其他单位，并收取租金。收取的租金按照让渡资产使用权所取得的收入计入企业其他业务收入，发生的相关费用计入其他业务成本

无形资产的出售表明企业放弃无形资产的所有权。企业出售无形资产，应将所得价款与该项无形资产的账面价值之间的差额，计入企业营业外收支

无形资产的转销是指如果无形资产预期不能为企业带来经济利益，从而不再符合无形资产的定义，应将其账面价值转销。企业在判断无形资产是否预期不能为企业带来经济利益时，可以从以下两个方面加以判断：第一，该无形资产是否已被其他新技术所替代，且已不能为企业带来经济利益；第二，该无形资产是否不再受法律保护，且不能为企业带来经济利益

4. 无形资产使用和计提减值准备的管理

无形资产使用和计提减值准备的管理

- **无形资产使用的管理**

  无形资产是企业重要的经济资源，充分发挥现有无形资产的效能，提高无形资产利用效率，对于促进企业发展，提高企业经济效益具有十分重要的作用。提高无形资产利用效率，首先要树立对无形资产的正确观念，明确无形资产对企业成败的利害关系，积极开拓市场，努力扩大企业的产销数量，使企业的无形资产得到充分利用，最大限度地发挥无形资产的作用。其次，要积极组织无形资产的对外出租或出售。企业对自己暂时不用、多余的无形资产可向其他企业出租、出售，或向其他企业进行投资，以提高无形资产的利用率，增加企业的经济收益

- **按规定计提无形资产减值准备**

  根据会计稳健性原则的要求，会计制度规定企业对无形资产必须提取减值准备。采取这一做法的目的，就是解决企业虚盈实亏、短期行为和会计信息失真问题，促进企业卸掉包袱，轻装上阵，也使得企业的资产价值更客观、真实

  计提无形资产减值准备的具体做法是：期末时，检查无形资产的可收回性，并按照账面价值与可收回金额孰低的原则进行计量，对可收回金额低于账面价值的差额，应当计提无形资产减值准备，计入当期的资产减值损失。如果可收回金额高于账面价值，一般不做会计处理。资产减值损失一经确认后，在以后的会计期间不得转回

- 企业在无形资产计提减值准备之后，应当调整无形资产的每期摊销金额，即已计提减值准备的无形资产，应当按照其账面价值（账面余额减去已计提减值准备后的金额）与尚可使用年限重新计算当期应摊销的价值，以前年度已摊销的价值不再调整

- **例题**

  某企业某项专利权取得时的实际成本为5000000元，企业按照10年平均摊销。至第2年年末时该项无形资产的账面余额为4000000元，该企业考虑到技术进步等因素，对该专利权计提了1000000元的减值准备，使得专利权的账面价值为3000000元，假定企业重新估计该项专利权尚可使用4年，则每年应摊销的专利权费用计算如下：

  $$该专利权费用年摊销额=\frac{3000000}{4}=750000（元）$$

第二节 其他资产

其他资产

- 其他资产的内容：其他资产主要包括特准储备物资、银行冻结存款、查封物资、涉及诉讼中的财产等。特准储备物资是指具有专门用途，但是不能参加生产经营的经国家批准储备的特种物资
- 其他资产的管理：公司不得用其他公司资产进行经营活动，要妥善保管好特准储备物资、银行冻结存款、冻结物资、涉及诉讼中的财产等

第八章

证券投资

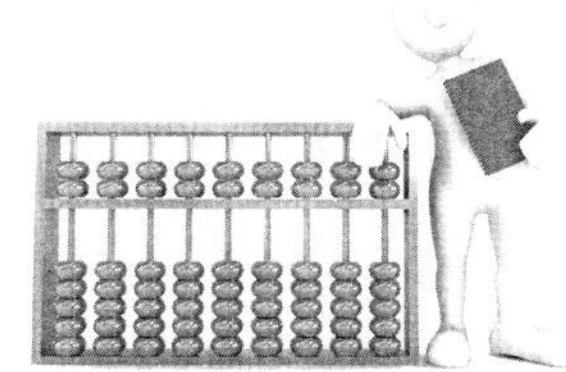

本章导读

企业除了直接将资金投入生产经营活动，进行直接投资外，常常还将资金投资于有价证券，进行证券投资。证券投资相对于项目投资而言，变现能力强，少量资金也能参与投资，便于随时调用和转移资金，这为企业有效利用资金，充分挖掘资金的潜力提供了十分理想的途径。

通过本章的学习，应了解证券投资的概念及种类。熟悉证券投资的分类和目的，债券投资的概念、特点及认购方式，股票投资类型及股票投资的特点，基金类型及基金投资的特点，债券投资、股票投资、基金投资的优缺点，掌握证券投资的一般程序，债券价值和到期收益率的计算以及证券投资的策略与方法。

第一节　证券投资的概述

证券是指票面载有一定金额，代表财产所有权或债权，可以有偿转让的一种信用凭证或金融工具。证券投资就是将资金用于购买股票、债券、基金等金融资产。证券投资与前面所讲的项目投资不同，项目投资是购建固定资产等实物资产，直接形成企业生产经营能力，属于直接投资，它具有数额较大、投资回收期长、资产变现速度慢的特点。而证券投资是企业通过购买其他企业发行的股票、债券等来对其他企业投资，属于间接投资，它具有流动性大、资产变现速度快、少量资金也能参与的特点。科学地进行证券投资管理，能增加企业收益，降低风险，有利于企业财务管理目标的实现。

一、证券的主要种类

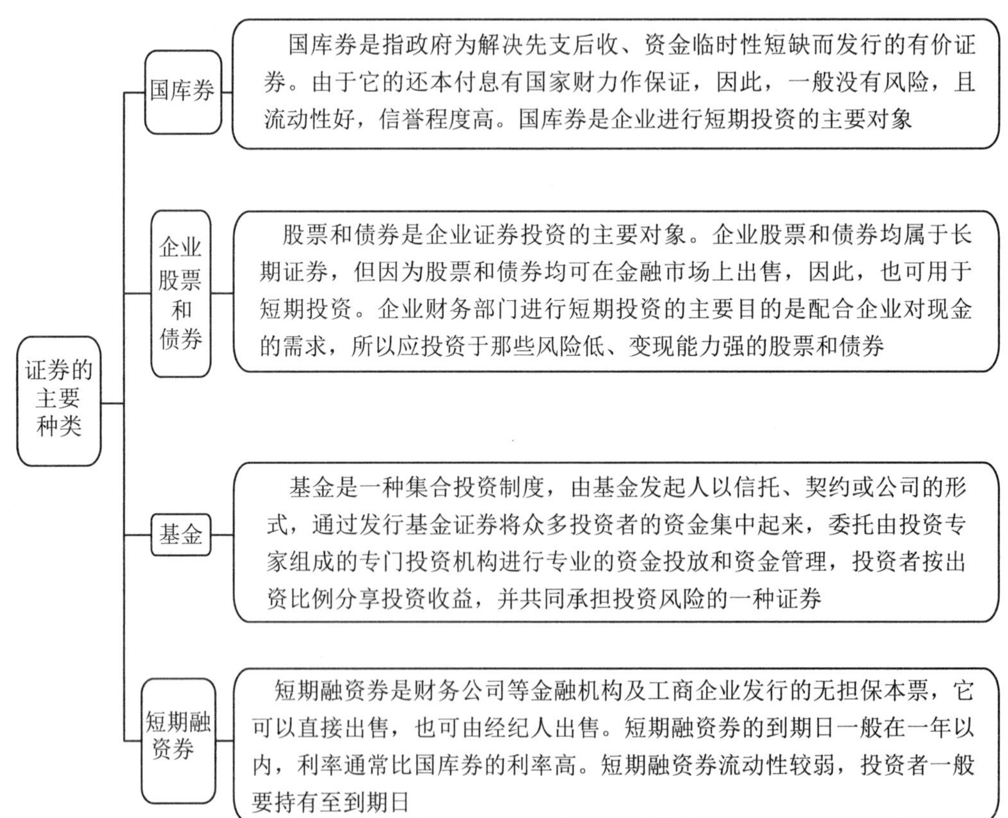

二、证券投资的分类

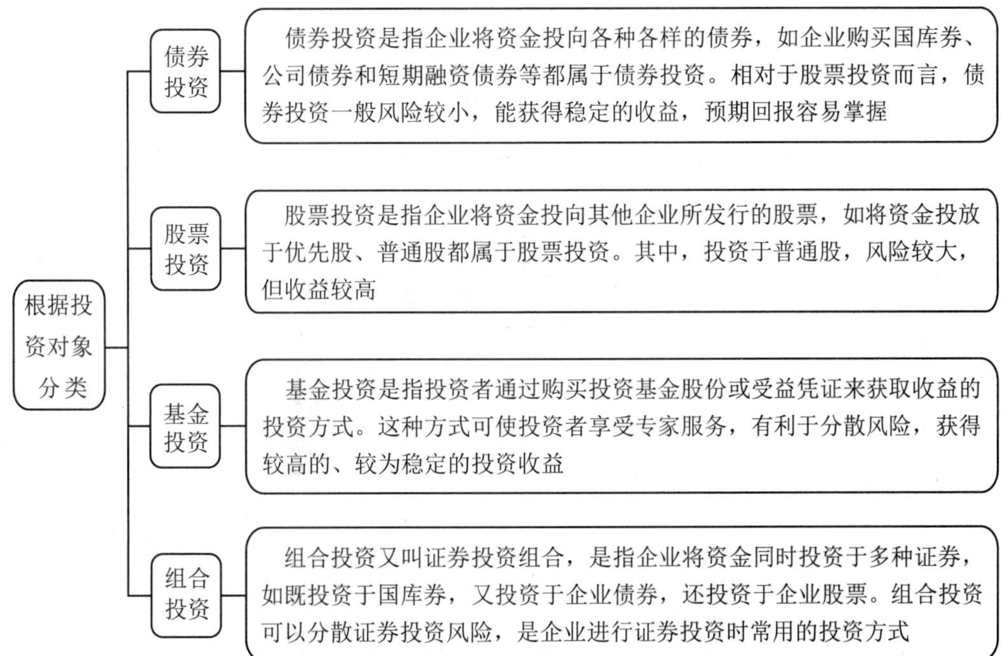

三、证券投资的目的

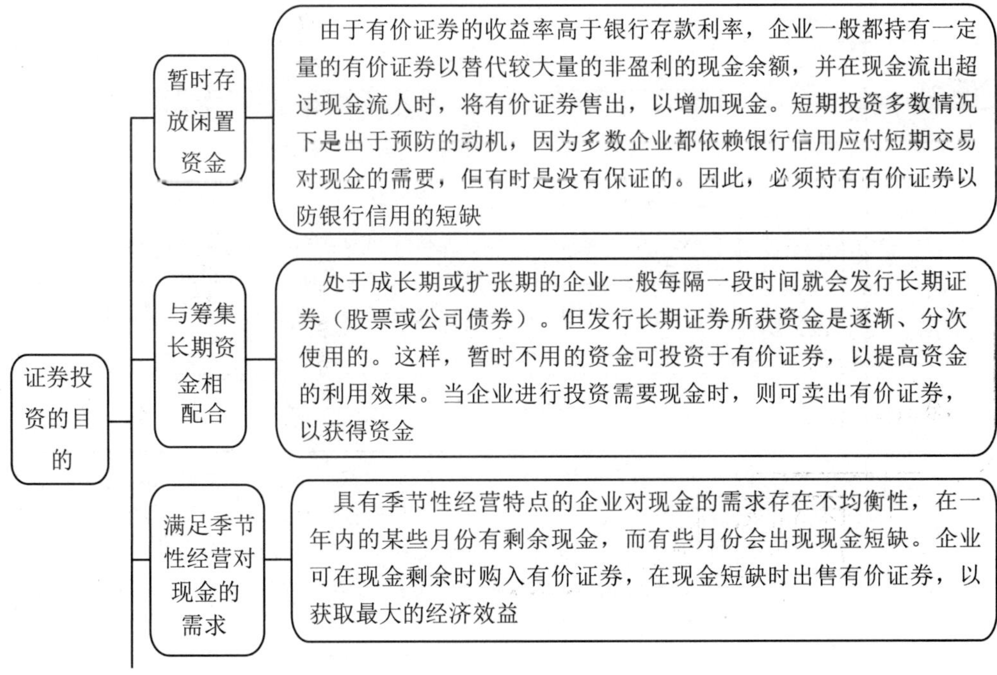

获得相关企业的控制权

有些企业往往从某种战略上考虑要控制另外一些企业，可通过股票投资来达到这一目的，如通过控股，使发行公司成为自己长期固定的原材料来源和产品销售对象等，使之有利于自身的发展

四、证券投资的一般程序

证券投资的一般程序

- 合理选择投资对象

  合理选择投资对象，是企业进行证券投资的关键，也有利于将投资风险降到最低限度。企业在投资时，不仅要根据各种证券的特点和性质来分析和选择证券投资类别，而且在类别确定以后，企业还应根据同一类证券中的不同企业发行的证券的特性，如收益水平和风险程度做出选择，以便做到合理确定投资对象

- 委托买卖

  在企业确定了投资对象之后，选择合适的证券商也很重要。在证券市场上，投资者买卖证券的业务是通过证券商代理的，这主要是为了节省时间，降低成本费用。企业可采用电话委托、电脑终端委托和递单委托等方式委托证券商代为买卖证券

- 成交

  证券买卖双方通过中介券商的场内交易员分别出价委托，如果买卖双方的价位与数量合适，交易即可达成

- 清算与交割

  清算是指证券买卖双方结清价款的过程。交割则是指买卖双方实际收交证券的过程。证券交割时间的长短是由证券交易系统的技术先进程度所决定的，目前的证券交易多采用计算机联网系统，所以证券交割的时间都较短，一般在成交后的第二个工作日即可办理证券交割

- 办理证券过户

  证券过户只限于记名证券的买卖业务。当企业委托买入的某种记名证券成功买入以后，必须办理证券持有人姓名变更手续。办理过户的目的是为了保障投资者的权益。只有及时办理过户手续，才能成为新股东，并享有应有的权利。因此，投资者购进股票后，应及时办理证券过户手续

第二节　债券投资的管理

一、债券投资的概念、特点及认购方式

1. 债券投资的概念及特点

- 债券投资的概念、特点
  - 债券投资的概念
    - 债券投资是企业通过购买债券成为债券发行单位的债权人，并获取债券利息的投资行为。它是企业证券投资的一个重要组成部分。债券投资的目的主要是为了获得比银行存款更高的固定收益，或者为了满足未来的财务需求，如投资某一项目，或归还到期债务等。另外，债券投资也是为了分散证券投资的风险。因为债券投资风险较小，在投资组合中加入一部分债券投资，能使组合投资风险下降。债券投资既可以是长期投资，也可以是短期投资
  - 债券投资的特点
    - 从投资时间看，不论是长期债券投资，还是短期债券投资，都有到期日，到期必须偿还本金和利息
    - 从投资收益看，债券投资收益虽然不算太高，但具有较强的稳定性，通常是事先预定的，不受债券发行单位经营业绩好坏的影响
    - 从投资风险看，债券投资风险相对较小，可以保证还本付息，即使债券发行单位发生重大亏损而导致破产时，债券投资者也优先于股东分配剩余财产，其本金损失的可能性较小
    - 从投资权利看，在各种投资方式中，债券投资者权利最小，即债券投资者没有参与债券发行单位经营管理的权利，只有按规定取得利息、到期收回本金的权利

2. 债券投资的认购方式

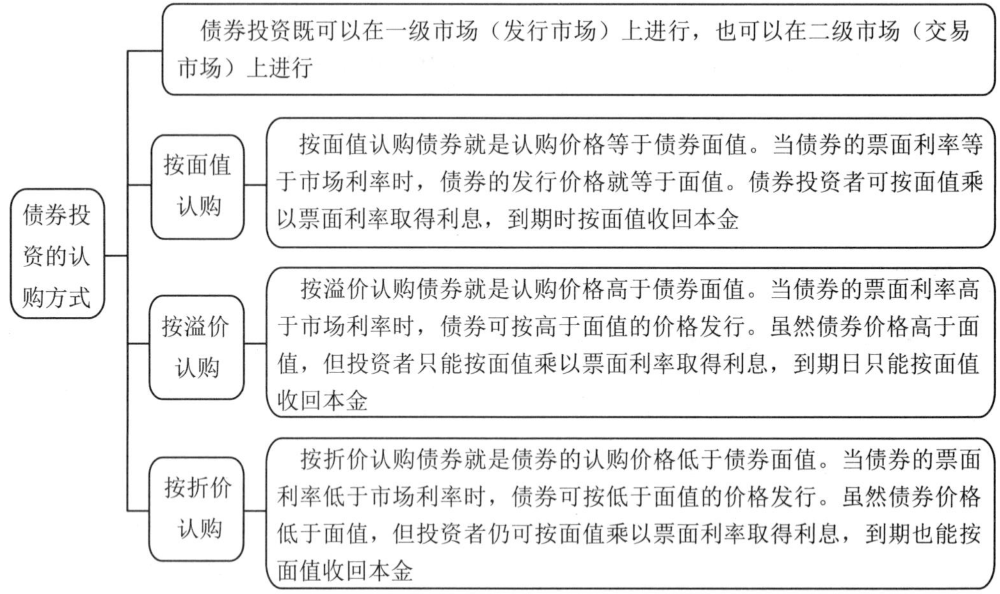

二、债券价值和到期收益率的计算

1. 债券价值的计算

债券价值的计算

投资者在进行债券投资时，必须分析所选择的债券价值是多少，然后将债券价值与当前的债券价格进行对比，以决定是否购买。债券作为一种投资，现金流出是其购买价格，现金流人是利息和归还的本金，或者出售时得到的现金。债券的价值就是债券未来现金流入量的现值。债券未来现金流入量包括债券的利息收入及到期归还的本金。只有债券的价值大于债券价格时，才值得购买。债券价值是债券投资时使用的主要指标之一

公式

典型的债券是固定利率、每年计算并支付利息、到期归还本金的债券。按照这种模式，债券价值的计算公式为：

$$V=\frac{I}{(1+k)^1}+\frac{I}{(1+k)^2}+\cdots+\frac{I}{(1+k)^n}+\frac{M}{(1+k)^n}$$

$$=I\times(P/A,\ k,\ n)+(P/F,\ k,\ n)$$

式中：V——债券价值；

I——每年的利息；

M——债券面值；

k——市场利率或投资者要求的最低报酬率；

n——债券期限。

在投资决策中一般都采用按复利计息的公式

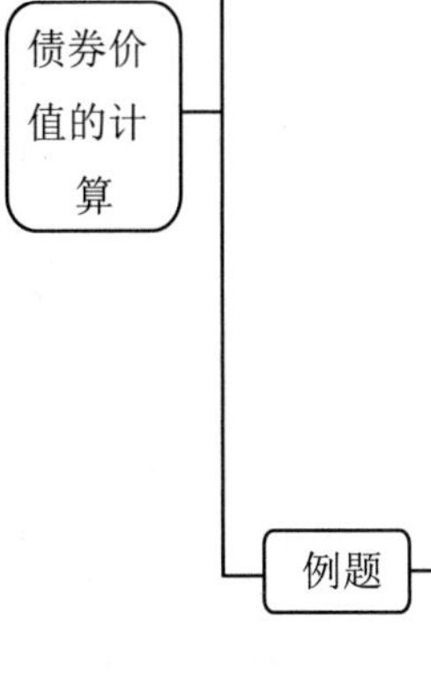

债券价值的计算

例题

某公司2010年1月1日准备购买红星公司发行的公司债券，该债券面值为2000元，每年计算并支付一次利息，票面利率为8%，期限为4年，并于2013年12月31日到期。当时的市场利率为10%，该债券的价值计算如下：

$$V=\frac{160}{(1+10\%)^1}+\frac{160}{(1+10\%)^2}+\frac{160}{(1+10\%)^3}+\frac{160}{(1+10\%)^4}+\frac{2000}{(1+10\%)^4}$$

=16×（P/A，10%，4）+2000×（P/F，10%，4）

=160×3.170+2000×0.683

=517.2+1366

=1872.2（元）

该债券的价值为1872.2元，当红星公司债券的发行价格等于或低1872.2元时，该公司可以考虑购进，且购买该债券的会计收益率可达到或超过10%

2. 债券到期收益率的计算

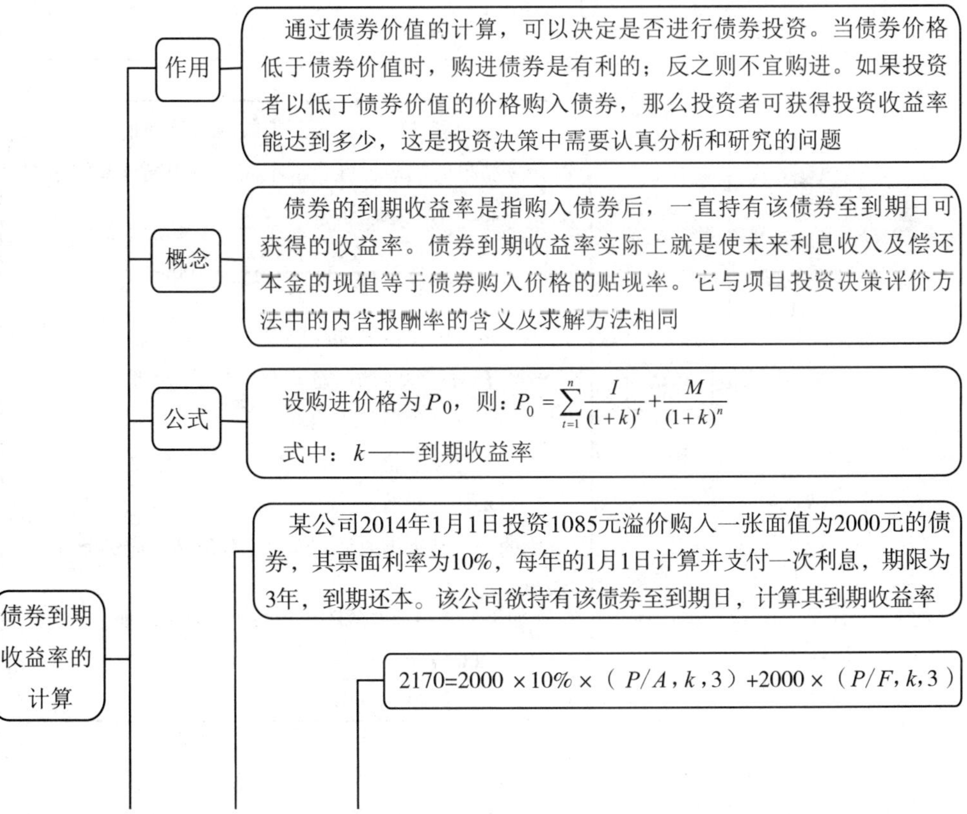

债券到期收益率的计算

作用

通过债券价值的计算，可以决定是否进行债券投资。当债券价格低于债券价值时，购进债券是有利的；反之则不宜购进。如果投资者以低于债券价值的价格购入债券，那么投资者可获得投资收益率能达到多少，这是投资决策中需要认真分析和研究的问题

概念

债券的到期收益率是指购入债券后，一直持有该债券至到期日可获得的收益率。债券到期收益率实际上就是使未来利息收入及偿还本金的现值等于债券购入价格的贴现率。它与项目投资决策评价方法中的内含报酬率的含义及求解方法相同

公式

设购进价格为P_0，则：$P_0=\sum_{t=1}^{n}\frac{I}{(1+k)^t}+\frac{M}{(1+k)^n}$

式中：k——到期收益率

某公司2014年1月1日投资1085元溢价购入一张面值为2000元的债券，其票面利率为10%，每年的1月1日计算并支付一次利息，期限为3年，到期还本。该公司欲持有该债券至到期日，计算其到期收益率

2170=2000×10%×（P/A，k，3）+2000×（P/F，k，3）

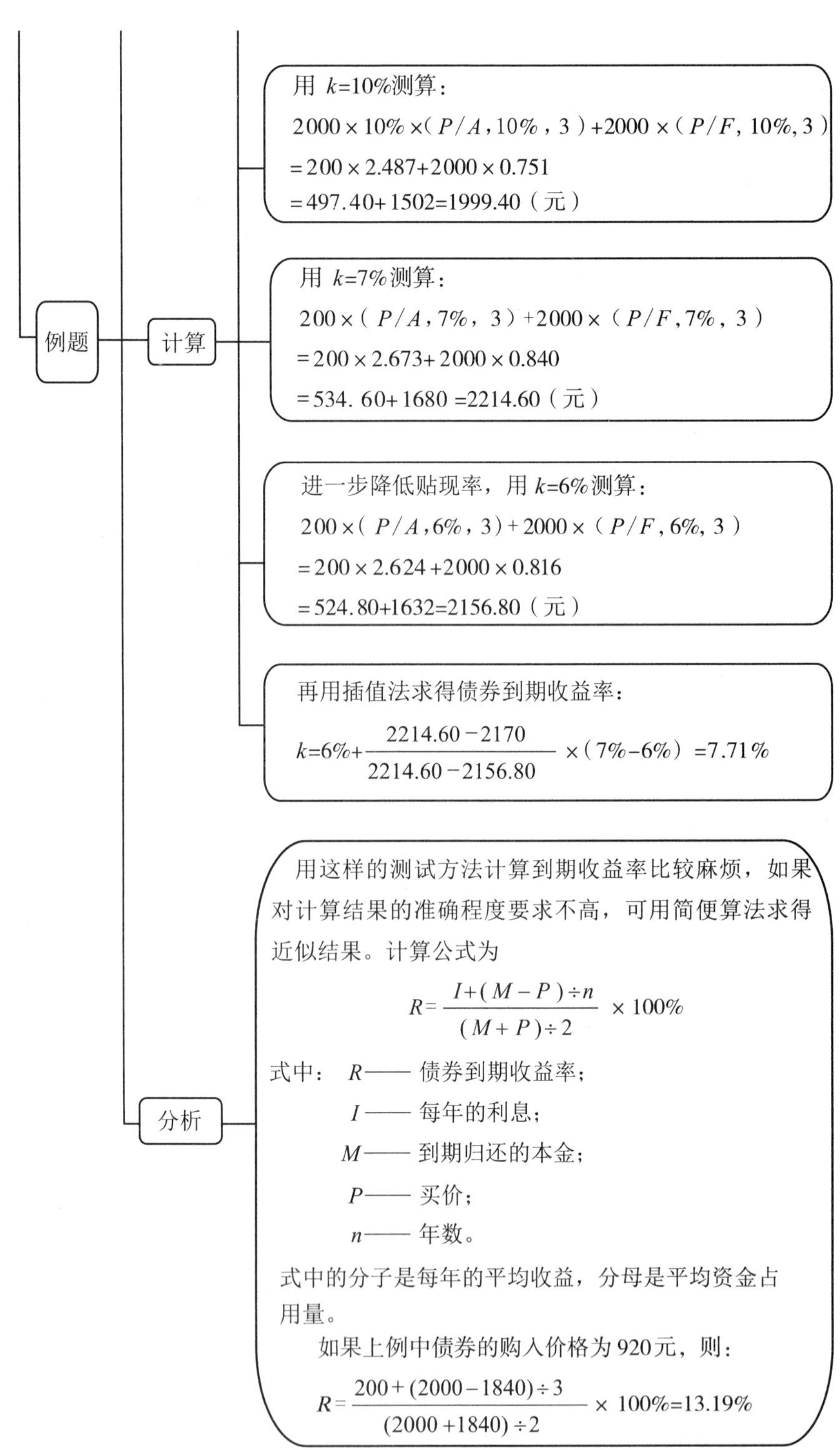

通过以上计算可以看出，分期付息的债券，当以面值购入时，其到期收益率与票面

利率相等；当以溢价购入时，到期收益率低于票面利率；当以折价购入时，到期收益率高于票面利率。

到期收益率作为评价收益水平的指标，可以反映出债券投资的真实收益率。如果这个收益率高于投资者要求的最低报酬率，则应买进该债券，否则就应放弃。

三、债券投资的优缺点

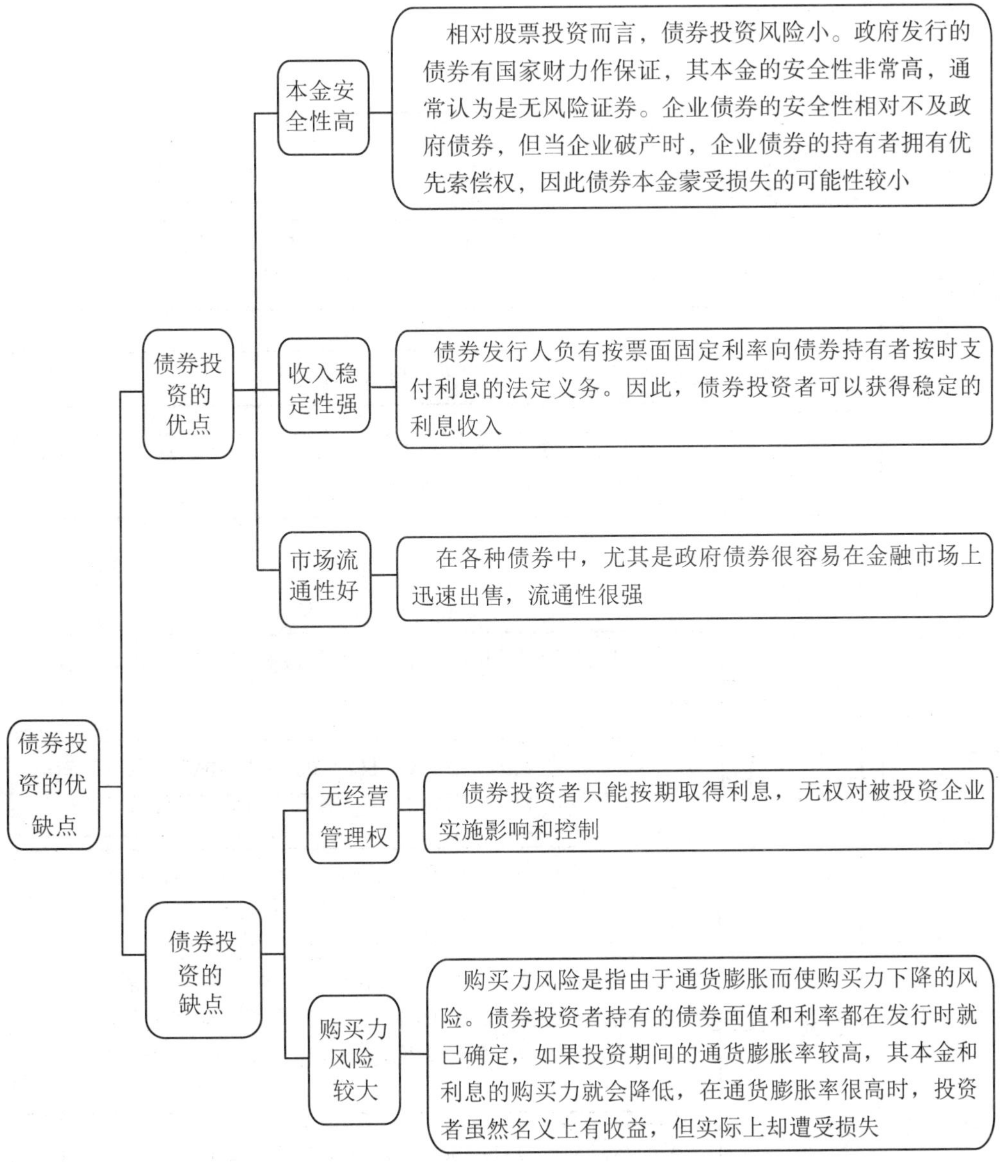

第三节　股票投资的管理

一、股票类型及股票投资的特点

1. 股票及股票类型

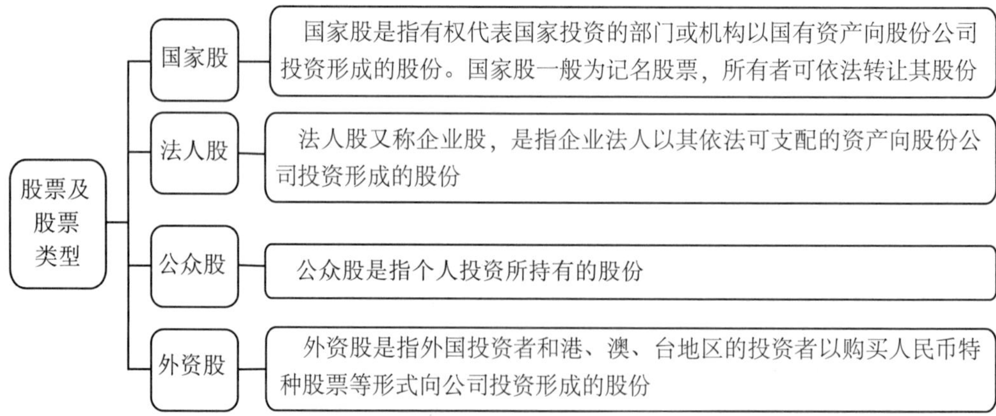

2. 股票投资的特点

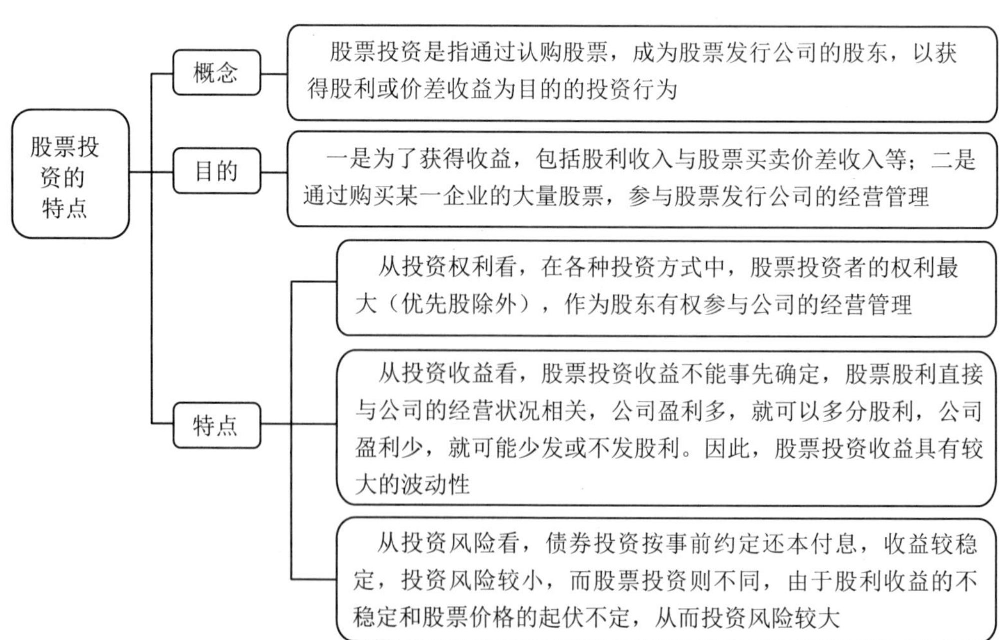

二、股票价值和投资报酬率的计算

1. 股票价值的计算

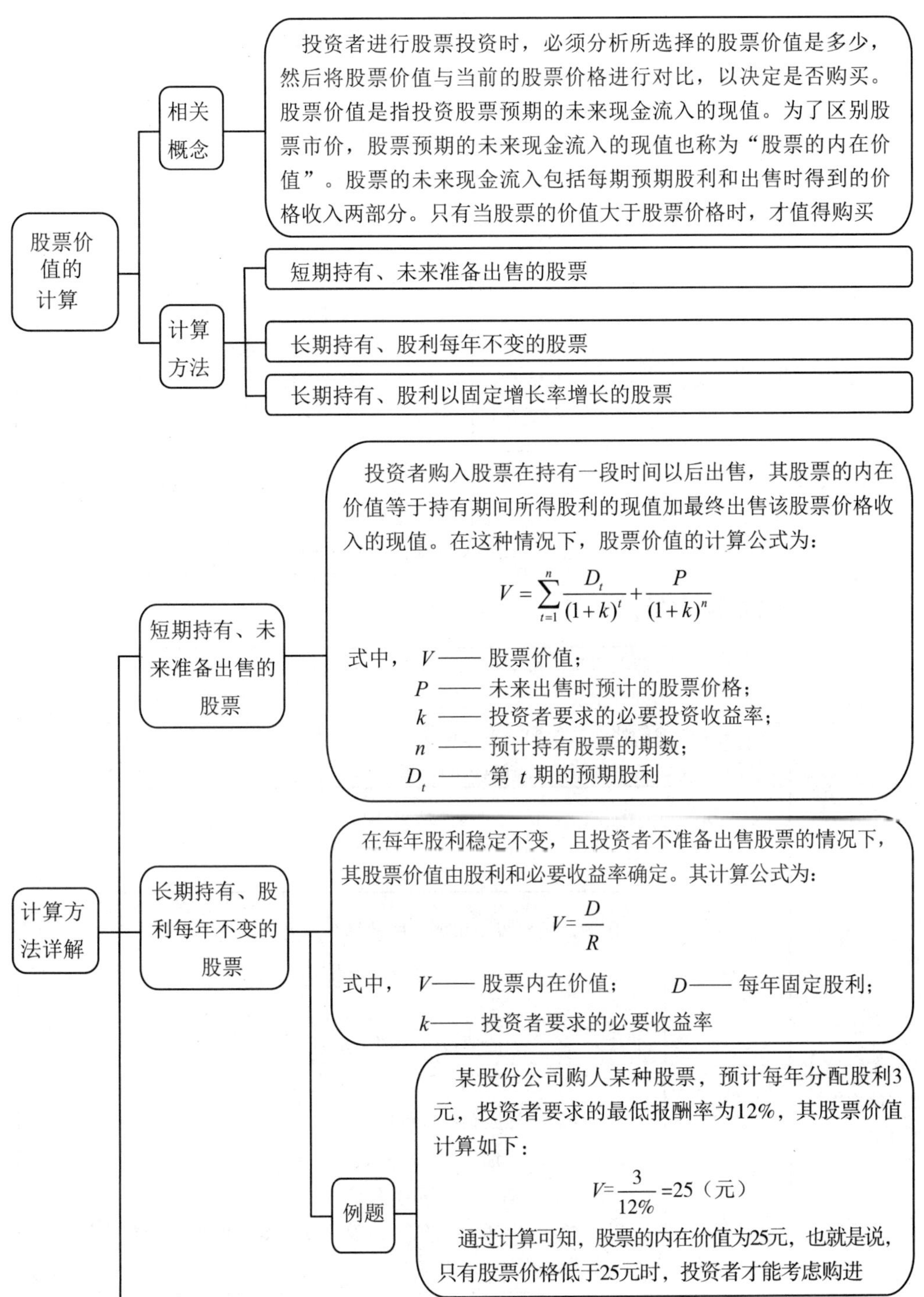

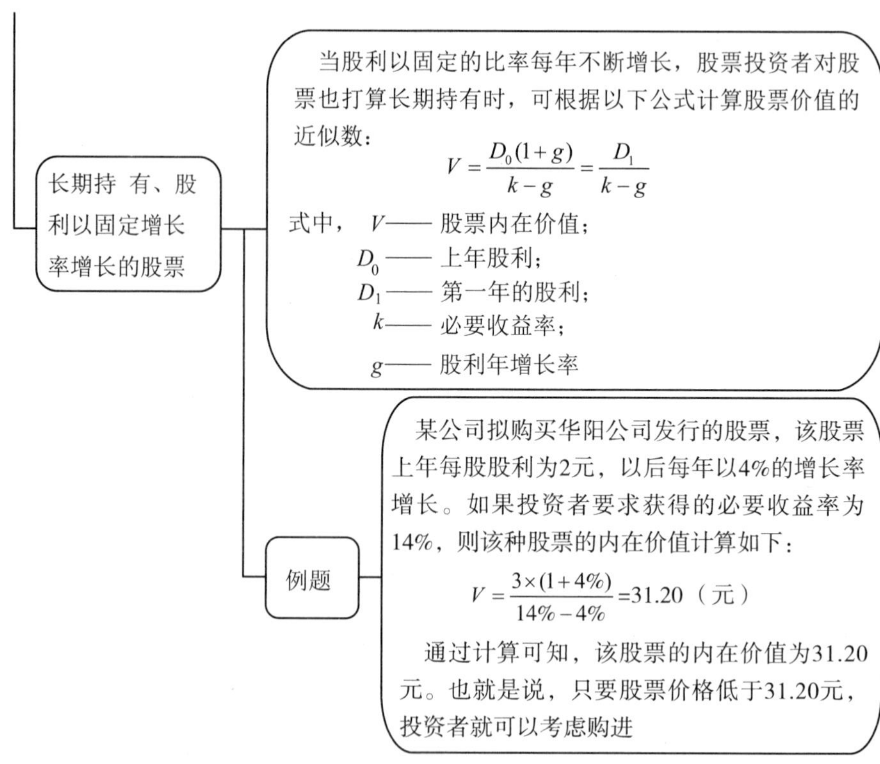

2. 股票投资报酬率的计算

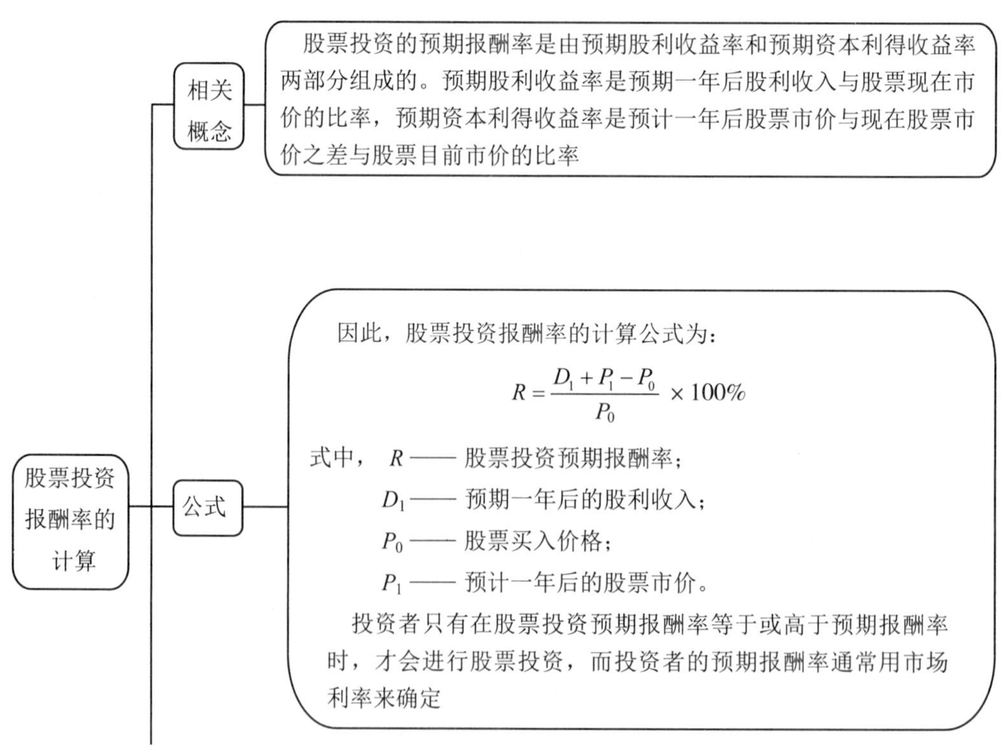

- 例题
  - 某公司准备以每股市价20元购入兴达公司的股票，预计年股利收入每股为3元，预计一年后股票市价为23元。其股票投资预期报酬率计算如下：

    $$R=\frac{3+23-20}{20}\times 100\%=30\%$$

  - 分析
    - 通过计算可知，该股票投资的预期报酬率为30%，如果此时市场利率为28%，股票预期报酬率高于市场利率，该公司可以进行投资

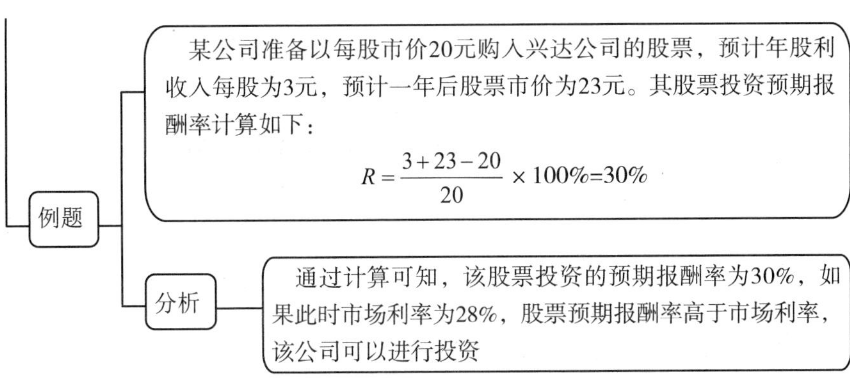

三、股票投资的优缺点

- 股票投资的优缺点
  - 股票投资的优点
    - 投资收益高。股票投资风险虽大，但收益也高，只要选择得当，就能取得优厚的投资收益
    - 购买力风险低。与固定收益证券比较，普通股能有效地降低购买力风险。因为通货膨胀率较高时，物价普遍上涨，股份有限公司盈利增加，股利也会随之增加
    - 拥有经营控制权。普通股股东是股份有限公司的所有者，对被投资企业拥有一定的经营控制权
  - 股票投资的缺点
    - 股票投资的主要缺点是风险大
      - 原因
        - 求偿权居后。普通股对企业资产和盈利的求偿权均居于最后。企业破产时，股东原来的投资可能得不到全额补偿，甚至全部损失
        - 价格不稳定。普通股的价格受政治因素、经济因素、企业盈利情况、风险情况等众多因素影响，很不稳定，这使股票投资具有较高的风险
        - 收入不稳定。普通股股利的多少，取决于企业经营状况和财务状况。其有无、多少均无法律保证。其收入的风险远远大于固定收益证券

第四节　基金的投资

一、基金类型及基金投资的特点

1. 基金及基金类型

基金及基金类型

- 基金概念：基金全称为证券投资基金，是指通过发售基金份额，将众多投资者的资金集中起来，形成独立资产，由基金托管人托管（一般是信誉卓著的银行），基金管理人（即基金管理公司）管理，以组合投资的方法进行证券投资的一种利益共享、风险共担的集合投资方式。对投资者来说，是一种通过购买基金而借助于基金公司投资于证券市场的间接证券投资方式。而对于基金管理人来说，则是通过运用资金，从事股票、债券等金融工具投资
- 基金类型
  - 根据组织形式不同分类
    - 契约型基金：契约型基金是指把受益人（投资者）、基金管理公司（委托人）和基金保管机构（受托人）三方作为当事人，由委托人和受托人通过签订信托契约的形式发行受益凭证而设立的基金。契约型基金的三方当事人之间存在这样的一种关系：委托人依照契约运用信托财产进行投资；受托人依照契约负责保管信托财产；投资者依照契约享受投资收益。我国基金暂时都是契约型基金，是一种信托投资方式
    - 公司型基金：公司型基金又叫共同基金，是指基金本身为按照公司法组成的一家股份有限公司，公司通过发行股份或受益凭证的方式来筹集资金。一般投资者购买了该家公司的股份即为认购基金，也就成为该公司的股东，凭其持有的基金股份依法分享投资收益。这种基金是具有法人资格的经济实体，基金持有人既是基金投资者，又是公司的股东。基金公司不同于一般的股份公司，它通常委托特定的基金管理人或投资顾问运用基金资产进行投资

根据变现方式不同分类

- 封闭式基金：封闭式基金属于信托基金，是指基金规模在发行前已经确定，在发行完毕后基金即告成立，并进行封闭，在一定时期内不再接受新的投资，并在证券市场上交易的投资基金。封闭式基金的期限是指基金的存续期，即基金从成立之日起到结束日为止的整个期间。基金单位的流通交易采取在交易所上市的办法，通过二级市场进行竞价交易
- 开放式基金：开放式基金是一种发行额可变，基金份额（单位）总数可随时增减，投资者可按基金的报价在基金管理人指定的营业场所申购或赎回的基金。与封闭式基金相比，开放式基金具有发行数量没有限制、买卖价格以资产净值为准、在柜台上买卖和风险相对较小等特点，特别适合于中小投资者进行投资

2. 基金投资的特点

基金投资的特点

- 集合理财，专业管理：基金将众多投资者的资金集中起来，委托基金管理人进行共同投资，表现出一种集合理财的特点。基金由基金管理人进行投资管理和运作。基金管理人一般拥有大量的专业投资研究人员和强大的信息网络，能够更好地对证券市场进行全方位的动态跟踪与分析。将资金交给基金管理人管理，使中小投资者能够享受到专业化的投资管理服务
- 组合投资，分散风险：为降低投资风险，我国《证券投资基金法》规定，基金必须以组合投资的方式进行基金的投资运作，从而使“组合投资、分散风险”成为基金的一大特色。基金通常会购买几十种甚至上百种股票，投资者购买基金就相当于用很少的资金购买了一篮子股票，某些股票下跌造成的损失可以用其他股票上涨的盈利来弥补。因此可以充分享受到组合投资、分散风险的好处
- 利益共享，风险共担：基金投资者是基金的所有者。基金投资人共担风险，共享收益。基金投资收益在扣除由基金承担的费用后的盈余全部归基金投资者所有，并依据各投资者所持有的基金份额比例进行分配。为基金提供服务的基金托管人、基金管理人只能按规定收取一定的托管费、管理费，并不参与基金收益的分配
- 独立托管，保障安全：基金管理人负责基金的投资操作，本身并不经手基金财产的保管。基金财产的保管由独立于基金管理人的基金托管人负责。这种相互制约、相互监督的制衡机制对投资者的利益提供了重要的保护

二、基金价值和投资收益率的计算

1. 基金价值的计算

基金价值的计算

基金的价值是指在基金投资上给投资者带来的现金净流量

基金与股票、债券投资不同，即股票与债券的价值取决于其未来现金流量的现值，是可以预测的。而基金的价值则取决于现在能给投资者带来的现金流量，也就是取决于基金净资产的现在价值。之所以基金的价值使用基金净资产的现在价值来反映，就在于投资基金不断变换投资组合，未来收益很难预测，因此基金的价值主要由基金资产的现有市场价值决定

基金单位净值

基金单位净值也称单位资产净值或单位净资产值，是指在某一时点某一基金单位（基金股份）所具有的市场价值。基金的价值取决于基金净资产现在的价值，因此，基金单位净值是评价基金业绩的最基本、最直观的指标。基金单位净值越高，基金的交易价格就越高

计算公式

$$基金单位净值=\frac{基金净资产价值总额}{基金单位总份数}$$

式中：基金净资产价值总额等于基金资产总额减基金负债总额；基金负债包括以基金名义对外融资借款以及应付给投资者的分红、应付给基金管理人的管理费等。一般而言，基金负债是相对固定的，因此，基金净资产的价值主要取决于基金总资产的市场价值

基金的报价

从理论上说，基金的价值决定基金的价格，基金的交易价格是以基金单位净值为基础的。具体而言，封闭式基金在二级市场上竞价交易，其交易价格由供求关系和基金业绩决定，围绕基金单位净值上下波动；开放式基金的柜台交易价格则完全以基金单位净值为基础，通常采用认购价（卖出价）和赎回价（买入价）两种报价形式

计算公式

开放式基金柜台交易价格的计算公式为：

基金认购价=基金单位净值＋首次认购费

基金赎回价=基金单位净值−基金赎回费

基金认购价就是基金管理公司（也称基金经理公司）的卖出价，卖出价中的首次认购费是支付给基金管理公司的发行佣金。基金赎回价就是基金管理公司的买入价，赎回价低于基金单位净值是由于抵扣了基金赎回费，以此提高赎回成本，目的在于保证基金资产的稳定性。收取首次认购费的基金，一般不再收取赎回费

2. 基金投资收益率的计算

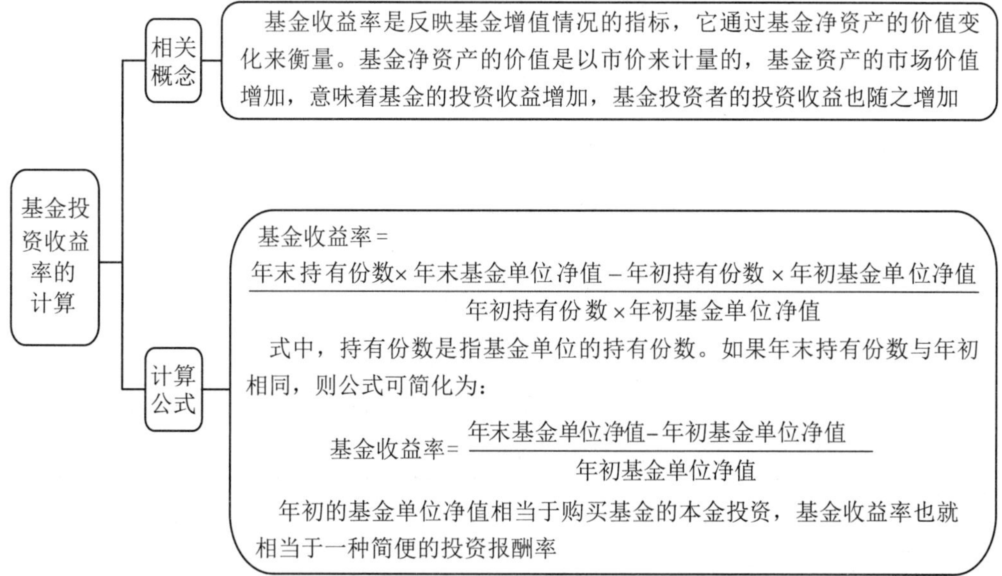

三、基金投资的优缺点

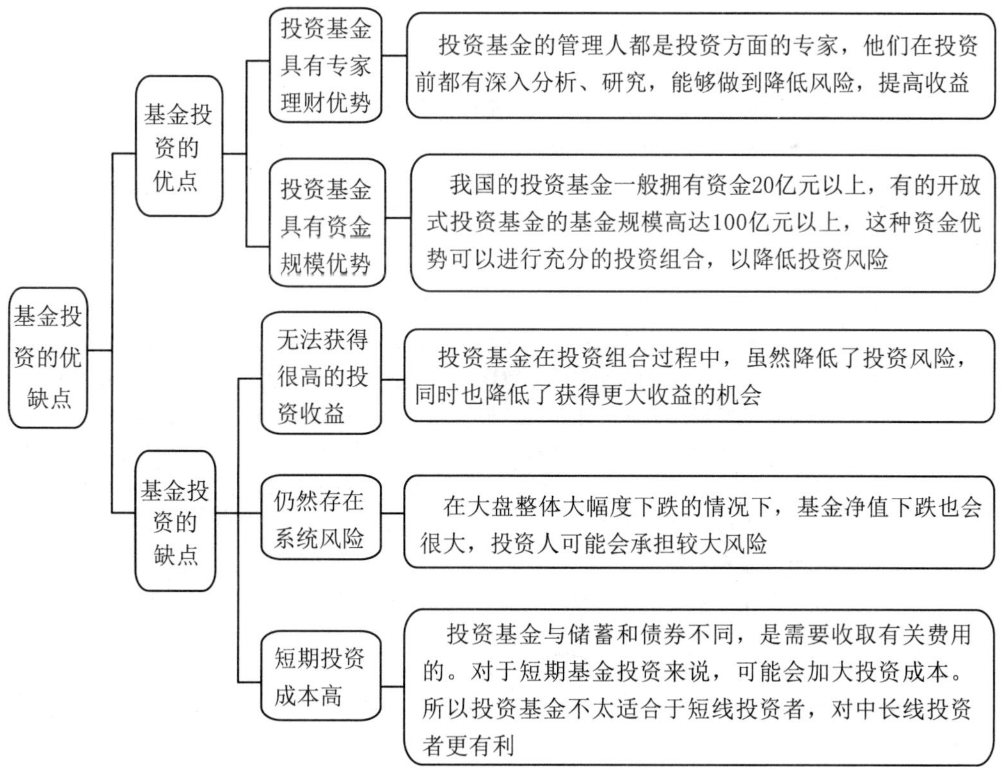

第五节　证券投资组合

一、证券投资组合的目的

证券投资组合的目的

证券投资组合又叫证券组合，是指在进行证券投资时，不是将所有的资金都投向单一的某种证券，而是有选择地投向一组证券。这种同时投资多种证券的做法叫作证券的投资组合

证券投资虽有高盈利，但也存在着较高风险，如果简单地把全部资金投向一种证券，就如同“把全部鸡蛋放在同一个篮子里”，一旦决策失误，就会满盘皆输，损失惨重。因此，企业在进行证券投资时，不应将所有资金都集中投资于一种证券，而应同时投资于多种证券，这就形成了证券投资组合。证券投资组合对分散和降低投资风险具有重要作用

证券投资组合的风险可以分为两种性质完全不同的风险，即非系统风险和系统风险。非系统风险也称可分散性风险或公司特有风险，是指某些因素对单个证券造成经济损失的可能性。这种风险可通过证券持有的多样化来抵消。即多买几家公司的股票，其中某些公司的股票收益上升，另一些股票的收益下降，从而将风险抵消。系统风险也称不可分散风险或市场风险，是指由于某些因素给市场上所有证券都带来经济损失的可能性。如宏观经济状况、国家税法、国家财政政策和货币政策、世界能源等方面的变化，都会导致证券的预期收益率发生变化。系统风险影响到所有的证券，因此，不能通过证券组合分散掉。科学的证券投资组合是证券投资的重要法宝，它可以帮助投资者全面捕捉投资机会，达到降低投资风险的目的

二、证券投资组合的策略与方法

1. 证券投资组合策略

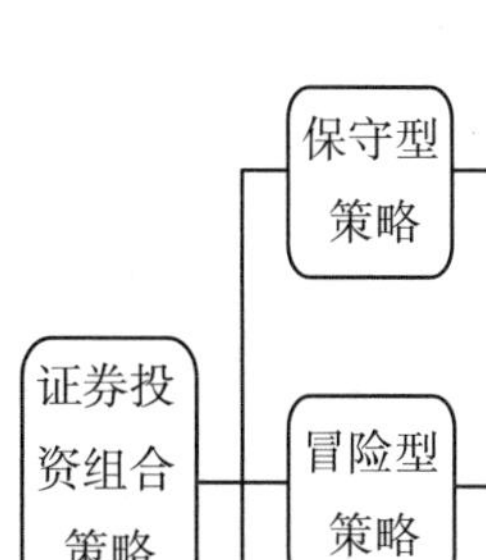

证券投资组合策略

- **保守型策略**：这种策略认为，最佳证券组合策略要将尽可能多的证券包括进来，以分散掉全部的可分散风险，得到与市场平均收益相同的回报。这种组合分散掉全部可分散风险，但获得的收益不会高于市场平均收益，所以风险不大，收益不高，故称为保守型
- **冒险型策略**：这种策略认为，只要投资组合做得好，就能击败市场，取得远高于平均水平的收益。在这种组合中，一些成长型的股票比较多，而低风险、低收益的股票不多。该策略风险大，收益高，故称为冒险型
- **适中型策略**：这种策略认为，证券的价格，特别是股票价格，是由特定企业的经营状况决定的。市场上股票价格涨跌并不重要，只要企业经营业绩好，股票一定会升到其本来的价值水平。采用这种策略的人，一般都善于对证券进行分析，如行业分析、企业业绩分析、财务分析等，通过分析，选择高质量的股票和债券，组成投资组合。该策略如果运用得当，可获得较高收益，而又不会承担太大的风险。通常金融机构、投资基金和企事业单位在进行投资时一般采用此种策略

2. 证券组合投资的方法

证券投资组合策略

- **确定适当的持股种数**：一般只要购买10余种股票即可分散掉绝大部分可分散风险。但持股种类过多会给股票管理带来较大困难
- **充分考虑所持股票的相关性**：一种股票的收益上升而另一种股票的收益下降的两种股票，称为负相关股票。把收益呈负相关的股票组合在一起，能有效地分散风险
- **力求证券投资种类多样化**：投资者应避免将全部资金集中于某一种证券，应做到品种多样化。另外，还有一种1/3投资组合法，即将全部资金的1/3投资于风险大的证券，1/3投资于风险中等的证券，1/3投资于风险小的证券。一般地讲，风险大的证券对经济形势的变化比较敏感，经济繁荣时，风险大的证券会获得高额收益，但在经济衰退时，风险大的证券则会遭遇巨额损失。相反，风险小的证券对经济形势的变化并不十分敏感，一般能获得稳定收益，而不至于遭受损失。因此，1/3投资组合法是一种进可攻、退可守的组合法，虽然它不会获得太高的收益，但也不会承担太大的风险，是一种比较常用的投资组合方法

第九章

成本和费用管理

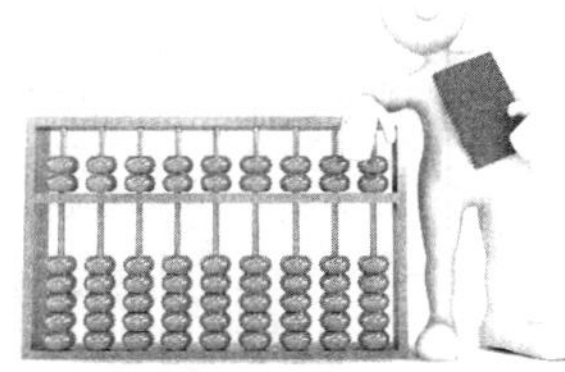

本章导读

成本费用管理是指企业对在生产经营过程中全部费用的发生和产品成本的形成所进行的计划、控制、核算、分析和考核等一系列科学管理工作的总称。加强成本费用管理，具有重要意义。它既是企业提高经营管理水平的重要因素，也是企业增加盈利的要求，并且为企业抵抗内外压力、求得生存发展提供了可靠保障。

在企业发展战略中，成本费用控制处于极其重要的地位。如果同类产品的性能、质量相差无几，决定产品在市场竞争的主要因素则是价格，而决定产品价格高低的主要因素则是成本，因为只有降低了成本，才有可能降低产品的价格。而期间费用与产品成本是密切相关的，它们直接决定了企业盈利水平的高低。加强成本和费用控制，是财务管理的重要内容。

第一节　成本管理的意义

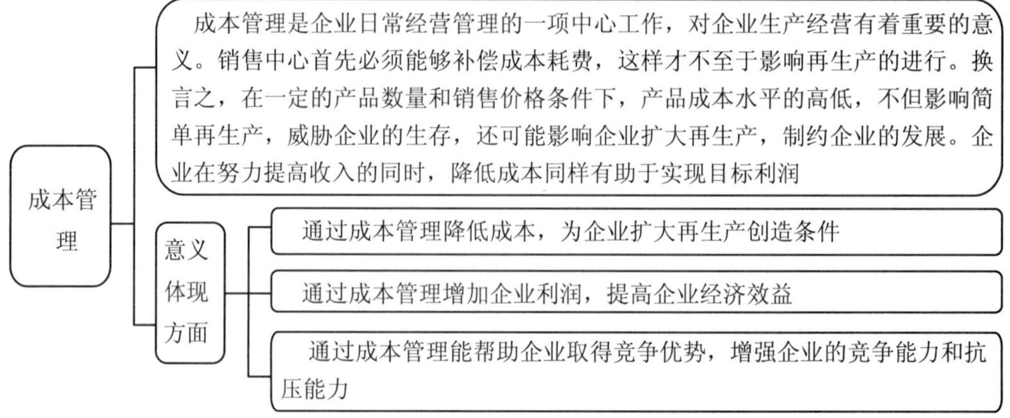

第二节　生产费用的分类

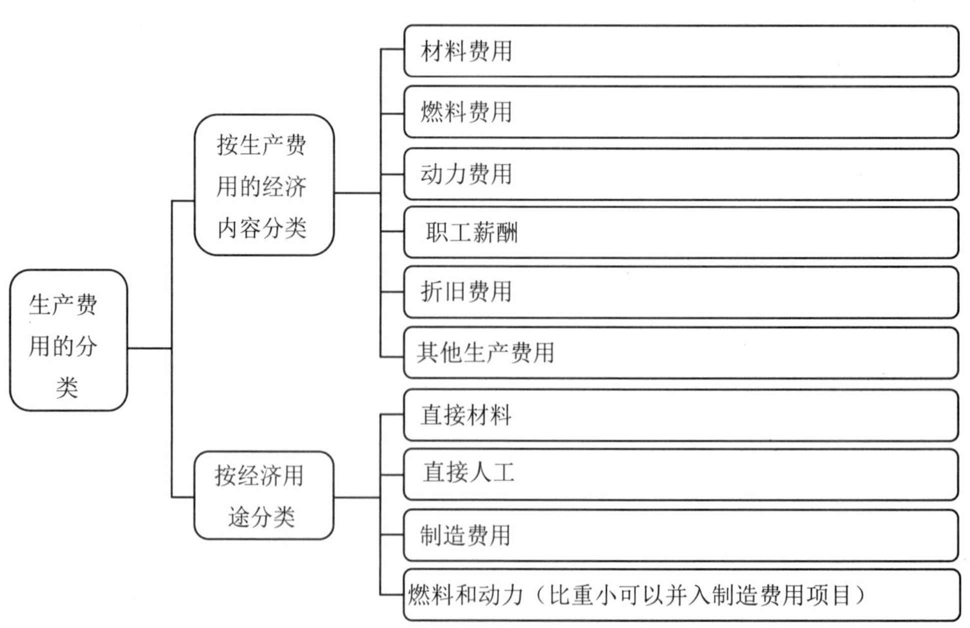

第三节　成本管理的内容

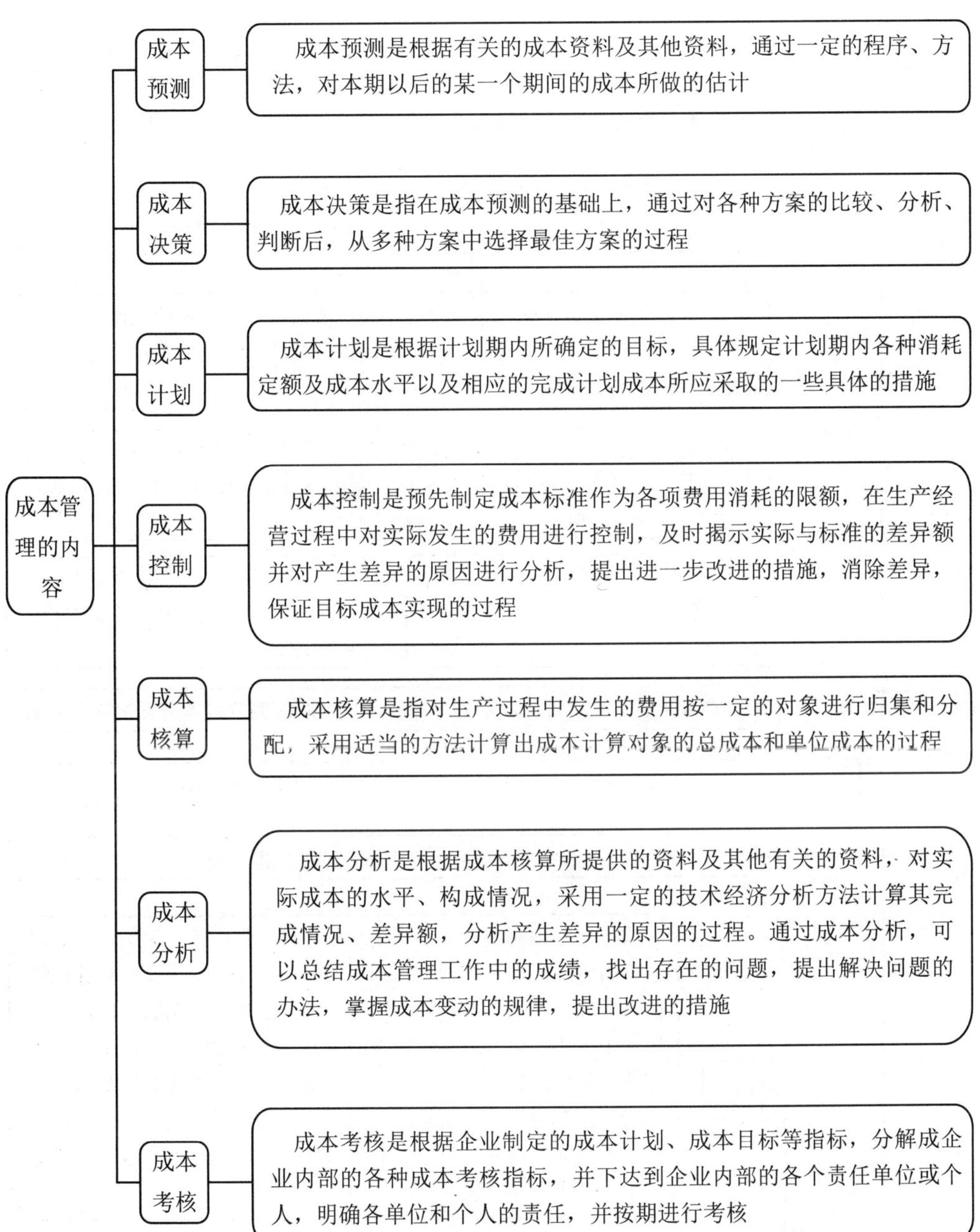
成本管理的内容
成本预测
成本预测是根据有关的成本资料及其他资料，通过一定的程序、方法，对本期以后的某一个期间的成本所做的估计
成本决策
成本决策是指在成本预测的基础上，通过对各种方案的比较、分析、判断后，从多种方案中选择最佳方案的过程
成本计划
成本计划是根据计划期内所确定的目标，具体规定计划期内各种消耗定额及成本水平以及相应的完成计划成本所应采取的一些具体的措施
成本控制
成本控制是预先制定成本标准作为各项费用消耗的限额，在生产经营过程中对实际发生的费用进行控制，及时揭示实际与标准的差异额并对产生差异的原因进行分析，提出进一步改进的措施，消除差异，保证目标成本实现的过程
成本核算
成本核算是指对生产过程中发生的费用按一定的对象进行归集和分配，采用适当的方法计算出成本计算对象的总成本和单位成本的过程
成本分析
成本分析是根据成本核算所提供的资料及其他有关的资料，对实际成本的水平、构成情况，采用一定的技术经济分析方法计算其完成情况、差异额，分析产生差异的原因的过程。通过成本分析，可以总结成本管理工作中的成绩，找出存在的问题，提出解决问题的办法，掌握成本变动的规律，提出改进的措施
成本考核
成本考核是根据企业制定的成本计划、成本目标等指标，分解成企业内部的各种成本考核指标，并下达到企业内部的各个责任单位或个人，明确各单位和个人的责任，并按期进行考核

第四节　成本的计划

- 成本计划
  - 概念
    - 成本计划是企业生产经营总预算的一部分，它以货币形式规定企业在计划期内产品生产耗费和各种产品的成本水平以及相应的成本降低水平和为此采取的主要措施的书面方案。成本计划属于成本的事前管理，是企业生产经营管理的重要组成部分，通过对成本的计划与控制，分析实际成本与计划成本之间的差异，指出有待加强控制和改进的领域，达到评价有关部门的业绩，增产节约，从而促进企业发展的目的
  - 意义
    - 企业的整体预算从销售预算开始，最终流向预计收益表和预计现金流量表，而成本计划是主要的中间环节。所以做好成本计划对企业的经营管理有重要的意义，如图9-1所示
  - 内容
    - 费用预算
      - 它按生产费用要素以及生产费用用途反映企业生产耗费。按生产要素反映可以编制材料费用预算、工资费用预算；按费用用途反映可以编制制造费用预算
    - 按产品品种编制，反映计划期各种产品的预计成本水平的产品成本计划
      - 产品成本计划一般主要包括主要产品单位成本计划和全部商品产品成本计划
  - 作用
    - 成本计划是达到目标成本的一种程序，使职工明确成本方面的奋斗目标
    - 成本计划是推动企业实现责任成本制度和加强成本控制的有力手段
    - 成本计划是评价考核企业及部门成本业绩的标准尺度
  - 编制原则
    - 成本计划编制方式有统一编制和分级编制。统一编制以企业财会部门为核心，在其他有关部门的配合下，根据综合经营计划的要求，编出产品成本计划。这是一种自上而下的编制方法，主要适合于中小型企业或品种较少的企业。分级编制采用自下而上的方法，是一种参与性的编制方式。高层管理下达成本控制指标，下级单位在根据这一指标，按成本计划的要求，通过同级间，上级与下级间的沟通、协调，最后形成总体成本计划。这一方式适合于企业集团和产品较多的企业

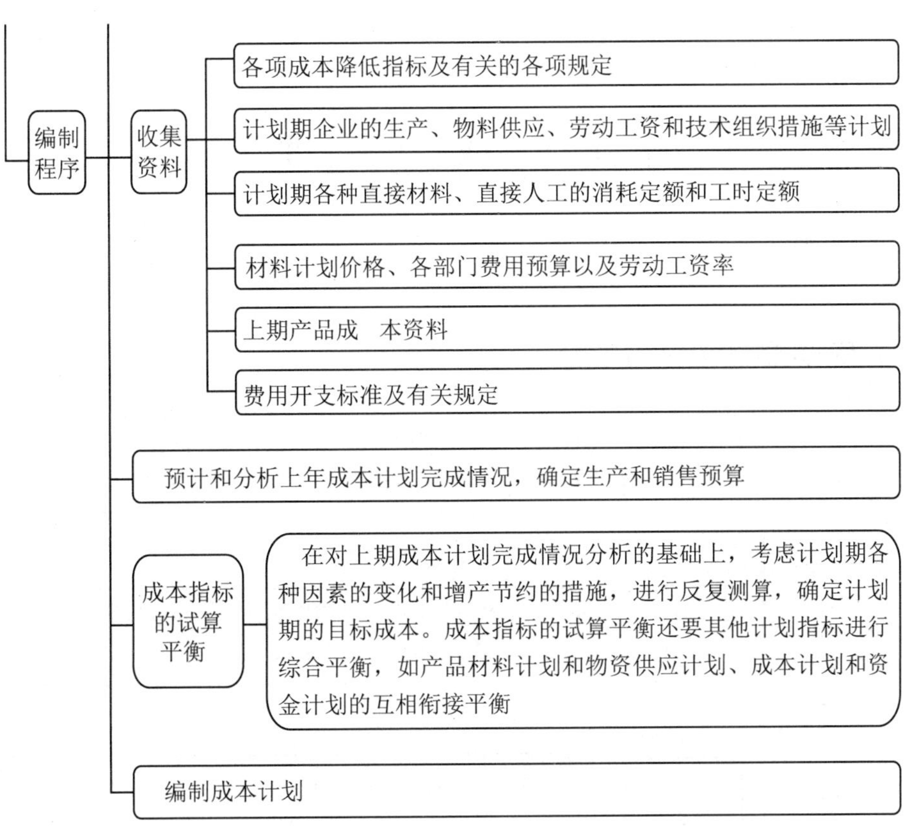

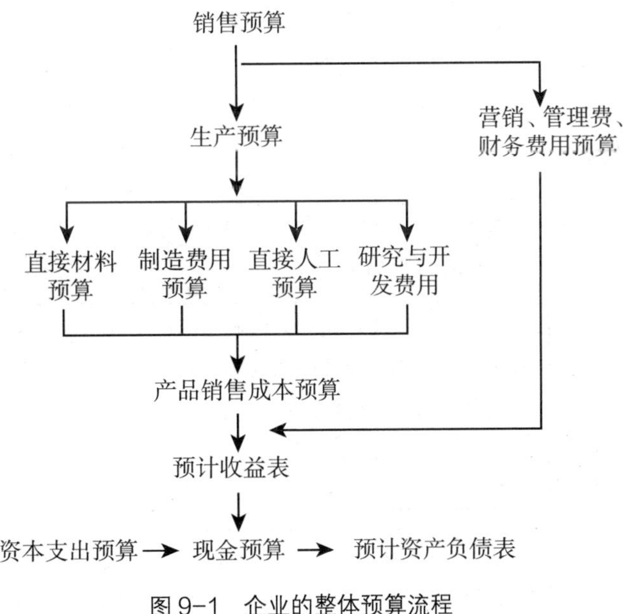

图 9-1　企业的整体预算流程

第五节　成本的管理与控制

一、成本控制管理的内容

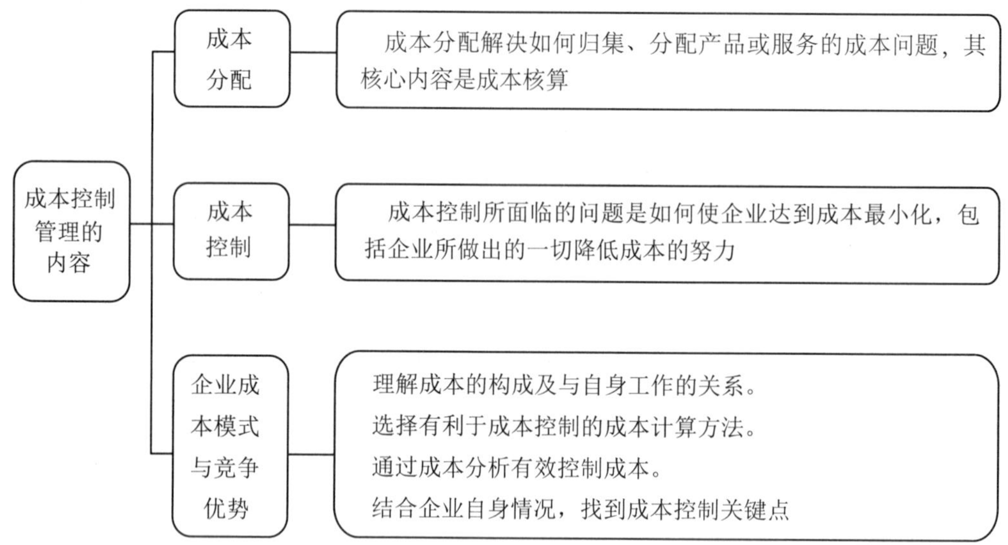

二、成本分配

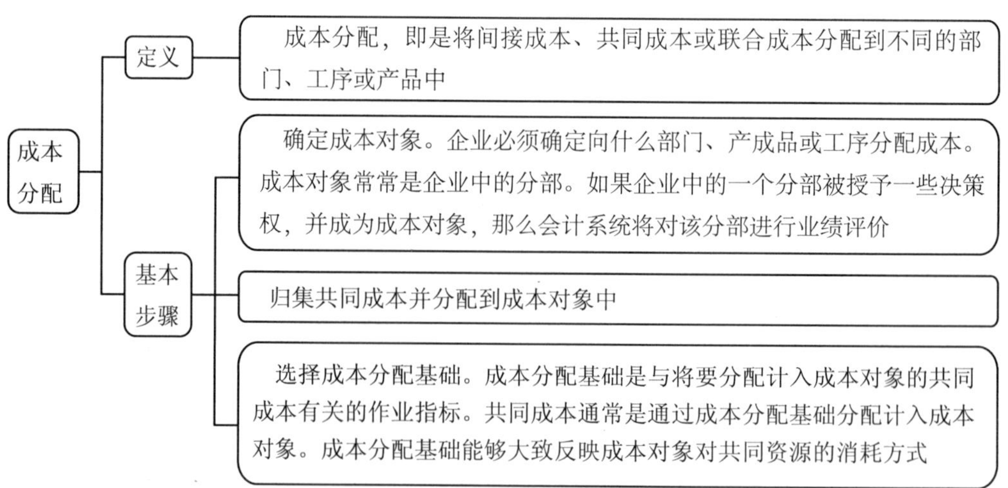

三、成本控制

- 成本控制
  - 定义
    - 成本控制是指运用以成本会计为主的各种方法，预定成本限额，按限额开支成本费用，以实际成本和成本限额比较，衡量经营活动的业绩和效果，以提高工作效率，实现乃至超过预期的成本限额
  - 成本控制管理的原则
    - 竞争是成本控制的基准。
    - 全员全过程控制。
    - 以企业价值最大化为最终目标。
    - 精细管理，从细节入手。
    - 整合优化内外部资源
  - 成本控制管理的作用
    - 成本控制管理是企业增加盈利的根本途径，直接服务于企业。
    - 成本控制管理是企业抵抗内外压力，求得生存的主要保障。
    - 成本控制管理是企业发展的基础
  - 成本控制的收益
    - 构建全面的企业成本管理思维，寻求改善企业成本的有效方法。
    - 跳出传统的成本控制框架，从公司整体经营的视角，更宏观地分析并控制成本。
    - 掌握成本核算的主要方法及各自的优缺点，根据情况的变化改良现有的核算体系。
    - 掌握成本分析的主要方法，为决策者提供关键有效的成本数字支持

四、强化方案

- 系统观念
  - 引入战略成本管理思想
  - 引入先进的方法和手段
  - 具体问题具体分析
  - 增强成本观念，实行全员成本管理
  - 利用现代信息技术
  - 采取措施保证成本信息有效

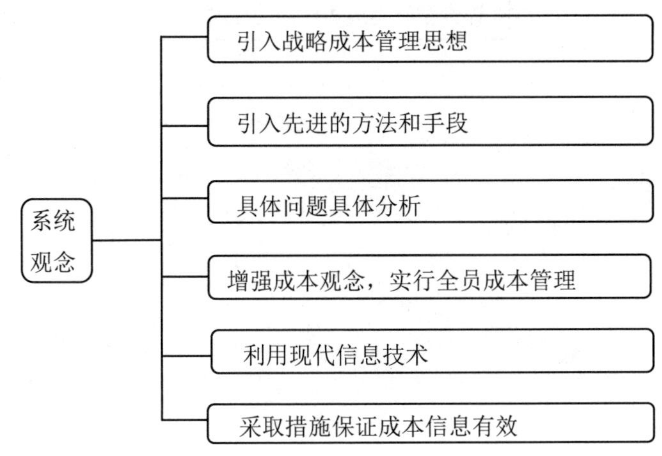

五、保障措施

- 保障措施
  - 整合工作流程提高效率
    - 我国原有的工作流程中既有适应现代企业发展的部分，也有不适应的部分，企业必须对此进行认真的研究，并加以改进。在此基础上企业在分析自身的竞争优势，确定企业的核心任务，撤销与此不相关的环节，减少不必要的层级。另外企业以此为基础可以科学地设计和建设企业的信息渠道，使其在到达必要的环节的同时减少不必要的停滞，保证信息技术的通畅和有效
  - 加强市场信息应用
    - 信息作为企业经营活动的一个重要因素，也是企业成本管理的有机组成部分。随着经济的发展，成本管理越来越复杂，尤其是在现代成本管理又与科技进步紧密相联，企业成本管理水平能否随形势发展而提高，经营能否顺利进行，很大程度上又取决于对成本的信息反馈水平。因此，企业成本管理也必须适应这一客观要求，不断提高信息管理水平。尽可能地吸收和借鉴中外成本管理的成功经验，抓住机遇，真正成为市场竞争中的强者
    - 任何一种有效的成本管理模式都不是一成不变的，它会随着社会的发展，环境的变化而不断变化，我们决不能静态地去看它，而要动态地去研究成本管理模式，不断创新成本管理模式，以适应形势发展的需要
  - 建立有效的成本管理激励机制
    - 加强成本目标的协调性
    - 制定具有挑战性的成本目标
    - 评价激励是成本控制的保障

「第十章」

利润及其分配

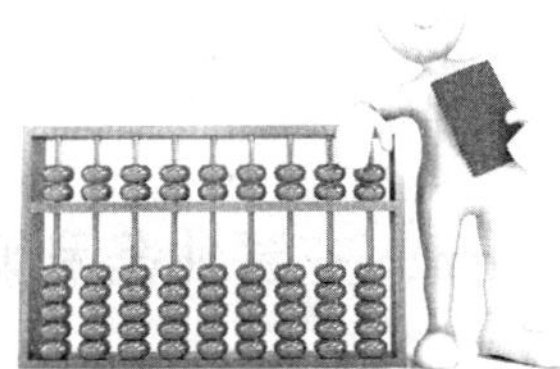

本章导读

利润分配，是将企业实现的净利润，按照国家财务制度规定的分配形式和分配顺序，在企业和投资者之间进行的分配。利润分配的过程与结果，是关系到所有者的合法权益能否得到保护，企业能否长期、稳定发展的重要问题，为此，企业必须加强利润分配的管理和核算。利润分配决策是股东当前利益和企业未来发展之间权衡的结果，将引起企业的资金存量和股东权益规模和结构的变化，也将对企业内部的筹资活动和投资活动产生影响。

第一节　企业利润的构成

利润是指企业在一定时期内所获得的经营成果，它集中反映企业生产经营活动等各方面的效益，是企业最终的财务成果，是衡量企业生产经营状况的一个重要综合指标。企业利润根据其包括内容的不同，可表示为主营业务利润、营业利润、利润总额和净利润等不同形式。

一、主营业务利润

- 主营业务利润
  - 定义：主营业务利润是指企业经营主要业务所取得的利润，它由主营业务收入扣减主营
  - 公式：主营业务利润＝主营业务收入－主营业务成本－营业税金及附加
  - 公式说明
    - 主营业务收入是企业经营主要业务所取得的收入。它是指企业按照营业执照上规定的主营业务内容开展生产经营活动所取得的营业收入。通常情况下，工业企业销售产品、商品流通企业销售商品所取得的收入就作为主营业务收入
    - 主营业务成本是指企业为经营主要业务而发生的实际成本。通常情况下，工业企业的已销产品的生产成本、商品流通企业已销商品的原进价就是主营业务成本
    - 营业税金及附加是指企业为经营主要业务而发生的应由主营业务负担的税金及附加，包括营业税、消费税、城市维护建设税、资源税和教育费附加等

二、营业利润

营业利润

- 定义

营业利润是指企业在一定期间内从事生产经营活动所获得的利润。它的计算涉及主营业务利润、其他业务利润、销售费用、管理费用、财务费用、投资净收益等项目

- 公式

营业利润=主营业务利润+其他业务利润-管理费用-财务费用+投资净收益

- 公式说明

其他业务利润是指企业在从事主营业务以外的其他经营性业务中取得的利润，由其他业务收入扣除其他业务成本后形成，如材料销售、固定资产出租、包装物出租等业务所取得的利润

销售费用是指企业在销售商品过程中发生的费用，如广告费、包装费、运输费、保险费、展览费、商品维修费、专设销售机构的经费（如职工薪酬、业务费用、折旧费等）等

管理费用是指企业为组织和管理企业生产经营所发生的管理费用，包括企业在筹建期间内发生的开办费，董事会和行政管理部门在企业的经营管理中发生的，或者应当由企业统一负担的公司经费（包括行政管理部门职工工资、修理费、物料消耗、低值易耗品摊销、办公费和差旅费等）、工会经费、待业保险费、劳动保险费、董事会费（包括董事会成员津贴、会议费、差旅费等）、聘请中介机构费、咨询费（含顾问费）、诉讼费、业务招待费、房产税、车船税、土地使用税、印花税、技术转让费、矿产资源补偿费、研究与开发费、排污费等

财务费用是指企业为筹集生产经营所需资金等而发生的费用，如利息支出（减利息收入）、汇兑损失（减汇兑收益）以及相关的手续费、企业发生的现金折扣以及收到的现金折扣等

投资净收益是指企业的投资收益减去投资损失后的余额。投资收益主要来自交易性金融资产、可供出售金融资产、持有至到期投资、长期股权投资等

上述的销售费用、管理费用和财务费用统称为期间费用。期间费用无须摊入产品的生产成本，而是直接计入当期损益

三、利润总额

- 利润总额
  - 定义：利润总额是指企业一定期间所实现的全部利润，也称税前利润。它由营业利润、营业外收入、营业外支出等构成
  - 公式：利润总额=营业利润+营业外收入-营业外支出
  - 公式说明
    - 营业外收入是指企业发生的与其生产经营没有直接关系的各种收入，包括固定资产盘盈、处置固定资产净收益、处置无形资产净收益、罚款净收入、由于债权人因素确实无法支付的应付账款等
    - 营业外支出是指企业发生的与其生产经营没有直接关系的各种支出，包括固定资产盘亏、报废、毁损和出售的净损失，由于自然灾害等特殊原因给企业造成的非常损失，罚款支出，公益性捐赠支出，债务重组损失等
    - 营业外收支虽然与企业的生产经营无直接关系，但对企业的利润水平会产生一定影响

四、净利润

- 净利润
  - 定义：净利润又称税后利润，是指利润总额减去所得税费用后的净额。它是企业所有者权益的组成部分，也是企业进行利润分配的依据
  - 公式：净利润=利润总额-所得税费用

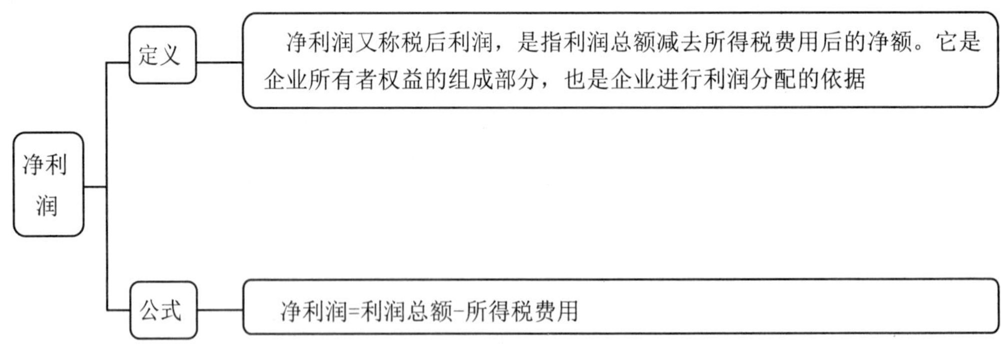

第二节　工程结算利润的预测

利润预测是指企业在营业收入预测的基础上，通过对销售量、商品或服务成本、相关费用以及其他对利润发生影响的因素进行分析与研究，进而对企业在未来某一时期内可以实现的利润预期数进行预计和测算。

一、利润预测的作用

- 利润预测的作用
  - 利润预测是企业编制利润计划的主要依据
    - 企业利润计划是在上期利润水平的基础上，对未来时期利润情况进行反复分析和测算后制定的。利润预测的过程就是编制利润计划的准备过程，利润预测的结果则是企业编制利润计划的主要依据
  - 利润预测有利于企业目标利润的实现
    - 企业在进行利润预测时，要综合考虑分析未来时期影响利润增减的各种因素的变化情况。企业应采取有力措施，充分利用有利于增加企业利润的因素，尽量化解减少企业利润的因素，进而保证企业目标利润的实现
  - 利润预测有利于调动企业职工生产经营积极性
    - 在利润预测过程中，首先要对上期利润指标完成情况进行分析、评价，总结经验，找出存在的问题，挖掘增加利润的潜力。总结经验就是为了树立企业的良好形象，分析存在问题则是旨在找出差距，明确责任，进而确定未来时期利润目标的理想数。利润预测是表彰先进，鞭策落后，挖掘潜力，充分调动企业职工生产经营积极性的过程

二、利润预测的内容

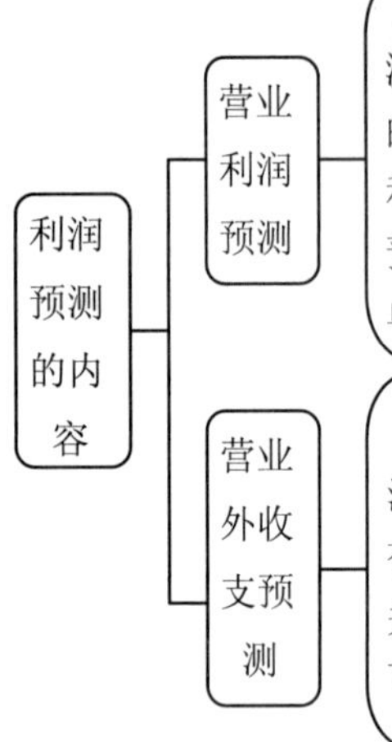

营业利润在利润总额中所占比重最大，因而营业利润预测应是利润预测的重点。而在营业利润中主营业务利润又占很大比重，主营业务利润的大小，则主要取决于企业产品的销售量和单位产品利润，而单位产品利润由单位产品成本和销售单价所决定。单位产品成本和产品销售量的预测，可以根据企业的成本费用预测及营业收入预测资料取得；产品的单位售价由企业根据定价目标，选择适当定价方法加以制定

营业外收支虽然与企业的生产经营活动没有直接关系，但与企业经营活动存在一定的联系，并直接影响利润总额。营业外收支的发生常常带有一定的偶然性，而且营业外收入的发生与营业外支出的发生没有必然关系，所以对其难以做出准确的预测。在实际工作中，营业外收支项目可根据上期实际发生额，并考虑未来时期的发展变化情况加以预计测算

三、利润预测的步骤

利润预测的步骤

- 目标利润
  - 企业的目标利润是通过利润预测来确定的。所谓目标利润，是企业在计划期经过努力能够达到的利润水平，是企业计划期生产经营活动综合经济效益的集中表现。目标利润对编制利润计划和平衡企业其他财务计划起着主导作用
- 步骤
  - 分析上期利润指标完成情况，提出计划期利润目标的理想数额。企业要确定计划期目标利润，首先必须对上期利润指标的完成情况进行分析、评价，然后再根据企业对计划期利润的要求，提出计划期利润目标的理想数额
  - 采用科学的方法测算计划期可能实现的目标利润数额。企业计划期的利润目标理想数额确定之后，还应根据对计划期利润增减变化有影响的各项因素，测算出计划期可能实现的利润数额。显然，计划期可能实现的利润数额比其理想数额更具有实际意义。本步骤是利润预测的核心
  - 将计划利润目标的理想数额与可能实现数额进行比较，最后确定目标利润数额。通过将提出的计划期利润目标理想数额与经过测算得出的可能实现数额进行比较，有助于企业进一步挖掘潜力，在生产经营管理的各个方面采取改进措施。经过反复测算，最后确定出切实可行的计划期目标利润数额。计划期目标利润数额是编制利润计划的依据

四、利润预测的方法

测算计划期可能实现的目标利润数额是利润预测的核心步骤，常用的测算方法有以下几种：

1. 比例计算法

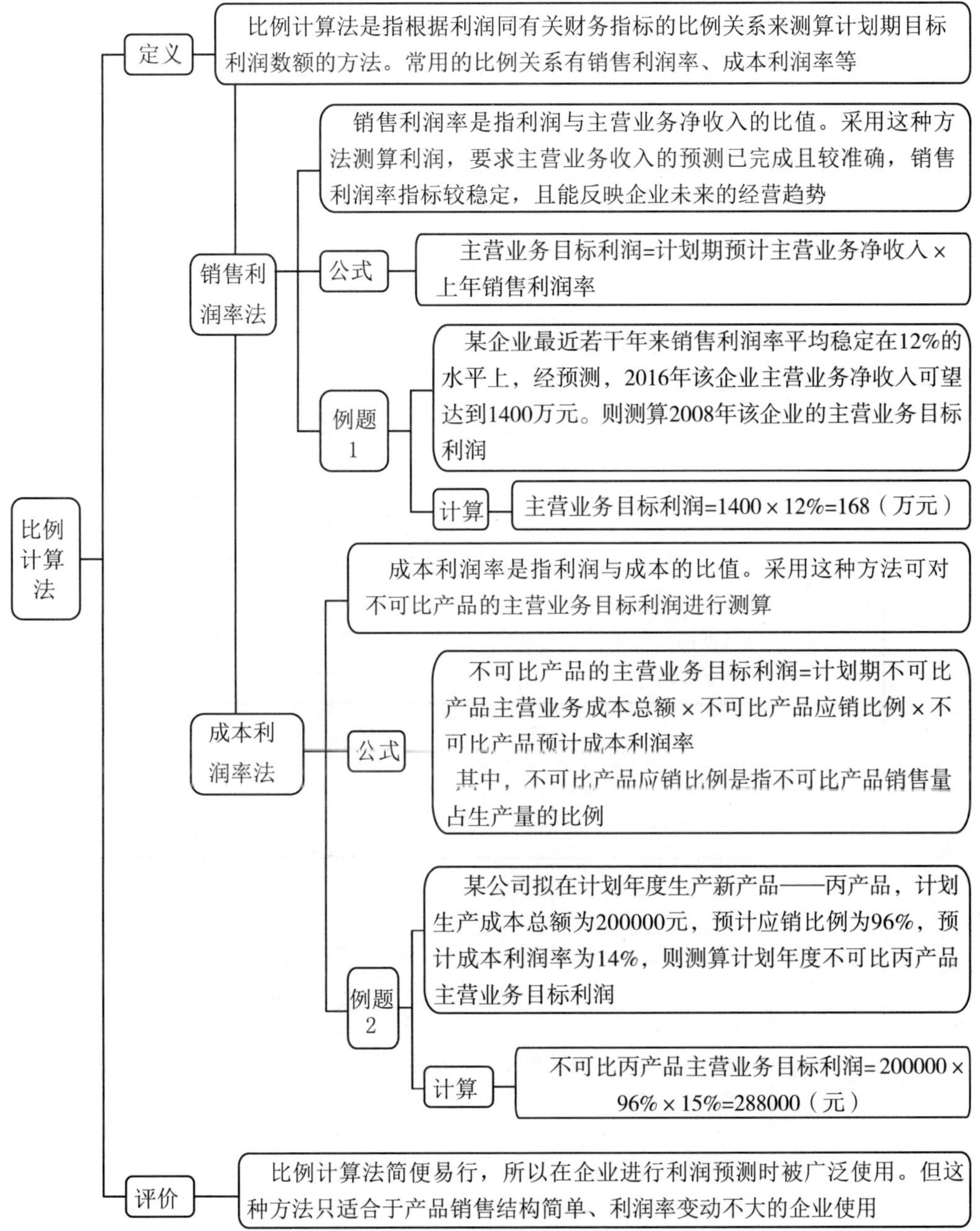

2. 量本利分析法

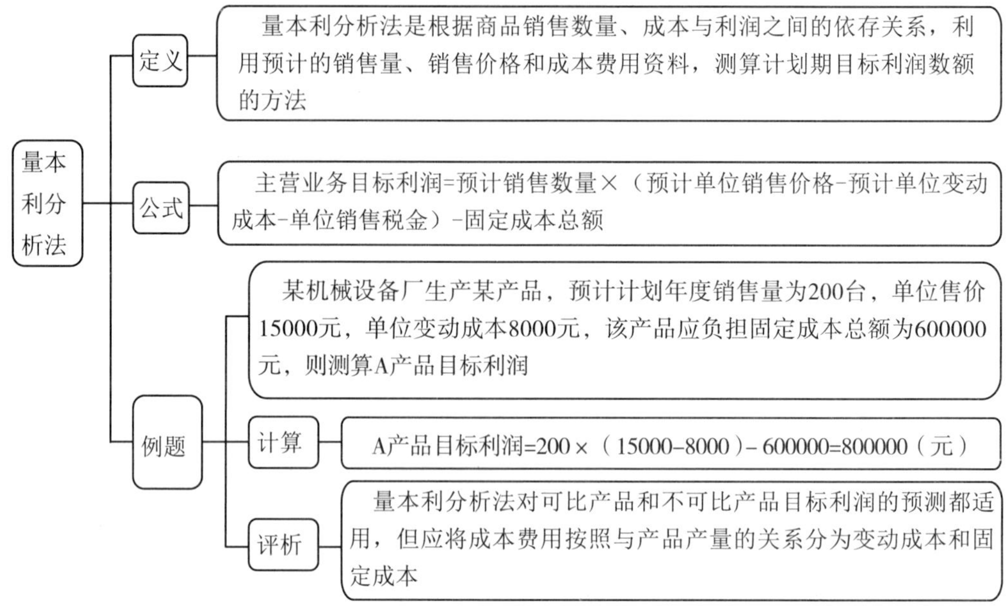

3. 因素分析法

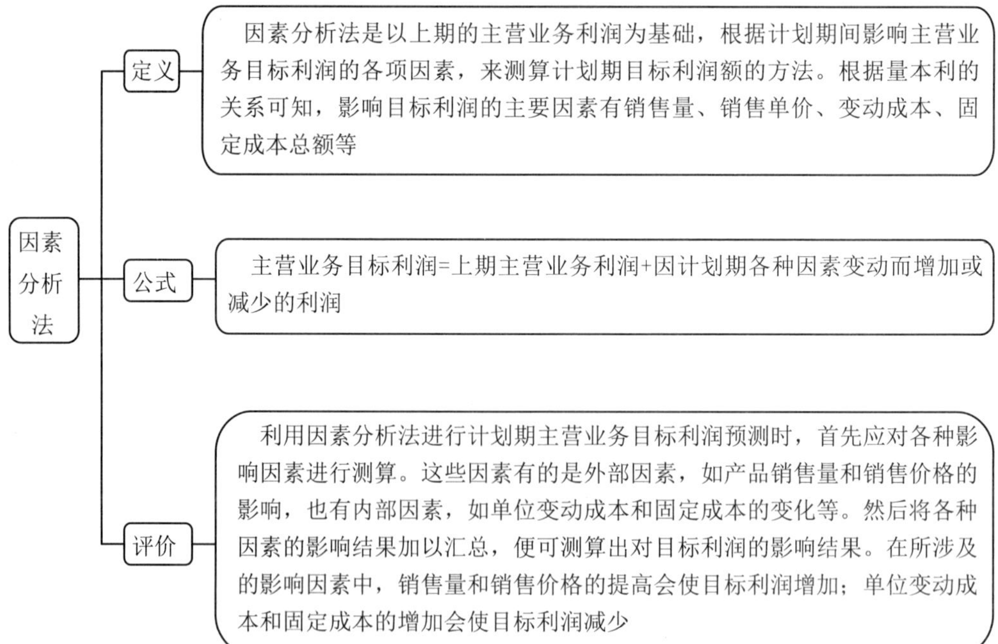

第三节 利润的分配

利润分配，是将企业实现的净利润，按照国家财务制度规定的分配形式和分配顺序，在企业和投资者之间进行的分配。利润分配的过程与结果，是关系到所有者的合法权益能否得到保护，企业能否长期、稳定发展的重要问题，为此，企业必须加强利润分配的管理和核算。利润分配决策是股东当前利益和企业未来发展之间权衡的结果，将引起企业的资金存量和股东权益规模和结构的变化，也将对企业内部的筹资活动和投资活动产生影响。

一、利润分配基本原则

利润分配基本原则

- 依法分配原则：国家有关法律、法规对企业利润分配的基本原则、一般次序和重大比例也做了较为明确的规定，其目的是为了保障企业利润分配的有序进行，维护企业和所有者、债权人以及职工的合法权益，促使企业增加积累，增强风险防范能力。利润分配在企业内部属于重大事项，企业的章程必须在不违背国家有关规定的前提下，对本企业利润分配的原则、方法、决策程序等内容作出具体而又明确的规定
- 资本保全原则：资本保全是责任有限的现代企业制度的基础性原则之一，企业在分配中不能侵蚀资本。利润的分配是对经营中资本增值额的分配，不是对资本金的返还。按照这一原则，一般情况下，企业如果存在尚未弥补的亏损，应首先弥补亏损，再进行其他分配
- 充分保护债权人利益原则：债权人的利益按照风险承担的顺序及其合同契约的规定，企业必须在利润分配之前偿清所有债权人到期的债务，否则不能进行利润分配。同时，在利润分配之后，企业还应保持一定的偿债能力，以免产生财务危机，危及企业生存。此外，企业在与债权人签订某些长期债务契约的情况下，其利润分配政策还应征得债权人的同意或审核方能执行
- 多方及长短期利益兼顾原则：利润分配涉及投资者、经营者、职工等多方面的利益，企业必须兼顾，并尽可能地保持稳定的利润分配。在企业获得稳定增长的利润后，应增加利润分配的数额或百分比。同时，由于发展及优化资本结构的需要，除依法必须留用的利润外，企业仍可以出于对长远发展的考虑，合理留用利润。在积累与消费关系的处理上，企业应贯彻积累优先的原则，合理确定提取盈余公积金和分配给投资者利润的比例，使利润分配真正成为促进企业发展的有效手段

二、利润分配的一般程序

利润分配程序是指企业根据适用的法律、法规或规定，对企业一定期间实现的净利润进行分派必须经过的先后步骤。企业向投资者（股东）分配利润（支付股利）应按一定的顺序进行，根据我国《公司法》等有关规定，利润分配应按下列顺序进行。

利润分配的一般程序

- 确定可供分配的利润
  - 我国财务和税务制度规定，企业的年度亏损，可以用下一年度的税前利润弥补，但弥补期不超过5年，超过法定弥补年限的未弥补的亏损，用以后年度的税后利润弥补。
  - 可供分配利润=本年税后利润+年初未分配利润（未弥补亏损）
  - 可供分配利润大于零是进行后续分配的必要条件，只有可供分配的利润大于零时，企业才能进行后续分配
- 提取法定盈余公积金
  - 在不存在年初累计亏损的前提下，法定盈余公积金以税后净利润为基数，按10%提取；在存在年初累计亏损的前提下，法定盈余公积金以税后净利润扣除以前年度亏损为基数，按10%提取。法定盈余公积金已达注册资本的50%时可不再提取。提取的法定盈余公积金用于弥补以前年度亏损或转增资本金。但转增资本金后留存的法定盈余公积金不得低于注册资本的25%
- 发放优先股股利
  - 如果企业有发行在外的优先股，应按事先约定的股利率向优先股股东发放优先股股利
- 提取任意盈余公积金
  - 任意盈余公积金是根据企业发展的需要自行提取的公积金，其提取基数与计提法定盈余公积金的基数相同，计提比例由股东大会根据需要决定
- 向普通股股东（投资者）支付股利（分配利润）
  - 企业应首先计算本年度可供投资者分配利润，然后再根据利润分配政策确定应向普通股股东支付的股利数额。
  - 可供投资者分配利润=可供分配利润−盈余公积金−优先股股利
  - 可供投资者分配利润大于零是向普通股股东支付股利的必要条件，可供投资者分配利润也是企业向普通股股东支付股利的上限

第四节　股份制企业利润的分配

股份有限公司的利润分配政策比较具有代表性，这里我们就以股份有限公司的利润分配政策即股利分配政策为背景展开讨论。

一、股利分配的影响因素

公司的股利分配是在种种因素制约下进行的,影响股利分配的因素有包括以下内容。

（一）法律因素

为了保护投资者、债权人和国家的利益，有关法规对企业的股利分配有如下限制。

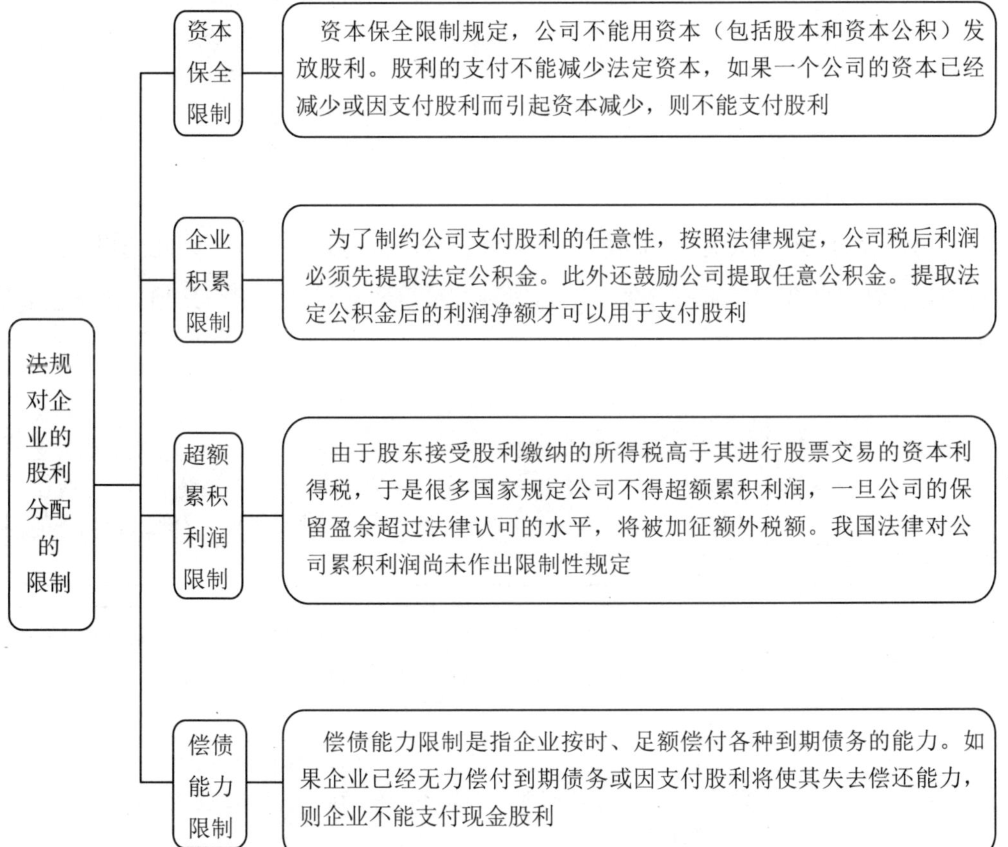

（二）股东因素

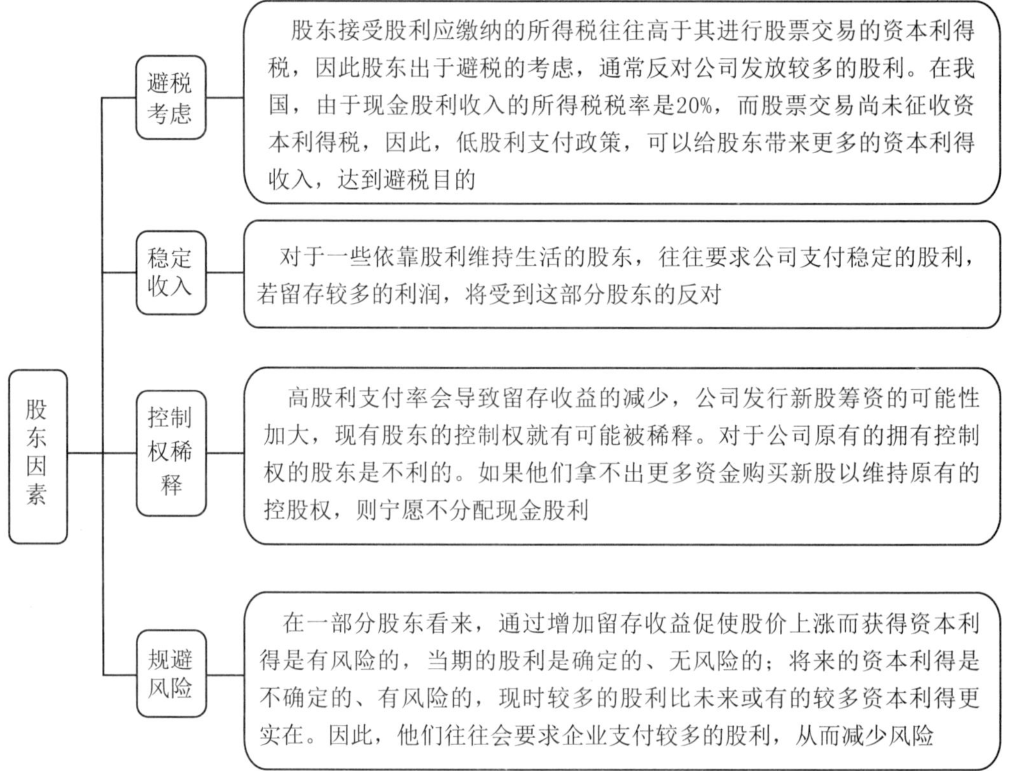

（三）公司因素

公司资金的灵活周转是公司生产经营得以正常进行的必要条件。因此公司长期发展和短期经营活动对现金的需求，便成为对股利的最重要的限制因素。其相关因素主要有如下几项。

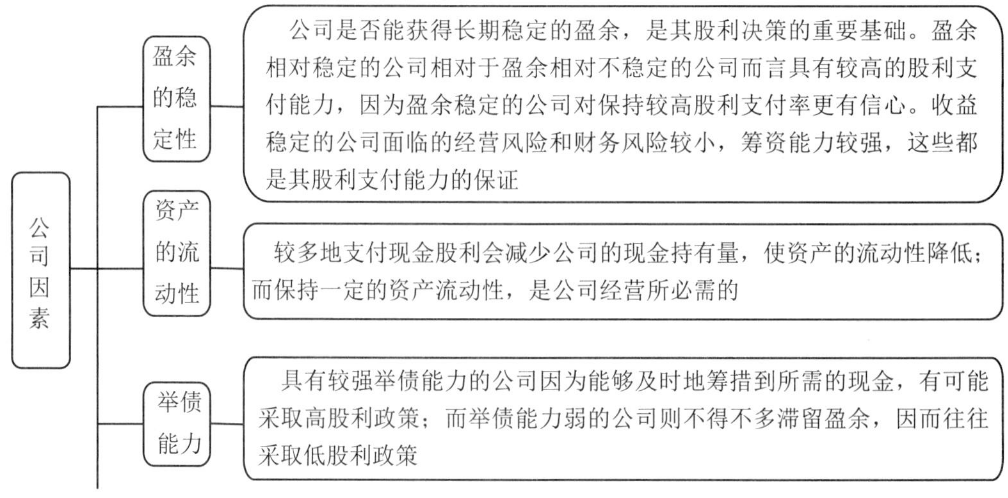

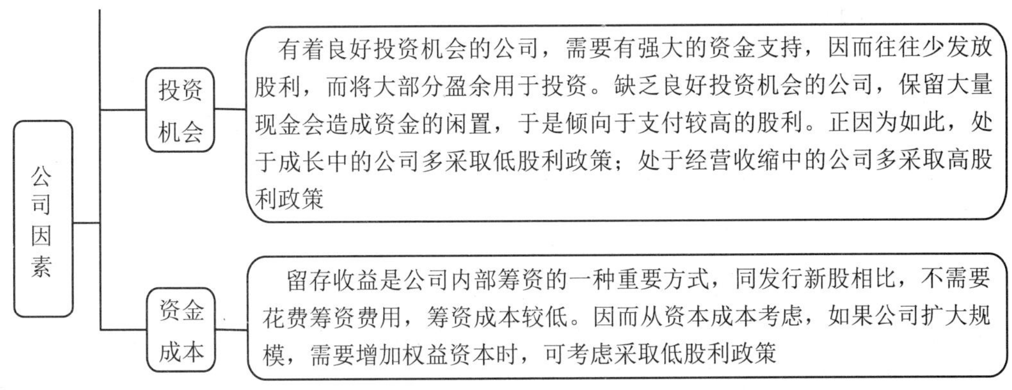

（四）其他因素

影响股利政策的其他因素主要包括不属于法规规范的债务合同约束以及因通货膨胀带来的公司对重置实物资产的特殊考虑等。

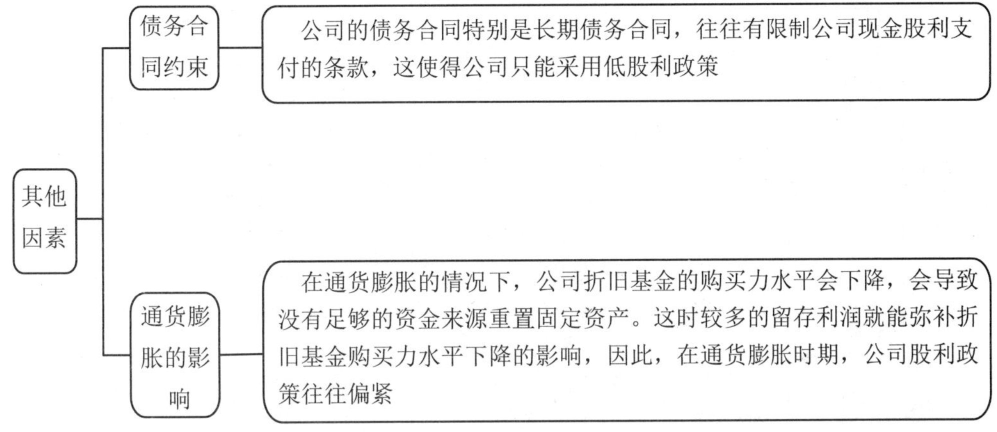

二、股利分配政策

股利分配政策的核心问题是确定支付股利与留存收益的比例，两者存在着此长彼消的关系。增加支付会减少留存收益，将增加外部筹资需求，因此，股利分配行为同时也是内部筹资行为。常用的股利政策主要有以下四种类型。

（一）剩余股利政策

1. 股利的确定

这种政策认为公司的盈余首先用于盈利性投资项目的资金需要，如果有剩余，公司才能将剩余部分作为股利发放给股东。剩余股利政策的操作步骤如下。

（1）剩余股利政策的操作步骤

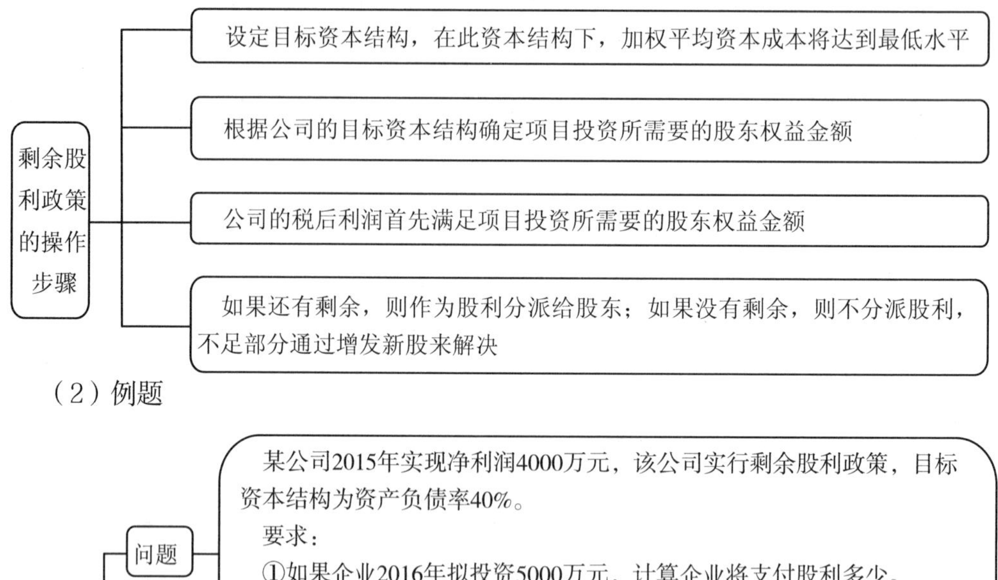

（2）例题

例题

问题

某公司2015年实现净利润4000万元，该公司实行剩余股利政策，目标资本结构为资产负债率40%。

要求：

①如果企业2016年拟投资5000万元，计算企业将支付股利多少。

②如果企业2016年拟投资8000万元，分析企业是否还将支付股利。

③在没有增发新股的情况下，计算该公司2016年可以用于投资的最大支出是多少

解析

①支付股利=4000-5000×（1-40%）=1000（万元）

②因为：4000-8000×（1-40%）=-800（万元）<0

所以，公司不应支付股利，应该增发新股融资800万元。

③公司最大的投资支出=4000÷（1-40%）=6667（万元）

如果公司投资支出小于6667万元，公司应支付股利；反之，公司应该增发新股

2. 剩余股利政策的意义

剩余股利政策的意义

剩余股利政策成立的基础是，大多数投资者认为，如果公司再投资的收益率高于投资者在同样风险下其他投资的收益率，他们宁愿把利润保留下来用于企业再投资，而不是用于支付股利。例如，企业有投资收益率达10%的再投资机会，而股东取得股利后再投资的收益率只有5%时，则股东们愿意选择将利润保留于公司

剩余股利政策的优点是，可以最大限度地满足公司对再投资的权益资本需要，保持理想的资本结构，并能使加权平均资本成本最低；它的缺点是忽略了不同股东对资本利得与股利的偏好，损害那些偏好现金股利的股东利益，从而有可能影响股东对企业的信心。此外，企业采用剩余股利政策是以投资的未来收益为前提的，由于企业管理层与股东之间存在信息不对称，股东不一定了解企业投资未来收益水平，也会影响股东对企业的信心

（二）固定股利政策

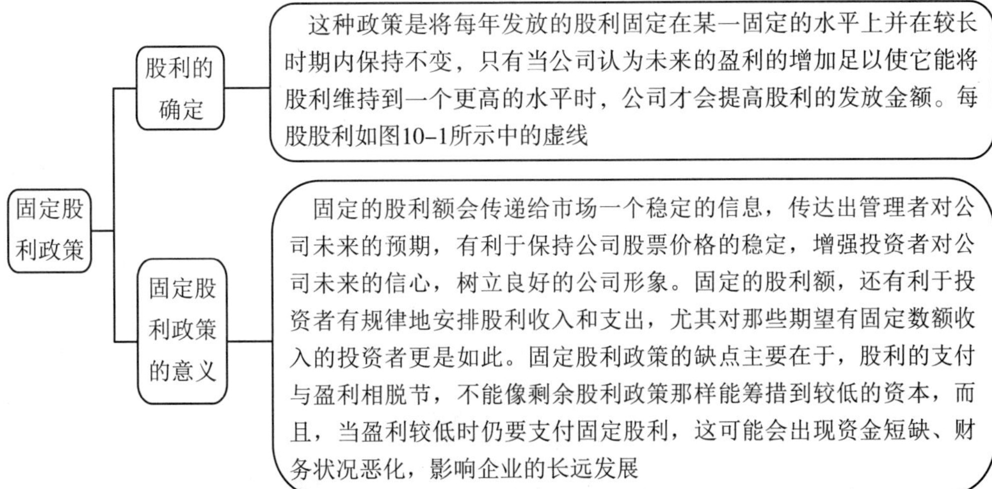

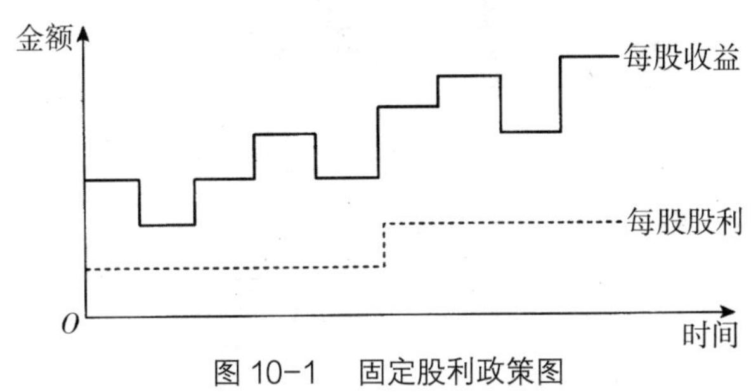

图 10-1　固定股利政策图

（三）固定股利支付率政策

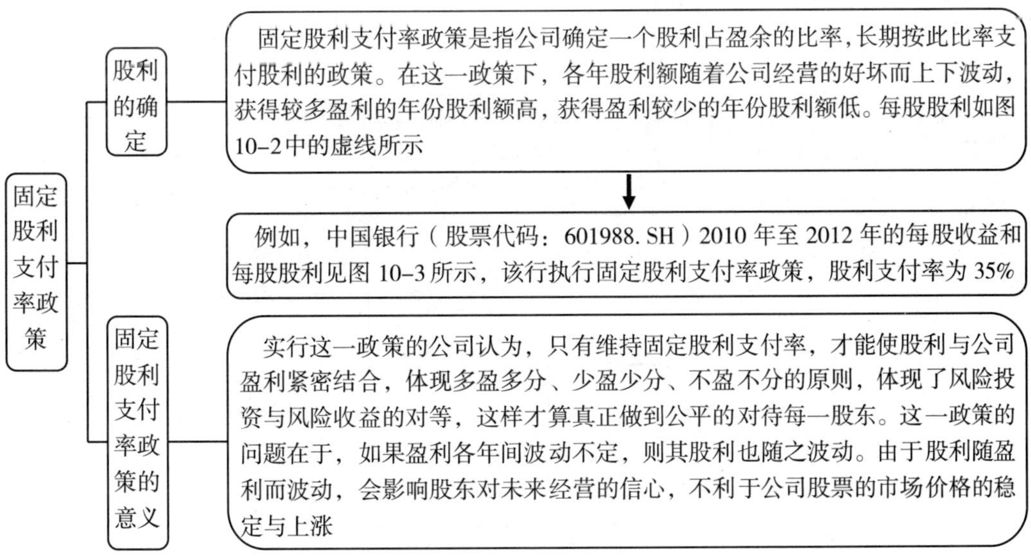

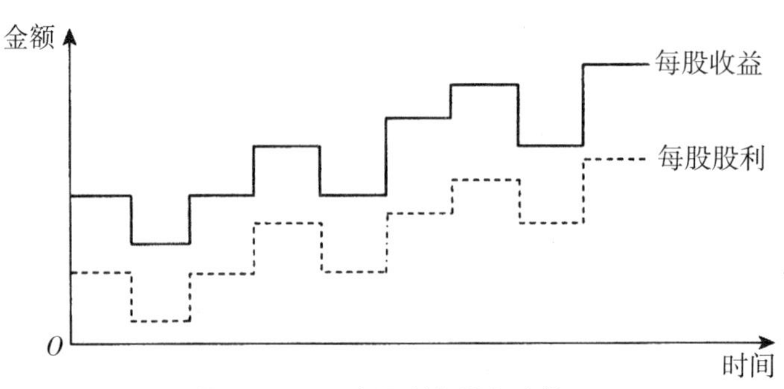

图 10-2　固定股利支付率政策

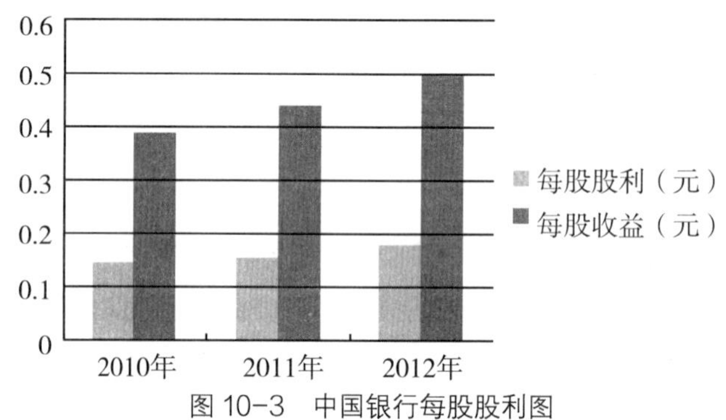

图 10-3　中国银行每股股利图

（四）低正常股利加额外股利政策

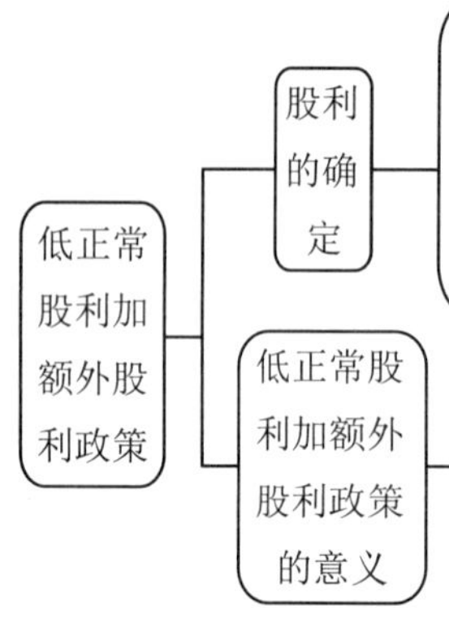

这种股利政策是介于固定股利与固定股利支付率之间的一种股利政策。其特征是：公司一般每年都支付较低的固定股利，当盈利增长较多时，再根据实际情况加付额外股利。但额外股利并不固定化，不意味着公司永久提高了规定的股利额。正常每股股利和额外每股股利如图10-4中的虚线所示

这种政策既能保证股利的稳定性，使依靠股利度日的股东有比较稳定的收入，从而吸引住这部分股东，又能做到股利和盈利有较好的配合，使企业具有较大的灵活性。这种股利政策适用于盈利与现金流量波动的公司，因而也被大多数公司所采用

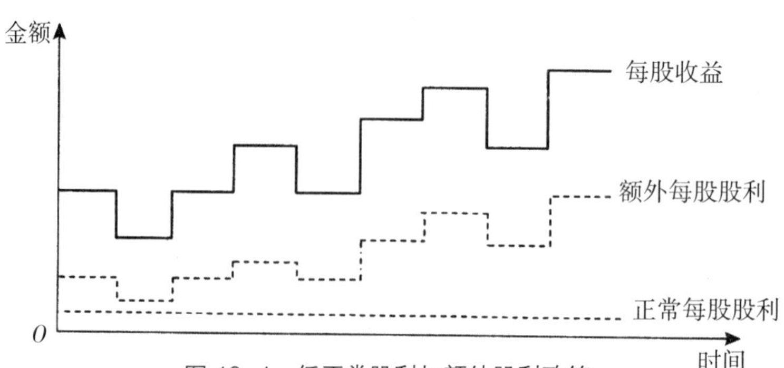

图 10-4　低正常股利加额外股利政策

以上各种股利政策各有所长，公司在确定其股利分配政策时，应充分考虑各种股利政策的优缺点，确定适合本公司实际情况的股利分配政策。

三、股利种类及其支付

（一）股利种类

公司通常以多种形式发放股利，股利支付形式一般有现金股利、股票股利、财产股利和负债股利，其中最为常见的是现金股利和股票股利。目前，我国上市公司的股利分配只存在现金股利和股票股利两种形式，在这里，我们只介绍这两种形式。

1. 现金股利

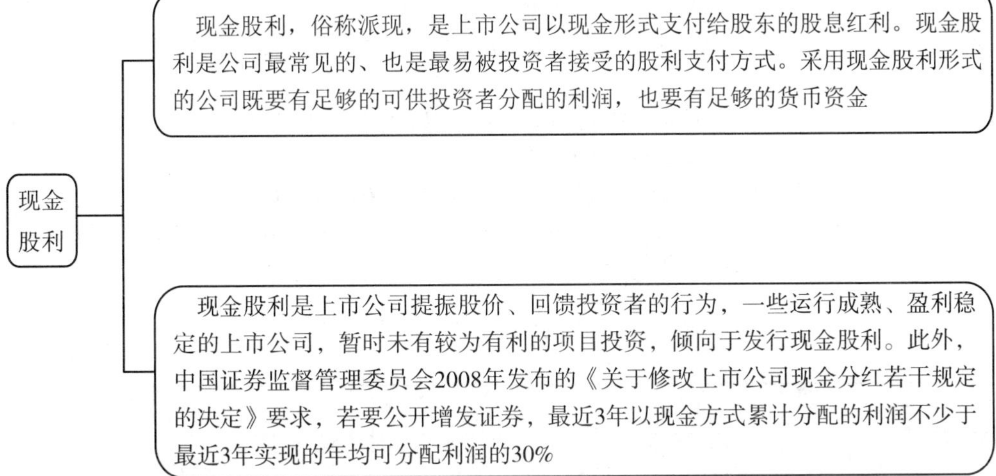

2. 股票股利

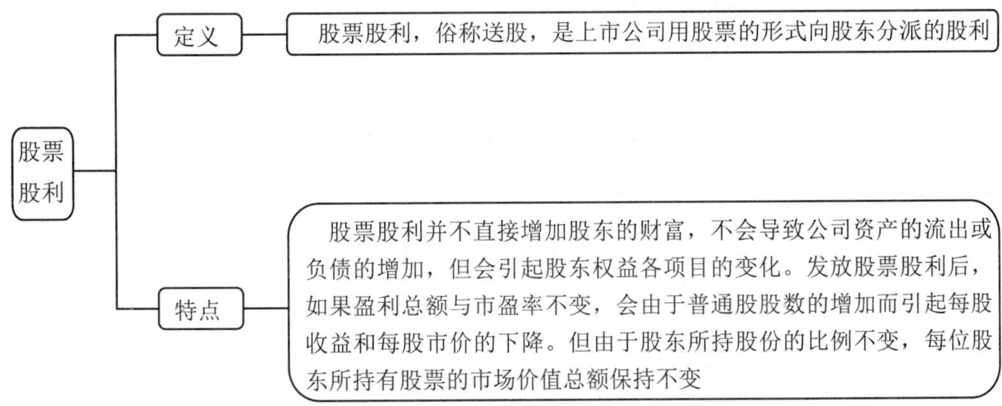

现以我国某上市公司的股利分配方案举例说明。

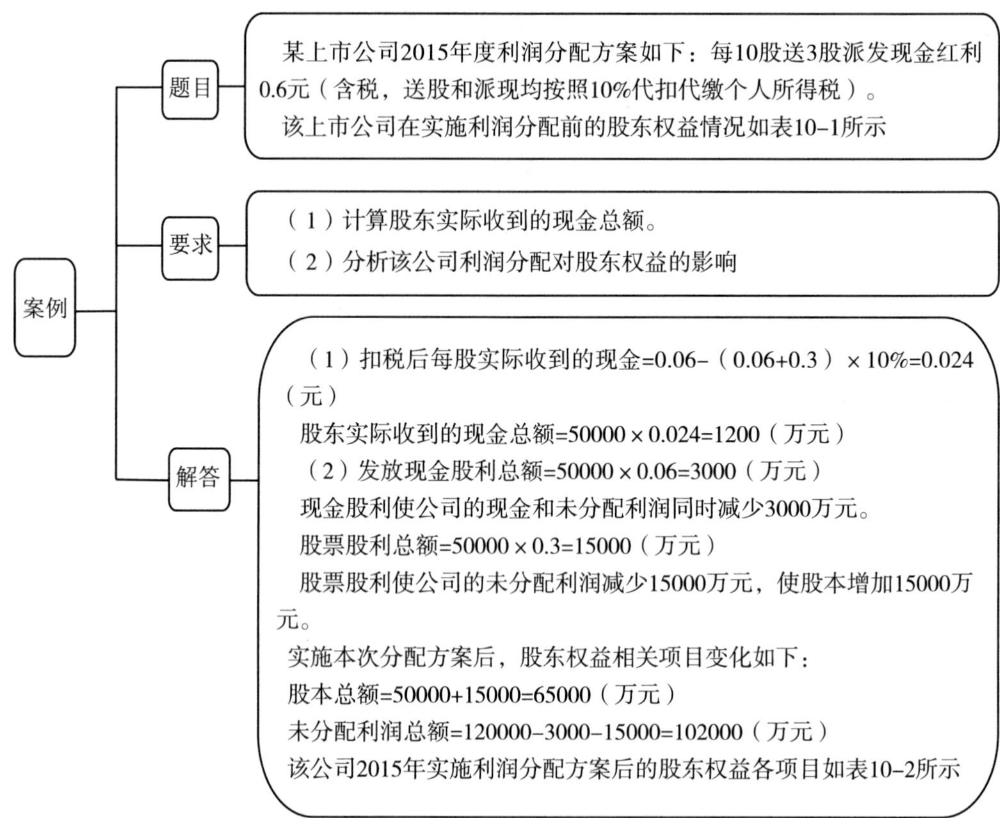

表 10-1　利润分配前的股东权益情况

单位：万元

项目	金额
股本（面值 1 元，已发行 60000 万股）	50000
资本公积	50000
盈余公积	16000
未分配利润	120000
股东权益合计	226000

表 10-2　利润分配后的股东权益情况

单位：万元

项目	金额
股本（面值 1 元，已发行 78000 万股）	65000
资本公积	50000
盈余公积	16000
未分配利润	102000
股东权益合计	233000

可见，发放现金股利，会导致股东权益的减少，而发放股票股利，不会对股东权益总额产生影响，但会发生资金在各股东权益项目之间的再分配。

在美国等西方国家，如上市公司发放的股票股利在之前股票数量的20%以内，应将股票股利以股票市价为基础，从未分配利润项目转出，其中按照股票面值部分转至股本项目，股票市价和面值的差额转入资本公积项目。如股票股利、股票数量超出发行前股票数量的20%，处理方法与我国相同。

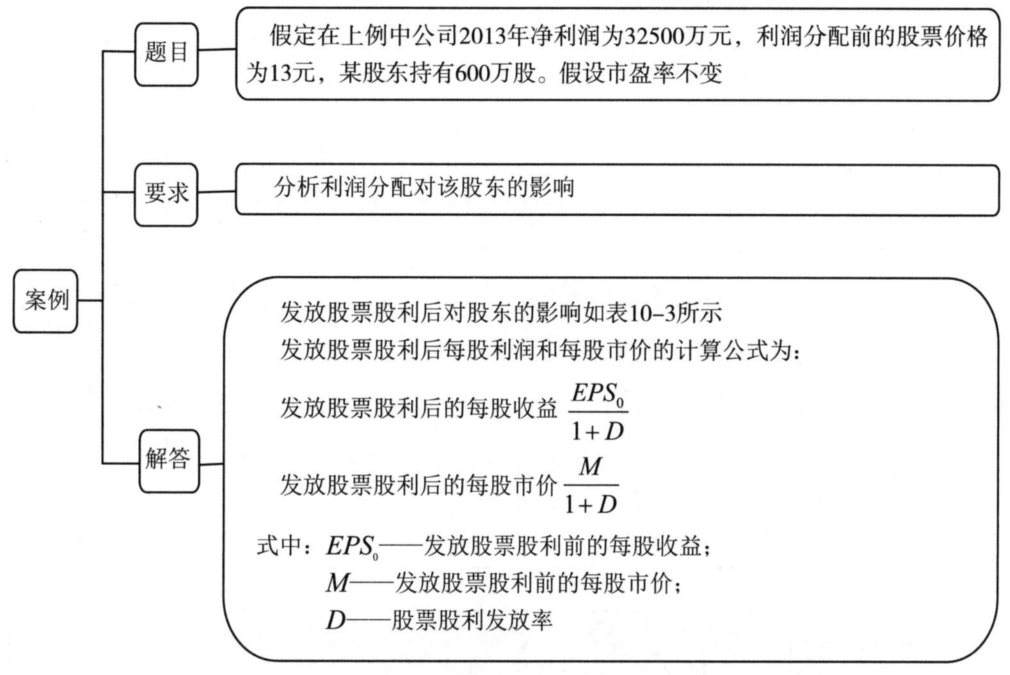

表10-3 发放股票股利后对股东的影响

项目	发放前	发放后
每股收益（元）	32500 ÷ 50000=0.65	0.65 ÷（1+30%）=0.5
每股市价（元）	13	13 ÷（1+30%）=10
持股比例	600 ÷ 60000=1%	650 ÷ 65000=1%
所持股总价值（万元）	13 × 600=7800	10 × 650=6500

（二）发放股票股利的意义

尽管股票股利不直接增加股东的财富，也不增加企业的价值，但对股东和企业都有好处。

发放股票股利的意义

对股东而言，股票股利的意义

①有时公司发放股票股利后其股价并不成比例下降，这可使股东得到股票价值相对上升的好处。②在股东需要现金时，可以将分得的股票股利出售，有些国家税法规定出售股票所需缴纳的资本利得税税率比收到现金股利所需缴纳的所得税税率低，这使得股东可以从中获得纳税上的好处

对公司而言，股票股利的意义

①发放股票股利可使股东分享公司的盈余无须分配现金，这使公司留存了大量现金，便于进行再投资，有利于公司长期发展。②在盈余和现金股利不变的情况下，发放股票股利可以降低每股价格，从而吸引更多的投资者。③发放股票股利往往会向社会传递公司将会继续发展的信息，从而提高投资者对公司的信心，在一定程度上稳定股票价格

（三）股利支付程序

企业通常在年度末，计算出当期盈利之后，才决定向股东发放股利。但是，在资本市场中，股票可以自由交换，公司的股东也经常变换。那么，哪些人应该领取股利，对此，公司必须事先确定与股利支付相关的时间界限。这个时间界限包括如下几项。

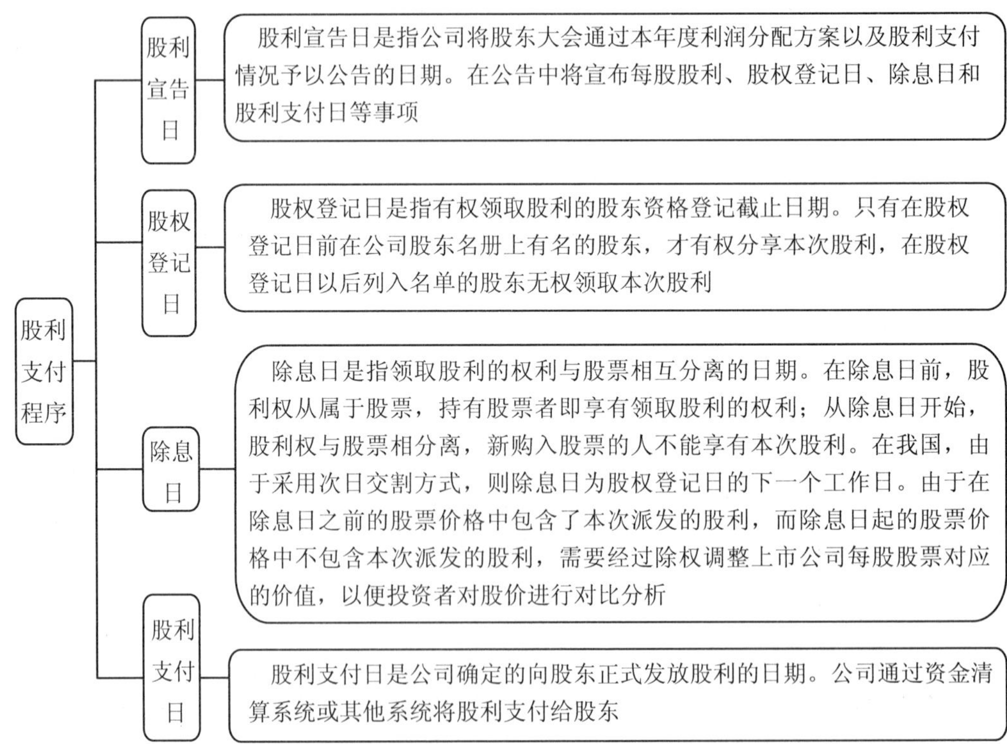

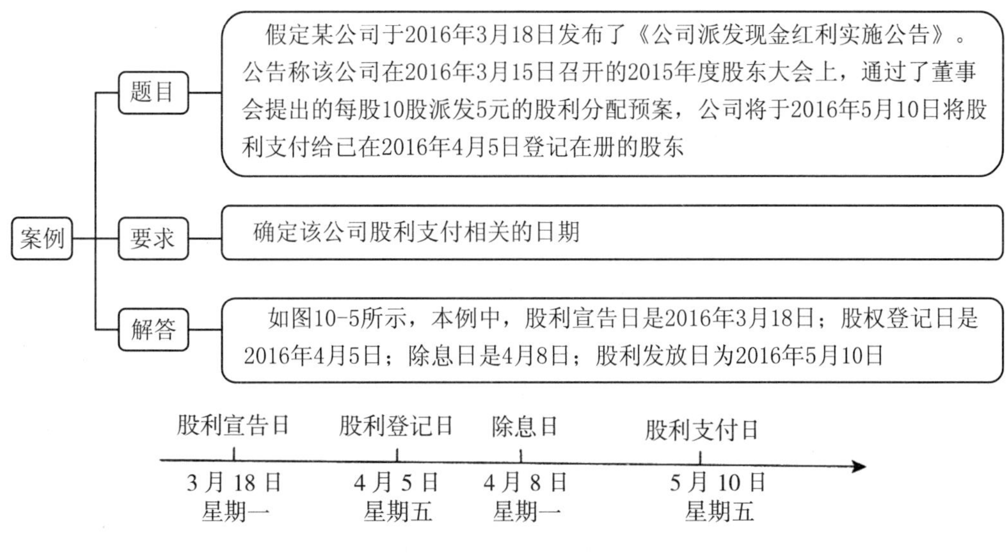

图 10-5　股利分配过程

四、股票分割

（一）股票分割的概念

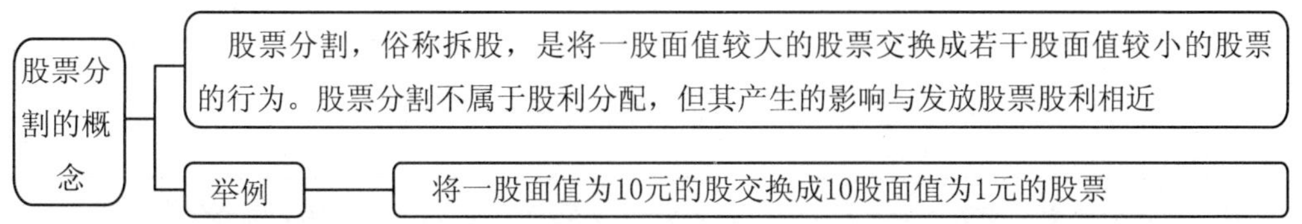

（二）股票分割对有关财务指标的影响

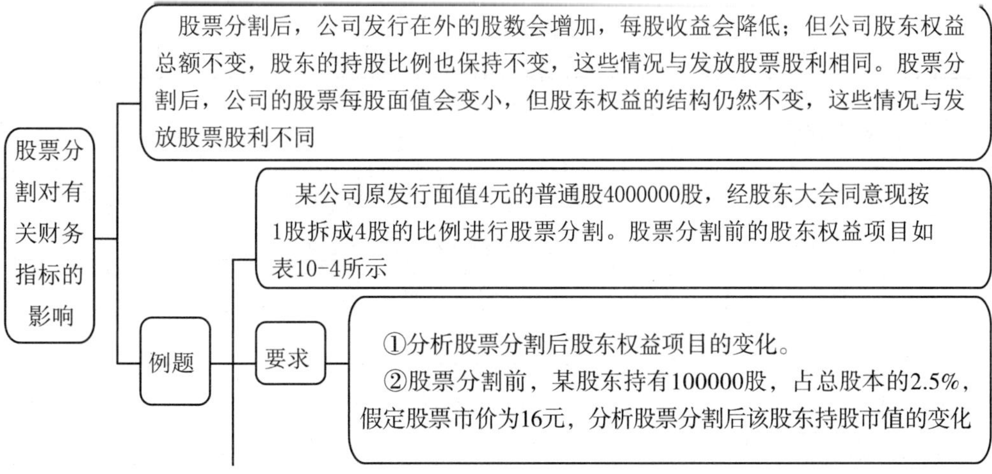

解答

①股票分割后发行在外股数由4000000股增加到16000000股；每股面值由4元降低到1元。股票分割后的股东权益项目如表10-5所示。

②股票分割前：

该股东持股比例=100000 ÷ 4000000 × 100%=2.5%

该股东持股市值=100000 × 16=1600000（元）

股票分割后：

该股东持股数量=100000 × 4=400000（股）

该股东持股比例=400000 ÷ 16000000 × 100%=2.5%

股票价格=16 ÷ 4=4（元）

该股东持股市值=400000 × 4=1600000（元）

由此可见，该股东在股票分割后持股比例仍为2.5%，股票市值仍为1600000元，股票分割前后并无变化

表 10-4 股票分割前的股东权益

单位：元

项目	金额
普通股股本（面值 4 元，已发行 4000000）	16000000
资本公积	14000000
未分配利润	30000000
股东权益合计	60000000

表 10-5 股票分割后的股东权益

单位：元

项目	金额
普通股股本（面值 1 元，已发行 16000000）	16000000
资本公积	14000000
未分配利润	30000000
股东权益合计	60000000

（三）股票分割的意义

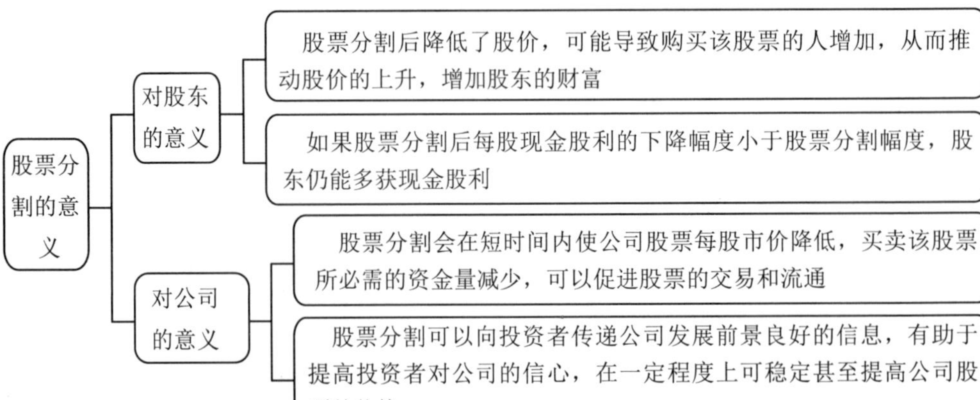

第十一章

财务预算

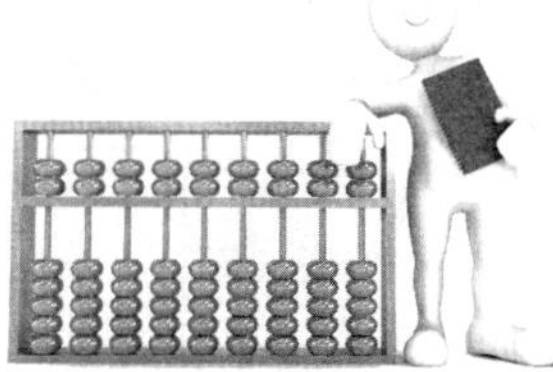

本章导读

财务预算是反映某一方面财务活动的预算，如反映现金收支活动的现金预算；反映销售收入的销售预算；反映成本、费用支出的生产费用预算（又包括直接材料预算、直接人工预算、制造费用预算）、期间费用预算；反映资本支出活动的资本预算等。综合预算是反映财务活动总体情况的预算，如反映财务状况的预计资产负债表、预计财务状况变动表，反映财务成果的预计损益表。上述各种预算间存在下列关系：销售预算是各种预算的编制起点，它构成生产费用预算、期间费用预算、现金预算和资本预算的编制基础；现金预算是销售预算、生产费用预算、期间费用预算和资本预算中有关现金收支的汇总；预算损益表要根据销售预算、生产费用预算、期间费用预算、现金预算编制。预计资产负债表要根据期初资产负债表和销售、生产费用、资本等预算编制，预计财务状况表则主要根据预计资产负债表和预计损益表编制。

第一节　企业现金预算

一、现金预算的概述

（一）现金预算的概念

现金预算的概念

现金预算是按照现金流量表主要项目内容编制的反映企业预算期内一切现金收支及其结果的预算。这里所说的现金包括库存现金、银行存款和其他货币资金。现金预算是企业财务预算体系的核心

现金预算是以生产经营预算、资本预算和筹资预算为基础，是所有有关现金收支的预算的汇总，综合反映了企业在预算期内现金流转的预计情况，主要作为企业资金头寸调控管理的依据。现金预算通常包括现金收入、现金支出、现金多余和不足、资金的筹集和使用四部分。现金流量状况如何，不仅直接关系到企业的获利和竞争能力，而且对企业财务风险状况的大小具有决定性的影响。所以，企业财务部门编制现金预算的目的主要是合理处理企业现金收支业务，保证有足够的现金可以满足企业的经营需要，并且要适时合理地调度资金，对多余现金加以有效利用，以保证企业财务的正常流转

现金收入：现金收入包括期初的现金结余数和预算期内预计发生的现金收入。比如说，企业预算期内预计的现销收入、应收款项回收额、应收票据到期兑现额和票据贴现净额等

现金支出：现金支出是指预算期内预计发生的现金支出。如采购原材料支付贷款、支付工资、支付部分制造费用、支付销售管理费用及财务费用、偿付应付款项、交纳税金、购买设备和支付股利等

现金多余和不足：企业预算期间内，现金收支相抵后的余额，若为收大于支，则现金多余，除了可以用来偿还银行借款之外，还可以用来进行投资，如购买各种有价证券；若为收小于支，则现金不足，需要设法筹集资金

现金融通：企业预算期内因为资金不足，而向银行借款或发放债券以筹集资金，以及还本付息等

（二）现金预算的作用

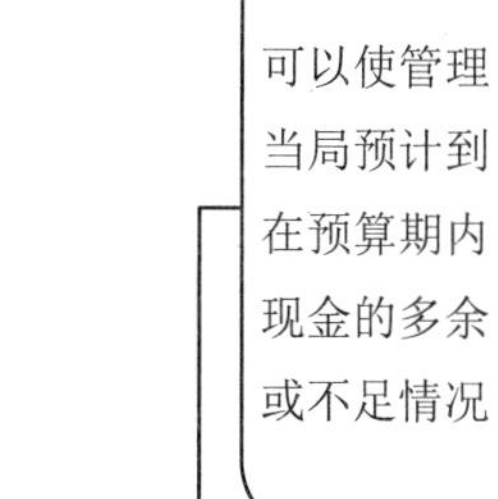

现金预算的作用

- **可以使管理当局预计到在预算期内现金的多余或不足情况**：这样就可以根据现金多余或不足预计出现的时间和金额，采取相应的应对措施，防患于未然。现金不足，即现金周转出现困难，付现难给企业带来的不利可想而知；现金多余闲置在企业，容易被管理者浪费在奢侈品的购置上，而不进行高收益的投资，从而会给企业带来很高的机会成本。而且，从企业并购理论来看，大量的现金多余还可能引起被并购的危险。这种并购的目的都是为了获得企业的现金，不是出于改善企业经营的目的，如果企业想对付这种恶意收购，成本是很高的。因此，加强现金预算的管理是很重要的
- **可以预计企业在未来时期对到期债务的直接偿付能力**：企业的负债需要用现金来偿还，如果不能够合理预计未来时期企业的现金短缺情况，就很可能出现无法清偿到期债务的危机，很可能引起债权人的诉讼甚至导致企业破产，对企业的信誉也有不良的影响。现金预算的编制能在一定程度上解决这个问题
- **可以对其他预算提出改进建议**：现金预算是有关预算的总结，可以发现整个企业的现金流动情况，据此可以给相关部门提出改进意见。例如，在编制现金预算过程中，如果发现现金短缺，可以建议销售部门重新安排销售计划或者建议采购部门推迟采购材料计划，以增加现金收入，减少现金支出

二、现金预算的编制

（一）编制现金预算需要注意的问题

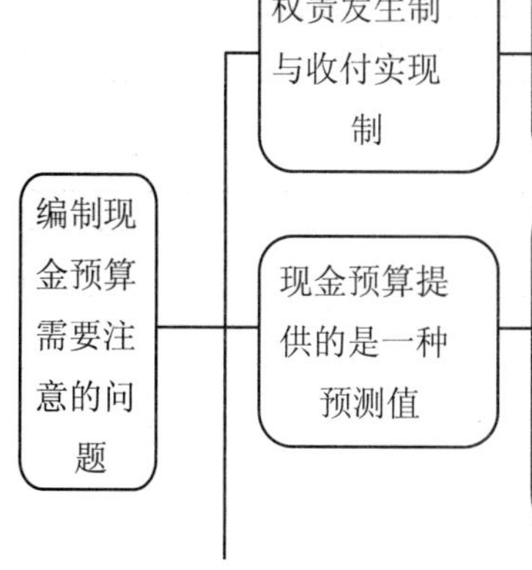

编制现金预算需要注意的问题

- **权责发生制与收付实现制**：会计在确认和计量时遵循权责发生制，但现金预算的编制应遵循收付实现制，即以实际收到现金的时间确认现金收入，以实际支付现金的时间确认现金支出
- **现金预算提供的是一种预测值**：现金预算编制表中提供的所有数据也都是预测值，因此，要保证现金预算的准确合理，前面的基础预算也必须合理。如果前面某一项目的实际发生额与预算出现差异，那么，预计的现金结余或不足也就不会准确，从而无法做出正确的投资或筹资决策。因此，整个预算管理工作都要在企业相关领导的负责带领下，科学合理地进行

- 利润表与资产负债表
  - 在编制现金预算的时候，不需要考虑某项目是利润表项目还是资产负债表项目，不需考虑其经济性质，只要与现金流量有关的项目都应该包括在现金预算里面
- 如果在一个预算期内的现金流入和现金流出发生的时间不一致，就有可能高估或者低估融资需求量。这时，一般以期中为基准编制现金流量表更为合适

（二）现金预算的编制

- 现金预算的编制
  - 基本原则
    - 期初现金余额+现金收入-现金支出=期末现金余额
      现金预算中一般都要显示每一季度的期初期末现金余额，企业在编制现金预算时对期初期末余额的处理可能会有两种情况
    - 企业对每一季度的期末余额没有具体要求，以预算中计算出来的数额为标准，将每一季度的期末余额结转成为下一季度的期初余额，这样预算就需要根据季度依次编制，并且第四季度的期末余额也就是预算年度的期末余额
    - 有些企业为了保证生产经营的安全，会对每一季度的期末余额也就是下一季度的期初余额有一定的要求，这样四个季度的预算就可以同时编制。如果预算中某一个季度的期末现金余额没有达到要求，就需要通过上述等式把企业要求的期末余额与实际期末余额的差额补齐
  - 基本步骤
    - 预测营业额
    - 估计为了达到预期销售水平所需的存货
    - 安排进货时间与确实的付款时间
    - 估计销售落实的时间以及客户的付款时间
    - 估计工资等其他费用的支付日期
    - 综合上述资料，编制现金预算

第二节　企业财务预算

一、财务预算概述

（一）财务预算的意义

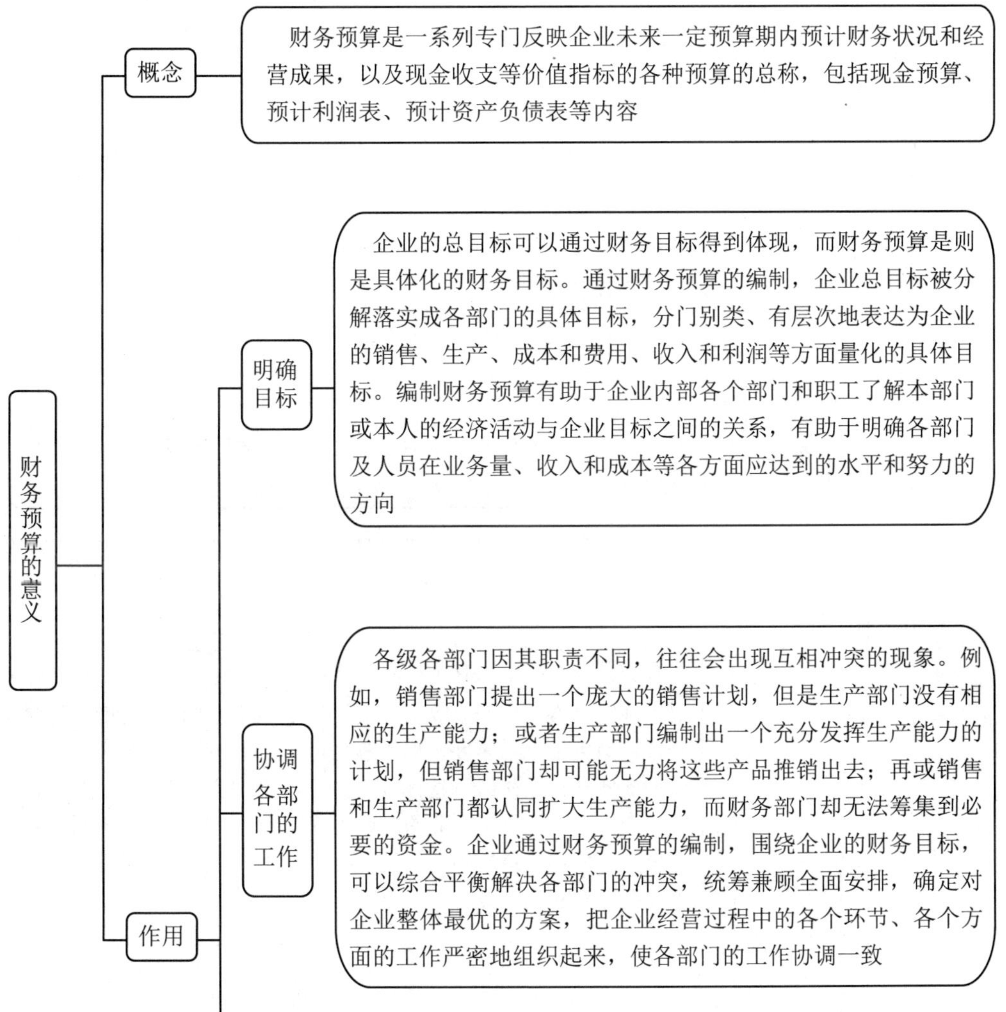

有利于控制与考核

企业制订的预算是控制经济活动的依据和衡量其合理性的标准，预算确定并进入实施阶段以后，应设法控制经济活动使其按预算进行，当实际状态和预算有了较大差异时，应查明原因并采取措施调整改善经营活动。实际偏离预算的差异不仅是控制的依据，也是评定各预算执行单位的工作业绩的重要标准，将实际数与预算数对比进行考核，比本期实际数与以往实际数的对比考核更具有现实意义，因为超过上年或历史先进水平，只能说明有所进步，而不说明这种进步已经达到了应有的程度

合理配置资源

每个企业的资源都是有限的，应该予以合理有效的运用。通过编制财务预算，可以将资源优先分配给获利能力强的部门、项目及产品，从而使企业的资源配置更加合理有效

（二）财务预算在全面预算体系中的地位和作用

财务预算在全面预算体系中的地位和作用

相关概念

全面预算是对企业总体规划的数量说明，图11-1表示企业全面预算体系的一个简化例子

图中的销售预算、生产预算、直接材料预算、直接人工预算、制造费用预算、产品成本预算和期间费用预算，是反映企业计划期间日常发生的经常性业务活动的预算，统称为业务预算

企业为不经常发生的资本支出或筹资等专门业务活动而编制的预算则称为专门决策预算

现金预算、预计利润表和预计资产负债表，反映了企业计划期间的现金收支、经营成果和财务状况，统称为财务预算

各预算之间的主要联系

企业以经营目标为基础，确定本年度的销售预算，并结合企业财力确定资本支出预算等专门决策预算，根据“以销定产”的原则，以销售预算为年度预算的编制起点，进一步确定生产预算，然后延伸到直接材料、直接人工和制造费用等预算，各个业务预算和专门决策预算为企业的现金预算提供了依据。预计的利润表和资产负债表在最后编制，是对前面各种业务预算和专门决策预算以及现金预算的综合

财务预算是企业全面预算体系中的最后环节，可以从价值方面总括地反映经营期专门决策预算与业务预算的结果，因此它在企业的全面预算体系中具有重要的地位

财务预算以财务预测的结果为根据，受到财务预测质量的制约。同时，财务预算必须服从决策目标的要求，是决策目标的具体化、系统化和定量化，能够明确规定企业有关生产经营人员各自职责及相应的奋斗目标。而且，财务预算是财务控制的先导，其量化指标可作为日常控制与业绩考核的依据，成为奖勤罚懒、评估优劣的准绳

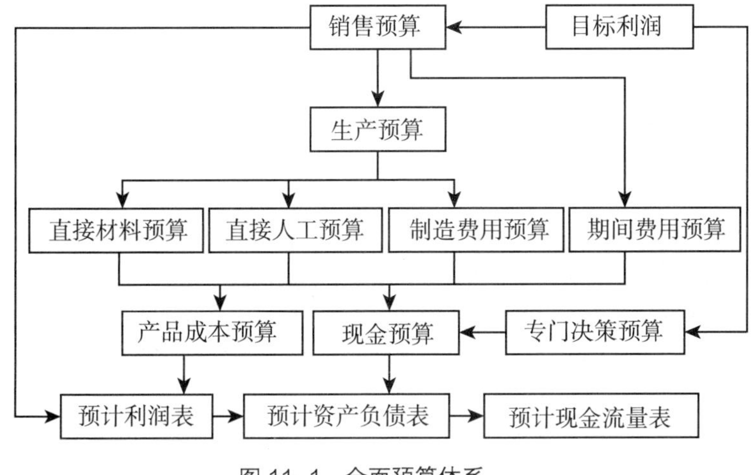

图 11-1　全面预算体系

二、财务预算的编制方法

预算的编制方法多种多样，主要包括固定预算和弹性预算、增量预算和零基预算、定期预算和滚动预算。

（一）固定预算和弹性预算

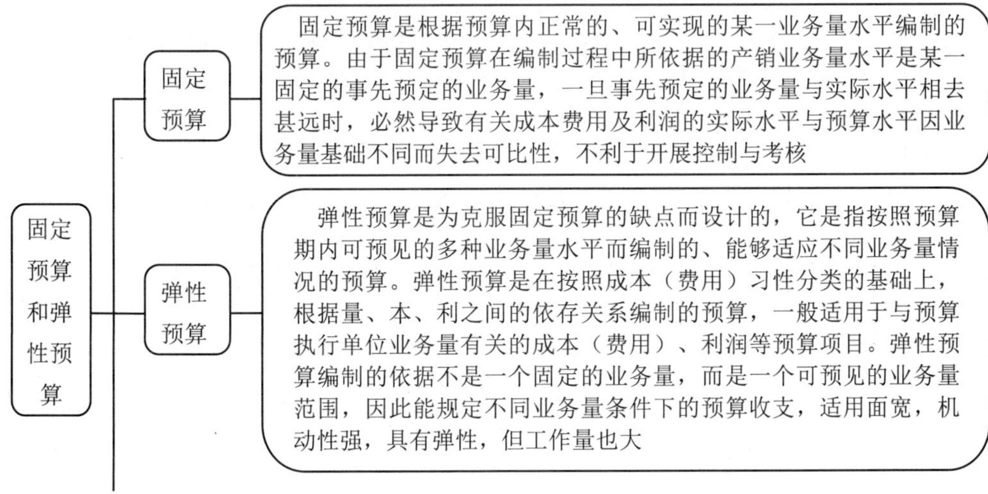

- 编制弹性预算的基
  - 在可预见的业务量范围内，按照一定业务量间隔，根据收入、成本、费用、利润与业务量之间的内在关系，分析确定其预算额。业务量的间隔不能过大，也不能过小，通常以5%～10%为宜。编制弹性预算的关键在于把握收入、成本、费用的习性特征，即它们与业务量之间的依存关系。收入和变动成本随业务量正比例增减变动，其单位额乘预算业务量即可得到预算额，不同业务量下的预算额是不一样的。固定成本则在相关范围内保持不变，可以从总额的角度进行预算，在不同的业务量下的预算额是保持不变的

（二）增量预算和零基预算

- 增量预算和零基预算
  - 增量预算
    - 增量预算是以基期的成本费用实际水平为基础，结合预算期业务量水平以及有关降低成本的措施，调整部分原有的成本费用项目而编制的预算。它以过去的经验为基础，实际上是承认过去所发生的一切都是合理的，主张不需在预算内容上做较大改进，而是因循沿袭以前的预算项目。按这种方法编制预算，往往不加分析地保留或接受原有的成本项目，可能使原来不合理的费用开支继续存在下去，造成浪费，并且容易鼓励预算编制人凭主观臆断按成本项目平均削减预算或只增不减，不利于调动各部门降低费用的积极性
  - 零基预算
    - 零基预算是为克服增量预算的缺点而设计的。零基预算对预算收支以零为基点，对预算期内各项支出的必要性、合理性或者各项收入的可行性以及预算数额的大小，逐项审议决策从而予以确定收支水平的预算，一般适用于不经常发生的或者预算编制基础变化较大的预算项目，如对外投资
  - 零基预算编制程序
    - 确定费用项目
      - 即动员企业内部各部门根据预算期内的战略目标对其所从事的作业进行分析评价，主要包括：①作业的目的；②不从事此作业将产生的后果；③完成该作业有无其他可供选择的途径等。在充分讨论的基础上确定企业必要的作业项目以及相应发生的费用项目，并确定其预算数额，而不考虑这些费用项目以往是否发生以及发生额多少
    - 排列费用项目开支的先后顺序
      - 将全部费用项目划分为约束性项目和酌量性项目，前者是指在预算期内必须发生且发生数额不能改变的费用项目，后者是指在上一步中确定应当发生的但是其发生数额可以予以斟酌的费用项目。在预算编制过程中，对约束性项目必须保证资金供应；对酌量性项目则需要逐项进行成本—效益分析，并在此基础上确定项目开支的先后顺序

分配资源，落实预算

按照上一步确定的费用项目开支顺序，对预算期内可动用的资源进行分配，落实资金。

零基预算以企业的战略目标为出发点确定必需的费用开支项目，有利于企业长远目标的实现，这种方法可以充分发挥各级管理人员的积极性、主动性和创造性，促进各预算部门精打细算，合理有效地进行资源分配，将有限的资金用在刀刃上。但是零基预算一切从零出发，在编制费用预算时需要完成大量的基础工作，这势必带来浩繁的工作量，编制时间也较长。为简化预算编制的工作量，可以每隔几年才按此方法编制一次预算

（三）定期预算和滚动预算

定期预算和滚动预算

定期预算

定期预算，是指在编制预算时通常以某个特定的会计年度作为预算期的一种预算编制方法。这种预算由于受预算期间的限制，致使经营管理者们的决策视野局限于本期规划的经营活动，通常不考虑下期，形成人为的预算间断，因此这种预算不能适应连续不断的生产经营过程，不利于企业的长远发展。此外，这种预算不能随情况的变化及时调整，当预算中所规划的各种经营活动在预算期内发生重大变化时，就会造成预算滞后过时，使之成为虚假预算

滚动预算

滚动预算，是随时间的推移和市场条件的变化而自行延伸并进行同步调整的预算，一般适用于季度预算的编制。滚动预算是为克服定期预算的缺点而设计的，是对定期预算的改进。滚动预算在编制预算时将预算期与会计年度脱离开来，随预算的执行而不断地滚动补充预算，使预算期始终保持为12个月，如图11-2所示

滚动预算不受日历年度的限制，能够连续不断地规划未来的经营活动，不会造成预算的人为间断，它总是可以使企业管理人员了解未来12个月内企业的总体规划与近期预算目标，能够确保企业管理工作的完整性与稳定性。并且它能根据前期预算的执行情况，结合各种因素的变动影响，及时调整和修订近期预算，从而使预算更加切合实际，能够充分发挥预算的指导和控制作用。当然，采用滚动预算的方法编制预算，也会加大预算的工作量

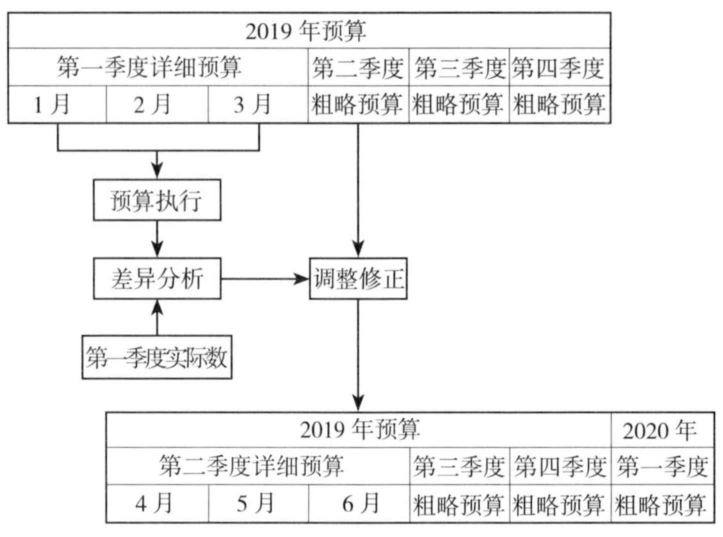

图 11-2　滚动预算示意图

（四）概率预算

概率预算

概率预算是对具有不确定性的预算项目，估计其可能出现的条件价值及其概率，计算期望值，从而编制的预算。上述有关预算编制时，假设生产和销售的情况是稳定的，所涉及的业务量、价格、成本等因素是一个确定的值，所编制的预算是一种确定性的预算

但是实际上企业生产经营的不确定性因素很多，在市场的供需、产销变动比较大的情况下，业务量、价格、成本等变量有时是难以确定的。这时企业就需要根据客观条件，对有关变量进行分析，估计它们可能变动的范围及其在该范围内出现的概率，然后结合概率对各变量进行调整，计算期望值，编制预算。概率预算一般适用于难以推测（预测）变动趋势的预算项目，如销售新产品、开拓新业务等

三、财务预算的编制

预算的内容，一般包括业务预算、专门决策预算和财务预算三大类。企业编制预算时应当按照先业务预算、专门决策预算，后财务预算的流程进行，并按照各预算执行单位所承担经济业务的类型（生产型或非生产型）及其责任权限，编制不同形式的预算。为了更好地理解财务预算的编制，这里以生产型企业为例，简要介绍业务预算和专门决策预算的编制，然后以它们为基础说明财务预算的编制。

（一）业务预算

业务预算是反映预算期内企业可能形成现金收付的生产经营活动的预算，一般包括销售预算、生产预算、采购预算、直接人工预算、制造费用预算、产品成本预算、期间费用预算等，企业可根据实际情况具体编制。

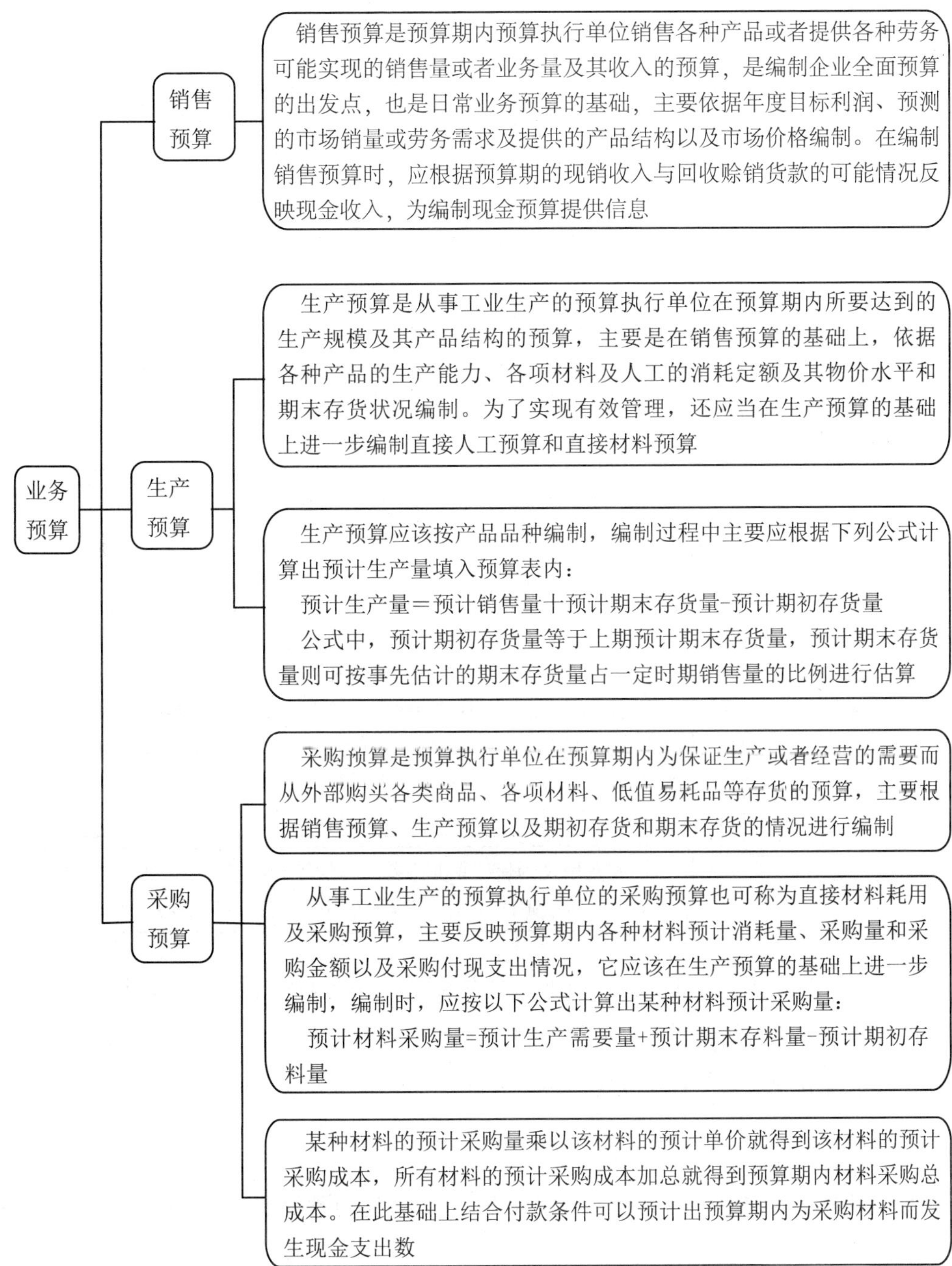

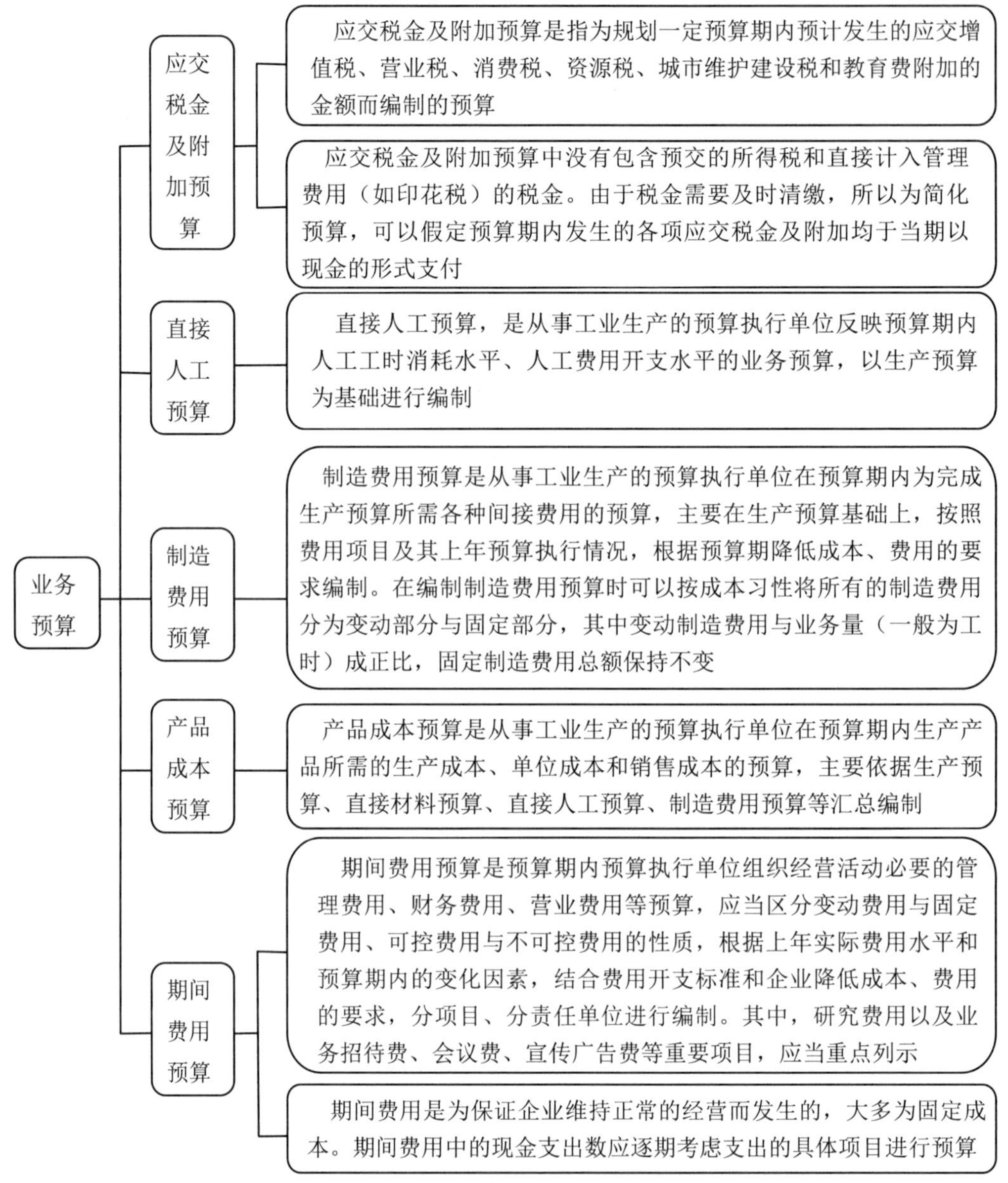

除了上述各项业务预算以外，企业对自办医院、学校及离退休人员费用支出，解除劳动关系补偿支出，缴纳税金，政策性补贴，对外捐赠支出及其他营业外支出等，应当根据实际情况和国家有关政策规定，编制营业外支出等相关业务预算。

（二）专门决策预算

专门决策预算是指企业为某个决策项目而编制的预算，包括资本预算和筹资预算。

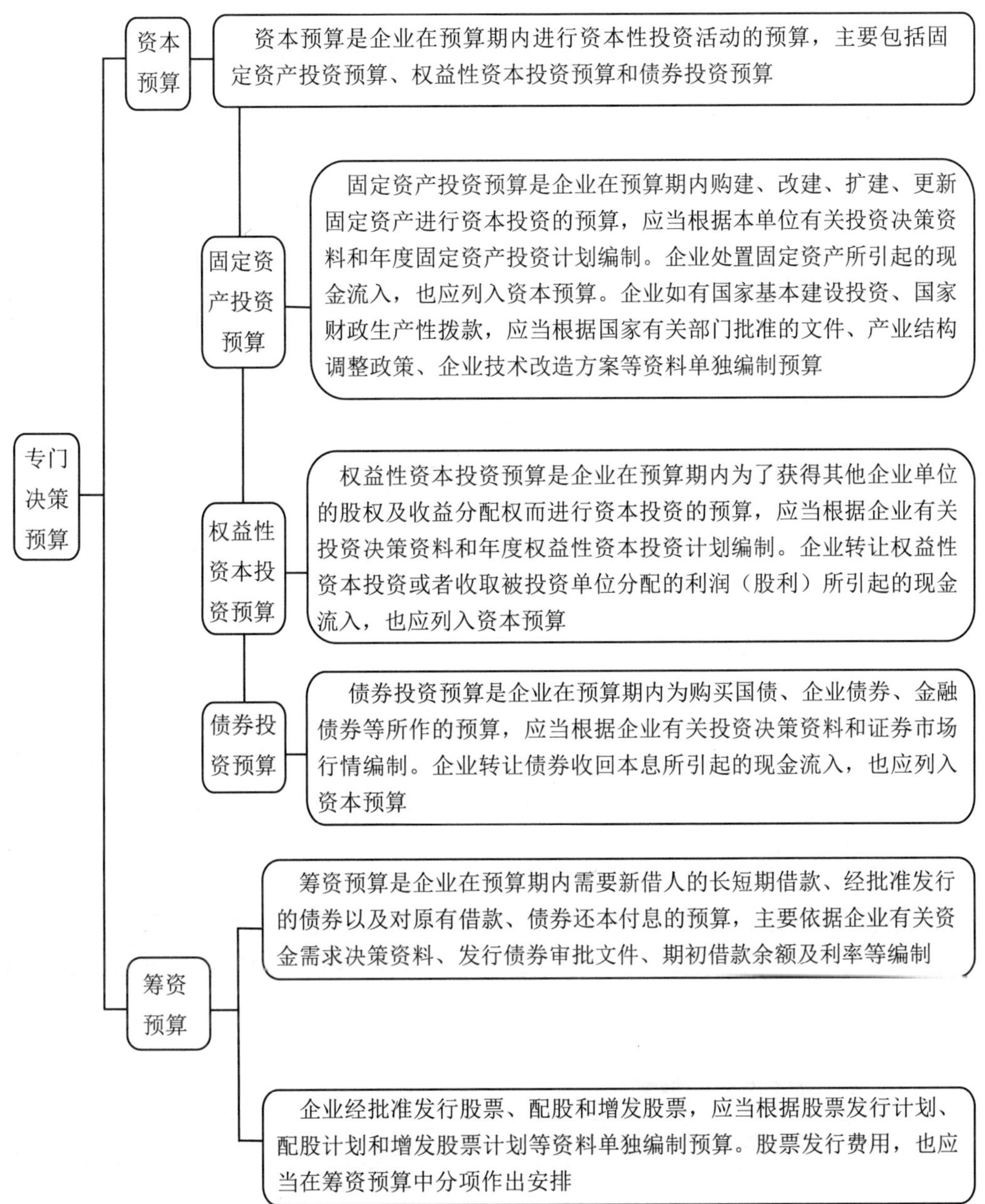

（三）财务预算

财务预算是指反映企业在预算期内有关现金收支、经营成果和财务状况的预算，应当围绕企业的战略要求和发展规划，以业务预算、资本预算为基础，以经营利润为目标，以现金流为核心进行编制，并主要以现金预算、预计资产负债表和预计利润表等财务报表形式予以充分反映。财务预算是全面预算体系的最后环节，可以从价值方面总括地反映业务预算和专门决策预算的结果。

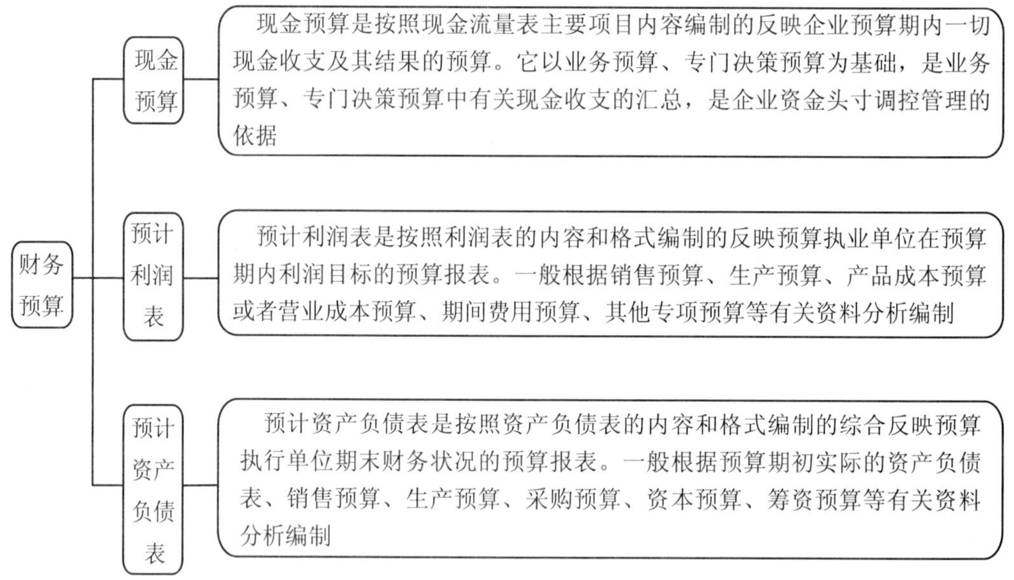

四、实施预算管理应注意的问题

为了提高预算的科学性和严肃性，促进实现预算内部控制目标，企业在实施预算管理的过程中，应当明确预算编制、审批、执行、分析、考核等各部门、各环节的职责任务、工作程序和具体要求。企业在建立和实施预算内部控制中，至少应当强化对以下关键方面或者关键环节的风险控制，并采取相应的控制措施：①权责分配和职责分工应当明确，机构设置和人员配备应当科学合理；②预算编制、执行、调整、分析、考核的控制流程应当清晰，对预算编制方法、审批程序、预算执行情况检查、预算调整环节控制、预算执行结果的分析考核等应有明确的规定。

（一）岗位分工与授权批准

企业应当建立预算工作岗位责任制，明确相关部门和岗位的职责、权限，确保预算工作中的不相容岗位相互分离、制约和监督。预算工作不相容岗位一般包括：①预算编制（含预算调整）与预算审批；②预算审批与预算执行；③预算执行与预算考核

企业应当建立预算工作组织领导与运行体制，明确企业最高权力机构、决策机构、预算管理部门及各预算执行单位的职责权限、授权批准程序和工作协调机制

岗位分工与授权批准

- 股东大会或企业章程规定的类似最高权力机构负责审批企业年度预算方案。董事会或者企业章程规定的经理、厂长办公会等类似决策机构则负责制订企业年度预算方案。企业可以设立预算委员会、预算领导小组等专门机构作为企业预算管理部门具体负责本企业预算管理工作。不具备设立专门机构条件的企业，可以指定财会部门等负责预算管理工作。总会计师应当协助企业负责人加强对企业预算管理工作的领导与业务指导。企业内部相关业务部门的主要负责人应当参与企业预算管理工作
- 企业预算管理部门主要负责：拟订预算目标和预算政策；制定预算管理的具体措施和办法；组织编制、审议、平衡年度预算草案；组织下达经批准的年度预算；协调、解决预算编制和执行中的具体问题；考核预算执行情况，督促完成预算目标
- 企业内部生产、投资、筹资、物资管理、人力资源、市场营销等业务部门和所属分支机构在企业预算管理部门的领导下，具体负责本部门、本机构业务预算的编制、执行、控制、分析等工作，并配合预算管理部门做好企业总预算的综合平衡、控制、分析、考核等工作。企业所属子公司在上级企业预算管理部门指导下，负责本企业预算的编制、执行、控制和分析工作，并接受上级企业的检查和考核。所属基层企业负责人对本企业预算的执行结果负责
- 企业应当制定预算工作流程，明确预算编制、执行、调整、分析与考核等各环节的控制要求，并设置相应的记录或凭证，如实记载各环节工作的开展情况，确保预算工作全过程得到有效控制

（二）预算编制控制

预算编制控制

- 企业应当加强对预算编制环节的控制，对编制依据、编制程序、编制方法等作出明确规定，确保预算编制依据合理、程序适当、方法科学
- 企业应当在企业战略的指导下，结合本企业业务发展情况，综合考虑预算期内经济政策变动、行业市场状况、产品竞争能力、内部环境变化等因素对生产经营活动可能造成的影响，根据自身业务特点和工作实际编制相应的预算。企业年度预算方案应当符合本企业发展战略、经营目标和其他有关重大决议，反映本企业预算期内经济活动规模、成本费用水平和绩效目标，满足控制经济活动、考评经营管理业绩的需要。制定的预算方案，应当做到内容完整，指标统一，要求明确，权责明晰
- 企业应当明确预算管理部门和预算编制程序，对预算目标的制订与分解、预算草案编报的流程与方法、预算汇总平衡的原则与要求、预算审批的步骤以及预算下达执行的方式等作出具体规定

企业年度预算方案，应在预算年度开始前编制完毕，经企业最高权力机构批准后，以书面文件形式下达执行。实行滚动预算的企业，其审批程序由预算委员会或董事会等批准

预算编制应当实行全员参与、上下结合、分级编制、逐级汇总、综合平衡

企业预算管理部门应当加强对企业内部预算执行单位预算编制的指导、监督和服务。企业应将预算编制纳入考核指标体系，对预算编制不及时或编制不符合规定要求的内部预算执行单位，应当给予相应的惩处

（三）预算执行控制

预算执行控制

- 企业应当加强对预算执行环节的控制，对预算指标的分解方式、预算执行责任制的建立、重大预算项目的特别关注、预算资金支出的审批要求、预算执行情况的报告与预警机制等作出明确规定，确保预算严格执行
- 企业预算一经批准下达，各预算执行单位必须认真组织实施，将预算指标层层分解，从横向和纵向落实到内部各部门、各环节和各岗位。企业应当建立预算执行责任制度，对照已确定的责任指标，定期或不定期地对相关部门及人员责任指标完成情况进行检查，实施考评
- 企业应当以年度预算作为预算期内组织、协调各项生产经营活动和管理活动的基本依据，可将年度预算细分为季度、月度等时间进度预算，通过实施分期预算控制，实现年度预算目标
- 企业对重大预算项目和内容，应当密切跟踪其实施进度和完成情况，实行严格监控。企业应当加强对货币资金收支业务的预算控制，及时组织预算资金的收入，严格控制预算资金的支付，调节资金收付平衡，严格控制支付风险
- 企业办理采购与付款、工程项目、对外投资、成本费用、固定资产、存货、筹资等业务，应当严格执行预算标准。企业应当健全凭证记录，完善预算管理制度，严格执行生产经营月度计划和成本费用的定额、定率标准，并对执行过程进行监控
- 企业各预算责任部门应当加强与企业内部有关业务部门的沟通和联系，确保相关业务预算的执行情况能够相互监督、核对一致。企业应当建立预算执行情况内部报告制度，及时掌握预算执行动态及结果。企业预算管理部门应当运用财务报告和其他有关资料监控预算执行情况，及时向企业决策机构和各预算执行单位报告或反馈预算执行进度、执行差异及其对企业预算目标的影响，促进企业完成预算目标。企业应当建立预算执行情况预警机制，通过科学选择预警指标，合理确定预警范围，及时发出预警信号，积极采取应对措施。有条件的企业，应当逐步推进预算管理的信息化，通过现代电子信息技术手段监控预算执行，提高预警与应对水平
- 企业应当建立预算执行结果质询制度，要求预算执行单位对预算指标与实际结果之间的重大差异作出解释，并采取相应措施

（四）预算调整控制

预算调整控制

- 企业应当加强对预算调整环节的控制，保证预算调整依据充分、程序合规、方案可行
- 企业正式下达执行的预算，不得随意调整。企业在预算执行过程中，可能会由于市场环境、经营条件、国家法规政策等发生重大变化，或出现不可抗力的重大自然灾害、公共紧急事件等致使预算的编制基础不成立，或者将导致预算执行结果产生重大差异，需要调整预算的，应当报经原预算审批机构批准。调整预算由预算执行单位逐级向原预算审批机构提出书面报告，阐述预算执行的具体情况、客观因素变化情况及其对预算执行造成的影响程度，提出预算的调整幅度。企业预算管理部门应当对预算执行单位提交的预算调整报告进行审核分析，集中编制企业年度预算调整方案，提交原预算审批机构审议批准，然后下达执行
- 要求
  - 预算调整事项符合企业发展战略和现实生产经营状况
  - 预算调整重点放在预算执行中出现的重要的或非正常的关键性差异方面
  - 预算调整方案客观、可行。对于不符合上述要求的预算调整方案，企业预算审批机构应予以否决

（五）预算分析与考核控制

预算分析与考核控制

- 企业应当加强对预算分析与考核环节的控制，通过建立预算执行分析制度、审计制度、考核与奖惩制度等，确保预算分析科学、及时，预算考核严格、有据
- 企业应当建立预算执行分析制度，由企业预算管理部门定期召开预算执行分析会议，通报预算执行情况，研究、解决预算执行中存在的问题，提出改进措施。企业预算管理部门和各预算执行单位应当充分收集有关财务、业务、市场、技术、政策、法律等方面的信息资料，根据不同情况分别采用比率分析、比较分析、因素分析等方法，从定量与定性两个层面充分反映预算执行单位的现状、发展趋势及其存在的潜力。对于预算执行差异，应当客观分析产生的原因，提出解决措施或建议，提交企业决策机构研究决定
- 企业应当建立预算执行情况内部审计制度，通过定期或不定期地实施审计监督，及时发现和纠正预算执行中存在的问题
- 企业应当建立预算执行情况考核制度。企业预算管理部门应当定期组织预算执行情况考核。有条件的企业，也可设立专门机构负责考核工作。企业预算执行情况考核，依照预算执行单位上报预算执行报告、预算管理部门审查核实、企业决策机构批准的程序进行。企业内部预算执行单位上报的预算执行报告，应经本单位负责人签章确认。企业预算执行情况考核，以企业正式下达的预算方案为标准，或以有关部门审定的预算执行报告为依据。企业预算执行情况考核，应当坚持公开、公平、公正的原财，考核结果应有完整的记录
- 企业应当建立预算执行情况奖惩制度，明确奖惩办法，对照预算标准，对各部门和员工当期业绩进行考核和评价，落实奖惩措施，强化对各部门和员工的激励与约束

第三节　财务控制

一、财务控制的含义及特征

- 财务控制的含义及特征
  - 含义
    - 控制是指掌握住对象不使其任意活动或超出范围，或使其按控制者的意愿活动。财务控制是利用相关信息和特定手段，对企业的财务活动进行指导、约束和调节，以确保实现预定财务目标的过程
    - 财务控制的目标服从企业财务管理的目标，即要实现企业价值最大化。财务控制是整个管理系统中各级组织共同参与的一项活动，完善的财务控制系统是企业具备良好的治理结构的体现。财务控制是企业财务管理的重要环节，也是确保实现财务管理目标的根本保证
  - 特征
    - 是一种价值控制：财务控制以财务预算为依据，财务预算是以价值形式反映的。此外，出于财务控制目的而进行的业绩评价以及提交的责任报告都要借助于价值形式的指标。因此，财务控制实质上是一种价值控制，它以价值控制为手段，利用价值指标比较实际数据和预算数据，揭示差异，寻找原因并采取纠正的措施，使预算目标得以实现
    - 是一种综合控制：财务控制利用价值控制手段，可以将不同岗位、不同部门和不同层次的经济业务活动综合起来按预算目标进行控制
  - 财务控制是内部控制的一个重要组成部分，是内部控制的核心，是内部控制在资金和价值方面的体现

二、财务控制的基本条件

财务控制的基本条件

- 合理的组织结构
  - 从控制主体的角度看，应有合理的组织结构确保财务控制职能的行使。例如，为了编制财务预算，应确立行使预算编制职能的组织机构；为了组织和实施日常财务控制，应建立相应的监督、协调、仲裁机构；为了评价预算的执行效果，需要有相应的考评机构；等等
  - 从控制对象角度看，如果在企业内部根据权责范围的大小不同建立不同层次的责任中心，把企业总预算分解落实到各层次的责任中心形成责任预算，再对责任中心进行业绩的考评，将有利于财务控制的有效实施
- 完善的内部控制制度
  - 内部控制制度包括组织机构的设置和企业内部采取的所有相互协调的方法和措施。完善的内部控制制度有利于保护企业的财产，保证企业会计信息的准确性和可靠性，并能提高经营效率，约束企业员工遵循既有的管理规定
- 明确的预算目标
  - 预算是控制的依据，财务预算应层层分解落实到各层次的责任中心，形成责任预算，从而使各责任中心有明确的预算目标，并使之成为控制各责任中心经济活动的依据。如果各责任中心没有明确的预算目标，则其财务控制活动就丧失了控制的依据
- 迅速有效的信息反馈系统
  - 财务控制是一个动态的控制过程，需要在预算的执行过程中对企业的经济活动进行跟踪监控，不断调整偏差，使之朝预算目标推进。因此拥有一个完善的信息反馈系统，确保其提供的相关信息真实可靠，是有效进行财务控制的前提条件。提高信息反馈的及时性也是强化财务控制效果必不可少的一项措施，企业应加强计算机信息网络的建设，构筑多渠道沟通的信息网络体系，提高财务控制所需信息的及时性
- 合理的奖惩制度
  - 合理的奖惩制度及其严格执行是进行有效财务控制的必要保证。奖惩制度的制定应以有利于预算目标的实现为目的，奖惩制度的制定与执行均应体现公平性原则，缺乏公平性的奖惩不但不能激起员工的积极性，反而会使员工产生敌对情绪，影响企业的正常生产经营。为了保证有效性，奖惩的方式可以多样化，应充分考虑不同方式对人的行为的影响，以调动广大员工的积极性

三、财务控制的分类

1. 按财务控制的内容分类

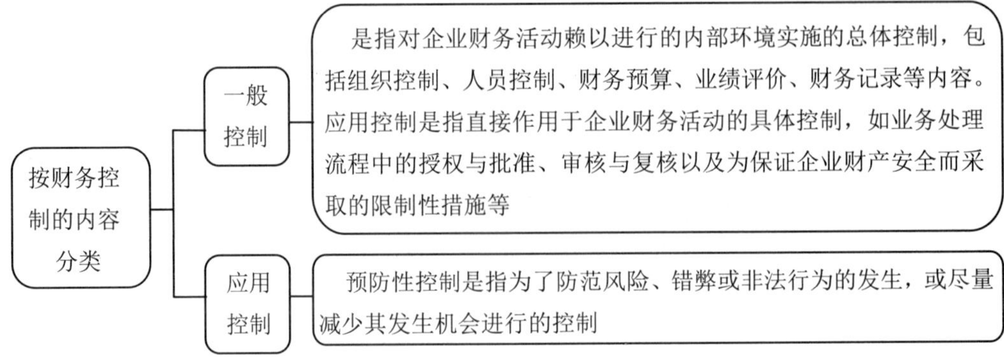

2. 按财务控制的功能分类

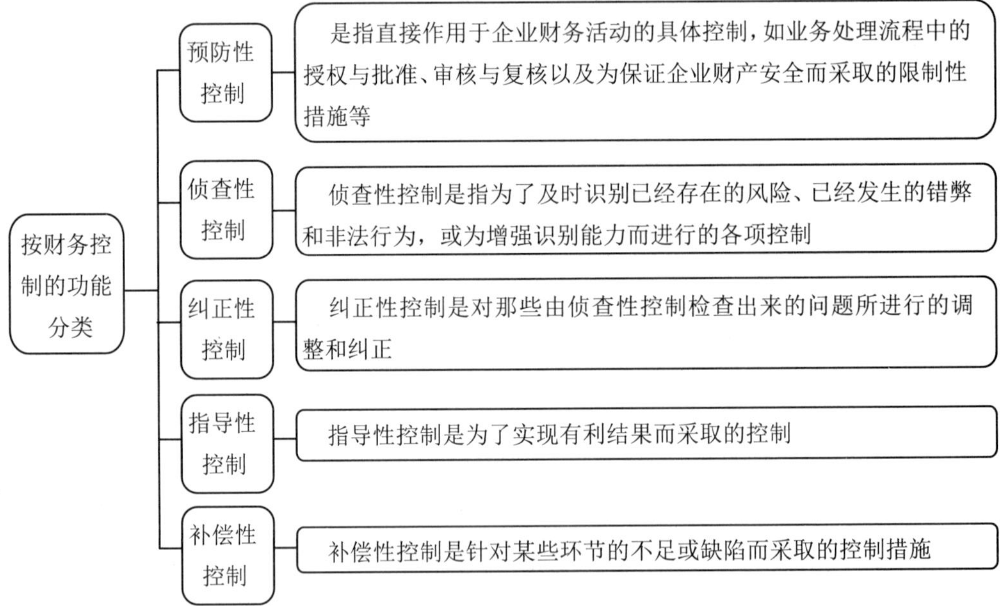

3. 按财务控制的时序分类

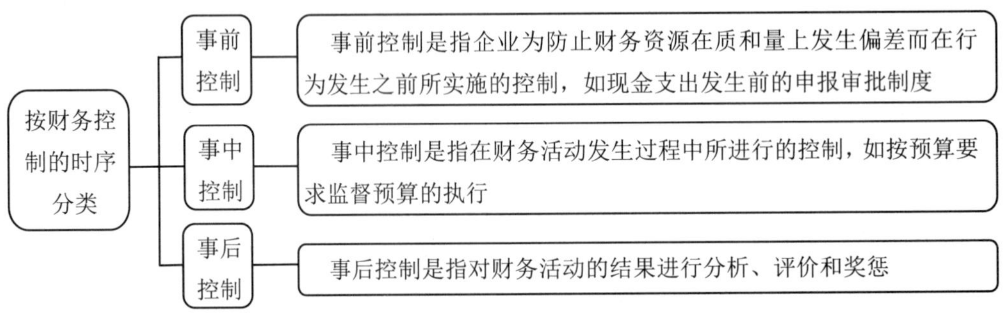

4. 按财务控制的对象分类

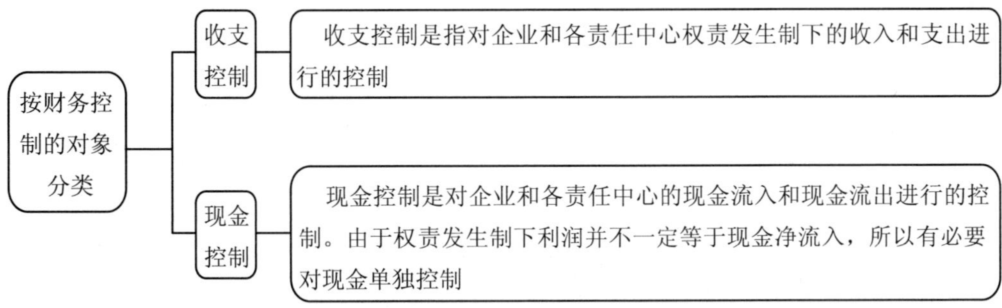

5. 按财务控制的手段分类

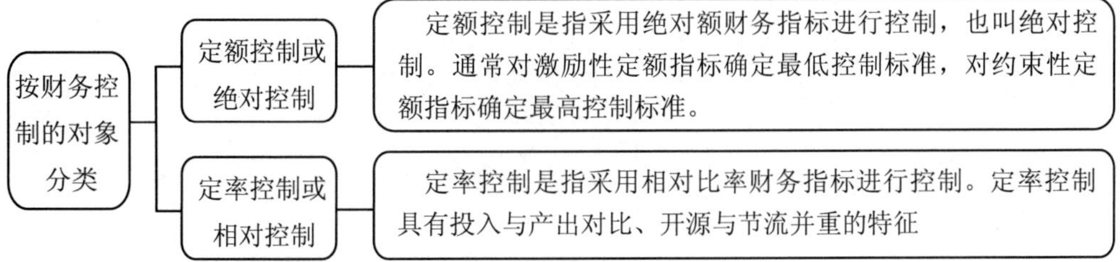

6. 按财务控制的主体分类

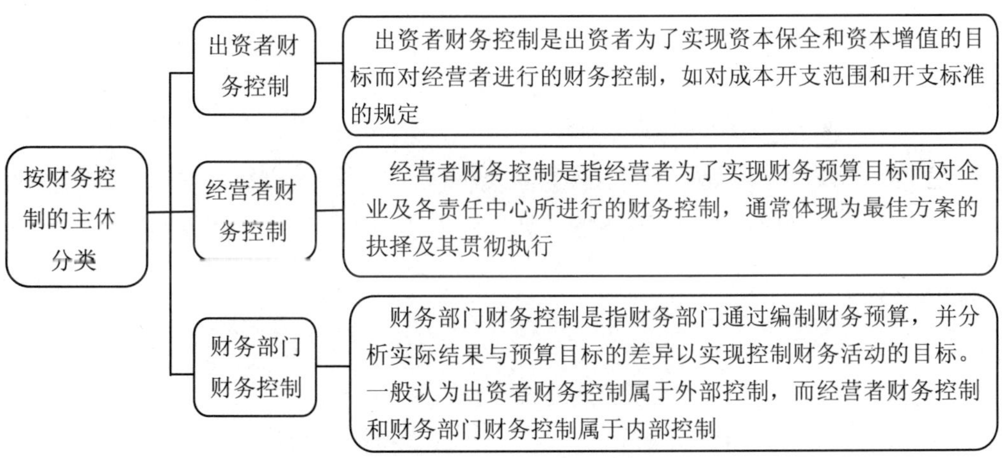

第十二章

财务分析

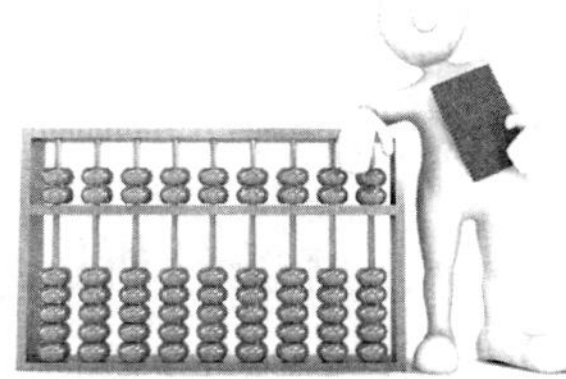

本章导读

公司财务预算是公司管理的核心环节，通常说一个好的财务预算就是公司完成财务指标的一半，但财务预算的制定是一个非常专业的事情，以企业战略目标为基础进行企业财务预算管理，可使企业把眼前利益与长远发展有机结合起来，促进企业的可持续发展。没有战略意识的财务预算就是企业的短期行为，就会失去正确的方向，不可能增强企业的市场竞争优势。因此，企业在开展企业财务预算管理之前应明确自己的战略目标，围绕企业战略的制定、实施、控制而采取一系列措施。在此基础上编制各期的预算，使企业各期的预算前后衔接，避免预算工作的盲目性。企业的财务预算管理从属于企业的战略管理，而不是简单的企业预测的战术和方法。企业的战略导向、战略目标将直接决定预算模式的选择，决定预算重点及其需要从哪方面进行重点保障，决定预算目标如何具体确定。财务预算只有这样定位，即定位在企业战略目标上，预算管理才能有生命力。因此，企业要实行财务预算管理，必须根据市场环境和企业的现有资源，制定企业发展战略，确定企业战略目标，把握财务预算管理的正确目标和方向。

第一节　财务分析概述

财务报表是反映公司财务状况、经营活动和现金流量的基础资料，是公司进行价值管理的基本依据。对财务报表的解读有助于相关利益人选用合适的财务比率对企业经营管理状况进行分析，在财务综合分析体系的框架下发现存在的问题，为公司经营战略制定和执行提供重要依据。

一、财务分析的含义

财务分析的含义

- 财务分析，又称财务报告分析，是以财务会计报告和其他相关资料为基础，采用专门的方法，系统地分析和评价企业的过去和现在的经营成果、财务状况、现金流量及其变动，目的是为了解过去、评价现在、预测未来，帮助利益相关人改善决策
- 对外发布的财务报告，是根据全体使用人的一般要求设计的，并不符合特定报表使用人的特定要求。财务分析最基本的功能是将大量的报表数据转换成对特定决策有用的信息，以减少决策的不确定性
- 财务分析产生于19世纪末20世纪初。最早的财务分析主要是为银行服务的信用分析。当时，借贷资本在企业资本中的比重不断增加，银行家需要对贷款人进行信用调查和分析，借以判断客户的偿债能力。资本市场形成后发展出盈利分析，财务分析由主要为贷款银行服务扩展到为投资人服务。公司组织发展起来后，财务分析由外部分析扩大到内部分析，以改善内部管理服务
- 财务分析的起点是财务会计报告，分析使用的数据大部分来源于会计报表及其附注。因此，财务分析的前提是正确理解会计报表。财务分析的结果是对企业的偿债能力、盈利能力、营运能力、发展能力和获取现金能力作出评价，或找出存在的问题及其根源

财务分析是个认识过程，通常只能发现问题而不能提供解决问题的现成答案，只能作出评价而不能改善企业的状况。例如，某公司的净资产收益率偏低，通过分析知道原因是资产周转率偏低，进一步分析知道资产周转偏低的原因是存货过高，再进一步分析知道存货过高的原因是销售不畅，产成品积压。如何开拓市场，处理积压的产成品，财务分析不能回答。财务分析是检查的手段，不是治疗的办法。它能检查企业偿债、盈利、

营运和发展能力，分析越深入越容易对症治疗，但诊断不能代替治疗。

二、财务分析的作用

财务分析既是对已完成的财务活动的总结，又是财务预测的前提，在财务管理中起着承上启下的作用。

财务分析的作用可从不同的角度加以考察。从服务对象看，财务分析不仅对企业内部的经营管理起着重要作用，而且对外部的投资决策、贷款决策、赊销决策等也有着重要的作用。从职能作用看，它对于正确预测、决策、预算、控制、考核、评价都有着重要作用。

财务分析的一般目的是评价过去的经营业绩，衡量现在的财务状况，预测未来的发展趋势。从目的看，财务分析具有以下重要意义：

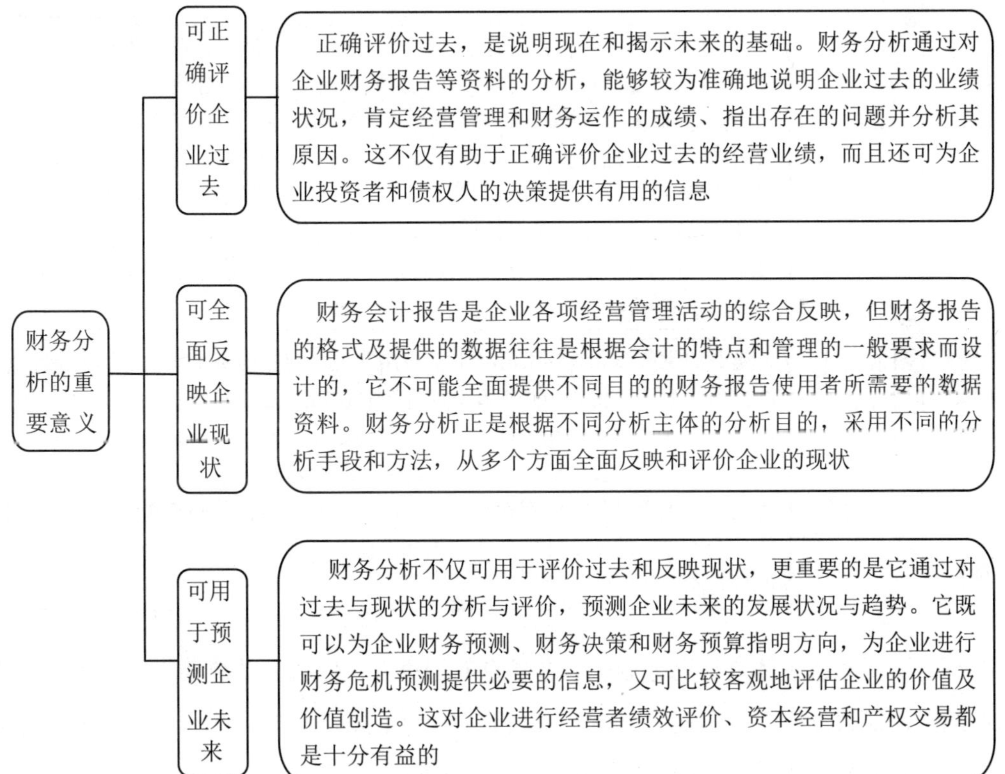

三、财务分析的内容

财务分析的不同主体出于不同的利益考虑，在对企业进行财务分析时有着各自不同的要求，使得它们所进行的财务分析，内容既有共性又有不同的侧重。

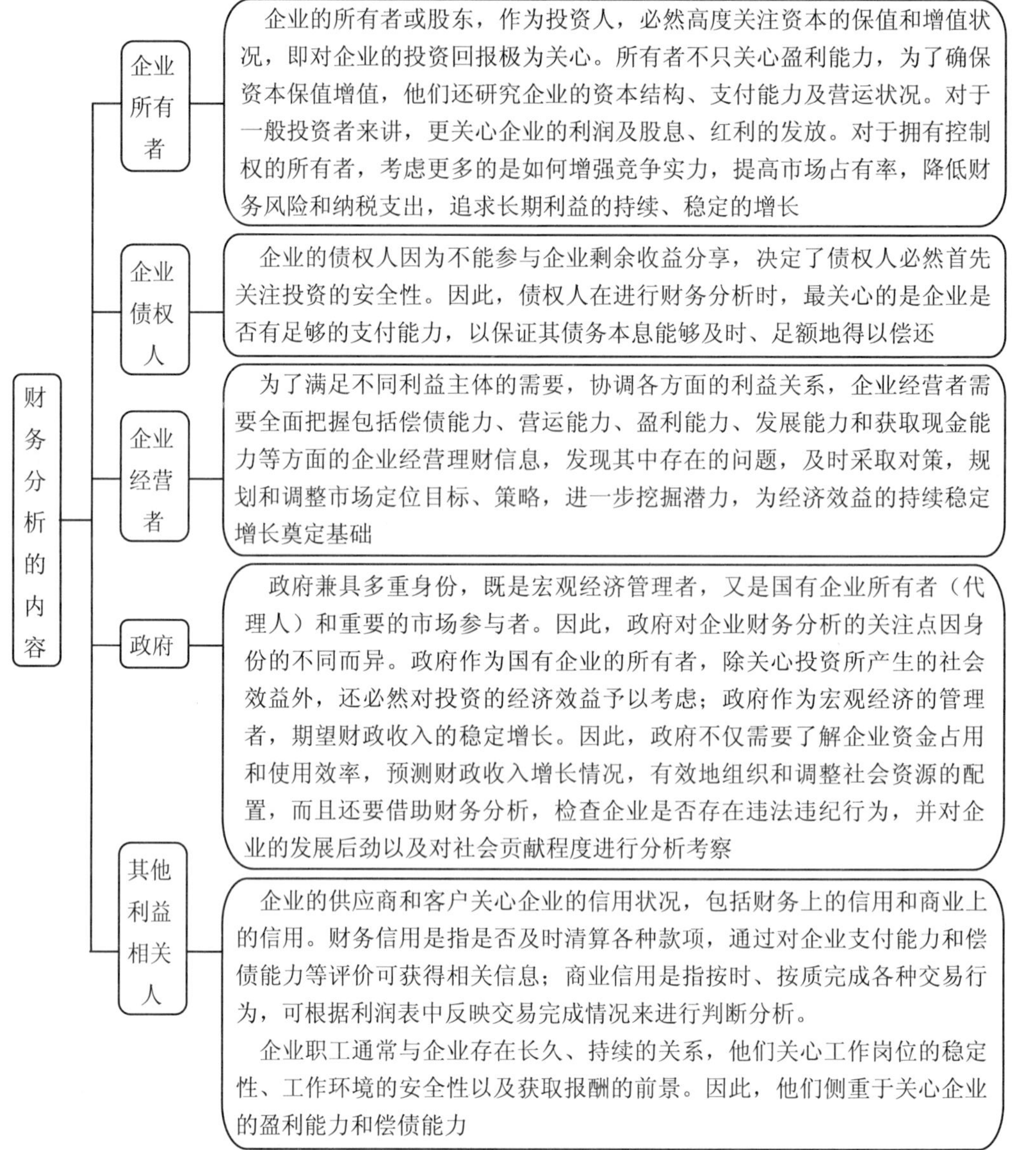

尽管不同利益主体进行财务分析有着各自的侧重点，但就企业总体来看，财务分析可归纳偿债能力分析、营运能力分析、盈利能力分析、发展能力分析和获取现金能力五个方面，它们相辅相成，共同构成了企业财务分析的基本内容。

四、财务分析的基础

财务分析的主要基础是财务会计报告。财务会计报告，又称财务报告，是指企业对外提供的反映某一特定日期的财务状况和某一会计期间的经营成果、现金流量等会计信息的文件。企业的财务报告由会计报表及其附注和其他应当在财务会计报告中披露的相关信息和资料构成。会计报表主要包括资产负债表、利润表、现金流量表等。这些会计报表及其附注集中、概括地反映了企业的财务状况、经营成果和现金流量情况等财务信息，对其进行财务分析，可以更加系统地揭示企业的偿债能力、营运能力、盈利能力、发展能力和获取现金能力等状况。

（一）资产负债表

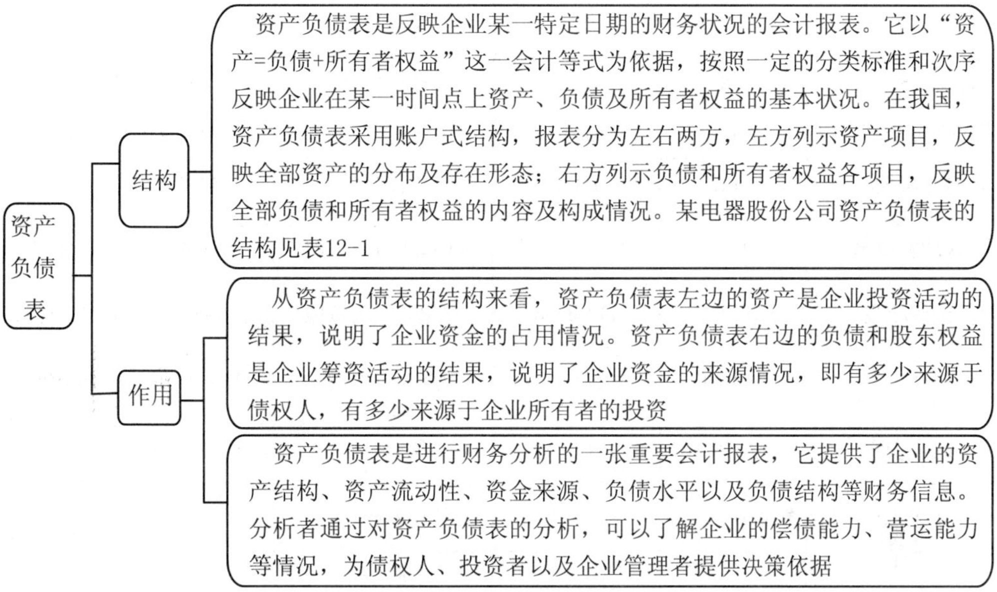

资产负债表

结构

资产负债表是反映企业某一特定日期的财务状况的会计报表。它以“资产=负债+所有者权益”这一会计等式为依据，按照一定的分类标准和次序反映企业在某一时间点上资产、负债及所有者权益的基本状况。在我国，资产负债表采用账户式结构，报表分为左右两方，左方列示资产项目，反映全部资产的分布及存在形态；右方列示负债和所有者权益各项目，反映全部负债和所有者权益的内容及构成情况。某电器股份公司资产负债表的结构见表12-1

作用

从资产负债表的结构来看，资产负债表左边的资产是企业投资活动的结果，说明了企业资金的占用情况。资产负债表右边的负债和股东权益是企业筹资活动的结果，说明了企业资金的来源情况，即有多少来源于债权人，有多少来源于企业所有者的投资

资产负债表是进行财务分析的一张重要会计报表，它提供了企业的资产结构、资产流动性、资金来源、负债水平以及负债结构等财务信息。分析者通过对资产负债表的分析，可以了解企业的偿债能力、营运能力等情况，为债权人、投资者以及企业管理者提供决策依据

表 12-1　合并资产负债表

编制单位：某电器股份有限公司　　2013 年 12 月 31 日　　单位：万元

项目	年末余额	年初余额	项目	年末余额	年初余额
流动资产：			**流动负债：**		
货币资金	198647.93	396630.89	短期借款	28547.77	21024.80
交易性金融资产	0.001	84.00	应付票据	2737.49	0.00
应收票据	211879.30	103138.30	应付账款	217029.67	182592.72
应收账款	193758.35	141808.87	预收款项	13976.95	12086.82
预付款项	8796.82	4386.79	应付职工薪酬	48330.54	40006.00
应收利息	0.001	0.00	应交税费	14094.48	22892.70
应收股利	0.00	0.00	应付利息	4073.83	4068.58

续表

项目	年末余额	年初余额	项目	年末余额	年初余额
其他应收款	3590.07	3203.45	应付股利	151.54	3426.22
存货	115057.91	99254.52	其他应付款	36090.22	36367.39
一年内到期的非流动资产	0.00	0.00	其他流动负债	4870.24	5032.94
其他流动资产	90687.79	1400.66	一年内到期的非流动负债	0.00	0.00
流动资产合计	822418.17	749907.48	流动负债合计	369902.73	327498.17
			非流动负债：		
非流动资产：	0.00	0.00	长期借款	7224.56	0.00
可供出售金融资产	0.00	0.00	应付债券	149449.41	149235.92
持有至到期投资	0.00	0.00	预计负债	8570.75	8042.93
长期应收款	0.00	0.00	递延所得税负债	0.00	0.00
长期股权投资	54112.30	41446.34	其他非流动负债	1600.24	1230.82
投资性房地产	604.33	272.48	非流动负债合计	166844.96	158509.67
固定资产	112956.21	95393.48	负债合计	536747.69	486007.84
在建工程	68019.72	56183.91	所有者权益：		
无形资产	28813.15	33311.52	实收资本（或股本）	100801.80	100 500.00
开发支出	0.00	0.00	资本公积	205752.20	188652.57
商誉	266.34	104.26	盈余公积	53633.51	40469.46
长期待摊费用	1553.76	2577.73	未分配利润	165062.35	124552.46
递延所得税资产	11911.72	10816.99	外币报表折算差额	–135.59	–169.31
其他非流动资产	0.00	0.00	归属于母公司所有者权益合计	525114.28	454005.18
非流动资产合计	278237.53	240106.71	少数股东权益	38793.73	50001.18
			所有者权益合计	563908.01	504006.36
资产总计	1100655.70	990014.19	负债和所有者权益总计	1100655.70	990014.19

（二）利润表

利润表

- 结构：利润表，也称损益表，是反映企业在一定会计期间的经营成果的会计报表。利润包括收入减去费用后的净额、直接计入当期利润的利得和损失等。常见的利润表结构主要有单步式和多步式两种。在我国，企业利润表采用的基本上是多步式结构，主要包括营业总收入、营业总成本、营业利润、利润总额、净利润、每股收益、其他综合收益和综合收益总额等内容。在利润表中，营业总成本按功能分为营业成本、销售费用、管理费用、财务费用和资产减值损失等分类列示。某电器公司利润表的结构见表12-2
- 作用：通过利润表分析，可以从总体上了解企业的收入、成本、费用以及利润的实现及构成情况。利润表可以帮助报表使用者评估企业的经营业绩，分析企业的盈利能力及利润增减变化的原因，预测企业利润的发展趋势，为投资者及企业经营者等各方面提供财务信息

表 12-2　合并利润表

编制单位：某电器公司　　2015 年 1 ~ 12 月　　单位：万元；元 / 股

项目	本年金额	上年金额
一、营业总收入	1195 650.72	1070316.34
其中：营业收入	1195 650.72	1070316.34
二、营业总成本	1001 734.11	906445.68
其中：营业成本	817872.00	749873.17
营业税金及附加	7234.17	7086.59
销售费用	70010.24	64048.83
管理费用	87643.75	82388.18
财务费用	6461.14	448.91
资产减值损失	12512.81	2600.00
加：公允价值变动收益（损失以“一”号填列）	0.00	7.22
投资收益（损失以“一”号填列）	4154.55	729.79
其中：对联营企业和合营企业的投资收益	899.69	158.66
三、营业利润（亏损以“一”号填列）	198071.16	166607.67

续表

项目	本年金额	上年金额
加：营业外收入	4757.59	2591.33
减：营业外支出	2682.80	2182.44
其中：非流动资产处置损失	188.84	780.19
四、利润总额（亏损总额以“—”号填列）	200145.95	167016.56
减：所得税费用	31042.74	26907.37
五、净利润（净亏损以“—”号填列）	169103.21	140109.19
归属于母公司所有者的净利润	154173.94	126157.28
少数股东损益	14929.27	13951.91
六、每股收益	—	—
（一）基本每股收益	1.53	1.26
（二）稀释每股收益	1.53	1.26
七、其他综合收益	33.72	-102.78
八、综合收益总额	169136.93	140006.40
归属于母公司所有者的综合收益总额	154207.66	126054.49
归属于少数股东的综合收益总额	14929.27	13951.91

（三）现金流量表

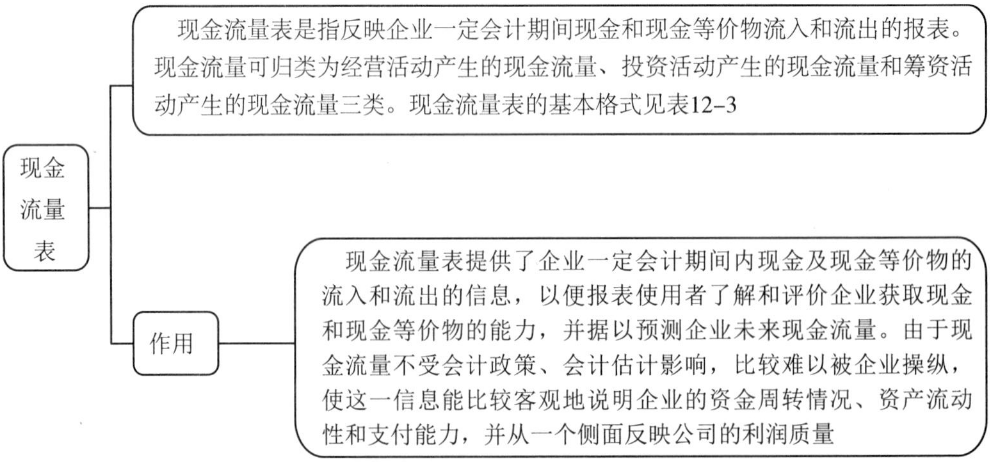

现金流量表

现金流量表是指反映企业一定会计期间现金和现金等价物流入和流出的报表。现金流量可归类为经营活动产生的现金流量、投资活动产生的现金流量和筹资活动产生的现金流量三类。现金流量表的基本格式见表12-3

作用

现金流量表提供了企业一定会计期间内现金及现金等价物的流入和流出的信息，以便报表使用者了解和评价企业获取现金和现金等价物的能力，并据以预测企业未来现金流量。由于现金流量不受会计政策、会计估计影响，比较难以被企业操纵，使这一信息能比较客观地说明企业的资金周转情况、资产流动性和支付能力，并从一个侧面反映公司的利润质量

表 12-3 现金流量表

编制单位：某电器公司　　2015 年 1 ~ 12 月　　单位：万元

项目	本期金额	上期金额
一、经营活动产生的现金流量		
销售商品、提供劳务收到的现金	1241318.80	1228360.04
收到的税费返还	866.00	1484.73
收到的其他与经营活动有关的现金	12873.03	34217.35
经营活动现金流入小计	1255057.83	1264062.12
购买商品、接受劳务支付的现金	881012.31	735105.01
支付给职工以及为职工支付的现金	128505.26	125398.87
支付的各项税费	104323.96	77729.56
支付的其他与经营活动有关的现金	77445.10	70986.05
经营活动现金流出小计	1191286.63	1009219.49
经营活动产生的现金流量净额	63771.20	254842.63
二、投资活动产生的现金流量		
收回投资所收到的现金	202584.00	0.00
取得投资收益所收到的现金	3253.14	2707.81
处置固定资产、无形资产和其他长期资产所收回的现金净额	1102.18	1007.96
收到的其他与投资活动有关的现金	0.00	0.00
投资活动现金流入小计	206939.32	3715.77
购建固定资产、无形资产和其他长期资产所支付的现金	52165.24	91278.70
投资所支付的现金	305766.28	11564.69
取得子公司及其他营业单位支付的现金净额	720.64	63941.77
支付的其他与投资活动有关的现金	0.00	1850.00

续表

项目	本期金额	上期金额
投资活动现金流出小计	358652.15	168635.16
投资活动产生的现金流量净额	-151712.84	-164919.39
三、筹资活动产生的现金流量		
吸收投资收到的现金	7918.07	0.00
取得借款收到的现金	50997.29	53800.23
收到的其他与筹资活动有关的现金	0.00	0.00
筹资活动现金流入小计	58915.36	53800.23
偿还债务所支付的现金	36249.76	77785.11
分配股利、利润或偿付利息所支付的现金	127033.13	125457.29
支付的其他与筹资活动有关的现金	6251.15	12936.89
筹资活动现金流出小计	169534.05	216179.28
筹资活动产生的现金流量净额	-110618.68	-162379.05
四、汇率变动对现金及现金等价物的影响	0.00	0.00
五、现金及现金等价物净增加额	-198560.32	-72455.80
加：期初现金及现金等价物余额	388423.69	460879.49
六、期末现金及现金等价物余额	189863.36	388423.69
补充资料		
1. 将净利润调节为经营活动现金流量		
净利润	169103.21	140109.19
加：资产减值准备	12512.81	2600.00
固定资产折旧、油气资产折耗、生产性生物资产折旧	13688.43	12645.50
无形资产摊销	2842.89	2672.64
长期待摊费用摊销	1633.73	972.41

续表

项目	本期金额	上期金额
处置固定资产、无形资产和其他长期资产损失	−179.51	526.38
固定资产报废损失	0.00	0.00
公允价值变动损失	0.00	−7.22
财务费用	11179.18	11444.19
投资损失	−4154.55	−2729.79
递延所得税资产减少	−1094.73	−2401.91
递延所得税负债增加	0.00	0.00
存货的减少	−16392.09	5400.85
经营性应收项目的减少	−174500.48	19133.06
经营性应付项目的增加	49132.29	64477.33
经营活动产生的现金流量净额	63771.20	254842.63
2. 不涉及现金收支的重大投资和筹资活动		
债务转为资本	0.00	0.00
一年内到期的可转换公司债券	0.00	0.00
融资租入固定资产	0.00	0.00
3. 现金及现金等价物净变动情况		
现金的期末余额	189863.36	388423.69
减：现金的期初余额	388423.69	460879.49
加：现金等价物的期末余额	—	—
减：现金等价物的期初余额	—	—
现金及现金等价物净增加额	−198560.32	−72455.80

第二节　企业偿债能力分析

- 偿债能力分析
  - 短期偿债能力分析
    - 短期偿债能力主要表现在公司到期债务与可支配流动资产之间的关系，主要的衡量指标有流动比率和速动比率
    - 流动比率
      - 流动比率是衡量企业短期偿债能力最常用指标
      - 计算公式为：流动比率=流动资产/流动负债。即用变现能力较强的流动资产偿还企业短期债务
      - 通常认为最低流动比率为2。但该比率不能过高，过高则表明企业流动资产占用较多，会影响资金使用效率和企业获利能力；流动比率过高还可能是存货积压，应收账款过多且收账期延长，以及待摊费用增加所致，而真正可用来偿债的资金和存款却严重短缺。一般情况下，营业周期、应收账款和存货的周转速度是影响流动比率的主要因素
    - 速动比率
      - 速动比率，又称酸性测试比率。计算公式为：速动比率=速动资产/流动负债。 速动资产是指流动资产扣除存货之后的余额，有时还扣除待摊费用、预付货款等。在速动资产中扣除存货是因为存货的变现速度慢，可能还存在损坏、计价等问题；待摊费用、预付货款是已经发生的支出，本身并没有偿付能力，所以谨慎的投资者在计算速动比率时也可以将之从流动资产中扣除。影响速动比率的重要因素是应收账款的变现能力，投资者在分析时可结合应收账款周转率、坏账准备计提政策一起考虑。通常认为合理的速动比率为1
  - 长期偿债能力是指企业偿还1年以上债务的能力，与企业的盈利能力、资金结构有十分密切的关系。企业的长期负债能力可通过资产负债率、长期负债与营运资金的比率及利息保障倍数等指标来分析

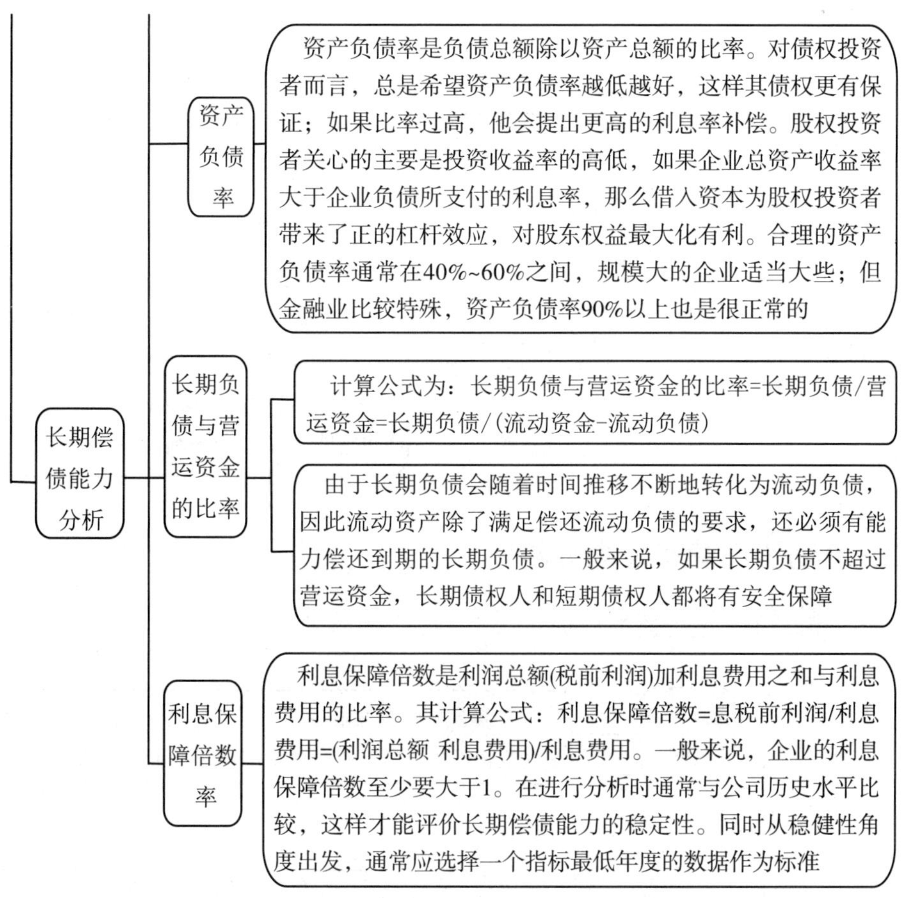

第三节 企业资产营运能力分析

一、企业资产营运能力分析概述

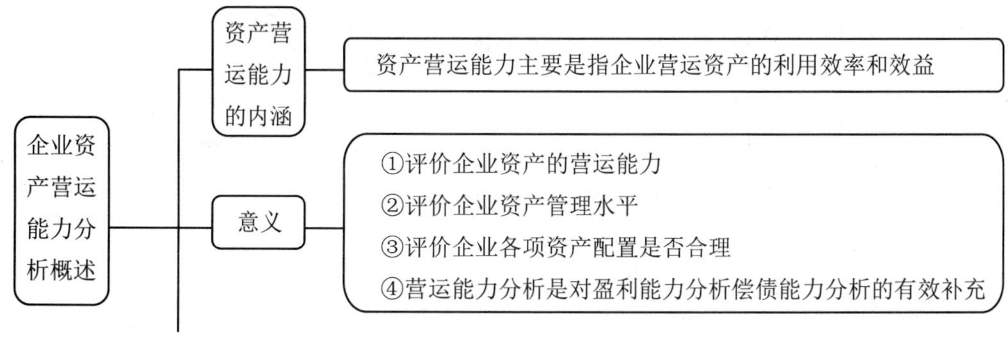

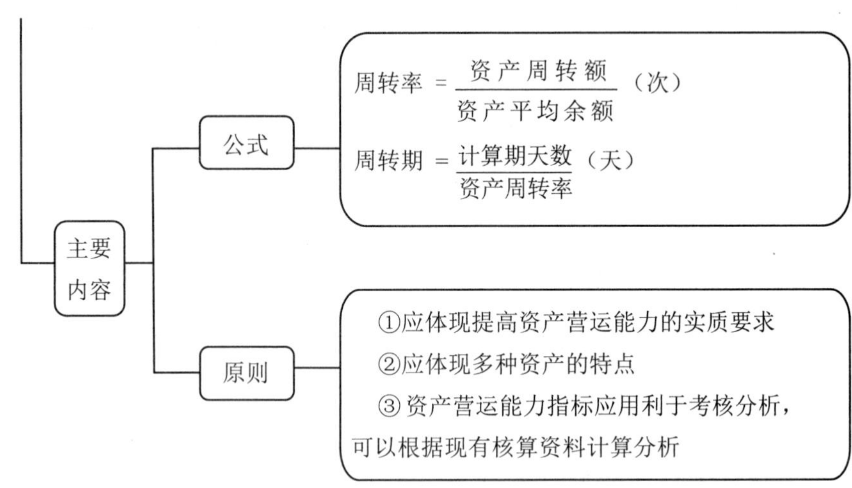

二、流动资产营运能力分析

1. 流动资产营运能力分析

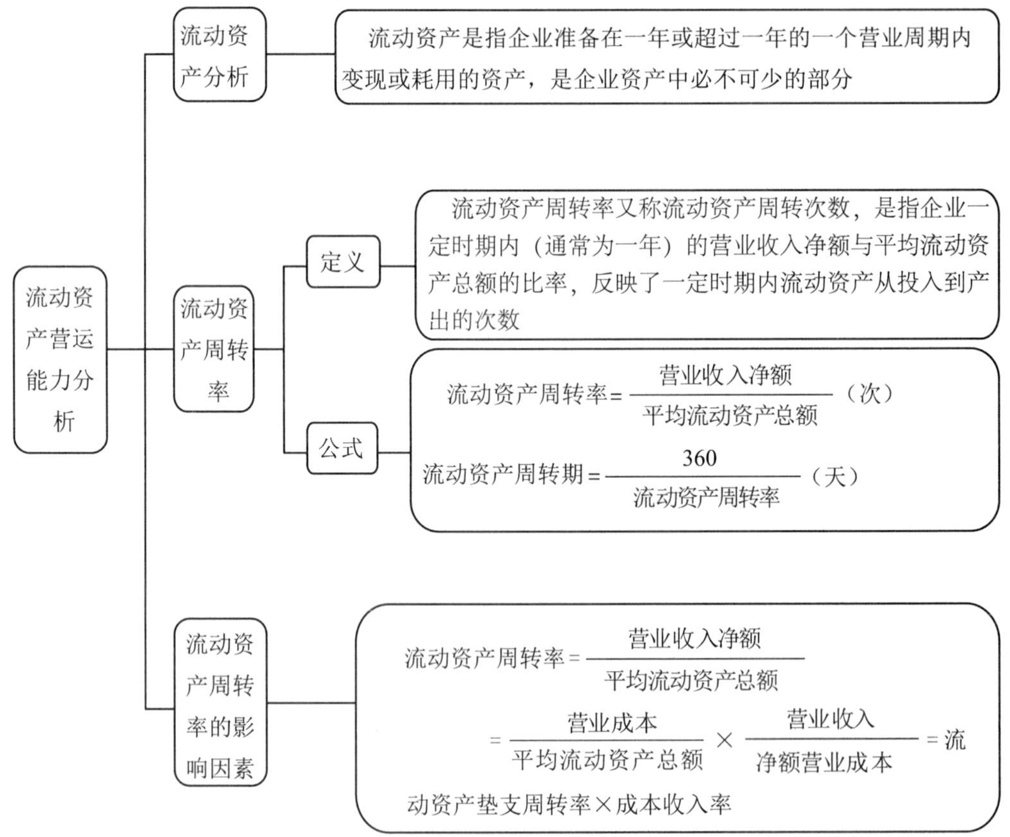

2. 应收账款周转率分析

- 应收账款周转率分析
  - 应收账款分析
    - 定义：应收账款是指企业因销售产品或提供劳务等而应向客户收取的款项
    - 内容
      - 对债权的账龄进行分析
      - 对债权人的偿账信誉进行分析
  - 应收账款周转率定义
    - 定义：应收账款周转率，是指企业一定时期内（通常为一年）赊销收入净额与平均应收账款余额的比率，反映的是一定时期内应收账款回收的次数
    - 公式

$$应收账款周转率=\frac{赊销收入净额}{平均应收账款余额}（次）$$

$$应收账款周转期=\frac{360}{应收账款周转率}（天）$$

  - 注意事项
    - 用营业收入净额代替赊销收入
    - 应收账款周转率指标并非越高越好
    - 某些情况下会影响该指标计算的正确性
    - 采用该指标的目的在于促进企业通过合理制定赊销政策应收账款的前后期管理，加快应收账款回收速度

3. 影响存货周转率的三大因素

- 影响存货周转率的三大因素
  - 原材料存货周转率

$$原材料存货周转率=\frac{耗用材料成本}{平均材料存货}（次）$$

$$原材料存货周转期=\frac{360}{材料存货周转率}（天）$$

  - 在产品存货周转率

$$在产品存货周转率=\frac{制造成本}{平均在产品存货}（次）$$

$$在产品存货周转期=\frac{360}{在产品存货周转率}（天）$$

  - 产成品存货周转率

$$产成品存货周转率=\frac{制造成本}{平均产成品存货}（次）$$

$$产成品存货周转期=\frac{360}{产成品存货周转率}（天）$$

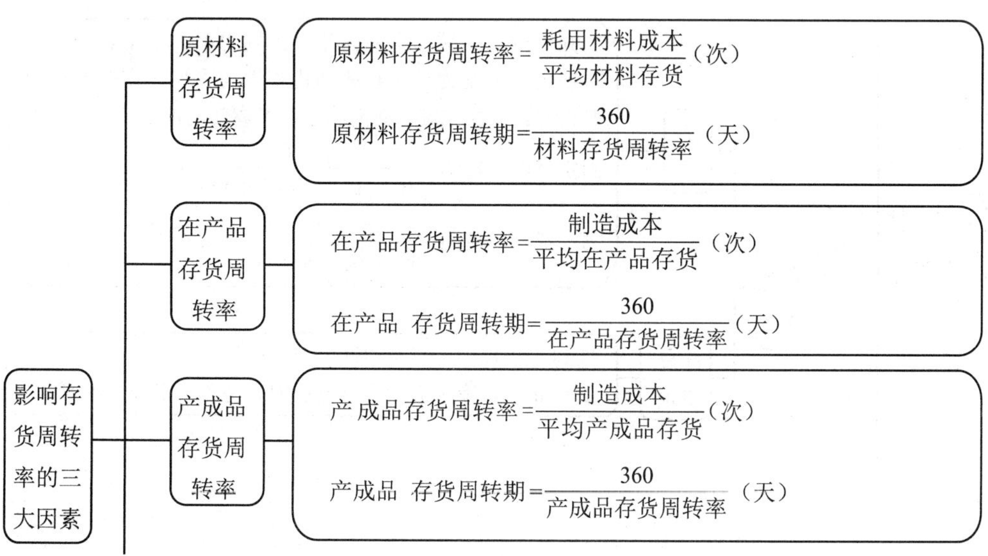

- 存货组成项目周转速度与存货周转速度之间的关系
  - 存货平均周转天数$=\frac{\text{平均存货余额}\times 360}{\text{销售成本}}=$（平均材料存货+平均在产品存货+平均产成品存货$\times\frac{360}{\text{销售成本}}=$材料存货平均周转天数$\times\frac{\text{材料耗用成本}}{\text{销售成本}}+$在产品存货平均周转天数$\times\frac{\text{制造成本}}{\text{销售成本}}+$产成品存货周转天数
- 注意事项
  - ①应考虑应会计处理方法不同而产生的影响
  - ②运用该指标时，还应综合考虑进货批量、生产销售的季节性以及存货结构等因素
  - ③存货周转率也是企业进行盈利能力、偿债能力分析的有效补充

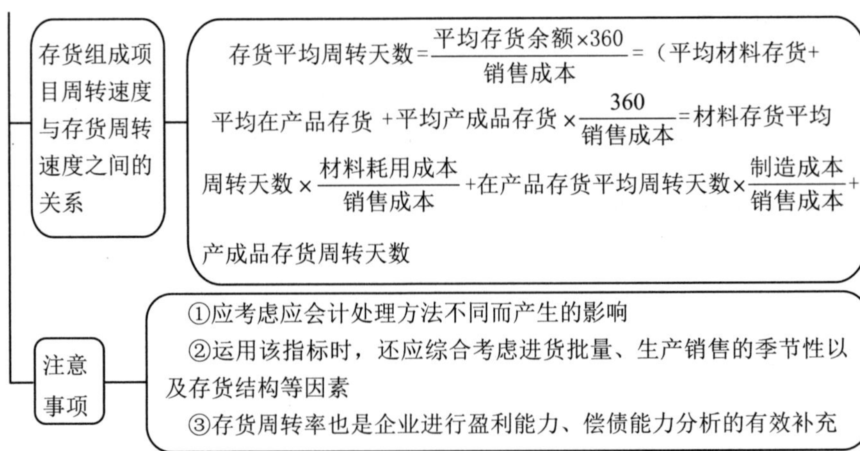

三、固定资产营运能力分析

- 固定资产营运能力分析
  - 固定资产构成分析
    - 定义
      - 固定资产是指企业为生产商品、提供劳务、出租或经营管理而持有的，使用寿命超过一个会计年度的有形资产
      - 固定资产构成是指各类固定资产原价占全部固定资产元件的比重，它反映着固定资产的配置情况
    - 变动的分析
      - 考察未使用、闲置固定资产比重的变化情况，查明企业在处置固定资产方面是否出了成绩
      - 考察生产经营用固定资产内部结构是否合理
  - 固定资产周转率
    - 定义
      - 固定资产周转率也称固定资产利用率，是指企业一定时期内（通常为一年）的销售收入与平均固定资产净值的比率，反映一定时期内固定资产周转的次数。
      - 固定资产周转率$=\frac{\text{销售收入}}{\text{平均固定资产净值}}$（次）
      - 固定资产周转期$=\frac{360}{\text{固定资产周转率}}$（天）
    - 注意事项
      - ①这一指标的分母采用固定资产净值
      - ②固定资产净值会受到企业折旧方法和折旧年限的影响

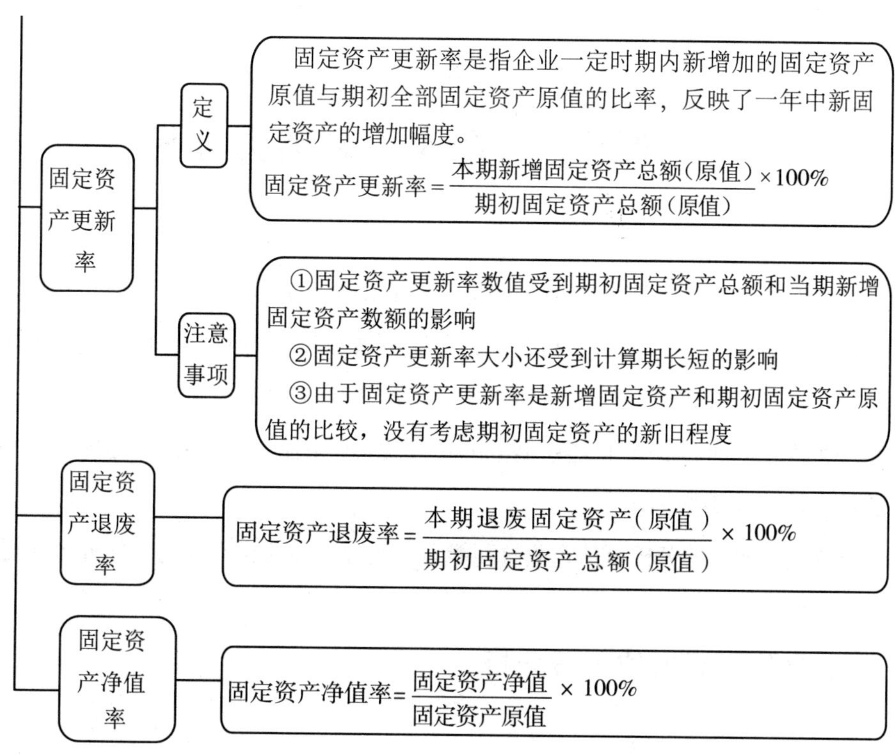

四、全部资产营运能力分析

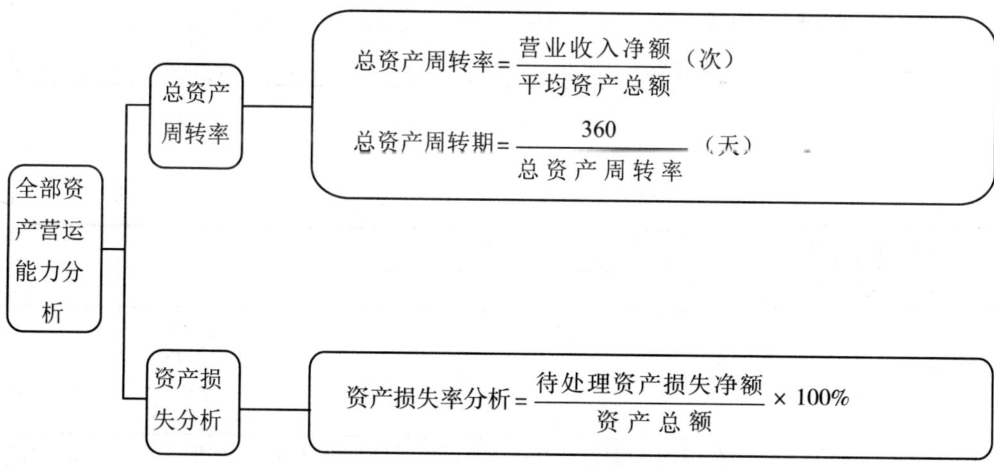

第四节　企业盈利能力分析

盈利能力是指企业赚取利润的能力，是企业财务能力的集中体现。利润是企业内外有关各方都关心的“对象”。利润是企业所有者取得投资收益、债权人获取本息的资金来源，也是经营管理者经营业绩和管理效率的集中表现。盈利能力的大小不仅关系到所有者的利益，同时也是企业偿还债务的重要保证。因此，盈利能力是综合分析企业实力和发展前景的重要指标。

企业盈利能力的分析可从企业盈利能力一般分析和社会贡献能力分析两方面进行。

一、企业盈利能力的一般分析

1. 营业利润率

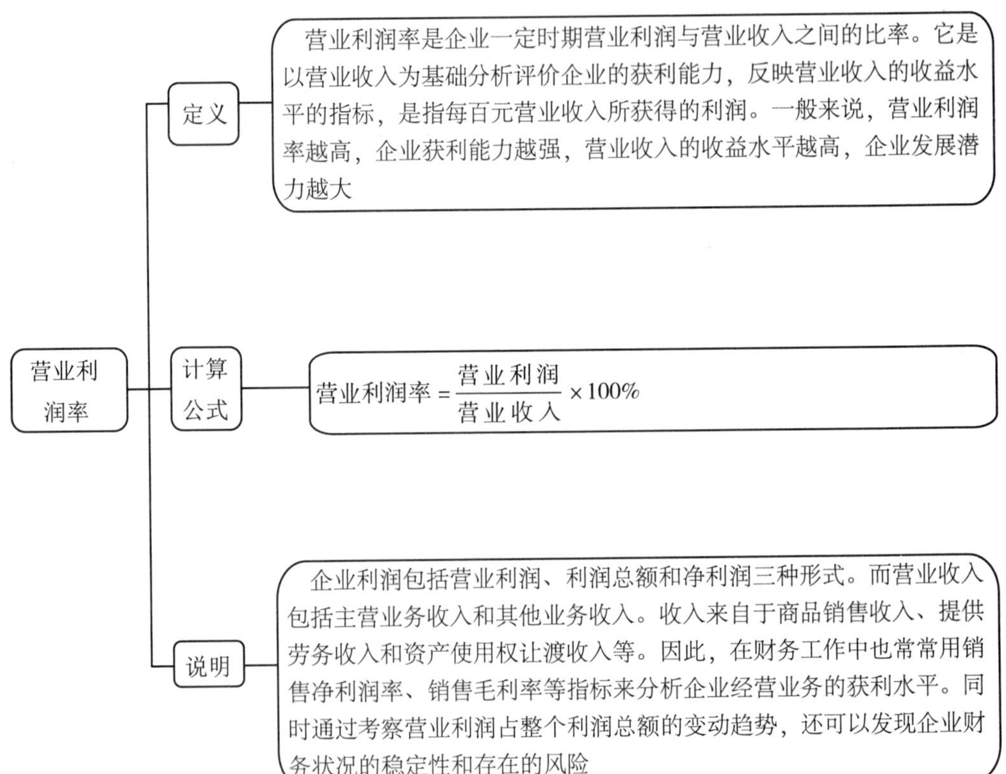

2. 成本费用利润率

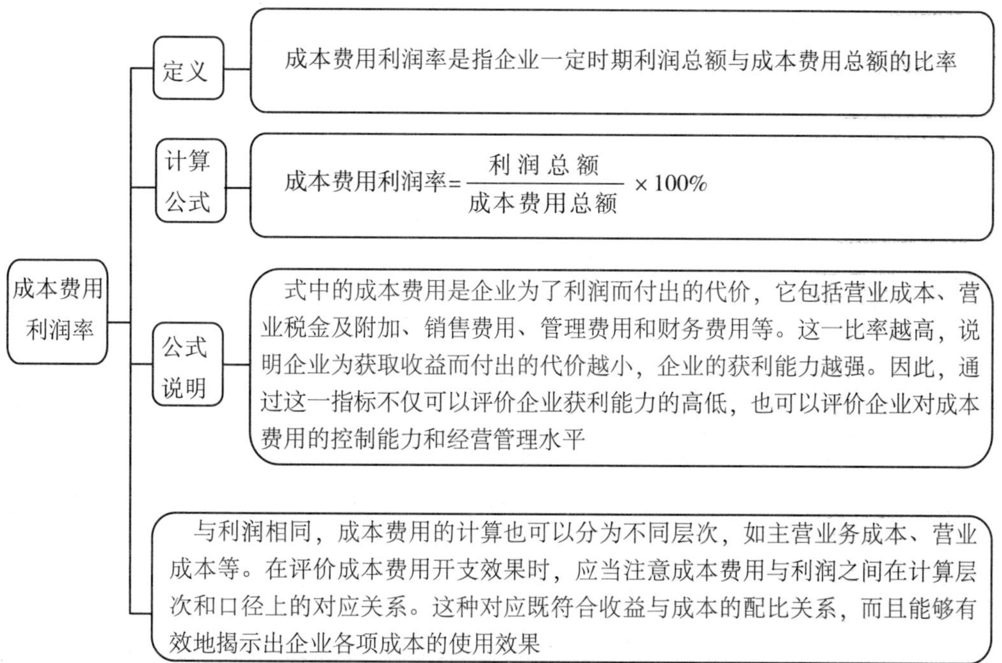

3. 总资产报酬率

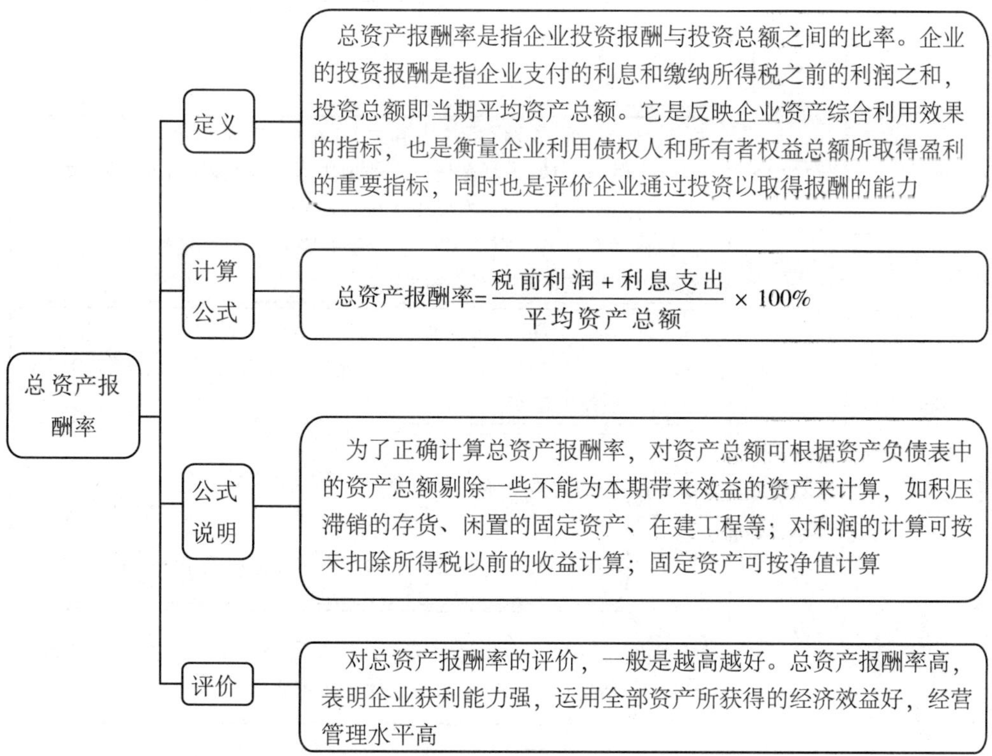

4. 自有资金利润率

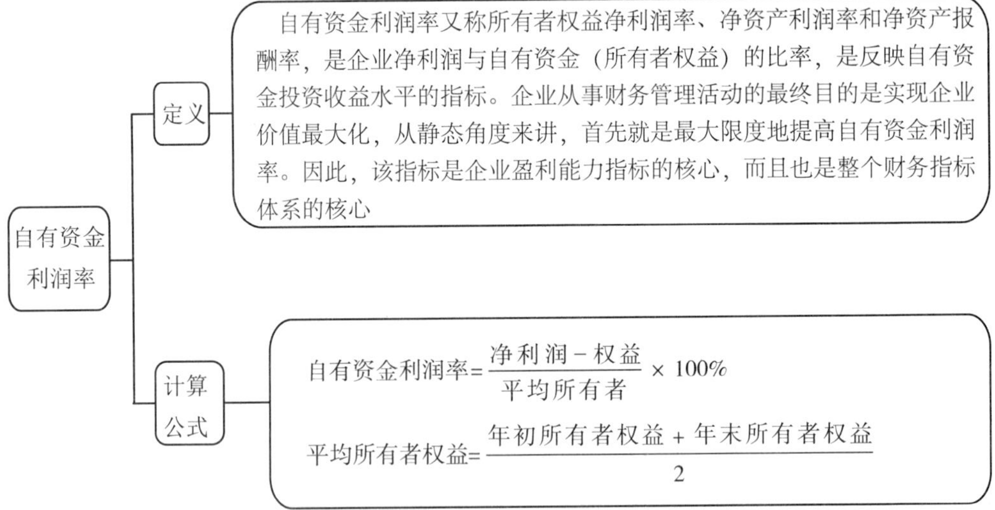

5. 资本保值增值率

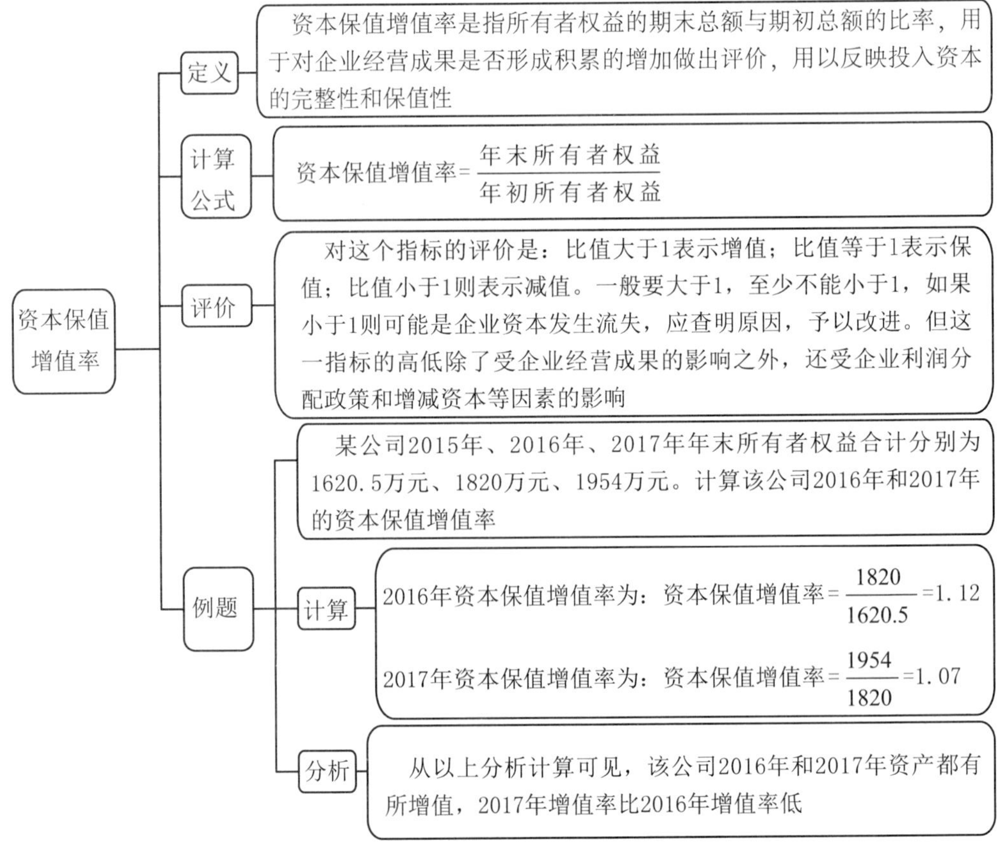

二、社会贡献能力分析

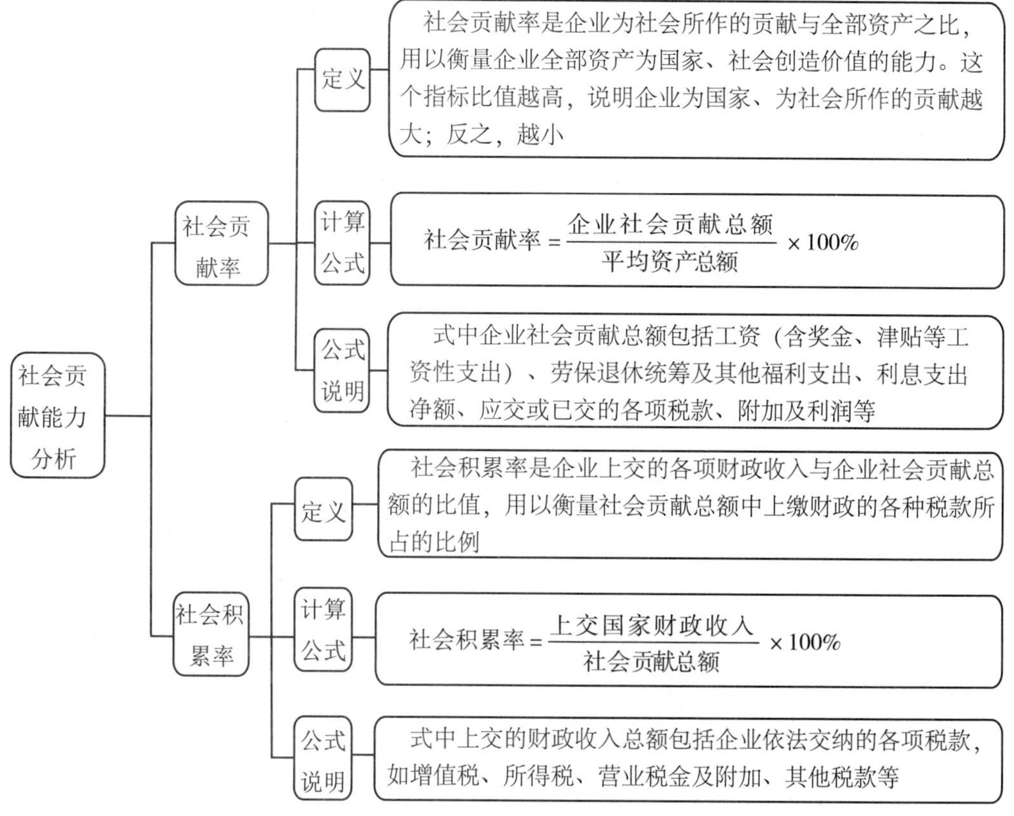

第五节 企业成长能力分析

1. 企业成长能力分析概述

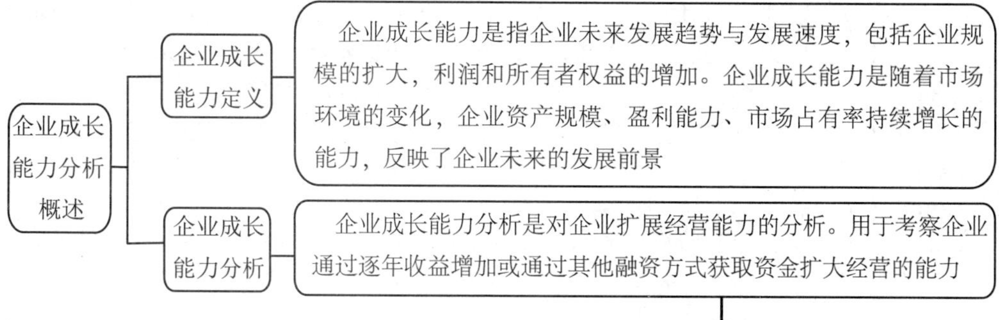

对企业成长能力的分析，也可以判断企业未来经营活动现金流量的变动趋势，预测未来现金流量的大小

一个企业要发展，长期资产的规模必须增加，其投资活动中现金净流出量就会大幅度提高。对内投资的现金流出量大幅度提高，往往意味着该企业面临一个新的投资机会；对外投资的现金流出量大幅度提高，则说明该企业在通过对外投资来寻求新的获利机会或发展机遇。在分析企业成长能力时，常常将投资活动与筹资活动所产生的现金流量联系起来考察和分析。如果投资活动的现金流出量与筹资活动的现金流入量在本期的数额都相当大，说明该企业在保持内部经营稳定进行的前提下，从外界筹集了大笔资金以扩大其生产经营规模。反之，如果投资活动产生的现金流入量与筹资活动产生的现金流出量在数额上比较接近且数额较大，说明企业在保持内部经营稳定进行的前提下，收回大笔对外投资的资金支付到期债务，意味着企业没有扩张动机

2. 企业成长能力分析的指标

企业成长能力分析的指标

- 主营业务增长率：即本期的主营业务收入减去上期的主营业务收入之差再除以上期主营业务收入的比值。通常具有成长性的公司多数都是主营业务突出、经营比较单一的公司。因此，利用主营业务收入增长率这一指标可以较好地考查公司的成长性。主营业务收入增长率高，表明公司产品的市场需求大，业务扩张能力强。如果一家公司中能连续几年保持30%以上的主营业务收入增长率，基本上可以认为这家公司具备成长性
- 主营利润增长率：即本期主营业务利润减去上期主营利润之差再除以上期主营业务利润的比值。一般来说，主营利润稳定增长且占利润总额的比例呈增长趋势的公司正处在成长期。一些公司尽管年度内利润总额有较大幅度的增加，但主营业务利润却未相应增加，甚至大幅下降，这样的公司质量不高，投资这样的公司，尤其需要警惕。这里可能蕴藏着巨大的风险，也可能存在资产管理费用居高不下等问题
- 净利润增长率：即本年净利润减去上年净利润之差再除以上期净利润的比值。净利润是公司经营业绩的最终结果。净利润的增长是公司成长性的基本特征，净利润增幅较大，表明公司经营业绩突出，市场竞争能力强。反之，净利润增幅小甚至出现负增长也就谈不上具有成长性

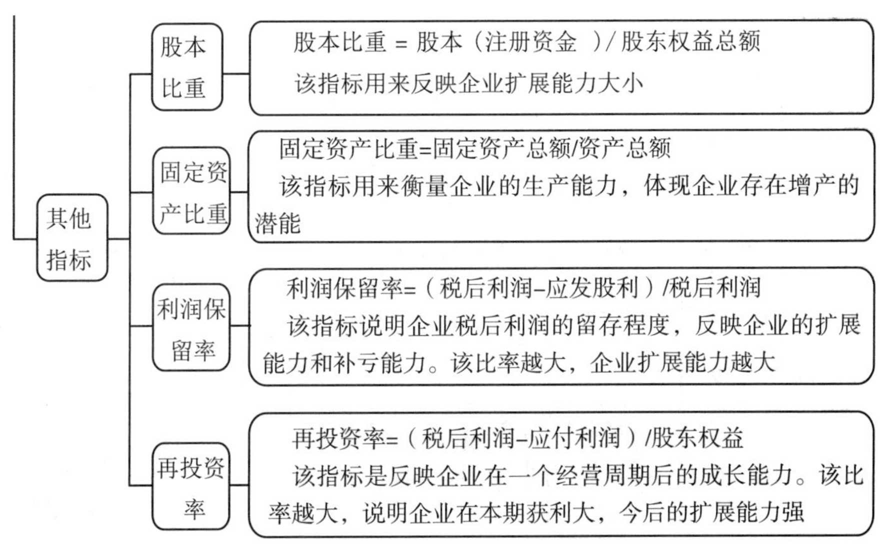

第六节　企业财务综合分析

财务分析的最终目的在于全方位地了解企业经营理财的状况，并借以对企业经营效益和效率的优劣作出系统、合理的评价。单一财务指标的分析，是很难全面评价企业的财务状况、经营成果和现金流量情况的。要想对企业有一个总体评价，就必须进行综合性分析与评价。

一、概述

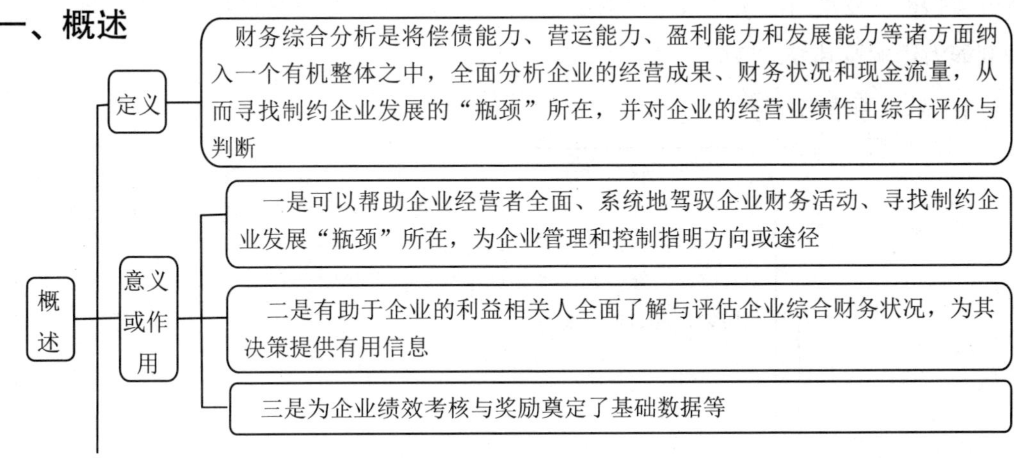

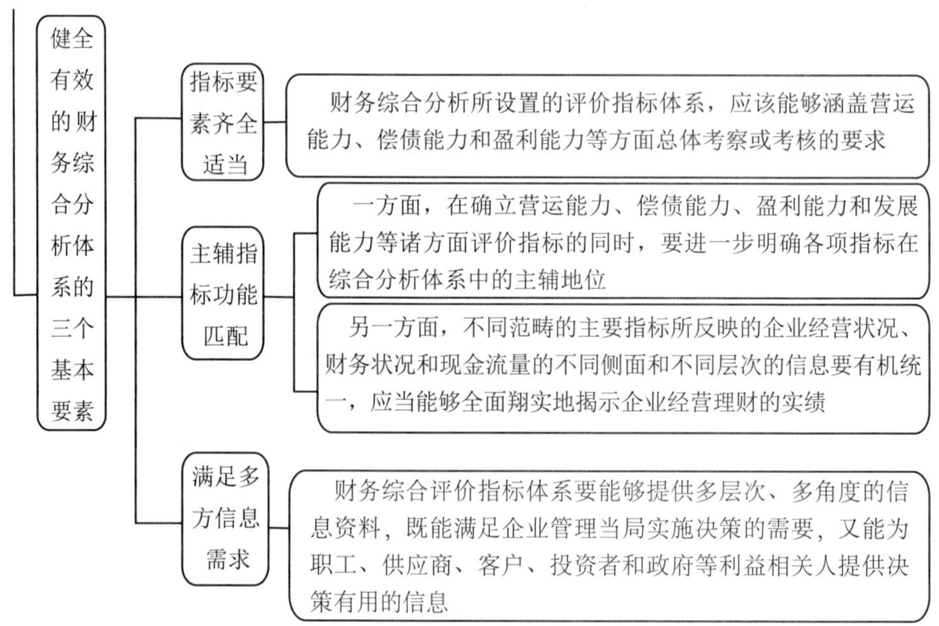

二、财务综合分析方法

财务综合分析的方法很多，主要包括杜邦财务分析体系、综合评分法、坐标图分析法和雷达图分析法等，其中以杜邦财务分析体系和综合评分法应用最为广泛。

（一）杜邦财务分析体系

杜邦财务分析体系是根据主要财务指标之间的内在联系，建立财务指标分析体系，综合分析和评价经营理财及经济效益的方法。因其最初为美国杜邦公司创立并成功运用而得名。该体系以净资产收益率为核心，自上而下将其分解为若干财务指标，通过分析各分解指标的变动对净资产收益率的影响，来提示企业经营效率和财务政策对企业综合盈利能力影响及其变动原因。

1. 基本原理与框架

净资产收益率是一个综合性很强的财务比率，是杜邦财务分析体系的核心。净资产收益率反映所有者投入资金的盈利能力，反映企业筹资和投资等活动的效率，提高净资产收益率是实现财务管理目标的基本保证。净资产收益率的高低取决于销售净利率、资产周转率、权益乘数。它们之间关系为：

$$\text{净资产收益率}=\frac{\text{净利率}}{\text{营业收入}}\times\frac{\text{营业收入}}{\text{总资产}}\times\frac{\text{总资产}}{\text{股东权益}}$$

$$=\text{资产净利率}\times\text{权益乘数}$$

$$=\text{销售净利率}\times\text{总资产周转率}\times\text{权益乘数}$$

基本原理与框架

原理

销售净利率反映企业盈利能力；资产周转率反映企业综合营运效率；权益乘数表示企业的财务杠杆度。杜邦财务分析体系正是通过净资产收益率这一核心指标，把反映企业盈利能力、营运能力和偿债能力指标融为一体，比只用一项指标更能说明问题

销售净利率反映了企业净利润与营业收入的关系。净利润是由营业收入扣除成本费用及所得税费用后的净额，而成本费用又是由一些具体项目构成。通过这些项目的分析，能了解企业净利润增减变动的原因。提高销售净利率的关键是扩大营业收入，控制成本费

资产周转率揭示企业资产实现营业收入的综合能力。对资产周转率的分析，需对影响资产周转的各因素进行分析。企业的总资产由流动资产和非流动资产构成，它们各自又有许多明细项目，通过对总资产的构成及各项资产周转情况的分析，能发现企业资产管理中存在的问题与不足

权益乘数是资产总额除以股东权益总额，反映所有者权益与总资产的关系。权益乘数越高，说明企业负债程度越高，在能给企业带来较大杠杆利益的同时，也会给企业带来较大偿债的风险。因此，企业既要合理使用全部资产，又要妥善安排资本结构

权益乘数是资产总额除以股东权益总额，反映所有者权益与总资产的关系。权益乘数越高，说明企业负债程度越高，在能给企业带来较大杠杆利益的同时，也会给企业带来较大偿债的风险。因此，企业既要合理使用全部资产，又要妥善安排资本结构

框架

杜邦财务分析体系不仅揭示了企业各项财务指标间的相互关系，而且为企业决策者查明各项主要指标变动的影响因素、优化经营理财状况、提高经营效益提供了思路。提升净资产收益率的途径主要包括：扩大销售、控制成本费用、合理投资配置、加速资金周转、优化资本结构、树立风险意识等

杜邦财务分析体系是一个多层次的财务比率分解体系。各项财务比率，可在每个层次上与本企业历史或同业财务比率比较，比较之后向下一级分解。逐级向下分解，逐步覆盖企业经营活动的每个环节，以实现系统、全面评价企业经营成果和财务状况的目的

第一层次分解，是将净资产收益率分解为销售净利率、资产周转率和权益乘数。分解出来的销售净利率和资产周转率，反映了企业的经营战略。通常，销售净利率和资产周转率会呈反方向变化，是选择“高盈利、低周转”还是“低盈利、高周转”模式，是企业根据外部环境和自身资产所作的战略选择。制造业企业以前一种模式为多，零售业企业以后一种模式为多。销售净利率和资产周转率相乘为资产净利率，它反映了企业经营效率的高低。分解出来的财务杠杆可以反映企业的财务政策。一般来说，资产净利率较高的企业，财务杠杆较低，反之亦然。这是因为经营风险高的企业，需要与较低的财务杠杆匹配。要稳定经营现金流量，或是降低价格以减少竞争，或是增加营运资本以防现金流中断，这都会导致资产净利率下降。总资产周转率与财务杠杆负相关，共同决策了企业的净资产收益率。这也说明企业的财务政策应与经营战略相匹配。杜邦财务分析体系的基本框架如图12-1所示

在具体运用杜邦财务分析体系进行分析时，可以采用因素分析法，计算分析销售净利率、总资产周转率和权益乘数这三个指标变动对净资产收益率的影响方向和程度，还可以使用因素分析法进一步分解各个指标并分析其变动的深层次原因，将净资产收益率发生升降变化的原因具体化。

与其他财务分析方法一样，杜邦财务分析体系关键不在于指标的计算而在于对指标的理解和运用。

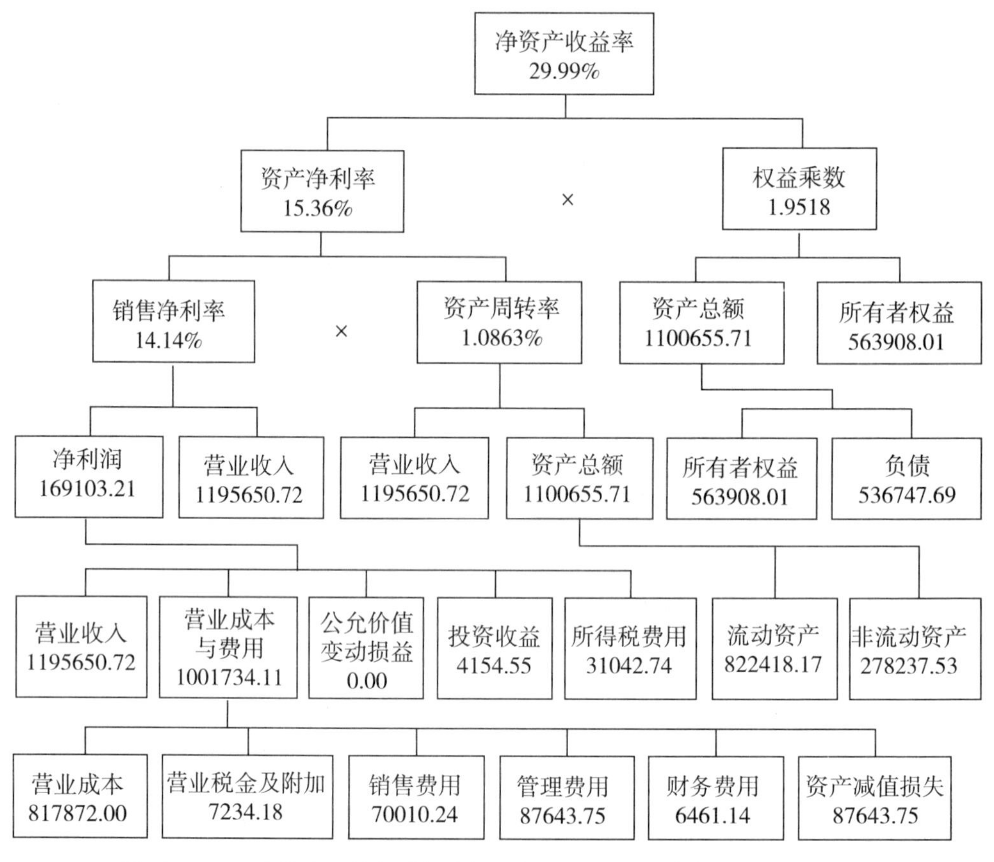

图 12-1　ZT 电器公司杜邦财务分析图（2013 年）（单位：万元）

2. 杜邦财务分析体系的局限性及改进

杜邦财务分析体系通过层层分解财务指标，直观地反映了影响净资产收益率的因素及其内在联系，揭示了企业筹资、投资和生产运营等方面的效率，是一种行之有效的综合财务分析方法。但传统的杜邦财务分析体系也有明显的不足，主要表现在以下几个方面：

杜邦财务分析体系的局限性及改进

- 局限于财务领域
  - 杜邦财务分析体系是就财务论财务，只是一种结果的考评，评价和考核没有深入到经营管理过程中去。同时，由于财务指标本身是一种抽象的价值指标，因此它不具备直接的可操作性。部门或个人或许知道各自应该达到的财务目标，但从哪些方面、通过哪些手段来实现这些目标，却不能得到回答。此外，由于所产生年代的局限，杜邦财务分析体系重视内部经营管理，轻外部市场
- 没有考虑现金流量信息
  - 传统杜邦财务分析体系的数据资料仅来源于资产负债表和利润表，没有考虑现金流量表信息，反映不出企业在一定时期的现金流入和流出情况。财务会计报告由会计报表和附注组成，会计报表主表有资产负债表、利润表和现金流量表，它们分别从不同角度反映了企业的财务状况、经营成果和现金流量。忽略任何一张会计报表所进行的分析，都是不全面的
- 只是一种数量分析
  - 杜邦财务分析体系虽然提供了反映企业盈利能力的财务比率，但没有考虑收益的质量，分析结果往往带有片面性。分析盈利能力的目的是为了让企业的投资者、债权人和经营者了解企业获取真实利润的能力，以帮助他们做出正确的决策。但杜邦财务分析体系中提供的净资产收益率、资产净利率、销售净利率及净利润指标并不一定能够真正反映企业的盈利能力，它们只是用于评价企业盈利能力的“数量”，而不能用于评价企业盈利能力的“质量”。因此，传统的杜邦财务分析体系对盈利能力的分析有可能不一定客观
- 忽视财务风险因素
  - 风险因素
    - 杜邦财务分析体系表明：在他因素不变的情况下，权益乘数越高，净资产收益就越大。这是因为为获取财务杠杆利益而利用了较多负债，但没有考虑到因此带来的财务风险。负债越多，偿债压力越大，财务风险越大。
  - 解决方案
    - 针对杜邦财务分析的局限，许多学者和实务工作者就杜邦财务分析体系的完善进行了广泛深入地探索研究，提出了许多修正方案。比较有代表性方案是将销售净利率分解为（1/盈利现金比率）和销售现金比率两部分，将反映收益质量的指标引入分析体系，增强分析的客观性

盈利现金比率是本期经营活动现金净流量与本期净利润之比。该指标用来反映企业净利润的收现水平。在一般情况下，盈利现金比率越大，则企业净利润的含金量越高，意味着可供企业自由支配的现金流量越大，企业的偿债能力和付现能力越强，盈利质量也就越高。如果该比率小于1，说明本期净利润中存在着尚未实现的现金收入。在这种情况下，即使企业盈利较多，也可能发生现金短缺，严重时也可能会导致企业破产

↓

销售现金比率是指经营活动净现金流量与营业收入之比。该财务比率用来反映企业经营活动的收现能力。销售现金比率越大，则表明销售货款的收回速度越快，发生坏账损失的风险越小，收入的质量也就越高。修正后的杜邦财务分析体系图如图12-2所示

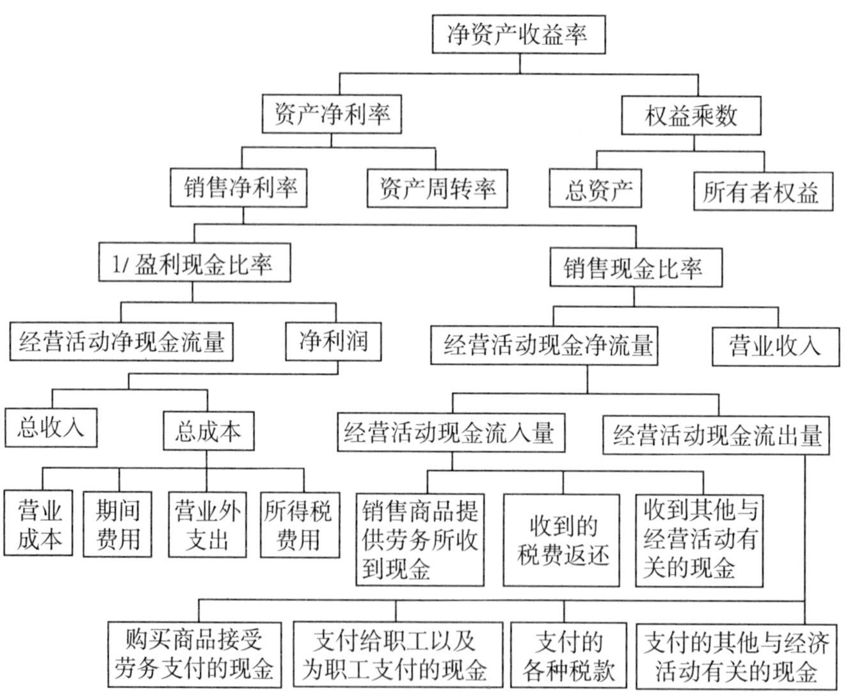

图 12-2　改进的杜邦财务分析指标体系图

（二）综合评分法

沃尔分析法

概念：把若干个财务比率用线性关系结合起来，以评价企业的信用水平。他选择了流动比率、产权比率、固定资产比率、存货周转率、应收账款周转率、固定资产周转率和自有资产周转率等7个财务比率，分别给定了其在总评价中占的比重，然后确定标准比率，并与实际比率相比较，评出每项指标的得分，最后求出总评分

缺陷：一是所选定的七项指标缺乏证明力；二是当某项指标严重异常时，会对总评分产生不合逻辑的重大影响。况且，现代社会与沃尔所在时代相比，已有很大变化。沃尔最初提出的7项指标已难以完全适用当前企业评价的需要。沃尔分析法的关键在于指标的选定、权重的分配以及标准值的确定。建立在这一思想基础上的综合评分法，是对企业进行财务综合评价的一种比较可取的、行之有效的方法，在实务中应用较为广泛

综合评分法概念：综合评分法是按照各项评价指标符合评价标准的程度，计算各项指标的评价分数，然后综合计算评价总分，据以综合评价的方法

综合评分法的基本步骤是：

1. 选择评价指标并分配指标权数

选择评价指标并分配指标权数：正确选择评价指标是运用综合评法进行财务综合分析与评价的首要步骤。财务指标的选择要根据分析的目的和要求，考虑分析的全面性和综合性。一般应涵盖偿债能力、营运能力、盈利能力和发展能力等多个方面。各指标的权数主要是依据评价目的和指标的重要程度确定

2. 确定各项评价指标的标准值

确定各项评价指标的标准值

- 财务指标的标准值一般可以是行业平均数、企业历史先进数、国家有关标准或国际公认标准为基准来加以确定
- 为了使财务综合分析与评价更具客观性和合理性，对各项评价指标标准值，应在考虑企业所属行业特点、规模以及指标特性等因素的基础上分类确定

3. 计算各项评价指标的得分

计算各项评价指标的得分

分等评分法

分等评分法是将各项评价指标的实际数值同评价标准值相比较，按其实现程度划分等级，根据每个等级规定的分数评定各项评价指标的分数。例如；根据实际数值比标准数值的情况，划分为进步、持平和退步三个等级。评价指标实际数值好于标准数值的为进步，评10分；评价指标实际数值与标准数值持平的，评5分；评价指标实际数值差于标准数值的为退步，评0分

分等系数评分法

分等系数评分法是按各项评价指标实际标准数值的程度分等后，依据实现各等标准程度的系数评定各项评价指标的分数。为了公平、合理地对企业的财务状况进行综合评价，除了按照各项评价指标实际标准数值的程度分等级评分外，还应考虑实现各等级标准程度的大小。因此，要对各等级评分规定一个变动的幅度，即规定上限和下限数值，按实际数值达到的程度计算系数，据以评分，即以插值法计算评价指标的得分。

$$某项评价指标得分=\frac{实际数值-本档标准数值}{上档标准数值-本档标准数值}\times（上档基础分-本档基础分）+本档基础分$$

例题

- 题目：假设净资产收益在整个指标体系中的权重为25%，指标体系分为优秀、良好、平均、较低和较差五等，标准系数分别为1、0.8、0.6、0.4、0.2，每等标准值分别为15%、10%、5%、0%、-5%，如果某企业净资产收益率实际值为13%
- 要求：计算净资产收益指标的得分。
- 解答：净资产收益指标的得分=25×0.8+[（13%-10%）÷（15%-10%）]×（25×1-25×0.8）=23（分）

比率评分法

比率评分法，又称指数法。它是按各项评价指标分别规定标准分数，根据评价指标实际数值实现标准数值的程度计算实现比率，评定各项评价指标应得分数。

如果某项评价指标是纯正指标或纯逆指标，其计算公式如下：

$$某项评价指标分数=该项指标标准分数\times\frac{该项指标实际数值}{该项指标标准数值}$$

如果某项评价指标既不是纯正指标，又不是纯逆指标，如资产负债率、流动比率、速动比率等就属这种指标，其得分的计算公式如下：

$$某项评价指标得分=该项指标标准分数\times\left(标准数-\frac{\left|实际数值-标准数值\right|}{标准数值}\right)$$

4. 计算综合评价分

计算综合评价分

在计算出各项评价指标得分基础上，对各项指标得分进行综合，得到评价总分。评价总分越高，评价结果越好。计算综合评价分的方法主要有加法评分法、连乘评分法、简单平均评分法和加权平均评分法等

加权平均评分法是按照各项评价指标在评价总体中的重要程度给予相对数，应用加权算术平均计算平均分数，根据加权平均分数的多少进行综合评价。由于加权平均评分法突出评价重点，考虑各项评价指标对评价总体优劣的影响程度，有利于客观评价企业财务综合状况，因而应用较为广泛

5. 形成评价结果

形成评价结果

如果综合得分大于100，说明企业的财务综合状况比较好

反之，则说明企业的财务综合状况比同行业平均水平或者本企业历史先进水平等差

参考文献

[1] 王化成. 财务管理（第五版）（中国人民大学会计系列教材·简明版）[M]. 北京：中国人民大学出版社，2017.

[2] 刘淑莲. 财务管理（第五版）[M]. 大连：东北财经大学出版社有限责任公司，2019.

[3] 孙伟航. 一本书读懂财务管理 [M]. 杭州：浙江大学出版社，2020.

[4] 李海波，蒋瑛. 财务管理（第九版）. 上海：立信会计出版社，2015.

[5] 刘娥平. 企业财务管理 [M]. 北京：北京大学出版社，2014.

[6] 王华，陈玉珍. 财务管理（21 世纪会计学系列精品教材）[M]. 北京：清华大学出版社，2014.

[7] 曹剑峰. 财务管理 [M]. 北京：经济科学出版社，2014.

[8] 龙敏. 财务管理（普通高等教育“十二五”应用型本科规划教材）[M]. 北京：中国人民大学出版社，2015.

[9] 荆新，王化成，刘俊彦. 财务管理学（第七版）[M]. 北京：中国人民大学出版社，2015.

[10] 万颀钧. 财务管理 [M]. 上海：立信会计出版社，2013.